瓦格纳与哲学

The Tristan Chord

Wagner and Philosophy

[英] 布莱恩 · 马吉（Bryan Magee）/ 著

郭建英 张纯 / 译

中国友谊出版公司

图书在版编目（CIP）数据

瓦格纳与哲学 / (英) 布莱恩·马吉著；郭建英，张纯译. -- 北京：中国友谊出版公司, 2018.3

书名原文: Wagner and Philosophy

ISBN 978-7-5057-4089-1

Ⅰ. ①瓦… Ⅱ. ①布… ②郭… ③张… Ⅲ. ①瓦格纳 (Wagner, Wilhelm Richard 1813–1883) –人物研究 Ⅳ. ①K835.165.76

中国版本图书馆 CIP 数据核字(2017)第 153092 号

著作权合同登记　图字：01–2017–8069

书名　瓦格纳与哲学

作者　[英] 布莱恩·马吉

译者　郭建英　张　纯

出版　中国友谊出版公司

发行　中国友谊出版公司

经销　新华书店

印刷　河北鹏润印刷有限公司

规格　710×1000 毫米　16 开

24 印张　350 千字

版次　2018 年 3 月第 1 版

印次　2018 年 3 月第 1 次印刷

书号　ISBN 978-7-5057-4089-1

定价　79.00 元

地址　北京市朝阳区西坝河南里 17 号楼

邮编　100028

电话　(010)64668676

翻译说明

一、本书的前言、第一至第七章及附章由张纯翻译；第八至十七章由郭建英翻译；郭建英统稿及润色，以求全书译文风格基本一致。

二、重要引文，如恩格斯、叔本华、瓦格纳、尼采等人的著述，照录已经出版的译作，以求引文的准确性、权威性。在此，对所录引文的译者和出版社表示感谢。引文出处在本书中均有标注。

三、人名译名除个别特定的和约定俗成的以外，均按商务印书馆出版的《英语人名译名手册》《法语人名译名手册》《德语人名译名手册》等翻译。

试图洞彻哲学的深度，是我毕生之所爱

——瓦格纳《我的生平》，429 页

目 录
Contents

前　言

撰写此书的初衷，是阐述哲学对瓦格纳歌剧的影响。瓦格纳是唯一一位在其漫长生涯中认真专研哲学的伟大作曲家，那些对他而言特别重要的哲学家，对其作品所产生的绝非偶然的影响，足以证明瓦格纳之于哲学远非一时的兴趣。事实上，哲学对瓦格纳的成熟之作影响巨大，以至于离开哲学便无法弄懂个中深意，仅就《特里斯坦与伊索尔德》和《帕西法尔》而论便是如此，更遑论《指环》。故此，我的出发点是细究每一位所涉及的哲学家，以及那些深植于瓦格纳作品中的哲学理念，通过何种方式得以表达。

我的写作一直秉持着上述主旨。但随着写作的不断深入，我认识到还必须涉及其他一些东西。瓦格纳的政治倾向于此具有决定性的意义。纵观《指环》的全部台词，其政治观点甚至被视作是与理念同等重要非常的独立成分，并与那些哲学理念融合一体。瓦格纳后期对政治的幻灭，促使他返观自我，而为接受与他早期的信念全然不同、并对其作品产生巨大影响的哲学开辟了道路。但是如果不把他的政治观点当作更为普遍意义上的社会观念来进行全面的审视，上述一切都是难以理解和解释的。而最终我发现，我所阐述的，是“哲学”这个词之于瓦格纳——无论是通俗意义上抑或是学术意义上——意即他对生命的态度，对事物的总体看法，他的**宇宙观**，或者叫世界观。但是我对瓦格纳的世界观的研究，仅限于那些对其歌剧作品产生影响的部分。举例来说，我对瓦格纳的素食主义理念未作深入研究，但就其关于生命同一性的观点进行了探讨，此观点不仅是其素食主义理念的基础，而且持续不断地在《帕西法尔》一剧中予以表现。

由于本书侧重于哲学观念范畴的那些理念和观点的论述，故此在其他一些方面亦未作更深的探究，比如瓦格纳对中世纪日耳曼和北欧传奇的研究、其他作曲家的音乐对瓦格纳的影响、以及瓦格纳在指挥、歌唱、表演、舞台制作等方面的见地，而实际上在他的歌剧作品中，上述这些方面都深深留下了其观念的烙印。本书关注的，是人们所理解的、一般意义上的**理念**，尽管无论如何，这些理念对理解和欣赏瓦格纳歌剧并非都是唯一重要的。

对许多人而言，深入到这整个主题中去的最具吸引力的地方，是瓦格纳对政治的热衷。瓦格纳是这样一类人中的典型：年轻时是热情、坚定、活跃的左派革命者，中年以后随着对政治的幻想破灭，由此对政治彻底厌倦。那些继续笃守左派信念的此前的同志则通常觉得他会“滑向右派”，会成为保守派的一员。一些人也确实是这样认为的。但在大多数情形下，人们无法观察到正在发生的转变。因为此类人中的大多数，其政治信仰不可能在突然之间被“切换”。他们对政治的幻灭更多是出自于**天性**。由于他们不再相信，人类那些最重要的问题可以经由政治得以解决，故此转而投向另一种不再把社会政治议题当作人生主题的人生观。此种状况恰好就发生在瓦格纳身上。如果以日渐趋向保守作为角度来审视，瓦格纳并未“滑向右派”，在他生命的任何阶段，他的观点和态度从未趋向保守；直到生命的最后的日子里，他对自己所熟知的社会仍然抱持着彻底批判的态度，而从未发表过右倾的言论。但是他对自己政治幻想的破灭，对理想发生变化的种种可能怨愤不已。尽管在老年人中，通常会在以下两个方面表现出一些相同的症状：一是对逝去的过往的怨愤，另一是对看不到未来的怨愤。但是失望的左派不宽容的怨愤，其心理现象与暴戾的反动者大不相同。他们的共同点是都对现实不满，但是这种不满，一方面是基于传统价值，另一方面则基于因完全不同的未来而逐渐放弃希望的痛苦。各种趋向皆有可能。在瓦格纳的后期生涯中，他肯定不再是一个革命者、一个社会主义者，亦不再是一个失势左派条理不清、过时已久的剩余价值理论的信徒。但他也没有成为保守派、右派或反动派，这三个称呼对瓦格纳都不适用。他的转变意义重大：不是由左派转为右派，而是从政治转向宇宙哲学。

此变化是瓦格纳所有观点转变中的一部分。瓦格纳在年轻的时候，认为社会现实即是现实世界之全部。他对这个世界中的任何存在都深信不疑，并认为在这个世界里，没有比人类“更高的”存在。他坚信，道德与价值观并非由个体独自创建，其形成及演进是人类代以传承之共同所为。据此他认为，人生更深层的价值和意义，在本质上是社会属性。艺术创造是人类最高级形式的活动，同样在本质上也属于社会性活动。在他看来，严肃艺术的功能是向人类揭示关于其自身内心深处本性的最基本的真理。但由于这种内心深处的本性，本质上指的是作为社会的人的本性，故此，理解这种本性首先要弄清楚个体在社会中相互间的关系。

瓦格纳年轻时就发现自己很不喜欢——实际上可以说是憎恶——自己身处的这个社会，深感自己与社会上的大多数人关系紧张、不受欢迎。但他相信，大多数人，成为大多数的这些人，具有自我支配、按照自我意愿改进社会的共同力量。因此，尽管他对现实社会抱有敌对态度，但是他相信，通过革命，未来社会会变得美好，这对艺术创作和艺术家而言尤其如此。所以，尽管他是一个观点激进的社会批评家，但同时也是一位乐观的社会活动分子：他相信他所生活的这个可恶的社会，注定、必然、并且很快就会经历一场彻底的改革，而使社会全体或大多数成员的意愿得到满足成为可能。

作为他那种人，青年瓦格纳对抱持此种观点充满信心和热情，并且为此种追求付诸行动。他与朋友们无休止地讨论这些问题，甚至为此目的专门举行会议。他曾一度参与编辑革命的社会主义者办的一份报纸，还非常主动地协助指挥 1849 年 5 月在德累斯顿爆发的革命起义，与当时最著名的无政府主义者巴枯宁肩并肩地站在街垒中。这个事件本身多姿多彩，但今天我们对此感兴趣的更大原因是，作为一个艺术家，瓦格纳在为把自己的信念和设想植入其作品寻找一种途径，几部他自己撰写的、有史以来最伟大歌剧作品的脚本，皆由其孕育和滋养。但随后瓦格纳彻底改变了自己的观点，他不再坚持我前述提及的那些信念中的大部分，他在自己的作品中表达出了全然不同于以往的观点。随后他继续写作的那些新的歌剧脚本则体现了这些不同，因此，想要充分理解瓦格纳的晚期作品，就必须理解其观点变化的本质。

对任何一位热爱瓦格纳的人而言，这确实是一个令人着迷的故事。但我认为以下两点读者应当铭记于心：第一，我们的讨论所涉及的只是瓦格纳创作活动长河中的一些支流。我在本书中所写的，绝非要对瓦格纳的作品做完整的诠释。我只是想让读者关注并讨论瓦格纳的一些理念，并始终关注更多的在我的论述中没有涉及到的。无论如何，任何人都无法用文字来概括一件艺术品的“意义”：即便有人能做到这点，我们也不会需要这样一件（能被文字概括的）艺术品——它确实不可能**成为**一件艺术品。

我的第二点告诫与瓦格纳作品的特质有关。瓦格纳的作品其戏剧性表现的重要手段是音乐。由于音乐，“戏剧”的人物角色不再只是在舞台上表演一个文本，即不再以歌唱的形式说台词，而是代之以交响化的音乐。音乐自身成了戏剧的重要轨迹。这一点蕴含于本书所论述的方方面面，此意味着文字所表达的内容处于从属地位。这一点从瓦格纳的作品本身来看即是如此。

由此，我要通过论述歌剧作品中歌词与音乐的关系，来论述瓦格纳歌剧作品中这两者的特殊关系，继而对瓦格纳在其复杂的作品中表达出的一些理念，而不仅仅是歌词，进行仔细的考量。

第一章

始于音乐

总体来说，歌剧是戏剧的一种，然其本质的关键，是把音乐作为表现的主要手段。这当然是相对而言的。脚本、舞台制作、表演、布景、服饰道具，所有这一切——更不用说那些无形的气氛和情绪——都起着重要的作用，但其思想状态、角色与情绪、人物关系的特性及变化、舞台上发生着的潜藏的真实，以及相关人物间的不同反应，在诗剧与散文剧中，其沟通传递主要是通过台词而远非任何其他，但在歌剧里，则主要是通过音乐而远非任何其他。戏剧成分常有相同之处，但是表现这些东西的手段是不同的。人们常说，音乐比文字具有更深层的力量。果真如此那就意味着，至少在某些方面，歌剧比没有音乐成分的戏剧表达的层次能更深。持上述观点的人不在少数，对他们来说，那些最伟大的歌剧作品，比如莫扎特、瓦格纳的歌剧，亦位居最最伟大的艺术品之列。

实际上，就其歌剧作品自身的外部特征而言，无论那些歌剧是因其音乐而独具特色，还是其音乐本身就独具特色，音乐都可以说是决定性的因素。一部歌剧作品可以虚构故事、场景荒诞、情节单调、角色不可信、台词读起来显得很愚蠢，但只要音乐足够好，便有可能在国际舞台上代代相传、久演不衰。相当多的很著名的歌剧作品就符合这一情形。而与此相反，一部歌剧，尽管其音乐被认为一无是处，但因其他方面足够好、足够有意思，而被列为国际舞台上的保留剧目，此种例子还从未有过。

事实上，歌剧的音乐，作为舞台戏剧的主要表现手段，优美，并非是唯一的必备因素。音乐当然要优美，或起码要有品位，但是同时还必须兼备戏剧性表达——不仅是在总体上，还得在细节上，比如，要表达出特定人物在特定情节、场合中的感情，述得让人信服。我们或许还可以说，音乐是如此，但不只音乐是如此，还有其他方面也必须具备上述功能。即，此方面的大师，在其他方面亦须出色非凡。莫扎特在性关系心理学和等级观念诸方面的见解就异于常人，这无疑对此后他在当时被誉为天才并赢得国际声望很有帮助，而在那个时代，音乐家只是穿制服的仆人，或最多也只被视作地位很低的廷臣。虽然莫扎特没有写过脚本，但是他和那些为他撰写歌剧脚本的剧作家合作密切。他总是对剧作家的努力提要求，有时还口授己见。他具有高度复杂的戏剧感，足以使他运用作曲技巧将富有激情的洞察力通过音乐流露出来，并在舞台上呈现出令人信服的效果。不只是将角色性格、音乐动机、人物情感和剧情进展清晰表达出来，更是将复杂多变的人物性格、暧昧模糊的音乐动机、矛盾冲突的情感和悬而未决的情节进展表现得当。音乐在某个时刻激扬奔放、热情满腔、兴高采烈——可随即而来的，是以和声的转变，表现对此关系的怀疑；或者以乐句的停顿，来表现自信与自大、或是冷漠与麻木的区别；再或者是用乐队音乐难以形容的声音，暗示爱情告白中虚无的幻想。音乐能描述、强调、昭示，也可暗指、削弱、回避。音乐还常常与歌词相悖：当一个角色明明是在向我们表达某种东西，音乐向我们传达的却可能另有所指。鉴于此种情况，不只是音乐，全部的歌词以及句式也可能因为需要而“说谎”。这种几近于无限复杂的、潜在的戏剧性表达的手段，常被那些知道如何运用的人运用自如。

音乐的此种可能性很早即被认知。在歌剧《波佩阿的加冕》——迄今为止最早的歌剧作品之一，蒙特威尔第在别人帮助下创作于1642年——中，奥托欧[①]对德鲁西拉[②]说，他要永远抹去对波佩阿的感情，当然他并不愿意这么做，他希望自己能做到，但知道自己做不到。音乐当然无法向我们传达得那么多。但在这部歌剧里，音乐在性格描述方面已经成型为艺术：每个角色都有他或她自己的独特的、能表现自我的音乐。奥托欧的音乐形

---

① 波佩阿的丈夫——译注

② 波佩阿的侍女——译注

象，明显循规蹈矩、犹豫不决、心神不宁。相比之下，哲学家塞内卡在其乐段里的音乐形象，安于自我、脚踏实地、意志刚强。还有一个角色，奥塔薇亚，委屈的尼禄皇帝之妻，除了那些宣叙调里的尖刻的自我表白，通篇都没有无拘无束的歌唱。而表现她丈夫尼禄与其情妇波佩阿之间的动人爱情的音乐则悦耳动听。虽然歌词写的是爱情，但音乐有情色的意味，独特，但具嘲讽的口气：好色、沽名钓誉，以及在情感背叛上不达目的誓不罢休。

好的歌剧脚本，即是要使上述东西成为可能，而不以使自身成为一件完备的艺术品为目的。一个剧本，以出版物形式呈现为一出完整的戏剧，其诗意若能通过角色得以充分呈现，即可称得上是完全成功的诗剧，它不需要音乐；确实如此，音乐在此毫无用武之地。歌剧则并非是配了音乐的戏剧。一部出色的戏剧，其台词很少能成为出色的歌词。只要尝试把一出莎士比亚的戏剧改为歌剧，为台词配上音乐，便能明了个中缘由（也有例外，如本杰明·布里顿的歌剧《仲夏夜之梦》，即以戏剧为基础，其音乐已然成为第四度空间，好像莎士比亚的大部分喜剧本来就如此似的：虽然没有配乐，但音乐却隐含其中，留给我们一个空灵的诗意空间，一个通常被我们的想象所充斥的空间）。一般来说，歌剧脚本不是，也不该被写成文学作品，而应该是建构音乐戏剧的骨架。只有极少数卓有成就的戏剧家或诗人能堪当此任。不仅要在戏剧表演方面有好的构思，而且对音乐所扮演的角色有充分的认识，明白实现整体构想的是音乐。此构想即表现为配乐，也就是说必须通过配乐，才能使事先设定的整体构想得以体现。老练的歌剧脚本的写作者，知道如何写出结构组织得当、能让作曲家驾驭自如的脚本（文字）。明白在特定情形下增加什么、省略什么，意即不仅要懂得为作曲家提供何种素材，而且要明了应该如何创作、如何写出变化、如何在连贯的音乐-戏剧结构中铺陈，并由此在延伸的有趣的音乐-戏剧结构中进出自如。除了这一切，歌剧脚本还需要在音乐几乎无能为力的方面，发挥某些不可或缺的功能：尤其是在表象层面上的故事叙述、定名、社会或历史场景的设置、过往历史的陈述等。能将所有这些技巧综合运用需要罕见的天赋。故此，优秀的歌剧脚本作家总是比优秀的剧作家更稀有。这是一个特殊的行当，要求此行当的大师写出的文本，不以阅读为满足、甚至无法仅凭文本自身而立足。

达·蓬特和博伊托[1]即是此类人中的天才，他们不仅深谙此道，而且能做到几近完美。以他们的水平，与作曲家形成的是一种普通人很难达致的共生关系。我们所掌握到的关于一流的歌剧作曲家与歌剧脚本作者之间最详尽的工作关系，莫过于理查·施特劳斯和雨果·冯·霍夫曼斯塔尔。他俩很少见面，在近25年时间里，他俩相互间绝大部分的沟通是靠通信，而且很幸运的是，这些信件保存完好。对我们来说更幸运的是，他俩的艺术个性迥然不同，相互间时常争吵：他们必须反复研究解决各自互不相容的要求或概念、或假设。而由此我们能看到这两位各自行当里的大师，慷慨激昂地论述相互对立的观点。霍夫曼斯塔尔属于最稀有的那类人。他是一位杰出的诗人和剧作家，也是一位卓有成就的歌剧剧作家。作为一位艺术家，他的优雅随处可见：时尚、精于世故、挑剔并极富智慧，以及相当有自知之明。对他来说，做到单纯并非易事，倒是精确计算来得自然。他的歌剧脚本必是其最精心的培育所成。相比之下，施特劳斯个性中的很多东西倒像一个成功的商人、资本家，很实用、缺乏耐心、非常聪明，但不理智，对抽象的东西毫无兴趣，词语能力平平，有时看似门外汉。然而实际上，他对该做什么以及如何去做，有透彻的了解，这使得他出类拔萃、令人敬畏。施特劳斯觉得自己比霍夫曼斯塔尔对自己的天赋更有把握，只不过，对另一位天才表示出尊重和赞赏的人，同时也会把他自己的那部分优势藏而不露。所有这些在信中都有所泄露，并落入到客观的读者的眼里，尽管读者并非收信人。而这些信件所阐述的，也远远超过六部歌剧的创作范围。

由于施特劳斯明显是理查德·瓦格纳的追随者，故年轻的他有“理查（德）第二”的绰号。然而与瓦格纳不同，他只为一部歌剧写过脚本，即他成熟期的作品《间奏曲》。这个脚本或许令人惊讶、给人印象深刻，但

---

① 前者为莫扎特《女人心》《费加罗的婚礼》和《唐璜》的歌剧脚本作者，后者是威尔第《奥赛罗》《福斯塔夫》以及蓬奇埃利《歌女》的歌剧脚本作者——译注

是，除了为自己最后那部歌剧《随想曲》的脚本写作做了一些贡献，他没有再为自己的任何歌剧写过脚本。必须指出的是，这两部歌剧通篇都是对话（此说并无贬义），事实上对施特劳斯来说，为这两部歌剧写歌词是其能力所及的事。施特劳斯仅有的另一次尝试——为他第一部歌剧《贡特拉姆》写歌词——是不成功的。他是一位歌剧作曲家，但要成为一位尽可能像瓦格纳那样的歌剧作曲家则有所欠缺，他认识到自己在歌剧脚本写作方面的局限性，并接受告诫，不再往这方面发展。这就表明，在那些真正杰出的歌剧作曲家中，瓦格纳仍然是独一无二的：他的歌剧脚本全都由他自己撰写。优秀的作曲家中能这样做的很少，迈克尔·蒂皮特算一个，但是没有人能与瓦格纳相提并论。

因为这是一部论述瓦格纳的书，也因为我觉得，要求所有我的读者在脑子里对瓦格纳的生平与作品存有基本轮廓的念头并不合理，故此，做一些关于这方面的背景资料的叙述，对读者或许是有帮助的。瓦格纳生于1813年，在他69岁那年，即1883年去世。他在青少年时就立志毕生要成为一位歌剧作曲家，而他还在十几岁时，就开始写了他的第一部歌剧作品。环顾那个年代，他发现有三类风格不同的当代歌剧可供追仿：近在咫尺的是德国浪漫主义歌剧，代表人物是威伯，还有马斯奈和罗尔青等少数几位。此类歌剧倾向于将神奇的事件置于自然情境中，交响乐队起着突出的作用，配器的丰富性成为“德国风格”的显著标志。再就是意大利歌剧，更为浪漫主义的现实主义歌剧：不同寻常的情境——或当代或历史——中的爱情故事，其音乐风格总体上更为抒情，与此相符合的是在与乐队的抗衡中，人声的地位更为突出。此类歌剧的大师有贝利尼、罗西尼和多尼采蒂。最后是法国歌剧。其吸引力在于明星歌唱家和壮观的舞台场景，以历史题材为典型，为全景式的舞台装置、拥杂的场面、军人的阅兵式、教堂的列队行进以及类似东西的运用提供了便利。此类歌剧篇幅较长，通常都为五幕，几乎都配有芭蕾，且舞台制作花费昂贵。明星的组合、不菲的花销、炫目的场面，使一场歌剧演出成了社会事件。与此相一致的是，观众对舞台上发生的一切亦津津乐道。巴黎成了此项活动的国际中心。它给人们所带来的金钱及名望，使它成了让那些天才无法抗拒的吸铁石：在那个年代习以为常的一个最典型的例子，即是罗西尼在意大利成名后移居巴黎，此后其生涯的大部分时光都在那里度过。一部歌剧在巴黎获得成功，就等于赢得了国际性声誉。此类大师有梅耶贝尔、奥柏和阿莱维。斯庞蒂尼虽然那时仍很出名，但不属此类。

年轻的瓦格纳对所有情形都做了研究，决定依次对这三类歌剧都着手尝试。他完成的第一部完整的歌剧《仙女们》（作于 1834 年，指第一版完成时间，下同），是一部德国浪漫主义歌剧；他的第二部歌剧《爱情的禁令》（作于 1836 年），从风格到场景都属于意大利歌剧；第三部歌剧《黎恩济》（作于 1840 年），则是一部“巴黎”歌剧。基于创作这三部歌剧所带给他的经验，他认为法国歌剧和意大利歌剧都是“堕落的式样”。瓦格纳的意思是，这两类歌剧所代表的是发展方向上的终结，因此只可能回望过去而无法展现未来：这两类歌剧已经弄不出什么创新的东西了。而相比之下，德国浪漫主义歌剧大有前途，于是他决定返回于斯，并以此形式创作了接下来的三部歌剧：《飘泊的荷兰人》（作于 1841 年）、《唐豪瑟》（作于 1845 年）和《罗恩格林》（作于 1848 年）。在这些作品中，他确实发展了德国浪漫主义歌剧，超越了其此前所达到的高峰。时至今日，这几部作品在此类歌剧作品中依然广受喜爱，演出频率居高不下。然而，当瓦格纳完成了《罗恩格林》之后，他觉得自己在这个类型方面的创造也已经耗尽了精力，穷尽了可能。他认为在此方面已经无法再创作出什么新东西了——该离此而去了。

于是他退避三舍，反省自己的状况。在此后的五年半时间里，他几乎没写什么音乐作品，而代之以学习和思考，对歌剧的本质及未来发展的可能性进行理论探索。除自传外，瓦格纳最著名的那些散文创作都是在那段时间里完成的。《歌剧与戏剧》（作于 1850 - 1851 年）是其中部头较大、影响久远的著作，而《未来的艺术作品》（作于 1949 年）和《致我的朋友们的一份报告》（作于 1851 年）亦是意义重大之作。在这些著作里，他全面而详尽地阐述了关于歌剧的可能性的全新理论，并且将创建这种全新形式的歌剧视作己任。此后他的全部歌剧作品，在性质上与他此前创作的任何作品都不同，不仅在歌剧史上，在音乐史上，都是前所未有的革命性的创举。这些歌剧作品此后人们将其归属于瓦格纳“成熟期的歌剧”或“晚期的瓦格纳”。他开始为四部歌剧构成的《指环》——依次为《莱茵的黄金》《女武神》《齐格弗里德》和《众神的黄昏》——撰写歌剧脚本，并完成了前两部的音乐。写完《齐格弗里德》第二幕的音乐后，瓦格纳中断了《指环》的创作长达12年，而且期间多次表示，他绝不再愿意重拾《指环》的创作。在那段时间里，他先后为《特里斯坦与伊索尔德》和《纽伦堡的名歌手》谱了曲，但随后又回到《指环》的创作中，完成了《齐格弗里德》，并为《众神的黄昏》谱了曲。在这之后他只写了一部歌剧《帕西法尔》，上演于1882年他离世之前。

与他的创作生涯相伴的，是色彩丰富的个人生活，甚至可以说，任何艺术家过过的生活，这位歌剧人都享受到了。他爱过很多女性；而爱他的女性则更多。他结过两次婚，第一次是与一位女演员，漂亮，但平庸，对她丈夫的惊人天才一无所知：总是喋喋不休地要他追逐那些传统意义上的成功，她要享受那些成功，并认为那些成功对瓦格纳来说唾手可得。他的第二次婚姻很幸福，是与弗朗茨·李斯特的非婚生女儿柯西玛。她朴素，却令人敬畏，懂得瓦格纳的才华之所在，为瓦格纳无条件地奉献了自己的生活。在瓦格纳生命的前50年里，他常常厚着脸皮举债度日，数额巨大，且无法偿还。对他来说，理想的夫妇朋友，是既能向丈夫借钱，又可与妻子做爱的那种。可能的话可以同在一个屋檐下，让他们觉得把他当作一个和他们待在一起且依赖他们为生的长住房客是件荣耀的事。作为一个年轻人，他是一个积极的左派革命者，是巴枯宁的战友，是1849年德累斯顿街垒战中的指挥人物。此后他成了通缉犯，在瑞士度过了11年的政治流亡生涯，而无法踏进自己的祖国。51岁（1864年）时，他的个人状况表现得希望渺茫：《莱茵的黄金》《女武神》和《特里斯坦与伊索尔德》的作曲已经完成，但都无法上演，甚至看不到有任何上演的可能；他放弃了《指环》的工作，而且当时的想法是绝不再拾起；为躲避因欠债受牢狱之灾而逃离维也纳（那段时日他生活在维也纳），且居无定所。恰好就在这个时候，一位天使般的、对其作品十分崇拜的18岁国王如天遣似的“降临”：他给了瓦格纳很多钱，使其能开始排演他的歌剧作品。这也给了他在排练期间与指挥家的妻子[①]恋爱的机会，而柯西玛在成为瓦格纳大人之前，为瓦格纳生了三个非婚生子女。此后，靠着那位国王的钱，瓦格纳建造了自己的歌剧院，开办了延续至今的拜鲁伊特音乐节。与此同时，他与哲学家尼采成就了欧洲文化史上一段最令人瞩目的友谊。到他辞世前，他赢得了世界性声誉，被公认为是在世的最伟大的作曲家。他那750页厚的令人称奇且趣意盎然的自传《我的生平》，本身即是一个规模巨大、其他任何作曲家——即使是柏辽兹——的自传都无法超越的成就。这部自传提供给我们的，不仅是他的生活故事，更是他所处的那个时代的全景——一份欧洲文化史的重要档案。

毫无疑问，瓦格纳是一位具有最高智力的人；而且这种能力在他的艺术作品中——而不是学术作品中——达到了极致。这是他与莎士比亚许多共同点中的一点。他是一个说话狂和写作狂，然而不是用语词而是用音乐——或者说是以音乐-戏剧——无休止地叙述和书写自己最深层的思想。这意味着，虽然确实引人注目，但起媒介作用的并非是概念性的文字语言，而是非概念性的音乐。他把得自于经年的阅读、研究和学习以及经年的讨论和思考的养分，作为其自身的非概念性的基础成分融入到他创作的艺术品中。一种压倒一切的内在动力，引导他为自己的艺术创作之所需而悉心研读。于此，他获得了成功。那些将瓦格纳的写作或他的歌剧脚本，评判为只是在语言上有独创性、并以此观点来评价瓦格纳能力的人们，实在是犯了一个错误。这就好比他们看低莎士比亚，是因为莎剧中有不少与历史不符的东西。但莎士比亚的戏剧当作为戏剧而非历史来评判；把莎剧当作历史来看，是二流的，但作为戏剧，则不可思议、无与伦比。对于如此级别的天才来说，总能从所处之地得到所需之物。我就曾听到过数学教授们对爱因斯坦在数学方面的能力嗤之以鼻，确实如此，作为数学家爱因斯坦确非特别出众：他只是掌握了创造其物理学所需的那点数学而已。

在此种情形下，他所需要的是何种个体意识，似乎来自于直觉。它来自内心深处的某个地方，但常常又看似是有意识的，甚至任何一种意识他

---

① 指当时为指挥家汉斯·冯·彪罗之妻的柯西玛——译注

都需要。在瓦格纳身上，一些他最需要的观念，看起来像是自发的，且早已有之，并非学而得来。比如，他创作第一部歌剧时还只有十九二十岁的年纪，但是看起来他已经掌握了关于脚本本质的一些潜在的东西。后来在他的自传里，在回忆起这部十几岁时的作品时他写道："就诗性的用语和诗体本身而言，我几乎是特意地对此不在乎。我不是在为自己赢得诗人之名而努力；我真正想成为的是一位音乐家，一位作曲家。我想要的很简单，就是写出合适的脚本。我已经认识到没人能为我做这个。因为一本歌剧专著本身就很独特，不可能由诗人和学者轻易写就。"

瓦格纳从一开始就认识到，脚本，作为音乐的母体，应该对与其所服务的音乐有足够的了解，能与其完整地契合，尽管其完成是在作曲之前；因而其构思和形成，必须受音乐方面的考虑的支配；在很大程度上，脚本是音乐进程中的一个部分；有时，音乐是歌词的先导：如《纽伦堡的名歌手》中"获奖之歌"那段旋律的完成，就先于歌词的完成很长时间。更具启示意义的是，在为这部歌剧的绝大部分完成作曲之前，序曲就已早早写成并公演，而且除了与汉斯·萨克斯相关的音乐主题外，序曲已经包含了全剧几乎所有最重要的音乐主题：这些主题与特定的人物角色及场境完全浑然相成，音乐着实把这些烘托了出来，且起伏于整个结构之上，由此，整部乐剧顿时被勾画呈现。似乎，所有这些例子无不充分归结于此点。作为日趋成熟的艺术家，在瓦格纳此后的生涯中，音乐成为其每一部歌剧作品得以成型的种子和萌芽，但要找到能够理解他孕育、生产这些种子和萌芽的独创性做法的人十分困难。除此之外，瓦格纳的意思是，其所创造的全新作品的第一特征，即是"声音的世界"，或者更进一步说，是特殊的"声音的世界"。但是这个特征的发展和形成特性的进程十分缓慢，类似于——在"子宫"内——胎儿的形成和发育。"在开始创作《特里斯坦与伊索尔德》几个月时间以后，"他在给一位朋友的信中仍然说，"还仅只是音乐。"瓦格纳的意思是——他说，当他在写作歌剧脚本时，就已经知道何种音乐适合它——脚本并非是音符的注解，其本身即是一种音乐，它占据着"声音的世界"；而出自他手的脚本，特色愈加鲜明。

当他还只有 30 岁的时候，他在给一位音乐评论家的信中就曾这样写道："在开始写作一段（歌剧脚本中的）诗句抑或在构思一个场景之前，我已经陶醉于此题材的音乐的芳香之中。我已经有了全部的音符，所有独具特征的音乐动机都已在我脑子里，以至于对我来说，当诗句准备就绪、场景构思停当的时候，歌剧本身就已经完成了。音乐细节上的处理，更多被视作是一项趋向平静的收尾的工作，而真正的创造此前即已完成。"

虽然瓦格纳再也没有用比"芳香"更恰当的词，来表达他对这种没有先例的、崭新的"声音的世界"的领悟，而我们也不可能找到比瓦格纳所用之词更恰当的词，但身处事后的我们，可以在所处的位置上，清晰地明白瓦格纳指的是什么。这是一种完全独特的《罗恩格林》之声、一种《特里斯坦》之声、一种《名歌手》之声，以及一种《帕西法尔》之声。对任何体验丰富的音乐爱好者来说，这些"声音的世界"是其生命的可辨认的一部分。即使不喜欢瓦格纳作品的人，只要听过他的音乐，就能辨认出听到过的声音。瓦格纳为《飘泊的荷兰人》作曲时才二十八九岁，但是其序曲的第一个和弦，就把听众带入到一个不同于任何别的音乐、甚至不同于任何别的瓦格纳音乐的"声音的世界"里。这种创造，不是创造某个世界，而是创造出世界的全部：每部作品即是一个独一无二的世界。此等成就只有极少数艺术家能达到。莎士比亚做到了，但其他很多人做不到。那些最伟大的艺术家们，都栖息于独特而清晰可辨的想象世界中，他们的作品皆出自于此。

瓦格纳神话终于缓缓而成。这是一个靠自学成才、并且费时很久才找到自己步伐、而最终在其中年成就了自我的人的生动写照。瓦格纳自己也怂恿这种说法，其部分原因，是他常常有想要贬低得自于他人的恩惠的冲动（但不总是如此，比如他在自传中就公开地毫不隐晦地承认自己对柏辽兹所欠很多），还有部分原因，则是他不想让那些对他早期作品迟到的欢迎，妨碍他成熟期的作品的成功。这也是事实，他的步伐已经迈得足够远，他不想让那些早期的作品成为评判的束缚。并且我认为，在瓦格纳的发展进程中，这是比其他任何——诸如视他为后起之秀——都更为绝对重要的。他突破了此前所有德国浪漫主义歌剧的局限，探索出一种完全不同的歌剧形式——乐剧；他通过此种实践，最大限度地扩张了交响乐团的规模，并在此过程中发明出新的乐器；而最重要的是，瓦格纳带领西方音乐抵达了音乐调性上最远的疆界，以至于那些感觉到被呼吁走出瓦格纳的后继者们，被迫去探索无调性——而他们自己也打出“得比瓦格纳走得更远”的口号，来作为对陷入此种境地的解释。瓦格纳的终极目标是“现代”，故此人们总倾向于认为，他距起始的时间点还有很长的路要走，而实际上，漫长的是回归的路程。没有人能在 20 岁时写出比《仙女们》更好的歌剧作品，即使是莫扎特或罗西尼，也得要到 29 岁时才写出能与《飘泊的荷兰人》相媲美的作品。《仙女们》中的合唱部分——历来属于瓦格纳最擅长的方面——的写作，显示出他惊人的自信（当时他的工作——其第一份工作——即是在维尔茨堡担任合唱指挥），而且出人意料的是，乐队音乐部分的写作对一个在这方面经验还不多的人来说，也算差强人意——即使在基本方面，也不缺乏给人印象深刻之处。乐曲的许多段落令人难忘：常常太过对称，有些则有棱有角，但都是很棒的音乐。最重要的是这部作品完全具有演出价值：适合现场演出。这是一部年轻人写的了不起的作品，具有催人奋进的能量，充满清新气息。就其具有的长处而言，这是一部值得去观赏的歌剧，当然是一部值得上演的歌剧。但我们——同瓦格纳一样——都是在用他晚期的作品来做比较，因此低估了这部作品。而若以作品自身的光芒来检视，这是一位作曲家能够写出的、可以与除威伯外——当然瓦格纳的其他作品也除外——的任何德国浪漫主义歌剧相媲美的作品。这是他第一次尝试这种形式，而此后又在《飘泊的荷兰人》《唐豪瑟》中使用，并在《罗恩格林》中至臻完美。虽然安德鲁·波特，那位敏感的瓦格纳的爱好者，把《仙女们》评价为瓦格纳在写出《罗恩格林》之前最好的歌剧的说法，显然有点过于冲动，但相对于这部作品所遭受的不合常理的忽视，此种反应是可以理解的。如今在各大歌剧院上演的莫扎特和威尔第的早期歌剧大受好评，也确应如此，可是在我的生涯中，截止到撰写这本书的时候，《仙女们》这部比任何莫扎特、威尔第的早期歌剧都要出色的作品，在英国还没有出现过一个达到专业水准的舞台制作。

《仙女们》显示出瓦格纳对歌剧与生俱来的癖好确实惊人。从一开始他就调动了一部作品具有舞台演出价值所需的各种技术手段——脚本歌词的句式、音调的处理、合唱段落的写作、交响乐队配器等。联想到他完成这部作品时的年龄只有20岁，而此前他已有多部作品被公演，其中有一首交响曲还在莱比锡格万德豪斯[①]演出。然而在实际上，比他的技术手段更有意思的是作为这部作品主线、并且几乎在他后来所有久演不衰的歌剧作品中不断再现的两个戏剧性构思。其一所关注的，是被具有自我牺牲之爱的女人所拯救的男人（在无数出版物里，都将此贴上“因爱而得救赎”的标签）；另一则是人与超人（神，或是超神，或是某个拥有魔力的人，或是某个不死的人）之间的恋爱，此种发生于自然与超自然混合之境中的恋爱，被自然而然地表现得就像事情果真如此一般。

这两个主题和其他领域中的德国浪漫主义有相像之处，而其中第二个也和古代希腊神话有相像之处，但看上去瓦格纳特别痴迷于此。它好像并非取自于其身外而用之，倒更像是来自于其身之内在。有些很明显的解释迅速地自我表现出来，即称作个性（这些无法被否认，仅是由于它们太明显了：它们可能被说成仅仅是表面上的真相，但我确信它们是真实的）。自幼年起，瓦格纳就觉得自己与众不同，拥有超乎常人的能力，能使自己赢得不朽的声望，但这也在人际关系的层面上给他带来无法忍受、几近拖累其生活的困扰。直到五十多岁与柯西玛结婚之前，他对这些困扰一直妥协退让。他感觉自己无法与他人相处：他们不理解他，他与他们亦无法交流。结果，世界之于他，始终是个非常陌生的地方，令人困惑，且怀有敌意。他对这个世界实在是无法理解、毫不熟悉，实在无法喜欢。他只想躲避这个世界。直到他五十多岁，他的成年生活中，没有一年不是在思考如何自我毁灭中度过。在他的自传里有一小段专门谈及他童年的文字。他写道，还在幼年时，他就因无法克制的、栩栩如生的想象力而噩梦不断，几乎每晚都会在噩梦中尖叫而醒，为此兄弟姐妹无法挨着他睡；他只能独自睡在家中最角落的屋子，而黑暗中眼前出现的全部图景，更加剧了他的噩梦和尖叫。他的一生，直到开始与柯西玛共同分担这一切，他一直渴望结束精神上和情感上的孤独，而且由于性爱在其生活中扮演着强有力的角色，他

---

① 德国最著名、历史最悠久的音乐演奏大厅之一——译注

最需要、并把此视为高于一切的，是一位爱他的女性：她只需接受如此这般的他、无条件地为他献身、为了他放弃自己的生活；至于能否理解他则并不重要。显然，他的第一个妻子敏娜完全不是这类女性。她确实忠诚于他，毫无怨言地忍受瓦格纳在成名道路上那些可怕的艰辛，相信终有一日他会博得功名。瓦格纳升任德累斯顿宫廷剧院的音乐总监，敏娜感到荣耀无比：为他，也为自己成为宫廷剧院音乐总监之妻。但此后，她无法原谅他因涉足政治而毁了他俩的生活：丢了好饭碗、生活陷入贫困、背井离乡；而此后继续不顾俩人的生活，去写那些没人愿意演出的前卫的歌剧，而任何明智的人只愿意去复制类似《黎恩济》《唐豪瑟》那样的成功。我明白，作为对其歌剧中重复出现的主题的阐述，所有这些触及的只是冰山之一角，而持续不断隐藏着的是更大的事物。

瓦格纳把他最早的三部歌剧《仙女们》《爱情的禁令》《黎恩济》的脚本视为“制造”，意思是，这些作品并非出自其艺术直觉的原发性作品，而是经由他有意识地精心组合的制造之物；如何操作、怎样获得成功，都有事先的谋划。音乐也不例外。而在此后的岁月里，当他以轻蔑的口吻形容其他某位作曲家的作品为“制造商的歌剧”，其意指的即是这些作品的制造方式。特别当他以此种观点去审视梅耶贝尔、奥柏和阿莱维等那批著名的巴黎的歌剧作曲家，他认为，以他们为歌剧作曲的方式所创作出的绝非艺术品，而是在制造满足某种需求的消费品。直到写第四部歌剧《飘泊的荷兰人》，瓦格纳才以直觉取代心智来掌控创作，即使有时他自己都不完全明白在写什么，却依然听凭直觉的指引。这是一种对自己潜意识的放纵的表现。当然，他也大量运用自己的心智来处理素材，手段惊人，且不再试图无中生有地生造什么。他任由未经加工的素材自然成型以达至展现自己的深度，并使其在恰当时机自我表现以体现自己的心智，然后运用自己在配器、舞台艺术和所有其他方面的惊人技巧，创作出一部完整的作品。其最庞大的歌剧，《名歌手》《众神的黄昏》和《帕西法尔》，在完成作曲之前都孕育了有差不多十数年之久。不言而喻，我认为这个事实与作品无与伦比的复杂性和深刻性密切相关。

《黎恩济》是一部尝试以自我意识写就、并在巴黎大获成功的歌剧作品。确实非常成功。别的不说，这部作品对瓦格纳而言是一部取得突破性进展的歌剧，是第一部使瓦格纳声名鹊起的歌剧作品。然而，他意识到这部作品无甚价值；也正是出于这个原因，后来他把这部歌剧的成功，形容为“无法言说的羞愧”。尽管《黎恩济》在瓦格纳的艺术生涯中有着至关重要的意义，但此后他把这部歌剧排除在其经典之作的名单外。除了这部作品，还有两部早期歌剧也被排除在外。故此，他的艺术生涯肇始于《飘泊的荷兰人》，在这部作品中，独特的瓦格纳魔力首次显现，出自（我们的，抑或也是他的）潜意识的炙热与自然情绪的直接沟通，令人印象深刻、不可思议，给人以满足感。虽然《黎恩济》在世界各地的歌剧院，特别是德国歌剧院的上演经久不衰，但瓦格纳写于《飘泊的荷兰人》之前的几部歌剧，没有一部在拜鲁伊特上演过。

无论是追随创造性的直觉，还是基于自己心智的水准，瓦格纳在此两种情形下，都把歌剧写作的过程视作是音乐、戏剧和诗文一同进行的综合性创作。在此两种情形下，创作的过程始于音乐，亦归于音乐：出发点是建立一种广义上的“声音的世界”的概念（有意识地没从前三部歌剧中借取，而是显露自其余的歌剧作品中），而最终的任务是将这一切化作音符（“音乐细节的处理”），于此过程中两者间的所有其他部分都落实在纸上。摆在我们面前的事实，是诸如施特劳斯与霍夫曼斯塔尔、威尔第与博伊托两人的事，轻而易举地发生在一个人身上，让我们对此很难用语言来描述或讨论。但那并非如此。很少能有比瓦格纳更会自我辩白的人。他理所当然地认为自己做的每一件事对别人来说，不仅有意思，而且有意义：他的情形非同寻常，他的信念终会被证明是正确的。他认定整个世界都会对他感兴趣，他确信能向这个世界证明他所做的一切。他是那个手握着开启自然之门按钮的人。他对朋友总是在无休止地谈论，但谈论的只是他自己（朋友们对此都很抱怨）；若是和朋友们不在一起，则会没完没了地给他们写信，述说自己在做什么、为何要如此做，宣称如此这般的普遍重要性；并以此来判别敌友、抨击敌方。于是，其大量的自我表白，是任何其他的大艺术家都望尘莫及的。如此行为或许会让他的朋友感到厌烦，但是对我们来说，此可谓是上天所赐。面对置于我们眼前的这些作品，我们可以领略到瓦格纳的洞察力是如此之深邃：他用以表述的各种方式把这些作品阐述得透彻明白。就其创造性的努力而言，在他的批判意识（包括他的自我批判意识）里，他听凭自己的潜意识所告诉他的，于是有意识地感觉到了大量隐藏在其他事物背后的东西。反复给人留下深刻印象的是，他十分清楚自己在做什么。他唯一近乎闭口不谈的是如何作曲。鉴于他的癖好和惯常的行为方式，这仅仅意味着他确实说不出什么。而且这表明，其中的大部分都发生在超出其自我意识范畴的个性层面上。若是他能告诉我们如何作曲，他会告诉我们的。不过即便如此，我们仍然拥有比企望更多的关于他如何创作歌剧的文字资料。我会在下文中全面引述——当然绝不是唯一的、而且也并非不作评论——他对自己的描述。

第二章
作为“青年德意志”一员的瓦格纳

一

瓦格纳是那种为数极少、真正伟大的作曲家；一个对各种理念都兴趣盎然，且智力超群的人。说他是一位音乐及戏剧史和音乐及戏剧理论方面的学者，这毫无疑问；然而，他对历史、政治、哲学、神话、文学以及语言学诸方面，也作了认真的、超出了一般意义上的专研；并且，那个年代的各种议题，只要有他参与，无论何时何地，都会掀起广泛的讨论。在这些领域中，他绝不会甘心只做一个消遣者，而是要认认真真成为一位贡献卓著者：他不仅出版有诗歌、短篇小说，还有评论、随笔、论文、说明文、短论等；其正式出版的全部作品有 16 卷之巨，还没有包括他的书信。

在此背景下我们谈论瓦格纳十分重要的一点，是其心智方面的易冲动性。除其终生职业外，他不断地在磕绊中跨越新的主题、发现新的理念，然后会用几周或几个月时间，对这些题目如追逐兔子般盯住不放，而他的许多朋友，就只得跟随着他突如其来关注的热点。他毕生都是一个饥渴的阅读者，对大部头的作品从不犯怵，且消化神速。无论他手头在做着什么，那些理念都可以在任何时候，迅速异常地被他吸收进大脑。用我们当下所说的“多才多艺的人”这个词显然对他不够用，而毫无疑问的是，瓦格纳把自己视为这样一个人：一个选择关注哪个话题，就要成为在那个方面无法被忽视的思想家；一位诗才横溢的作曲家；一位超群的戏剧家。显然，他的才华照亮了一个个领域，结出累累硕果。他曾在自己的私人日记中写过这样一段话："能否得出我是一个独一无二的人的结论，这是个问题。因为从来没有一个人如我这般，既是诗人又是音乐家；如若审视我的成长过程，则无法期待此种可能性还会发生在其他人身上。"

他的第二部歌剧《爱情的禁令》，是在当时的知识分子运动影响下应对时事写作的一个范例。大约在 19 岁上下，瓦格纳结识了海因里希·劳贝，一位 26 岁、名声突起、活跃异常的记者，是《社会风尚报》（*Die Zeitung fur die Elegante*），一译《优雅世界报》）的编辑，报纸的名称虽如此，但却是一份激进的出版物。劳贝是一个自称为"青年德意志"的文学与政治运动组织的领导人之一，这个组织的潜在目的是推动德国在拿破仑战争后所遭受的耻辱中自我再生。瓦格纳还通过劳贝见过同为这个组织成员的海因里希·海涅。在精神层面上，在艺术以及政治方面，"青年德意志"旨在扫除保守势力，扫除旧神。当时的德国还是由多个独立的公国和小国组成，各自有自己的宫廷和统治者，且都不是民主政治国家。"青年德意志"想要促成的是推翻那些落后的小独裁政权，代之以民主共和制。他们瞄准英国的议会制度和法国的社会主义，特别是圣-西蒙的空想社会主义，以此作为其政治纲领的理论基础。在艺术方面，奉歌德、莫扎特等距他们并不遥远的人物为经典，而革命的先行者及落伍之辈，则都不再谈论年轻时代的状况。可以说，他们——如霍夫曼和威伯——已然成为浪漫主义的经典式样，一副多愁善感、闲适安逸、守陈怀旧——与社会现实无涉的样子。他们赞美真实存在的爱情，把年轻人沉溺于情欲视为是对社会有颠覆性的事。为了表达这点，"青年德意志"需要一种能够直率而真诚谈论情色的艺术。在歌剧领域，他们把目光从威伯转向更大胆的、追求轰动效应的法国歌剧；同时更尤甚者，转向世俗的、享乐主义的、抒情的意大利歌剧。或许对"青年德意志"最为重要的是作为个性的存在：他们要在自己的生活中对自己的信念身体力行；作为一个解放了的人去爱、去展现自我；在政治与艺术上都大胆创新、蔑视权威；剔除其前辈荒谬的保守和陋习，以获得永远的自由。

瓦格纳被上述一切所裹挟，但与他的需求相契合的方式却十分不同。

劳贝是一个很有魅力的人，也十分讲求实际。在他的生涯中，先后在新闻和文学领域里名声卓著：他是一位成功的小说家，是弗朗茨·格里尔帕策的作品的编辑和传记作者；他也是一位政治家，是具有历史意义的1848年法兰克福国民议会与会者之一；还是一位在全国剧院方面举足轻重的人物（既是有诸多剧作被上演的剧作家，又是国家剧院的经理）。瓦格纳总是陶醉在劳贝的圈子里，并深受劳贝的影响。反之，劳贝也成了瓦格纳的忠实朋友，随后很多年里，直到19世纪60年代的后期他俩发生争执前，他在瓦格纳的生活中常常扮演着促进者或鼓励者的角色。瓦格纳与劳贝早年的友谊，始于一位年轻的反传统的音乐总监，第一次卷入与女演员及歌唱家的纠葛。这位年轻人觉得自己的生活道路就该如劳贝和“青年德意志”那些激动人心的倡导那般；这很合他的心意，由此怀着强烈愿望开始从事这项大业。在此情形下，他和他的剧团里最漂亮的女演员敏娜·普拉纳建立了稳定却并不专一的关系；敏娜年长于他，还有一个非婚生的女儿，后来成了他的第一任妻子。他还把自己的新理念所激发出来的全部热情，倾注于新创作的歌剧之中。

他从莎士比亚的戏剧《一报还一报》中借取情节，但是做了不同的处理，故事的发生地被移到了西西里岛，当时的统治者也被换成了德国人。这使得他能够表现那些无忧无虑生活在地中海阳光下、天生就会享乐的人们，却受到来自他们陌生的德国权威人物循规蹈矩的压制。雷格特·弗里德里希①自破戒律而淫乱，由此要痛苦地死去。巴勒莫的民众正在筹划一次期待中的嘉年华，参加者都出自自愿。弗里德里希想禁止举办这场嘉年华，但民众还是决定要举办。与此同时，青年贵族克劳迪奥因和自己的未婚女友做爱，被总督弗里德里希判处死刑，成了新颁布的法令的第一个牺牲品。克劳迪奥的妹妹伊莎贝拉是一所女修道院的见习修士，她去见弗里德里希为哥哥的性命求情。伊莎贝拉让弗里德里希燃起了无法抗拒的欲望，于是答应只要伊莎贝拉同意跟他上床，他就可以饶恕她哥哥。伊莎贝拉假装答应，并提出在嘉年华上约会比较合适，因为那时人人都戴着面具、穿着花

---

① 剧中人物，西西里总督，德国人——译注

哨。然而伊莎贝拉的女友、同为见习女修士的玛丽安娜在嘉年华上替换了她。玛丽安娜曾（与弗里德里希）秘密结婚，遭遗弃后进了修道院。结果在嘉年华上，伪装的弗里德里希约会的是自己的妻子，当在众人面前卸去伪装后他羞愧难当，宣称愿意接受自己颁布的死刑条律的处罚。随和的民众赦免了他，然后立即庆祝因弗里德里希下台而开启的性爱不受禁止的新时代的到来。

这部很不瓦格纳式的作品里有大量诙谐的生机勃勃。这种风格诙谐、节奏简单往复的曲调或许会让英国观众联想起吉尔伯特与沙利文，尽管对性爱直截了当的颂扬与维多利亚时代不符。我能想象到，即使一个知识渊博、常听歌剧的人，对这部别致的作品是谁写的都有可能摸不着头脑，耐着性子看很久都不会猜到是瓦格纳写的，与其他任何一部他的歌剧作品都无法产生联想。实际上他做的，是把奥柏与那个年代著名的意大利歌剧作曲家的风格糅合在一起。从剧情的后续发展来看，这部作品特别有意思的是，他想要表达的理念，不仅通过歌剧脚本的文辞，更通过歌剧这种形式，甚至通过其音乐的特色得以传达。他想要赞美拉丁民族对性爱的欢愉和对政治权力这两方面的观念，于是他在自己歌剧的形式以及音乐特色上，都以拉丁风格为模式。他的每一部作品何以都能自成一个世界？原因之一是他对其每一部作品所要达到的目的，都制定了恰当的表现手法。

瓦格纳《爱情的禁令》与其后不止一部歌剧作品所共有的一个戏剧性主题，就是对出自本能的情欲的渴望，以及对这种渴望明显持同情态度。《唐豪瑟》《女武神》《特里斯坦与伊索尔德》都再现了这个主题。这四部歌剧作品的共同点，就是其主题都涉及对爱的自我放弃，因而使相爱的人深陷同周围社会秩序的殊死搏斗中——确实如此，纵观这三部歌剧，冲突是每一部中戏剧性矛盾的主线。在《爱情的禁令》里，结局皆大欢喜。因为这是一部喜剧，出自本能的情欲得胜了。在这场美人计里，玛丽安娜得到了她的男人，弗里德里希获得了救赎，克劳迪奥保住了性命，参加狂欢的人们在嘉年华落幕后继续寻欢作乐。但是在《特里斯坦与伊索尔德》和《女武神》这两部作品里，相爱的人都因他们的爱而遭毁灭、遭杀戮。在《唐豪瑟》里，男主角自暴自弃，几乎被陷于情欲的生活所毁；而他的被拯救，缘自一位甘愿为他牺牲自己生命的女性的真爱。人们总是在被告知这样一条讯息：这个世界不会允许人们让自己的生命完全陷入性爱中。对瓦格纳而言，性爱永远是爱的自身的终极形式；但在其严肃的作品中，那些努力坚持的人们都被消灭了。我们于此永远表现出最深切的怜悯，瓦格纳亦如此。可是他们总是在尝试不可能的事，所以他们无法存活。无论如何，他们所渴望的，是我们中很多人——即便不是大多数人——在最深层的、下意识的感觉里想要的，且这种渴望也仅在瓦格纳成熟期的艺术作品中得以表达。

我相信，这使得我们手中握有了理解瓦格纳独特魅力的“钥匙”。通过成功表达具有普遍意义的、难以企及的、对爱欲的极度渴望，他给了我们某种程度的满足。不只是在我们的想象世界里，更是在一个广阔无垠的世界中，音乐带给我们那种不受约束的感觉，好像我们可以搅乱现实中的规矩、体验不被允许的事、活在不可能之中。这就是说，我们最出自内心的渴望是最无望的；与所有的可能性都相对立。然而，所有那些在生活中无法实现的都被实现了，实实在在的被体验到了——因了这伟大的音乐（此刻我正在想着他那些成熟期作品）即是直接的感觉体验，就如任何我们能体验到的那般深刻。故而此种感觉是一种难以置信、令人生疑的满足，一种发现自己无法相信自己的满足。人们总是倾向于用宗教的或玄妙的语言，如音乐自身那般的语言，来表述它；这是由于他们对自己的体验有恐惧感。

在《爱情的禁令》中，全剧的铺垫部分最为轻松，这是由于在那时，瓦格纳的歌剧脚本能够表达其音乐尚无法表达的理念，能够表达情绪。无论如何，作为一部喜剧，逃避现实是被允许的，所以什么都没失去。但尽管这是一部喜剧，呈现给我们的却不乏悲剧的严肃性，这实在不怎么协调。

作品超长，是《爱情的禁令》与瓦格纳其后大部分作品另一个相同的特征。此种情形造成的结果，是比较容易在演出中对其原貌，比如那些简单重复的部分做某种修整。整部歌剧只需在演出过程中删去重复的部分（以及那些可弃之不用的道白），即可缩短一个多小时而丝毫不损害音乐；而且通过加快舞台表演的节奏，起到增强戏剧性的效果。事实证明，这部作品确实通过删节获益良多。在我看来，只有经过删节，此作品的演出才是可接受的。而若是制作得当，则会给观众带来很大的乐趣和很多的享受。与歌剧《仙女们》一样，《爱情的禁令》实在是应该得到更多在歌剧舞台上演出的机会。这部作品因其丰富的人情味，无疑是瓦格纳最具亮点的歌剧作品：曲调对称且方正，给人印象深刻；加之出色的合唱。总的来说，这揭示了作曲家与这部作品主题间的关系：他讥笑那些获得解放的太阳之子们并以此自得；他和他们一同欢笑，却又嘲笑他们——这在他的其他作品中未曾出现过。爱情，看起来就像是手拉着手的漫步，及梦醒后的会心一笑。瓦格纳此后塑造的与之最接近的角色，是《齐格弗里德》中的漫游者。

在音乐上，瓦格纳有意识地效仿贝利尼。或许，瓦格纳毕生对贝利尼评价甚高这一点着实令人惊讶。若说他从未批评过贝利尼——有一些论者这么说——这不是事实，但作为一个真正的德国艺术家，他从不掩饰对这位意大利作曲家的热爱和钦佩，这在他此后对自己追求为何所做的昭示中显露无疑。在他生命的后半程里，他从自己的偶像叔本华那里找到了情感支撑。我相信，那是贝利尼式的自由奔放、且聚焦于感官抒情的某种东西，那是瓦格纳自己梦寐以求的。在为《罗恩格林》里的人声部分的写作中，他确实在设法达到那种境地——《罗恩格林》中的声乐线条，有些听上去真像是德国化的贝利尼一般。

二

和我们中许多人一样，瓦格纳在他十几二十岁时形成的一系列对社会与政治的看法，持续了相当长的一段时间。此后大约经过了 20 年的时间，他才变得更为成熟和复杂，直到他中年时发生了根本性的转变。这种模式很常见，尤其是在知识分子的生命过程中。所以往往是在起初，他们想要改变这个世界，而且相信他们能做到。在他们步入成年时，他们认为人类具有把这个世界改造成天堂般至福境地的力量，只要人们有要去这么做的愿望；他们为从事这项事业做了准备，准备为此做出牺牲；而且不言而喻，这是他们的热爱之所。抱有此种对人类和社会变革的可能性的理想化，他们通常会趋向成为对社会有害的人。为何我们善意的目的总会遭受挫败？唯一的原因是这些善意的目的总是在遭受阻挠。是谁总想要阻止我们进入一个完美的社会？显然，只是那些少数在现有的社会秩序里享有特权的人，而在一个完善的社会里他们恐怕无法比任何人活得更好。他们有钱有权，在各个方面都有特权，维护其自身利益就得保持现状。实际上，他们已经握有政治权力、行政的管控力和物质财富，使他们只为自己的利益操控社会，而阻碍那些他们明知道有益于社会福祉的进步。这是一群为了加强对世界的掌控而掠夺大自然的人；是一群迫使普通百姓放弃他们自然而然为自己选择的简单快乐生活，被强迫到工厂车间为富人占有更多的财富而受奴役，更强迫他们当兵以保护富人的财富、甚至去掠夺他人财富的人；是一群把谁都不想要的战争强加到热爱和平的人们头上的人。他们冷笑着把一切都视作自己财富和权力的工具，甚至是最神圣的东西，宗教、艺术、教育、法律，都可以控制和侵占。艺术被商业化，由此耗尽了艺术提供养分的独特能力；艺术被转换成了获取金钱、并与此同时成为剥夺人民财富的方式。任何一个想要对其中任何一环尽心抗争的人，会立即遭受一个残酷无情的系统对持不同政见者的惩罚：解雇、贫困、遭排斥、被审查、警察与法官、法庭与监狱、被当作追捕的逃犯、流亡。整个社会成了“他们”与“我们”之间的战场。或许现在“我们”是最糟糕的，但是最终“我们”会胜利。在如是的现实中，“我们”的目标或许应该是，我们的感知远离“他们”的恶行，前景抑或模糊不清；但有一件事我们应该确信，那就是“我们”必将取代“他们”，而一切美好的东西便会随之而来。

人们在年轻时相信这些规则，而到中年时会不可避免地幻想破灭，除非他们愚蠢。这并不是他们的价值观发生了变化，而是经历促使他们改变了对现实的看法。他们发现世界并非如他们想象那般，人也不是他们想象的那样。纯粹的好人不存在，而是好与坏的混合体：坏的方面有极端自私、贪婪、攻击性、懒惰、懦弱，以及忘恩负义；但同时也有慷慨、仁慈、奉献、勇气和忠诚。而其自身利益受到危及时，品格中那些占先的东西就会占上风。战争对获胜的一方而言，通常会受到人们的欢迎。

对年轻人而言，可能会对高高在上——即便不是在奥林帕斯山上——的权威人士的任何地方，包括缺点都十分信服。随着岁月的流逝，一个出自中产家庭的人逐渐长大，发现自己被要求承担更多的责任，越来越平等地直接接触到更多有权势的人，通常他就会发现这些有权势的人与普通人并无二致，优点缺点兼而有之。大多数的普通人在乎的是别人怎么看待他，他们希望能有一份体面的工作，希望能被公平对待，在大部分时间里他们得全力以赴；但他们有一大堆问题需要应对：很多人不好相处、不诚实，有时还让人厌恶。和其他所有的人一样，他们不是对自己的利益不在乎的人。他们中有一些是坏蛋，但也有让人们称道的。总的结果是，在所有方面都混乱不堪、得过且过，而这就是我们所称的历史。世上源自于没有章法、错误百出，或无能为力，或十足愚蠢的弊端，甚过邪念。尽管这类情形一大堆。

经历过此种过程的人，通常会远离政治：他们不再从公众生活的世界里以及社会转型中寻求自己的终极目标，而开始从个体的生活、或是他们自己的生活中寻找自己的终极目标。这是由于他们对自己所处时代的政治，以及如此这般的政治解决之道失去信心。他们断言，幸福根本无法从社会进步中获取，但能在友谊和家庭中得到——在爱情和工作中，或在学习中，或在哲学的沉思中，或在宗教中。于是他们扔掉政治，抛开公众领域而转向个人领域。很常见的，是他们把家从大城市搬到小城镇或者是乡村。在这样一个新环境里，他们似乎可以扔掉幻想，第一次幸运地找寻到内心的安宁。

瓦格纳在这个过程中进展顺当。这很好理解，不足为怪。我自己就差不多完成了这个过程，我的很多朋友也是如此。显然，每一代人中都有大量的人发生这种状况。在我的一生中，我所处的这一代，被参与 1968 年的国际学生运动占了主导地位。首要的，也是最重要的，这是一个学习事物之所以如此的过程：真正发现一种可能性的启示，引导人们重新审视自己的目标；而这反过来开启了人们反思什么是生活中真正重要的，以及生活的全部意义为何。向形而上转变的状况，尽管不都是，但是常事：他们开始认为，自古以来那些最聪明的人，说的永远都是对的；世俗的价值观空洞无物。至少对男人而言，转变常常伴随着中年危机。相当多的人会试图去摆脱他们此前全部的生活，而去开始一种新的生活——他们换妻子、换家庭、换工作。他们突然意识到死亡的必然性，于是试图去寻找一种能够超越短暂意义的生活，一种不再从过往所呈现的东西里得到价值观、趣味和满足感的生活。当然，他们没能寻找到。且即便如此，也没有回到过去的任何可能。他们曾经看到的在幻觉的面纱之下的东西，在现实里他们不可能再次弄错。

那些尚未完成此种转变的评述者，他们或因年轻，或因学无所得，难以理解这点。如果我只能如此看待的话，是因为他们自己只活在现实世界中，只重视现存的价值观；他们把任何躲避这个世界的人，视作是在把自己的生活往回拽：是退缩，是放弃斗争，是软弱，抑或是放纵自我，是自私自利，甚至是如死亡的先兆般的衰弱。出于对这些人的善意，他们甚至以声称他确实是在继续认真地参与着社会事务——虽然他明显没做什么——的方式，试图挽回这些人的声誉。由此他感觉自己活在一种比这些人更深刻、更具有完整意义的生活里；对他们中的大多数人来说，照亮前行中的社会历史的生活，非常重要的观念只是如马戏团巡演那般无法带给他们愉悦。他们不接受如一个逃避现实者那样逃避这个世界。而把自己的终极意义定位于非社会准则之上的艺术观，或其他什么观，则会被永远打上“逃避现实者”的标记。

在瓦格纳个人发展的过程中，他的转变与他适时读到了叔本华的哲学密切相关。在他一生中，叔本华的的确确是最终对其除音乐以外产生最大影响的人。但是在他接触到叔本华之前，还有其他几位哲学家对其产生过影响，而且是在相反的方向上对他产生过重要影响。

第三章

左派革命者瓦格纳

瓦格纳最早的两部歌剧都不成功。《仙女们》完成作曲后就被束之高阁，在瓦格纳有生之年里都没有被搬上过舞台。《爱情的禁令》演出过一次，然后就遭遗弃，直到瓦格纳去世后才得以重见天日。

独自一人进行如此规模的歌剧创作，投入的时间和精力都是巨大的。上手连写两部歌剧都没有获得成功，对任何一个雄心勃勃的年轻人来说都是令人沮丧的。然而瓦格纳却没有轻易地接受错误全在于他自己：两次失败说明当时德国歌剧的状况在某些方面出现严重的岔子。作为这些失败经历的直接后果，他在最早期——二十来岁时发表——的文章就已经表现为对德国音乐的各个方面，尤其是对德国歌剧，特别是对已经被广为接受的德国歌剧（相对于意大利歌剧和法国歌剧）的演唱风格，进行批判性探讨。

以此为起点，他在随后发表于 19 世纪 30 年代及 40 年代的文章，呈现出一条清晰的持续不断的发展脉络。从对表演艺术在社会中所处地位的批判性讨论当中，明显自然地包括了越来越多对于社会本身不给予表演艺术应有地位的批评，而这些地位是瓦格纳认为应该有的。他开始思考，如果要让艺术在人们的生活里发挥其特有的作用，必须要进行何种变革，认识到这一变革将会涉及广泛而且会很剧烈。由此，他开始成为一个社会革命者似乎是很合乎逻辑的一步。他和那些志趣相投的知识分子们，其中包括当时著名的无政府主义者米哈伊尔·巴枯宁，沉浸于论辩中，并和他们一起投身政治运动。当 1849 年德累斯顿爆发起义时，他成为造反者中最引人注目的人物之一；起义失败后他成了通缉犯。政府签发了对他的逮捕令。

巴枯宁和其他的起义领导人遭到审判并被处以死刑。判决后又对他们减刑，死刑被减为长期监禁。瓦格纳侥幸逃脱。他用了别人的假护照，并得到了李斯特的资助，逃到瑞士。在那儿，他开始了将近 12 年的政治流亡生涯；起初他倾注于撰写关于革命的文章，他不再只是一个艺术家和梦想家，俨然成为一个老练的革命积极分子。

由于他在那些日子里出版文章所遵循的思路，他遭到一些同辈人，尤其是那些人中献身革命的人，指责他只是因为艺术的缘故愤而闹革命。他们嘲讽说他唯一认真反对的，是现存社会中对艺术不利的那些方面，说他革命的真实目的只是为了一个对艺术更为有利的社会。在他们眼中这是琐事一桩。这些人中有的则属于个人攻击，说瓦格纳反对现实社会的真实原因，是由于他所想要的东西社会拒绝给他，因此他的真实愿望是推翻现有社会，而以一个能提供给他个人想要的机会的社会取而代之。那些时日里，这类批评让他深受触犯：他严肃地自认为是一个社会与政治的思想者，而他的批评者却不以为然。说句公道话，他们的批评确实不能成立，虽然其中有相当一部分是事实。然而时过境迁，当瓦格纳摒弃了政治，努力回归自我，在政府中寻找艺术赞助人的时候，那些批评者的论调与他这时采取的说法就相互吻合了。他声称自己从来都不是一个搞政治的人，从始至终一直都是一个艺术家。他说自己是出于对政治的无知，天真地寄希望于另一种对艺术更为有利的社会，任由自己把对艺术现状的不满带到社会，鹦鹉学舌般讲了一堆关于革命的胡言乱语。但所有这些都显得幼稚，而且应被看作并无恶意。他说，他从来就不是一个激进分子，而只是一个旁观者。他在 1849 年事件中扮演的角色，被当时的警方还有后来的报道可笑地夸大了，只因为他是个名人——有可能确实写过一些让人脑袋发热的小册子，甚至还做过一些演讲……这是他为回应赞助他并改变了他此后生活的巴伐利亚国王路德维希二世的请求，撰写自传《我的生平》，在其中描述的自己的立场。但事实并非如此。

事实是，他二十来岁时就成为狂热的“青年德意志”的一员，此后多年里他所持的政治观点，一直具有空想社会主义的特征，且热情而真诚。起初，出于年龄和缺乏经历的缘故，他的政治观点不成熟，很像那种大家所熟知的左派学生。但随着他年龄的增长，这些观点逐渐变得深思熟虑和理性。他接触到当时重要的全新的革命理念，首先是通过和他那些政治活动家朋友展开讨论，然后再去阅读原著，虽然有些时候是事隔很久之后才去阅读。终其一生，他是美国人称之为学东西很快的那种人，他对自己感兴趣的那些思想能很快地吸收，并迅速地代谢出自己的观点。在大多数情况下，要他说出自己是哪年阅读的哪位作家、阅读那些著作的顺序，比我们中大多数人说出自己在这方面的情况更为困难；但我们确实知道，越来越吸引他、并最终支配他深表忠诚的，是无政府主义哲学。他阅读蒲鲁东并深受其影响，而蒲鲁东是第一个自称无政府主义者的人，也的确是所谓的无政府主义之父。他还成了仅有的另一位可与蒲鲁东相提并论、对 19 世纪欧洲产生影响的无政府主义者巴枯宁的私人朋友。由于他们两人之间的友谊是积极的政治友谊，所以不能想象（至少我认为）巴枯宁从来没有向瓦格纳提起过已经与他有着私人友谊的卡尔·马克思。在瓦格纳出版的文章中，马克思的名字并没有被提及过，但瓦格纳的一些具有煽动性的文章，明显带有马克思似的姿态：我认为他肯定阅读过马克思那些激情洋溢的文章，并受此诱惑模仿其文风，哪怕只是出于下意识。

无政府主义哲学就其整体而言并没有从其本身的立场被人理解。“无政府主义者”这个词起初是作为一个带贬义的术语，意指那些挑起骚乱的人；时至今日，对大多数人来说，这个词似乎让人联想到的是那些扔炸弹的恐怖分子。朝向世纪之末，越来越多的无政府主义者确实如此，但无政府主义哲学就它的起源而言，是一个温和的纲领。事实上，其背后的主要动机，至少从心理上来说，是反对使用暴力的。第一个提出其构想的是蒲鲁东，他在 1840 年公开用“无政府主义者”这个词标榜自己。他的观点是，在达到一定发展水平的理性与文明的社会里，群居动物和原始人所共有的对领袖的需求被弱化了。于此，维系一个相互合作的社会才会成为可能，进而有可能形成一个无冲突的社会。一个基于某位领袖或某个政府的强制性秩序的社会会引发冲突，其自身就包含着以武力遏制冲突；也就是说，其制度与秩序是应维持秩序的需要而形成的。不仅社会权力要依靠武力，制度体系更是如此。在任何发达的社会里，每一代人从过去继承下来的经济形态是一个社会，而非单独的产品，且并非由继承它的人所创造。因此它是由大家共同操作，且应该基于自愿合作的基础上。对任何个人或被允许“占有”比他们自己所能使用的更多的那些人来说，这是对自然正义的曲解；此外，他们是否会由此利用所有权赋予他们的权力，侵吞其他人的劳动。比如说拥有土地的人不干活，却逼迫没有土地的同胞们为他们干活。拥有土地和工具的人自己使用工具、自己劳作，这是最起码的，这能确保他们得到自己的劳动果实。然若非如此，财富则属于窃得。基于平等原则，每个人应该免费获得大自然的资源，并享有应用那些资源获得自己劳动果实的权利。

麦克米伦的《哲学百科全书》是这样告诉我们的：“无政府主义的共产主义者宣称的口号是‘各尽所能，各取所需’，他们设想仓库是开放的，任何人都能从中得到自己欲求的物品。他们的理由是，首先，工作是一种自然需要，是人可以不受欲求的胁迫而完成的；其次，因为对一切可取用的物品不加限制，也就不会产生使人获取超出自己所用之需的诱惑。”既然如此，他们所设想的社会就不需要货币，而且实际上在现存社会经济中的多数分配制度也并不需要货币。他们相信这个方案可以简化社会形态，进而简化生活方式。无政府主义者的著述显露出对大规模工业的明显反对态度，尽管有些无政府主义者认同这两者并非互不相容。大多数无政府主义作家设想的似乎是一个个体经营者的社会——工匠和小农，其劳作足以维持自己及家人适度的小康生活。任何对个人的强制约束都被视为毫无必要，而且一定遭到强烈的抵制，理由是那就必须要有权力或权力威慑的支持，也由此总是在造成一种对权力或权力威慑的需求。出于这个原因，无政府主义者们反对任何带强制性的制度关系，甚至反对到了，例如说，婚姻制度。他们认为社会应是一个由在各方面都自由的个体所组成的完全自治的组织，免去一切管理或规则的概念。人们愿意参与其中的诱惑力巨大的动机，是这么做不言而喻符合他们的利益。相互协作能使他们比在彼此孤立中生活得更富足更安全，还能保持住自由。所以，没有比寻求自身利益更理想的动机了。然而此种对社会的构想，很显然是基于对人类这样一种本性的信念，这种本性被普遍因袭而鲜有例外，而且这种人类本性得是理性的、善意的、可以有攻击性但不过分、允许自私但不越出常理。

时至接近2000年的今天，从任何角度来看，这种观念都属于头脑简单。但是在工业化初期的几十年里，这些观念被弄得似乎有它的道理。在工业城市的居民中，离开土地超过一代人以上的并不多，纵观整个欧洲大陆，大多数人还都生活在小村小镇，有着对工业化前生活方式亲身体验的知识，而这种生活方式现在濒临灭亡。他们中的大多数人认为，他们还有机会，只要他们齐心协力，就可以将那种简单的生活方式保存下来。唯一需要的东西是要去这样做的共同愿望。实际上，无政府主义是对工业化进程做浪漫主义反抗的一部分，这对今天的我们是再明显不过的了，而当时很多人对此也很清楚。它是对社会变革中新趋势的全面拒绝，是对大规模工业化组织造成个人的个性丧失的拒绝，反对个人不仅在工业现代化过程中，而且在随之而来的现代化国家里所处的隶属地位，是对回归自然、回归简朴生活的呼喊。这就与众多看似左倾的运动一样，实则为顶着进步之名主张倒退，在很大程度上是一厢情愿的想法。但是对许多理想主义的青年知识分子来说，这似乎是一次真正的选择，而且他们对之深信不疑，报以激情的承诺。在我的叙述过程中所提及的几乎所有的理念，都深植于瓦格纳的灵魂中，并且对《指环》的歌剧脚本产生影响。

随着《黎恩济》的成功和《飘泊的荷兰人》的首演，瓦格纳得到了一份德累斯顿宫廷剧院总监的工作。这是在1843年2月，那时的他还只有29岁。同年，一位叫奥古斯特·吕克尔的人被任命为助理指挥。吕克尔来自音乐世家：他是胡麦尔的侄子，又是罗尔青的内兄，而他的父亲是一位男高音，曾当面为贝多芬演唱过。他是一位很有天分的音乐家，不过看起来不是一位特别好的指挥家。但他成了瓦格纳亲密的终生的朋友，对瓦格纳——特别是瓦格纳的社会与政治观念——产生了决定性影响。吕克尔在得到任命的时候就已经是一个在巴黎、伦敦参与政治活动的社会主义活动家，继而参与在德累斯顿的政治活动。他是介绍瓦格纳结识当时其他政治活动家和革命作家的关键人物。就如瓦格纳在《我的生平》中告诉我们的："在蒲鲁东和其他人关于'通过直接劳动消灭资本的力量'等社会主义理论的基础上，他（吕克尔）对此创立了一整套新的道德秩序，通过他的一些更为吸引人的论断，使我一点一点地发生了转变，一直到我开始为实现我的艺术理想重新树立自己的信念。”接着瓦格纳继续述说吕克尔那些使他发生转变的理念：“引导我对自己做进一步的思考，而我热忱于发展出一种真正唯一能与我的最高艺术理念相照应的人类社会形态的理念。”

瓦格纳在吕克尔家中遇到的一个人，就是当时已有国际声望的无政府主义者巴枯宁。必须承认，巴枯宁的相貌的确符合那类流行的老套的无政府主义者，虽然看上去是一个胡子拉碴、身材高大、时刻在躲避警察的俄罗斯人。他俩成了朋友，并在1849年德累斯顿起义中一起成为坚定的组织内部的领导成员。尽管瓦格纳在他的自传中对起义所做的解释，不诚实地淡化了他参与的程度，把自己说成在整个战斗中一直都只是在和巴枯宁进行不间断的个人联系。他在这本书中对他们的友谊做了引人入胜的描述。瓦格纳说，他发现巴枯宁“是一位真正可爱且敏感的人”，是一个为社会带来程度无法想象的毁灭而庄严奉献自己一生的人。“在这个了不起的人的身上，有着最纯粹的人道主义的理想主义，但结合着对所有的文化完全原始的敌意，因此我和他的关系在本能的恐惧与无法抗拒的吸引之间摇摆不定。我经常邀他一起散步，他很愿意陪我散步，不仅是因为他不用担心碰到追捕他的人……”瓦格纳让我们瞥见到的与巴枯宁的交往还包括“所有文明的毁灭是他早就存在于心的目标；运用手头一切政治杠杆作为达此终点的手段，是他目前的当务之急；而这也常常成为他具有讽刺意味的欢乐的由头……我们中谁会蠢到去相信在达到这个毁灭的目的后他自己还能幸存？这是必需的——他说——把整个欧洲世界——彼得堡、巴黎、伦敦——描绘成一堆瓦砾：我们又如何能期盼纵火者自己带着完全理性的本能去检视这些废墟？”当瓦格纳试着告诉他，打算把自己的一部舞台作品取名叫《拿撒勒的耶稣》时，巴枯宁“怀着极大热情，要我明确地把耶稣刻画成一个性格软弱的形象。在音乐方面，他建议我只写一段音乐，但运用所有可能的变奏：男高音唱‘砍他的头！’，女高音唱‘送他上绞架！’，通奏低音（原文如此）‘烧死他！烧死他！’”

特别要说明的是瓦格纳必须把自己形容成对巴枯宁的吸引力无法抗拒。我相信这也的确如此，因为巴枯宁要毁灭一切事物一切人的疯狂、幼稚的愿望，符合瓦格纳沉湎其中的一些东西。那个时期瓦格纳出版的政治性文章一次次地号召扫除一切。更确切地说，瓦格纳多年来在心里徘徊的念头，即是来一场突发的大火。1850 年他在一封信里写道：“我不再相信任何革命，除非是一场以焚毁巴黎为起点的革命。”1851 年，他表露过想在莱茵河畔建造一所剧院，在那里连续四个晚上演出《指环》全剧后，将剧院付之一炬的愿望。《指环》这部剧的结尾即是在舞台上表现了整个世界化为灰烬——或许这就是瓦格纳想要的把剧院付之一炬的愿望的逼真表现。不管怎样，如今“众神的黄昏”这个词用来所指的意思——即使在英语里——就是在任何情形下所有的一切都灾难性地、不可逆转地被毁灭。在瓦格纳晚年，1881 年，柯西玛的日记记录了一次她称之为瓦格纳的“狂暴的笑话”，其中瓦格纳讲了类似这样的话：“在《纳旦》（莱辛的戏剧《智者纳旦》）演出结尾所有犹太人都应该被烧死”。这种结局他也不只是留给犹太人，1870 年时他就曾说过，所有的耶稣会士都该“被消灭”，虽然没有明说要烧死。在他的一生中，有着强烈地表达对大规模毁灭的期盼的情感。我相信他们不得不带着他对世界的疏离感去做，而这种疏离感本身是一个毕生的主题，且随着年龄的增长，会采取越来越多的方式把世界当作一个邪恶之地去拒绝——这是他因发现叔本华而获得了哲学支撑后形成的一种观点。事实上在 1854 年 10 月，当他第一次读到叔本华后，在立即写给李斯特的信中他写道：“让我们只用轻蔑的眼光来看待这个世界；因为它不该得到更好的；它承载不了我们的希望，不要蒙骗我们的心！它是恶魔，是恶魔，**根本就是恶魔**……属于**阿尔伯里希**那种：就是他！叫他滚！”在我看来，作为一个年轻人，他的个性整个就是他所信奉的革命的无政府主义者的个性——而他自己所宣称的对他的朋友巴枯宁所感觉到的“无法抗拒的吸引力”，说的“仅仅是在对毁灭及永远毁灭的不断坚持”这点上。

对一些读者而言，青年时瓦格纳所持的空想社会主义的观点，与他——至少有一部分——周期性的想要毁灭一切的冲动，这两者之间似乎显得矛盾；但实际上这两种观点走到一起并非罕见。以实用的眼光来看，很多现实存在的终要被扫除，一个理想的社会才能够被建立，这似乎再明显不过。而且，因为反正现存的社会是邪恶的，所以邪恶必须扫除，这从道德角度上说也是可取的。它**理应**被扫除。革命者**就是要**去把它扫除。很多革命者对这种毁灭的前景心存快感，而对这种毁灭他们或者不敢完全承认，或者将其归结为合乎情理的愤怒。凡与极左派有过个人交往的，没有人会对乌托邦式的理想主义与不分青红皂白的杀戮和毁灭之间的关联感到任何意外。有大量的书面证明能将实际上青年瓦格纳的政治观点属于激情的社会主义无政府主义或是共产主义无政府主义的事实置于任何疑问之外。弄清楚这些十分重要，因为正如我们将要看到的，它们被这样那样地写进了《指环》歌剧脚本。很多涉及瓦格纳的作家，要么没有弄懂这些是什么，要么就是低估了弄清楚这些的重要性。这里有几个原因，一个原因是这些作家写的是关于音乐的，他们本身对这些思想并不熟悉；另一个原因是无政府主义的思想，无论是在当时还是在当下，被很多人认为是可怕的，因此不事张扬、遮遮掩掩成了一种倾向；或者是通过温和的表达使其更受人尊重。就像我说过的，在他的生命后期，瓦格纳极大地促进了这种倾向，恰恰是他通过这种做法，试图把自己从青年时代的不光彩里择出来。不幸的是，他改写自己的过去，为误解提供文献支持；但如果把他后来写的和他当时说的——即把他的私人信件和公开出版物——做一个比较，那么差别是显而易见的，事实的真相一目了然。

另一个误解源自那些具有马克思主义倾向的作家们所写的瓦格纳——他们写了很多——他们觉得自己已经完全相信 1848 - 1849 年的革命运动是自由主义者与小资产阶级的革命这个观点，因此倾向于把青年瓦格纳归类成一个小资产阶级自由主义的革命者。从瓦格纳的真实思想来看，这种观点是荒唐的。但这些作家们普遍表现出不愿认真看待马克思之前的社会主义或共产主义思想，大概担心这么做会贬低马克思的重要性。瓦格纳当然属于中产阶级，而且更接近这个阶级的下层而不是其上层，而他发现这给他造成一些令他厌恶的局限性；但他的政治观点并非是自由主义的。他明确地否定改良，反复不断地坚称所需要的是革命。他自己坚持把他当时的观点说成是社会主义者、甚至有时是共产主义者的；而且如果你读了他表述这些观点的原文，就知道他所说为何。同样清楚的是，他极端地抱持着这些观点，就如他总是抱持着自己所有的观点那样。他对他的朋友们滔滔不绝地谈论这些观点，出版有关这些观点的小册子以及报刊文章，就这些观点发表演讲；而当 1849 年的起义爆发，他走上街垒为这些观点而战。

在革命即将发生的那段时间里，瓦格纳的朋友吕克尔因其政治活动已经被当局暂停了他的助理指挥工作。随即他办了一份每周出版两期、刊名叫《人民报》的政治刊物，把自己的所有能量投入其中。瓦格纳不仅为这本刊物投写煽动性文章，还担任过一段时间的编辑。他在 1848 年秋天的《大事记》中写道："决定休息一下。——孤独：共产主义思想对塑造人类未来，在一定程度上有利于艺术。"就如他后来在 1849 年给妻子敏娜的一封信中写的，他已经成为"一个名副其实的革命者"。

导致 1848 年和 1849 年起义爆发的前几年，是一个整个德国处在知识分子骚动不安之中的时期。典型的，在德累斯顿，一个杰出的青年知识分子团体每周都要在"天使"餐馆他们自己的一间房子里展开着危险的讨论。这群人中不仅是瓦格纳，还有一些人在其后的 150 年里也赫赫有名，如建筑学家戈特弗里德·森佩尔和画家弗里德里希·佩希特。这些各具天赋的人都因那些关于艺术与政治的革命思想情绪激昂，他们中很多人还积极投身到革命起义中。如森佩尔就去指导如何设路障。很有趣值得指出的是，他们（后来 1968 年时他们最邻近的同类人也是一样）被那些同时代的著作和著作家们裹挟：蒲鲁东《什么是所有权》在 1840 年刚出版；费尔巴哈《基督教的本质》紧接着在 1841 年出版，他的另一部著作《未来哲学原理》在 1843 年出版。这几本书是当时最有影响力的书籍的一部分，它们帮助塑造了那些思想，革命者受这些思想的推动最终走向街垒。瓦格纳肯定就是这些人之一。然而在 1848 年，如同在 1968 年一样，还有着更深刻的、持续不断的思想背景，更久远地伫立幕后，直接对当前的思想给予不断的支持。在 1968 年，那就是马克思主义的丰富传统，它经过了法兰克福学派的对之重新构造，并从精神分析学和当代社会学等诸学科中补充了养分。而在 1848 年，那就是同样具有丰富传统的黑格尔哲学，而无论如何马克思主义都是黑格尔哲学的传承。

黑格尔思想最基本的洞见——而其大多数其他的思想都是由此发展开去的——就是：现实不是各个事物的某一状态，而是一个过程；是正在**进**

行中的一个东西。这对于现实的每一部分，以及我们的个人生活和体验到的每个方面来说都是成立的。甚至一个事物对象都是一个过程：它会从无到有，又将从有到无，而且在两个不间断的时间点上从不相同。尽管变化可能极为缓慢，但没有东西是一成不变的。继而黑格尔认为，那种变化几乎都不是随意的或无规则的，而通常呈现出遵循一定的理由。事物的任何情形与状态，无论为何，都是排它的：它拒绝任何对自身有害的力量，阻止其他事物的存在或发生。这就意味着在任何情形下，内在的冲突永远存在，遭到抵御的对抗性力量永远存在；反过来说，完全稳定的情形是不存在的：每一情形在其自身内部都携带着不稳定影响，如果环境使它们充分成长，就会使这种情形不复存在。因此每一种情形都可以被说是携带着可能导致自身毁灭的种子。黑格尔主张，如此形成的永久而持续的不稳定，就是我们在所有方面都体验和感知到的变化的过程。他将关于变化的观点形式化，归结为他称之为辩证法的思想：任何正面肯定的事物状态（让我们把对它的论断或描述称为我们的“正题”），只要它一旦存在，就会带来与之对立和不相容的事物状态（我们把对这一事实的论断称为“反题”），导致原来状态的不稳定，使得它变成一种新的东西也就是新的状态，它一部分与原来的状态不同，一部分与之相同，在这中间，在原有状态中造成不稳定的因素成为新状态构成的组成部分（我们把这个称为“合题”）。但是，这一新的事物状态，只要它一旦存在，就会带来……如此等等，持之以恒。那么，在永无休止的永恒变化过程的背后，我们看到的模式就是这一不断自我更新的正题、反题、合题的三元组。

今天的我们，难以估量这样的对每一件事情都要重新看待的新方法对欧洲思想界产生了何等影响。在历史上到那时为止的大多数情况下，人们都在试图把他们周围的世界理解为既成的事物状态，一种给定的局面。而为了使这种说法可以成立，他们倾向于去寻找周边世界的稳固特征、其常量。牛顿科学的最重要之处，在于揭示了空间中所有物体运动都必须遵从的牛顿运动定律是超越时间的永恒真理。这个发现是人类思想在认识其物理环境方面从未达到的最伟大的一项成就。而到了康德——其生活的年代与黑格尔有重叠——又前无古人地创建出一种理论，把宇宙的现存状态视作逐渐发展而成，而非原本如此、一成不变。这开创了看待现实的一整套全新方法。它打破了既有思维的模式。这种方式的主要之点，在很多年后由一位所谓的青年黑格尔学派的领军人物之一的弗里德里希·恩格斯做了很好的表述："这种辩证哲学推翻了一切关于最终的绝对真理和与之相应的绝对的人类状态的观念。在它面前，不存在任何最终的东西、绝对的东西、神圣的东西；它指出所有一切事物的暂时性；在它面前，除了生成和灭亡的不断过程、无止境地由低级上升到高级的不断过程，什么都不存在。它本身就是这个过程在思维着的大脑中的反映。"[①]

由于黑格尔的这种洞察力具有丰富的潜力，因此这种洞察力的发展在其追随者中的不同团体那里呈现出千姿百态，且方式各不相容。一些人辩驳说：一方面是本质上打破平衡，因此是革命性的辩证法，另一方面是黑格尔对现存权威逢迎屈从的个人政治观点，这两者间存在着无法调和的差异。另一些人则为黑格尔辩护说，作为受雇于普鲁士政权的一个大学教授，为了可以继续自由教学及出书，掩饰自己激进的观点是不得已而为之，不管怎样，他这么做是为了服务于一个更高的目标。还有进一步引起争议的事情。黑格尔的辩证法把世界及万物表述为处在永无休止的永恒变化过程中；更进一步说，黑格尔还对此种变化会以何种方式以及为何会以这种方式起作用，提供了明确无误的说明——它表述为人们常说的"变化的法则"。但问题由此而来："在变化的东西是什么？所有这种变化都在**谁的身上**发生?"黑格尔对此问题的答案显然是唯心主义的。他认为存在着一种世界精神（德语 Geist），是它在历经整个辩证过程。但在他的追随者中，有人认为他的这个答案有着严重的错误。他们接受黑格尔关于现实的全部处在变化过程中的观点，也接受黑格尔关于辩证法是此种变化的基本原理的论述。到这一点为止，他们是黑格尔主义者。但他们认为，这所有的变化中的一切，是物质而非精神。作为黑格尔主义思想家，他们认为自己是在解决黑格尔哲学中存有的内在矛盾，是在创立一种新的理论。青年黑格尔

---

① 中共中央马克思恩格斯列宁斯大林著作编译局译恩格斯《路德维希·费尔巴哈和德国古典哲学的终结》，人民出版社 2014 年版，9 页——译注

学派的卡尔·马克思在这些行列里无疑成为最著名的思想家——确实如此，他的名声超过了其导师——他把黑格尔的辩证法与自己的唯物主义世界观联姻，创立了名副其实的“辩证唯物主义”。

在哲学上，马克思毕其一生是一个黑格尔主义者，他一直沿用黑格尔的语汇。他甚至相信黑格尔已经完美地把哲学带到了终点，使哲学发展到了其潜在的极限。但他也认为，黑格尔哲学被错误地应用到了现实社会，而他——卡尔·马克思——将此改正了过来。就如他曾有过如此著名的表述：他看到黑格尔以头倒立，而他将黑格尔转回到以脚站立。也正如我在别处已经表述过的，这就好似马克思从黑格尔那里借用了一组数学方程式，并始终保持这个方程式不变，但是从头至尾用一个不同数值去替换变量 X，在所有唯心价值观的地方都替代以唯物价值观。在涉及人类历史的领域里，他发现决定性的辩证冲突在于社会各阶级之间存在的冲突，而社会阶级自身是获取生活必需品的生产工具的连续发展阶段的产物。他和恩格斯在 1848 年出版了概述这一观点的经典著作，这就是他们全部著作中最著名、最有影响力的《共产党宣言》，该书的第一章第一句话开宗明义：“迄今为止一切社会的历史，都是阶级斗争史。”

这些接踵而来的发展总和在一起，主宰了 19 世纪 30 年代和 40 年代德国的知性生活：首先是无可争议地开创了新思想的黑格尔，而他于 1831 年去世；此后在年轻一代中衍伸出黑格尔主义的各种学派，从中逐渐分化出黑格尔左派和黑格尔右派；随后出现黑格尔左派日益激进并且转向唯物主义（在此发展阶段中的关键人物是我们尚未讨论到的费尔巴哈）；再其后出现马克思和恩格斯这两位先前的黑格尔左派，昭示世界共产主义的到来。当时主要的无政府主义思想家，包括蒲鲁东和巴枯宁，都热心地与马克思和恩格斯建立起思想上的甚至是个人的联盟，尽管后来在个性自由的问题上导致蒲鲁东、巴枯宁与马克思、恩格斯分道扬镳。巴枯宁的特别之处，在于论及基于马克思主义原理的社会将会是怎样的社会，有着惊人的先见之明。蒲鲁东的独到见解是：如果全部的生产资料为共同所有，那么特定的个体就无法存在独立的可能性。

若要再度体验到那个时代的知识氛围，那么除了这些理念本身，还有各种其他事情也必须要弄明白。这些理念是全新的、属于那个时代，是新奇之物；而且那时这些人还年轻，或至少可以说比较年轻：《共产党宣言》出版时恩格斯只有 28 岁、马克思 30 岁；巴枯宁 34 岁，瓦格纳 35 岁。即便是蒲鲁东也还不满 40 岁。这些有才华的人们正值人生的黄金时期。他们生活在一个几乎无法控制兴奋的世界里。这并非是夸夸其谈，他们是一群积极活跃的革命者，献身于将自己的理念付诸实践。他们刚经历了 1830 年的小规模革命，对他们那是巨大的鼓舞之源；到了被称为革命年的 1848 年，暴力起义席卷整个欧洲，我在此提到的这些知识分子都被卷入其中，他们中有些人后来遭受了长期的监禁或流亡。他们所尝试的真正的革命，在他们的生活中占据着主导地位，并且对他们后来的生活产生了重要的连锁反应。许多年过后，在马克思 1883 年逝世之后五年，恩格斯把这段时期描述为“1848 年德国革命的准备期；而此后所有发生的对我们来说都只是 1848 年革命的延续，只是最终愿望的实现和对革命的检验。”

第四章

瓦格纳、费尔巴哈与未来

一

在思想发展史上，连接黑格尔和马克思、并构成他们之间重要环节的至关重要的思想家，是路德维希·费尔巴哈。直到 19 世纪 50 年代中期，他的思想还属于新思想的时候，他对瓦格纳的影响大过任何其他哲学家。正如我暗示过的，他还对马克思产生过巨大的影响。事实上，在 1848 年革命过去了 40 年之后的 1888 年，恩格斯出版了一本论费尔巴哈的小书，旨在阐明其对马克思和马克思主义产生影响的关键之处。恩格斯写道："费尔巴哈的发展进程是一个黑格尔主义者（诚然他从来不是完全正统的黑格尔主义者）走向唯物主义的发展进程。"当然，这同样也是卡尔·马克思的发展进程。但恩格斯弄清楚的，是马克思使这个进程并非孤立无援；这个发展进程是由费尔巴哈所开创的，最终的感觉是达成了可接受的形式，而马克思起初是一个有意识追随费尔巴哈脚步的人，只是到后来超越了他。

这个故事的一部分是如此的有趣，而恩格斯又是这个故事非常权威的解释者——这些相互牵扯的思想体系，在理查德·瓦格纳的一生中是如此的有影响力和如此的重要——所以值得详细引述恩格斯的解释。下面的引文可以作为概括瓦格纳在成长和度过他成年生活的头 20 年里整个知识背景的简要梗概。

可以理解，黑格尔的体系在德国的富有哲学味道的气氛中曾发生了多么巨大的影响。这是一次胜利进军，它延续了几十年，而且决没有随着黑格尔的逝世而停止。相反，正是从1830年到1840年，“黑格尔主义”取得了独占的统治，它甚至或多或少地感染了自己的敌人；正是在那个时期，黑格尔的观点自觉或不自觉地大量渗入了各种科学，也渗透了通俗读物和日报，而普通的“有教养的意识”就是从这些通俗读物和日报中汲取自己的思想材料的。但是，这一全线的胜利仅仅是一种内部斗争的序幕罢了。

……到30年代末，他的学派内的分裂越来越明显了。左翼，即所谓青年黑格尔派，在反对虔诚派的正统教徒和封建反动派的斗争中一点一点地放弃了在哲学上对当前的紧迫问题所采取的超然态度，由于这种态度，他们的学说在此之前曾经得到国家的容忍，甚至保护……斗争依旧是用哲学的武器进行的，但已经不再是为了抽象的哲学目的；问题已经直接是要消灭传统的宗教和现存的国家了……

但是，政治在当时是一个荆棘丛生的领域，所以主要的斗争就转为反宗教的斗争……

我们不打算更详细地考察黑格尔学派解体过程的这一方面。在我们看来，更重要的是：对现存宗教进行斗争的实践需要，把大批最坚决的青年黑格尔分子推回到英国和法国的唯物主义。他们在这里跟自己的学派的体系发生了冲突……

这时，费尔巴哈的《基督教的本质》出版了。它直截了当地使唯物主义重新登上王座，这就一下子消除了这个矛盾。自然界是不依赖任何哲学而存在的；它是我们人类（本身就是自然界的产物）赖以生长的基础；在自然界和人以外不存在任何东西，我们的宗教幻想所创造出来的那些最高存在物只是我们自己的本质的幻象反映。魔法被破除了；体系被炸开并被抛在一旁了，矛盾既然仅仅是存在于想象之中，也就解决了。——这部书的解放作用，只有亲身体验过的人才能想象得到。那时大家都很兴奋：我们一时都成为费尔巴哈派了。马克思曾经怎样热烈地欢迎这种新观点，而这种新观点又是如何强烈地影响了他（尽管还有种种批判性的保留意见），这可以从《神圣家族》中看出来。

甚至这部书的缺点也加强了它的一时的影响。美文学的、有时甚至是夸张的笔调赢得了广大的读者，无论如何，在抽象而费解的黑格尔主义的长期统治以后，使人们的耳目为之一新。对爱的过度崇拜也是这样。这种崇拜尽管不能认为有道理，在"纯粹思维"的已经变得不能容忍的至高统治下也是情有可原的。但是我们不应当忘记，从1844年起在德国的"有教养的"人们中间像瘟疫一样传播开来的"真正的社会主义"，正是同费尔巴哈的这两个弱点紧密相连的。它以美文学的词句代替了科学的认识，主张靠"爱"来实现人类的解放，而不主张用经济上改革生产的办法来实现无产阶级的解放，一句话，它沉溺在令人厌恶的美文学和泛爱的空谈中了。[①]

任何了解《指环》的人读了上述这些话，肯定立刻被这两者间的关联所震惊。人类因爱而得拯救的理念是《指环》的歌剧脚本主要的既定思想之　，此理念是由　位醉心于费尔巴哈的德国社会主义者写于1844年后不久。

二

瓦格纳在自传里告诉我们，他是在德累斯顿的那些年里发现了费尔巴哈，虽然有些学者认为此发现发生在更早的巴黎时期。或许是在德累斯顿时期，瓦格纳开始认识到费尔巴哈可能是最终对他产生巨大影响的那个人。"一位以前学习神学的学生，那时戴着卡拉布里亚帽子、名叫梅茨多夫的德国天主教传教士及政治鼓动家，第一次引起了我对'唯一能称得上是当代

① 中共中央马克思恩格斯列宁斯大林著作编译局译恩格斯：《路德维希·费尔巴哈和德国古典哲学的终结》，人民出版社2014年版，12－15页——译注

哲学家的'路德维希·费尔巴哈的关注。"不管怎样，瓦格纳直到1849年德累斯顿起义失败、逃往瑞士前，一直完全沉浸在费尔巴哈的著作里。作为一个刚到瑞士的政治避难者，也出于对钱的需要，他花费时间写作；在苏黎世居住的那些时日，他写下了自己最著名的著作以及《指环》的歌剧脚本。所有这些毫无疑问地打上了费尔巴哈影响的烙印。

瓦格纳在开始着手写作自己最有影响力的著作时，精神状态有点兴奋过度，但他的妻子与费尔巴哈联手帮他改变了这点。"我那段被放逐的生涯如鸟儿般特别的自由，起到了让我愈加兴奋的效果。我常常变得更加害怕自己整个人都受到突如其来的兴奋的影响，在此影响下，我时刻都有可能沉溺在最特别的怪癖中，那个时候无论出于什么，我都有可能会如此。在抵达苏黎世后，我立刻确定把自己对事情本质的观点写下来，这些观点是在我的艺术体验与时代的政治激励的压力下形成的。看起来我也只可能尝试着成为一个以笔谋生的作家……"几个月之后，他的妻子与他会合。他继续写作，而且"我享受了一段相对安宁的日子，完全屈从于熟读路德维希·费尔巴哈的主要著作后积聚于心的内在激情。"于是他投身阅读与写作——但没有作曲——度过了一段在其艺术生涯中最为成长的岁月。

正因为他与费尔巴哈的关系，他有意识地考虑把自己写的几本书中的第一本，与费尔巴哈的一本书相类似。费尔巴哈有一本名叫《未来哲学原理》的书，于是瓦格纳把自己的书取名《未来的艺术作品》，以表示这是在一个费尔巴哈主义者所策划的事情中关于艺术的角色的论述。这本书甚至就是献给费尔巴哈的。总起来说，这完全不能成为一个更为公开的宣布为精神上的狂热追随者的举动。瓦格纳后来在自己的自传里说，他"一直把费尔巴哈视为个体从既有思想的束缚中得到彻底解放的理想代言人。"英语世界的读者或许会对了解唯一留存至今的、由乔治·埃利奥特翻译的费尔巴哈《基督教的本质》的英译本特别感兴趣。此人是19世纪中叶英语人口中为数很少的在把德国思想和文学介绍到英国这方面起到决定性作用的人之一。

费尔巴哈哲学的核心——被瓦格纳在其自传里确认为如此——在于：人类完全不是由上帝或诸神所创造，而是人类创造了上帝或诸神；因此，宗教若能被理解，则应被视作完全是人类思维的产物。费尔巴哈认为，为何宗教信仰的一些形式已经几乎非常普遍，原因在于宗教满足了人类的根本需求。据此他思考，如果我们正确地理解宗教，它就确实能向我们揭示基本真理，但这些是**关于我们自身**的基本真理。而这就是费尔巴哈主义者的方式——不把宗教当作一堆迷信或童话故事去丢弃，而把它当作某种对人类有深刻的启发性的东西来认真评价。费尔巴哈辩称，人们迫于经验领悟到他们无法掌控自己的生命，而这引导他们把自己归属于自身之外的至高无上的权力和控制力。在未开化的文化中，每一种决定个体生命结果的人性特征与机能对应于一种不同的神，于是就有爱神、战神、勇气之神、复仇之神、智慧之神，以及等等等等。这里要强调的一点是，这些是被虚构出来的“非人类的存在”所认可的**人类的属性**——而且正因为如此——也被认为具有人类的特征，所以他们才拥有此种属性。实际上，很多的神，他们彼此相互间相处的方式与人类几乎相同，彼此使尽各种欺骗和诈术，用来打败对方，把人类那些最好的和最坏的行为都显露无遗；所以这些神无论是高贵还是邪恶，都脾气暴躁、任性、不善良；而且所有这些神都会表现出自尊心受到伤害，所以他们都需要慰藉。所有这一切都有例证，例如在古希腊那些熟为人知的诸神中。

这样的神，通常被当成是生活在其他地方、在奥林帕斯山的某处俯视着我们的准人类，他们只是乔装打扮来到我们中间，或出现在我们的梦里，或当黑暗来临时——但另一方面却又完全有能力干扰我们日常事务中的人的两性关系。在越是发达的文化中，宗教就越复杂：诸神变得更为抽象；人变得愈加模糊，丧失了全部或大部分的生理属性，甚至归并为一；但即便是最抽象的宗教中的单个的神，都被认为具有我们自己最深处渴望拥有的那些属性。在我们的生命中，完全占支配地位的真实即是死亡，而对死亡的害怕是我们最大的恐惧：因此上帝是不会死的，祂是不朽的。在免除了死亡之后，接下来我们渴望的，是掌控我们的生活和我们的环境：因此上帝是全能的，祂掌控一切。上帝要求无所不知，因此祂通晓一切；因为我们最渴望得到的，是关于未来的知识，上帝则被认为特别具有那种知识。由此继续往下，所有我们渴望具备但确实不具备的那些属性：完美的善、完美的仁、完美的真，以及其他所有完美的一切。于是，我们从上帝身上看到所有那些自己最希望是或不是的东西；面对上帝我们深感自己卑微，而对祂顶礼膜拜。我们视祂为神圣，视祂为我们的造物主。我们把自己由存在的主体变为存在的客体——此客体对应的不是在我们之外的真实的主体，而是另一个客体——我们自己创建的客体。

在此种幻觉中，我们对上帝的所有重要的断言，实际上是对我们——甚至明显是历史上的我们——自己的断言。当我们说诸如“上帝来到地球上，承受了人类的苦难，并为我们而死”之类的话时，实际上我们是在说，为他人受苦和牺牲是人类所能做的最高层次（即最庄严）的行为。于是，第一要申明的不是字面意思的真实，也不是某种深刻而重要的真理。这样我们才能做到认真去关注宗教所说的关于我们自身的那些。例如，当我们说，上帝**即是**爱；他想要的、想做的和想获得的，即是出于爱而去要、去做并且得到的；我们一直在表达的是爱是最重要的事，是我们人类生活与存在的本质；而去尝试或实现的正确之途是通过爱。人类关注宗教的时代的到来，是理解这一切的过程——而且，作为理解它的结果，终止我们对自己生活的责任，转而把对其他人以及幻想出来的造物所负的责任承担起来。由此展开，意即把我们与现实的关系视作一个整体；这是一个总体的成长过程，且最终是我们为自己承担全部责任。如果所有那些被我们一直视为神所具有的特质给我们带来了安慰，那实际上（这些特质）是人的：如果真有什么神，那即是我们。

瓦格纳在吸收了费尔巴哈哲学后的精神生活的核心重要事实，是他此后在对待宗教的认识上一直秉持费尔巴哈主义者的观点。他从来没有把任何创立出来的宗教当真，但尽管如此，他把宗教视为是重要的现实存在的深刻启示，怀着极大的兴趣走近宗教。费尔巴哈对他最直接的影响，是他把费尔巴哈的核心理念渗入了《指环》歌剧脚本中。《指环》中有很多角色是神，而瓦格纳有意识地以费尔巴哈式的人类发展初期阶段的单个的神和神性来表现他们。这里至关重要的一点，是神被视作具有英雄色彩的人，预言着人类基本和普遍的特征与欲望，但只不过，可以这么说，在他们的“背后”没有其他的存在。由诸神作代理人的先验世界并不存在。既然如此，他们当然就不意味着能代表理想的品质——实际上他们多半不是令人敬重的角色。这个事实即使放在今天我们这个漠视宗教的年代也会引起一些旁观者的困惑。我们心中的神与在道德上的令人敬佩仍是结合得如此紧密，以至于对一些人来说，难以理解在《指环》中，结合并不意味着控制。我曾多次听到有人抱怨《莱茵的黄金》中的那些神是一群骗子，并把这个作为他们不喜欢这部作品的理由：似乎这些神本该得到我们的尊敬，而瓦格纳自己则并不明白这些神有多令人讨厌；似乎这也表明了瓦格纳有多令人讨厌。艾赛亚·伯林常抱怨地惊叹，“但他们确实是一伙匪徒!”如果有人试图向他解释说，这些神**意指**作为应该被扫除的腐朽秩序的不受人尊敬的代表，他可能会将信将疑并且摇头。毕竟他们是神；而且很显然，瓦格纳真的相信这些神所代表的是他已经接受并希望我们也接受的某种东西。

整部《指环》讲述的是鲜明的费尔巴哈主义的观念中未来时代的世界：在那里，起初的统治力量看上去是诸神的力量，但随着情节的展开，这些力量被把对世界的责任变成对自己负责的人类从那些神的手中摘取。这确实是一个通过所有谋划好细节、制定好行动的主要推力的整体的转变。更重要的是，人类为自己承担责任而制定的新秩序，不是基于领导或权力，而是基于爱——唯有爱。瓦格纳曾经计划在《众神的黄昏》终场布伦希尔德结束语的台词里明确这一点，但在创作音乐时他改了主意，没有把这个放进去。但不管怎样，这些内容在多个版本的歌剧脚本里出现；而它们总是被归类于“费尔巴哈式的终结”就不足为奇了。这些内容包括如下：

纵然神的族群
如一次呼吸般消逝，
纵然在我身后留下
一个没有统治者的世界，
如今我遗赠给那个世界的
是我最神圣的智慧的累积。
那不是财宝、不是金银，

也不是虔敬的盛景；
不是房屋、不是庭院，
也不是高贵显赫；
不是陷入困境的协议
危险的枷锁，
不是油嘴滑舌的习俗
严厉的法令：
在快乐与悲伤中祝福
唯有爱能如此。

（斯图尔特·斯潘塞译）

三

本书写到这里，已经对瓦格纳在1850年前后开始写作《指环》的歌剧脚本时基本的哲学观、社会政治观和信仰作了概述。这些观念彼此间相当一致。没有人能在这些方面的见解百分之百的一致；而由于瓦格纳是一个如此任性和个性强烈的人，因此不难找到他在某处说的和在另一处说的自相矛盾的例子；但就总体而论，其大范围的观念清晰可辨、充分一致。很值得将这些观念为何做一个概述。

瓦格纳年轻时相信，这个世界——哲学家称之为经验的世界，即可以被人感知的世界——是唯一的世界。不存在先验领域。我们关于其他世界的概念、关于其他存在的秩序，包括诸神的，都是我们的推测和虚幻的感觉；然而，因为这些东西一直在深刻揭示我们的需求以及我们的本性，故此被认真对待。道德和所有的价值观都同样是人创造的，迎合了或为了迎合人的需求。由于全部的存在即是人类和自然世界（人类既产生于自然，又是自然的一部分），没有什么能阻挡他们制定有助于人类幸福的人与人以及人与自然之间的关系。如果他们共同选择，他们可以生活、并让生活与自然相和谐；他们也可以去爱与被爱。大自然提供的财富，人类，无论是单个的人或是家庭或是族群，藉此能按照他们的希望，提供他们所需要的、以维持他们的生存。在自然的状态里，出于诸多原因——比如他们想要、比如他们必须、比如他们对工艺、狩猎和其他等所有范围内的活动都很享受——他们能自然地满足他们自己的需求。所有自然情感方面最大的满足，来自于爱和被爱。它（爱与被爱）在赋予生活的意义方面胜过其他任何一切——使得人们相互去做和**要去**做事。说到底，这在实际上就是创造生活、创造人。所以，爱是存在和导致存在这两者的最高动机，也是行为和社会组织这两者的主要动机。男人对女人的爱、父母对孩子的爱、朋友之间的爱，是这个世界的黏合剂，创造出人类群体，把他们结合在一起，使其成员愿意工作，哪怕是彼此间战斗到死。由于这已经符合了人类的基本需求，因此不需要领袖、政府，或任何形式强迫人们进入社会合作的强制力。

很不幸（继续沿着他的思路），虽然没有强制的社会合作适合我们，而且虽然它在某个时期可能存在，但如今它已不再盛行。贪婪的个体已被每个人都能获益的境况宠坏。为使自己富有他们掠夺自然，然后用自己的财富去剥削其他人，比如他们通过武力使自己拥有超过自己所能劳作的土地，然后用饥饿作皮鞭强迫其他没有土地的人为他们劳作。这种人追求的是沽名钓誉的财富和权力，而不是在实现爱与被爱中发现生命的意义；设身其中的人，其对待别人的方式不可能是爱的关系，甚至这些拥有财富和权力的人自己成了一个无爱的存在。这样一个邪恶事物的秩序在经历数代后，发展成相对很少数的人占有和控制着一切，而其他人则屈从于他们。占有和控制通过巨大的、精心设计的强制性力量得以维持——军队与警察、法律与监狱、绞架与枪决、教堂与学校、限制与习俗——更不要说诸如贫困与饥饿这类无形的鞭子。一个不人道的社会秩序得以发展，人与人之间的关系典型地基于权力、欺诈、恐惧与欲望。财富与权力因其无爱的生命而遭精神毁灭，其他人则由于缺乏财力无法实现自己的成就，而被他人强加在他们头上的无爱的经济与社会制度造成的痛苦的生活必需所奴役。

对此（搜索其思想总结）唯一的纠正方式是革命。必须扫除完全邪恶的事物秩序。很显然，暴君和剥削者不会自愿放弃他们的权力，因为权力为他们提供了衡量自己是否满意以及他们生存所需依靠的条件。因此他们必须被废黜、被剥夺。此事能付诸实践，是他们相对数量较小，而受害者是绝大多数。不管怎么说，推翻一种形式的暴政的结果只是建立了另一种暴政，这毫无价值：推翻现存制度的关键之点，在于开启一个全部基于真正价值的社会——合作取代压迫；平等取代领导；互爱取代恐惧；和平取代战争；共享所有权与繁荣；人类作为一个整体与自然和谐地生活，尊重自然环境。这种**自然的**事物秩序若被恢复，没有人有任何理由要再去毁坏它。

这些观点具有瓦格纳二十几岁、三十几岁时有意识抱持的见解的鲜明特征，随着年龄的增长、生活经历的丰富，加之更大量的阅读以及和其他人进行更多的讨论而愈加深思熟虑。到他完成《罗恩格林》的作曲时，他才30出头（他在1848年4月完成了这部作品的收尾工作），是创造力巨大的艺术家，因此可以想见在他期待计划的事情中，他对艺术的地位特别关注——他的出版物主要都是关于艺术以及艺术在社会中的地位的著述。他开始相信艺术在涉及革命方面有其独特的功能，并且这是——通过其无可比拟的交融与交流的力量，以及使理性事物情感化的能力——使公众作为一个整体明了他们所生活其中的社会情形的本质、所有这一切的真实意义是什么，包括尚不存在的未来社会的真实意义。而这是他有意识要在《指环》里达到的目的。就如他1856年8月23日在写给吕克尔的一封信中说的，他创造出齐格弗里德这个角色，“以代表摆脱痛苦的存在的动机。但是我讲述整个尼伯龙根神话是为了把我的意思表达得更清晰：通过表现整个世界的不公如何由第一个不当行为所致、如何成为碎片”，他一开始就真的相信《指环》这部剧本身就会开创革命，或帮助开创革命，并且进而使革命者深切认识到他们革命的真实内在含义是什么。

由于瓦格纳认为我们生活在“整个一个不公的世界里”，这个世界必须被扫除，而由一个“正义的世界”来取代，所以他有一种为未来而活着的感觉。**现实=坏的**和**未来=好的**这两个等式笼罩着他全部的思想。他相信那些只活在现实中并只为现实活着的人，是在命定的事物规则中自暴自弃的家伙，在此规则中，没有什么能成为它本该成为的。因为一切有价值的东西都蕴藏在未来中，他把每一个看似符合他理想的×都称之为“未来

的 × ”。“未来的剧院”，才是与实际现状完全不同的理想状态的剧院。“未来的歌剧”，才是应该如此创作出来的歌剧。“未来的音乐”，才是正确类型的音乐。“未来的价值观”，才是真正的价值观。乌托邦主义从字面上讲，就是相信明年、或下一个十年、或下一代，完美就将与我们同在。瓦格纳总是把未来当作一个他已身处其中、此中的一切都已经如他所想拥有的精神国度来谈论。对我们来说，他那些关于未来的思想如今已经过时；众所周知未来并非他所企盼的那样，他的很多见解显得可怜。但有一些少量且简单的转述把他的见解中真正有意义的东西复原了。正确去理解，这些见解不是语言，而是主张。当瓦格纳把某事描述为“未来如此这般”时，他实际上是在说“这就是我所认为它应该如此的”。当他论及特定的个体与其未来的关系时，他其实是在论述他们生活或思考的真正价值，当然那些都是他的价值观。若从这个角度来理解，他的论述通常都蕴含着透彻的判断与见地。但即便如此，仍然有一些确定性和把握性方面的困窘，他对此的理解迅速地置他于之前的时间。他觉得自己已经触及到真实，但真实从未存在过。

属于我这一代的读者们，会在所有这些与自己一生中发生的事件之间看到相似之处。20 世纪的大部分时间里，大批的社会主义者——全球可能数百万之众——认为社会主义的到来不可避免，并理所当然地认为他们知道未来的情势——我这里所说的是以生产资料共同所有、分配与交换等社会主义经典定义下的社会主义。他们通常确信这些在“社会主义条件”下是理想的。对于如今几乎所有的人，包括以前的社会主义者们，社会主义不但并非不可避免，而且永远不会到来，这似乎是再明显不过的了——的确，他们中许多曾经对此渴望的人连渴望都已不再。实际上我们自己部分的经验，拓宽了我们对某些类似年轻时瓦格纳的人的同情和理解。我们也能从我们现在所处的角度观察到他所持的关于艺术功能的观点，与 20 世纪苏联、东欧的共产主义政权所持的大多数基本相同：艺术是革命的仆人；艺术是对应当被摧毁的社会画出怀有敌意的画，并鼓舞人们去摧毁它；但也必须用画把当下恰如其形的社会表现得引人入胜，并且激发人民效忠于它。

这种艺术手法的特性，以及《指环》自身社会主义革命的内容，为这部在20世纪晚期占据国际舞台近30年的完整的当代艺术品——无论这部作品的制作人是来自共产主义国家或是对共产主义政权抱有同情观点——奠定了基础。在这个时期的前期，“花癫派”① 和20世纪60年代后期的避世者们，整整一代的年轻人都受到对“如此这般的”社会组织敌意的想法的影响，把它视作固有的压迫；他们拒绝基于把女性当作财产的婚姻，并且为每个人创造一个幸福的世界而信奉“你所需要的是爱”，倡导性以及其他形式的解放。我关注这种相似之处，不仅是因为它们存在，而且把我们置于防范对青年瓦格纳的优越感。他的这些观点或许是天真而错误的，但是并非全都与众不同，就他所处的时空而言这些观点当然没什么独特的：这是一些惯常的观点，因此即便在某种意义上说是“现代的”。从这个视角来看待这些观点，或许能更容易理解持有这些观点的他是何等模样，或许能深刻认识到这些观点为他呈现了一个更加生动的现实，而且他真诚热情地相信这些观点能够成为现实，尽管其特征是乌托邦式的。

至于花癫派和20世纪60年代避世者们的观点的特征，具有一种不抵抗主义的无政府主义类型的知识基础，弥漫着空想社会主义色彩；而在20世纪，这些众多观点的终极参照是马克思主义，瓦格纳和他那些志趣相投的同代人自己就像卡尔·马克思似的以左派面目出现——而最终起了反作用。马克思对他所称之为的“空想社会主义”——也是青年瓦格纳所持政治观点的一种标识——写了很多指责攻击的文章。读者会记起我已经引用过的恩格斯轻蔑地提到了这些观点。

马克思反对空想社会主义对多愁善感的自我放纵。空想社会主义不仅依着人们的个人愿望、动机及善意来解释一切，还以人们婆婆妈妈的观点作为那些解释的基础，而实际上很明显，这些观点与解释确实存在着不一致。这种对未来社会一厢情愿的想法是错误的。除了劝告，它对我们由此及彼都提不出什么有意义的。所有这些在实践上都被马克思看作是毫无希望的。马克思那有着自己标记并称之为“科学社会主义”的社会主义，与

---

① 嬉皮士的外号——译注

空想社会主义是强烈的对比。他的方法、他的主张，建立在对社会劳动的力量的客观与科学的分析之上。他揭示了社会的发展道路并不依个人的意愿或特定的个体特征，而是不可避免地要依赖劳动的力量。

在历史上任何时候，人类，既然他们要生存，就需要为自己及家属获取生活资料，因此他们与生产资料的关系即是他们的生命线。生产工具越是先进、越有成效，生产关系就越是复杂；而且每个人就越来越多地关涉到其他人，如此导致了经济和社会阶层的形成。这就意味着在生产工具发展史的任何阶段，人类各个阶级是通过其生存所依赖的方式相互产生联系，且在拥有此基本、必然的利益方面与同一阶级中的其他成员相同。随着生产资料的改变，人与生产资料的关系就会发生变化，而这就会促使阶级结构发生变化。按照马克思的说法，人类事物中最重要的冲突是阶级冲突，因为那些都是涉及最根本利益的。以此作为最精确的角度来看，马克思认为，人类的历史本质上是阶级斗争史。

马克思说，我们自己所生活其中的这个社会，处于生产资料发展史上的工业资本主义阶段，因此我们所具有的阶级结构是由工业资本主义所产生的。由于工业规模越来越大，其计划和组织愈加集中，因此所有权变得愈加集中在少数人手里。所有者变得更加强大，他们有能力迫使被剥夺者越来越深地陷于从属地位：富人总是能变得更加富有并愈加成为少数，而穷人则变得更穷且人数更为庞大。无论如何，工业组织规模扩大的同时即意味着贫困的增加，被剥夺者也比以往更为高度的组织化。如果他们越来越陷于贫穷，终有一天，死亡于他们就不可避免；但那时，他们也会比以往任何时候都组织得更好。一无所有的他们会起来摆脱束缚，剥夺剥夺者，接管反正已经是由他们自己操作使用的生产资料。从此生产资料将由全体所拥有，为全体的利益所用。一个基于自愿合作、没有私人财产或所有者的社会将会出现。马克思和恩格斯的这个想法，仍属于十足的无政府主义者的：他们断言到那个阶段国家将会衰亡，人民的政府被事务的管理取代。

马克思总是不厌其烦地解释说，这并不取决于个人的愿望、目标甚至行动。它与任何人的美好意愿丝毫无关，当然与爱也毫无关系。社会科学定律的客观作用与历史变革的结果是不可避免的。个人能做的最多是一起来帮助在任何情况下自然与不可避免的进程的到来，就像一位助产士助产（这是他最喜欢的、引用过无数次的一个比喻）。就如牛顿发现了运动定律、达尔文发现了进化规律，他认为自己以同样的方式，发现了左右历史变革的科学规律。而且此规律是其思想的核心，以此角度来看，他所从事的是“科学”，是对客观事物真相的揭示，无论我们喜欢与否，而且与我们的主观感觉或态度毫无关系。在《资本论·序言》中他写道：“本书的最终目的就是揭示现代社会的经济运行规律”；在《序言》中他还说：“问题在于这些规律本身，在于这些以铁的必然性发生作用并且正在实现的趋势。”从这个立场出发，他瞧不起空想社会主义者。他对他们的说教，以及他们对在人类事务中爱的向心力的赞不绝口，给予了同样无法忍受的鄙夷和不屑。空想社会主义者比无用更糟——他认为——因为他们空泛的感情冲动的废话诱惑了那些本性善良却不深刻思考的年轻人，并且通过使社会主义者心肠软化、百无一用，从而伤害到社会主义事业。

无论如何，今天的马克思主义者对前马克思主义者和共产主义者抱有敬意或许是应该的，如曙光之门的风笛手，基督徒们在途中遇见的一些《旧约圣经》里的先知，就像是在真相暴露前出现在现场的人，因此无论他们多么有天赋都无法正确理解这些事情，但尽管如此他们是在正确的轨道上，而且就各方面来说，做得出人意料的好。一些马克思主义者已经这样做了。但大多数人只是跟随着大师的脚步，要么对那些早期社会主义思想家全然忽视，要么以屈尊俯就的不屑看待他们。鉴于此，记住这点很有益处：即马克思自己在其人生的某个阶段曾是前马克思主义社会主义者——那就是说，他在25岁左右就成了一个社会主义者，只是后来他发展出了被称为马克思主义的特殊品牌的社会主义。因此，跟很多人一样，其成熟期的信仰在某种程度上是他早期信仰的反动。很多人认为他那些信仰并不比早期的更好，而从头至尾在理论上是错误的、在实践中是不可行的，更不用说是暴力的；同时代的一些革命左派就曾警告他那些信仰可能会如此。

即使瓦格纳在1849年德累斯顿革命准备阶段的一些更具煽动性文章的风格似乎可归于马克思的新闻写作一类，但我相信可以排除瓦格纳完全读懂弄通了成熟期的马克思政治哲学的这种可能性。重要的是要记住马克思比瓦格纳年轻五岁。当《资本论》在 1867 年出版时，瓦格纳早已经深深沉溺于叔本华十多年，并且早已不再相信人类遭遇的那些重大问题能够经由经济、政治或社会行为得以解决。确实，他不会觉得有必要去读马克思了。并且无论如何，如果他把这个作为自己阅读任务的重头，毫无疑问我们和其他的人会被告知。瓦格纳在他一生中一直保持着对其重要的知识责任。

四

如果我们足够宽泛且认真严谨地来表述“哲学”这个词，自诩为理性、自诩为是在对一般性理念作批评性讨论，那么在瓦格纳成年后的头 20 年里，按时间顺序罗列有三个主要团体对他的哲学观产生过影响。首先是“青年德意志”的作家，最主要的是劳贝。其后是无政府主义哲学家，最主要的是蒲鲁东。再后是青年黑格尔派，最主要的是费尔巴哈。这就是瓦格纳自己后来在其自传里描述的情形。最有意思的，也是我们所关注的，是源自上述那些思想并影响其歌剧作品的理念。

这三组理念很容易调和成一个单一的观念。许多和瓦格纳同时代的德国知识分子都持有这种观点，即尽管单个理念之间的平衡肯定存在区别，但这三组理念存在着某种程度的融合。费尔巴哈的唯物主义哲学，还有他的宗教心理学分析，与无政府主义者的社会主义或共产主义搭配起来很融洽，就如无政府主义需要青年黑格尔派对从宗教与政治权威、以及社会习俗的专制下获得解放的那种渴望。青年黑格尔派对性解放的渴望与费尔巴哈对爱的社会凝聚力的过高评价很荣幸地搭配在一起，而这两者又与无政府主义者的不抵抗主义搭调。所有这一切都交织在一起。这即是激发那些 1848 年的革命者中大多数真正的革命者的理念，这些革命者诉诸暴力、设置路障、冒着生命危险并且想要杀人。

我希望我已经把这个讲清楚了，虽然，从哲学这层意义上来说，青年瓦格纳的哲学不是其他那些人的著述的简单混合物。他是一个积习很深的善于交往的人，在一个群体中花费很多时间是自然而然的事，且他自己常常就在或靠近那个群体的中心。他的人际关系中占很大比例的是我们可称为交谈的关系、理性的关系。因此首先，他从跟个人交往中获得的观点远比从书本上获得的要多；事实上，他的阅读通常并非是受相识的人或朋友激发后的探究。除此之外，他确实是自己在思考，而且他的政治与社会观点是通过直接体验培育到一个重要的程度。当有人研究他的人生，阅读他有记载的言论和他的信件，很明显他对私有制、婚姻、性解放的观点与他个人的境况有很大关联。他不仅是一位天才，而且没钱、不知如何防止因谋生需求而妨碍到他的艺术品创作——对诗人、小说家、画家以及大多数其他类型的艺术家来说，这种境况是再熟悉不过的了。他的特殊天才恰恰又是在这种需要最大量财力的艺术种类方面。上演一部歌剧，他需要剧院管理人员、交响乐队以及全套班子的歌手，加上大笔的钱。而他自己一无所有。因此他几十年来为财力所做的斗争不仅是为自己的衣食温饱，更是为确保其作品的演出。

他在获得第一次成功之前的十年里一直在创作大型歌剧作品。而且，就如我在前面已经提到过的，在他完成为《莱茵的黄金》《女武神》和《特里斯坦与伊索尔德》谱曲后的一段时间里，这三部作品都没有被演出过，甚至任何要上演的迹象都没有。同时他还忍受着贫困的磨难与羞辱。他明白这就像是穿着没有鞋底的鞋子、典当自己的大部分家具、半年都得以面包土豆为生、饿得脸颊凹陷、因欠债面临坐牢的威胁。而在像巴黎、德累斯顿那些城市里，他看着自己周围的富人的宅子，他们的马车在雨中从他面前驶过；在歌剧界和音乐界那些衣着考究、脑满肠肥的人们在他们合伙租赁的陈设体面的寓所与他会面，而剧院或歌剧院的前排座位或包厢里充斥着这些人。他无法不感觉到有些事是不可原谅的，关于财富与资源的分配实在是完全不合理。在他看来，说句不好听的，这是一个骗局。他发现自己的生活与艺术两方面都在受骗子们的摆布。他们没把他当一个人看待，尽管他自己一直强烈地意识到了自己的天才与他们的渺小。而被他视为具有近乎宗教式敬畏的艺术，则漫不经心地被当作一个商品和社交活动来对待。他从心底里厌恶这整个设置。如果他能把这一切打碎在地，他一定会愉快而释怀地去这么做。

虽然所有这一切缠身，他对另一个人，他的妻子的生活费用还得负有责任，更不用说还有她和另一个男人所生的女儿。他们的婚姻从来没有安全过——结婚没几个月她就跟另一个人跑了，尽管只是暂时的。但在当时的社会环境下，一个雄心勃勃且性欲正常的年轻人，逃避婚姻是困难的。瓦格纳的情感极度超常，情色是其生活与性格的焦点，也是其艺术的焦点。对女性的爱与奉献的需要是他天性中固有的。他渴望能依着自己的天性生活，而不是始终被挂在脖子上的婚姻的重负拖累着。但没有李斯特那般挣钱的本领，要做到这些并成为取得突出成就者几乎是不可能的。

这些例举——我还可以举出其他——的观点，深植于瓦格纳的个性和基本理念经过与其他人讨论后得到加强之前的境况，以及他阅读的书籍。我的读者们很可能会说这对于我们大多数人来说是再正常不过的，这我也同意。费希特说，我们每个人都有“他有的”哲学，因为他是“他是的”那个人；而这个说法中有一个无法回避的真理的元素。如果我们坚持把一个哲学观点当作追求真理的行动，它可能会令人不安；而指出这两者并非互不相容是更为重要的。它对于个体间相对立的政治、宗教和其他观点保持开放，完全真诚地去尝试公正和批判性的思考，去寻求真理。如果连没有信念的人都明显成了真理的探求者，那将是一个多么乏味的世界。

第五章

瓦格纳引人误解的声誉

那些仅仅通过瓦格纳的声誉去了解瓦格纳的读者，或许会对我到目前为止所作的一个在瑞士政治流亡期间写了《指环》歌剧脚本的左派革命者的描述感到惊讶。浮现在我们文化中的瓦格纳的整体形象于此不符。他被认为是典型的右派、德国体制的栋梁、民族沙文主义、一个种族主义者和反犹分子、一种典型的纳粹。

造成不符的原因很多。一个原因是我们中那些人始于21世纪对右派团体无法避免所持的肯定态度，而在19世纪没有这种右派团体。民族主义就是一个突出的例子。瓦格纳年轻时遍及中欧和东欧的民族主义是一项伟大的左派运动。尤其是在还没有完成统一的德国和意大利。政治上的保守派要维持那些小国分离的现状，各自由自己的精英来统治，而且通常机构陈旧；激进派则要扫除这些“小旧政权”，建立起一个统一的代议制的现代国家。于是在国家统一的旗帜下，现代性、代议制、个性解放等所有这些竞相登场。在此支持下，威尔第在意大利，如同瓦格纳在德国那样积极行动。所以，若说瓦格纳始终是一个德国民族主义者是事实的话，那么德国民族主义在当时属于右派运动就不是事实。反犹主义与此相似。青年瓦格纳反犹确实可耻。然而，反犹主义与右派观点并无关联，因为它形成于20世纪的欧洲，且遍布所有的政治派别：自由主义者、社会主义者、共产主义者和无政府主义者全都有份（实际上，在20世纪，反犹主义与右派政治的关联也是被误导的：苏联与东欧的共产主义政权充斥着反犹主义——特别是苏联——只是很少被如实承认）。在19世纪，整个欧洲社会是公开反犹的，而且如果有差别的话，在德语国家尤其如此。甚至在那之前，康德，这位最重要的自由主义者，就已经是反犹的了。在他之后，欧洲许多著名的左派思想家，尤其是卡尔·马克思自己，都是如此。在瓦格纳年轻时的那个年代，左派变为反犹分子不会比同是这样一个人变为民族主义者让人更感到惊讶。

这两个例子对我们来说都有假设上的时代性错误，当我们重读对瓦格纳生命的诠释和与之相关联的，那些可能发生在我们这个年代的，在他那个年代着实没有发生过。反犹主义尤其是如此。瓦格纳生活在一个盛行反犹的社会。我们身处现在这个时代，不能依据后来希特勒以及纳粹的所作所为来看待这点，从而陷入把瓦格纳视为先于希特勒的一种法西斯主义，而实际上在他 40 岁时，他成了一位社会主义者。中年时他不再是一位社会主义者了——但很多年轻时是社会主义者的人也都这样。瓦格纳的情况是他的反犹超出了常规——有些我们在后面会回过来再说——但他从来就不是任何类型的法西斯。

瓦格纳随着他年龄的增长，像许多——如果不算是大多数——人那样，变得愈加容易暴躁。我注意到在我的同龄人中，那些获得成功、尤其如果是在其职业生涯的后期获得成功的人，特别容易发生此类倾向。或许他们在经历了长期的失望和挫折之后得到了承认，这激发了他们觉得“我一直是对的，而他们都错了”，从而更加强了自己根深蒂固的观点；因此放松了他们长期以来在表达己见方面的压抑，他们也不再害怕冒犯别人。所有这些都与瓦格纳的情况相吻合——但这并不是说他曾经有多害怕冒犯别人。他的民族主义随着年龄的增长变得更加露骨，在某种程度上是因为德国统一的完成，还有部分原因是伴随着 1870 年至 1971 年普法战争而高涨的全国性的爱国主义热情。瓦格纳是所有这一切总体发展中的一部分。一位德国主流历史学家前不久写道：“在 1871 年对法战争胜利后，德国的知识分子，包括学术机构的精英，迅捷地放弃了自由的观点”（高登·A. 克莱格，《纽约图书评论》，1995 年 10 月 5 日）。对世界来说这被证明是一个悲惨的进展，故瓦格纳不是其原因之一，而是其表现之一。

也许爱国主义这个词在这里与民族主义在意思上截然不同。在我自己身处的英国社会，对此的观点从这些词的出现到一战前就已完全不同。然而，说某个人“他是一个爱国的英国人或最好类型的英国人”，是对他最高的赞美。诸如“英国人嘴里的每句话即是他的承诺”“英国人的荣誉感（忠诚、正派、公平等等）”之类的句式，“英式公正”和许多其他此类的句式，显然隐含着英国人在这些方面比任何人都胜出一筹的意思。而且这类句式成了日常生活的一部分，出现在许多人的日常使用里。这种被今天的我们视作对沙文主义来批评和谴责的表达，在当时整个社会司空见惯，从严肃的知识分子作家的公开出版物到音乐厅嘈杂的歌曲——在那里，每个节目中都有一群挥舞着旗帜在舞台上游行、哼着流行的进行曲、穿着或手里提着统一的夹克的人，成了标准的仪式，所有这些使我们如今还在尴尬地匍匐前行，但它可能不会变得更为普遍。其带给我们的彻底的恐惧被带回了家，如果在我们心中把所引用的这类句式中的“英国”或“英国人”用“德国”这个词来替代，然后想一下读起来对我们意味着什么。但事实是，那时大多数先进的国家都以相似的方式纵容自己——“一个爱国的法国人”“一个爱国的美国人”，或许没有比这更高的赞誉了。而怀着刚刚赢得国家统一的喜悦的德国人也是一样。我的看法是，虽然瓦格纳倾向于这样谈论，但这些谈论在瓦格纳的时代背景下和我们现在听起来肯定是不同的。相应的谈论方式在英国也一样，并且一点也不会让英国人觉得是被任何人冒犯。正相反，一个弥漫着此种说话方式的浪漫的理想主义帝国是得到普遍认同的，而且在为数巨大的、为了自身利益而要去世界其他地方统治别人的善意的年轻人中间特别有影响力。对我们而言，把对应于瓦格纳境况下的说话方式视作本质上的令人厌恶，是我们以不合时宜的观点去追溯过往的另一个例子。那是当时，而这是现在。

瓦格纳对他那个时代的一切都有自己的观点，而这些观点也肯定会得到其应有的评价，好的和坏的。那些不好的方面是那个时代再次遍及欧洲的对外国人一种惯常的敌意。而瓦格纳的敌意几乎全是针对法国人的——除非有人要声称他把犹太人视作外国人。在遭受了法国人的打击和羞辱之后，他特别热衷于让法国人遭受打击和蒙羞。他对法国人，特别对巴黎人的痛恨，完全与对犹太人的痛恨相当。在这两种境况里，（犹太人）扮演的是迫害狂的角色。在他 30 岁之前的两年半时间里，他在巴黎遭受了身心上的双重落魄，而这使得偏执成了他在任何情况下其个性的一个特征。他觉得自己一直在被巴黎人、尤其是那些经营歌剧院的犹太人羞辱，所以他绝不原谅巴黎人或犹太人。同样，纵观其一生，作为他这个人以及他的作品这两者受到的大量的媒体文章、特别是音乐批评的诱毁（要确信这点，必须去读一些这类文章），其数量之巨多得无法想象。瓦格纳认为这两者具有典型的犹太特征，事实上在某种程度上也的确如此。在他那篇声名狼藉的文章《论音乐中的犹太性》于1850年发表后，他相信出版界存在着针对他的犹太阴谋，就像他认为在众多歌剧院存在着抵制他的作品的犹太阴谋，而且这种阴谋可能一直无情地延续到他去世。

如果我们是认真想要去了解瓦格纳，我们必须记住所有这些让如今的我们深感厌恶的暴力情绪——他的德国民族主义、他的反犹、他对法国人的痛恨——的基础，是他心中占据主导地位的文化。对于生活在两次发动世界大战、经历纳粹以及犹太人大屠杀的德国的对立面的我们，很容易忽视这个与他相关的基本事实。艺术与音乐对他的重要性是压倒一切的，而他的主要观点都与艺术和音乐相关。在这些方面，如同在政治上一样，德国人几百年来承受着对法国人的自卑情结。法国是最古老的国家，并且在几个世纪里一直是最强大的国家，而那时的德国甚至还没有开始形成一个统一的国家。巴黎通常被视为现代文明的世界之都，也是思想的大都会（就如巴尔扎克1831年出版的小说《驴皮记》中的人物之一所描述的）：各地的文人雅士都关注巴黎的艺术，就如关注巴黎的一切。现存的语言中若说哪种可称得上是国际性的，那便是法语：举例说，法语是国际外交上使用的语言。法国的文化优势具有如此之压倒性，以至于好几个国家，包括非拉丁民族的国家，在其统治阶层都说法语。神圣罗马帝国皇帝查理五世曾说，他对男人讲法语、对女人讲意大利语、对他的马讲德语，这话常被引用。德国人自己承认的德国人的公众形象，即是与法国人相比，社交生活土气且文化落后。正是在这样一个背景下，一代又一代的德国人效颦法国人，而越是这样就越把他们教育、培养成这样的个体。

在瓦格纳自己的艺术形式歌剧领域，巴黎同样是世界之都：它引导潮流，德国人视它为领先，在巴黎获得成功才叫成功。年轻时的瓦格纳很多年里渴望在巴黎获得成功，只是后来他遭受了挫败，才要去摧毁它的霸权。但就他所关注的音乐和歌剧，他的观点是严肃的。那就是，他认为，追随莫扎特和贝多芬的德国人在歌剧方面追崇法国人是荒谬的，或在音乐方面应该继续做的是完全追随巴赫、海顿、莫扎特和贝多芬。该是让他们看到自己的传统，德国传统的时候了——那是一个真正伟大的传统，而追崇法国人是面对渺小贬低更伟大的。他要让德国人理直气壮地成为他们自己——尽管在艺术上不处于欧洲的前列。《名歌手》不是对德国政治或军事的杰出才能的赞美，由此在随后一个世纪里，拜鲁伊特的制作人把这部剧的舞台制作得像是对德国艺术、尤其是德国音乐的赞美。被看作是致命威胁并成为仇恨的原因的外部统治，并不是政治的或军事的，确切说是文化的。

这一切与瓦格纳对待犹太人的态度有着同样的重要性。就如他的一些同龄人那样，他从不认为犹太人应该受到法律限制，并丧失一些他们的公民权利。他对他们的敌视确实不涉及那个层面，而是文化上的。他认为他们对德国知识分子和艺术家的生活是一种使其堕落的影响，而这种影响需要被消除。更具体地说，他认为法国大革命后那个时期里犹太人的解放，把他们的释放带入到了德国社会的主体，而那时的德国社会还没有时间去建立自己的文化本体，甚至还没有完成自己的统一，因而没有能力应对如此强大的外来影响的入侵。有两段他晚年私下里对这个问题的评论："如果真有过我写文章反对犹太人的话，我得说我没有反对过他们，只不过他们过早地突然降临到我们德国人中间，我们还没有足够的稳固来承受他们"（《柯西玛日记》，1878 年 11 月 22 日）；而更确切地说，是他们"与我们的融合至少早了 50 年"（《柯西玛日记》，1878 年 12 月 1 日）。如此，从一个重要的层面来说，瓦格纳的反犹、他对法国人的痛恨以及他的民族主义都源自同一个东西，那就是渴望看到一个基于文化自信的统一的德国，不被非德国的文化影响所统治和污染，最伟大艺术的最伟大传统的守护者，以及由新一代与昔日同样杰出的作曲家们引领这一传统迈向未来。这是他的愿景，他对挡在实现这一愿景之途上的任何事任何人都抱有强烈的仇视。在他二十多岁时满腔热情地投入提出国家重建希望的激进的"青年德意志”运动与之具有明显的连贯性。而在那时，没有人认为无论哪方面会有任何与左派观点的不一致——恰恰相反。

我有时觉得在我们的文化中有两个几乎很难分辨出彼此的瓦格纳：那些了解其作品而使他们着迷的瓦格纳，和那些只是知道其名字和声望的想象中的瓦格纳。最大的不同是关于《指环》的。我发现这部作品被那些没有第一手认识的人普遍认为是聒噪的、感情肤浅的、头脑简单的和艳俗的，在气质上就像是某类德国版的埃尔加的《威风堂堂进行曲》，只是整体上——在角色与声部，以及舞台方面规模更大；其音乐粗陋，表达出的是自负且夸夸其谈的德国民族主义；这部舞台作品里弥漫着令人憎恶的独裁的理念；的确，在理念的层面上，它是一部尼采哲学——完整的权力意志——的作品；所有成为如此不苛求不歧视的人才有可能发现其品位，或做出超乎情感冲击——对整个事情有着某种极度厌恶——之上的评价；看似公道、声称喜欢这部作品的人们，肯定是那种音乐品位陈旧，而且既在背地里有一些法西斯主义倾向，又享受具有原始的摇旗击鼓的吸引力的音乐，尽管这种音乐有趋向德国民族主义-法西斯主义的倾向。

了解这部作品的人知道上述全部的观点从头至尾是胡扯。这部作品本身即是极其微妙、错综复杂且诡异横生，渗透着与情感上的自信一样多的细腻与温柔（而且包括——所以会出现——与很响的音乐一样多的轻柔的音乐，当然在高潮处肯定很响）。这部作品具有最深刻的心理洞察力，完全不是情感粗陋之作，对人类境况的洞察无穷无尽。在理念的层面上，其中心主题是天性中邪恶的、被视作拥有它就会破坏一切、感情生活萎缩致使他们无法相爱的自然力量。针对这一切所设置的信仰和设想的背景，不是右派而是左派，不是权威的赞同者而是反权威者。而最重要的这个——他最好的——音乐，特别优美、令人难忘、让人着迷。没有（比这）更深刻的音乐——因为这部作品本质上是音乐与戏剧的结合——也没有（比这）更深刻的戏剧。这部作品就其本质而论，已足以使瓦格纳与莎士比亚和莫扎特比肩。

在我们的文化里对瓦格纳《指环》两种不同观点的并存是非常显而易见的事实。第一种基于无知，其不可避免地要比第二种更为流行，并且制造出的瓦格纳爱好者并不懂瓦格纳，而只是愿意了解他们所能接受的瓦格纳。我有一位善良、聪明、爱音乐的朋友，曾来我的寓所参加聚会时，一边关注着一长排的瓦格纳唱片一边对我的另一位客人说：“我不知道布莱恩是否有点纳粹倾向。”提出这类假设的不仅是些聪明人，也有对音乐不感兴趣的人，或只是对此抱有敌意的人，但都是文化人。而他们不仅仅是对其同胞，更重要的是对瓦格纳和其作品抱有误解。我无数次听到善意的人们用恐吓的语气谈论起此事时这样说：“毕竟，不能忽视这些作品背后隐匿的观念”，好像这些观念是什么有很大的不同。这种人认为他们知道这些观念的本质是专制的和沙文主义的。

这常常与另一种在对瓦格纳作品缺乏实际了解、且又对其抱有一种个人优越感的人群中流行的观念合流。我知道我们不会在其他哪个伟大的艺术家身上发现达到这种程度的状况：我们频繁地遇到这类人，他们谈论的是瓦格纳，却是以自娱自乐和傲慢的方式来谈论，这真是令人困惑，就好比说，对我们这样的人而言，那么低级的东西不需要被认真对待是理所当然的；当人们谈论起这部作品，说它是伟大的艺术、或音乐优美、或其理念引人关注时真是尴尬；而这显示出的只是这些人并不知道自己谈论的是什么却可以摆出高人一等的姿态。很明显，谈论者对瓦格纳的优越感有助于他自己的自尊。除去它所传达出的与谈论者的意图相反这一事实，这是与所有艺术家、特别是与瓦格纳不相符合的荒谬。

晚年的瓦格纳与他的批评者对他所持的观点有点相吻合，但实际上他从未于此吻合过。例如，他从不支持右派的政治主张，而对左派的政治主张也失去了信心。在 1848 年至 1849 年的革命失败后，他的革命热情成了若是有更强烈的事情，也只是愤怒地反应一小会儿；但后来渐渐地，他不再相信政治手段能够有效地解决人类的问题。按他自己的说法，决定性的转折点是 1851 年 11 月路易·波拿巴在巴黎发动解散议会、夺取政权的**政变**。这——他在其自传中说——对他来说是“绝对难以置信的”。从那以后，他“转身离这个神秘世界而去，不再把它当作一个值得探究的秘密”；并说他如何向一个朋友建议把 1851 年 11 月当作永久标志性的日期，就如越过那个标志点就成了未来——这个他们热切相信，却从未出现过的未来。

下一段文字的开始部分意味深长："很快我就陷于异常的消沉，对世上外部事件的失望混合一气……"对他来说，不再有愉快自信的早晨。从乐观到悲观的决定性变化由此开始。

他陷入了很多男人都经历过的那种中年危机。他对激进运动失去信心，不接受现实的世界——这个他生命中任何时候都不喜欢、且在人类状况的最基本方面无法改变的世界。他对这个世界产生出一种哲学上的认可，尽管其本身并非宗教，但——就像他认识到的——与东方宗教某些核心的东西有不少共同之处。他对生命的整个态度发生了一个形而上的转变，由关注外部变为更多的是检视内心。这个过程就是通过沉浸于悲观的、拒斥世界的叔本华的哲学中得到滋养，而这是唯一对他产生最重要的知识影响力的哲学。等到他五十多岁的时候，他的声望取得了决定性突破，获得了国际性的声誉，他不再持有他自己年轻时的激进的左派观点了。而且他把手头进行的作品放下了好几年，他得继续给自己的歌剧脚本配写音乐了。

在一连串神奇的、改变其声誉的世界首演——《特里斯坦与伊索尔德》首演于1865年、《纽伦堡的名歌手》首演于1868年、《莱茵的黄金》首演于1869年、《女武神》首演于1870年——之后，各个方面都有人视他为毋庸置疑是在世的最伟大的作曲家。这些首演都是因为——实际上也仅仅是因为——一个国王的慷慨赞助而发生。到六年后第一届拜鲁伊特音乐节，国王和两位皇帝（德国的凯撒·威廉一世和巴西的佩罗德一世，后者匿名旅行到此，但在拜鲁伊特旅店的客人登记本上的签名是"皇帝"）作为爱好者出席。此时的瓦格纳已被周围的人头簇拥着。他已经登上世界之巅。在耀武扬威的俾斯麦的新德国，很多人把他视为最杰出的公民。终其一生他都真诚地相信，最理想的社会境况一定是最有利于艺术的——他说的这个艺术的意思，首先、也是最重要的，是他的艺术。而这些新的境况令人难以置信地有利于他的艺术。每当人们想到在那个时刻他的生活像什么时，他命运中的这个转变似乎就像一个童话。不应指责瓦格纳满怀喜悦地去拥抱这个境况、并希望这能继续下去。但这被人们认为他开始了与持德国民族主义必胜信念的新当权者的合作。决定性的因素还是文化。

实际上瓦格纳对俾斯麦新德国的幻想很快就破灭了。这完全不是他想要的或他所信仰的社会，于是他再次转身而去。他在拜鲁伊特最后的岁月里，围在他身边的圈子里的人给他安上的那些成型的观点比他给自己安的要强烈得多：滥情且具侵略性的对新德国的热爱、强硬的右派的政治和社会观点、鼓噪反犹。他最后在这些方面真是糟透了——在我来说，对他的一些污秽的观点轻描淡写完全没有必要——但奉承他的人，以及许多在他死后到第二次世界大战这几十年里帮助经营拜鲁伊特音乐节的人，他们都比他更糟，而且他们完全不必要地损害了他的声誉。随从者永远没什么好事，因为随从者永远会加强对处在中心的那个人的孤立与限制。而且，坏的东西对他们像有吸力似的。具有讽刺意味的是，早期瓦格纳随从者中两个最令人厌恶的人：娶了瓦格纳女儿爱娃的休斯敦・斯图尔特・张伯伦，和嫁给了瓦格纳儿子齐格弗里德的温妮弗雷德・威廉斯，原本都是英国公民而非德国人。让人疑惑不解的是瓦格纳三个孩子中两个人的配偶是英国人这个事实是否有意义。或许这只是巧合。瓦格纳本人对英国人从来就评价不高：他倾向于把他们当作好心的傻瓜。不管怎么说，1930 年齐格弗里德去世，温妮弗雷德成为家族的掌门人。她是阿道夫・希特勒亲密的私人朋友，而正是她开启了拜鲁伊特与希特勒的特殊关系并因此使音乐节的声誉降到谷底。有史以来对瓦格纳形象最严重的损害——掌门人对其形象的扭曲和糟蹋远超任何其他人——是他死后音乐节与阿道夫・希特勒的关联。

有时会有人这样说：“好吧，肯定是瓦格纳的作品里有某种东西与此误解相吻合。”这是一个愚蠢得令人惊奇的论点，因为它适用于任何形式的歪曲，由此意味着任何一种歪曲必定永远都至少有受害者的过错。这个特殊案例似乎是在假设，像希特勒这么坏的人不可能喜欢好的音乐。我很想知道，如果希特勒酷爱莎士比亚我们会有何种感觉？那会使我们认为莎士比亚作品里一定有某种彻底错误的东西、他的戏剧里有内在的邪恶？讨论这个关于莎士比亚的案例完全和讨论瓦格纳一样容易。在戏剧世界里，没有比莎士比亚笔下的伊阿古和理查三世更具有从内到外的邪恶特征了，甚至连瓦格纳笔下的阿尔伯里希和哈根都比不上。莎士比亚的戏剧充满了谋杀、酷刑和各种可怕的暴力，诸如在舞台上剜人的眼；作者对这类事情也没有进行感情上的安慰。人类邪恶的所有表现形式是被残酷地、并且总是毫无怜悯之心地提出；例如对实用的马基雅维利主义即使不是钦佩，也是某种程度的尊敬，而无论其多么变态和嗜血。军国主义和民族主义从诸如《亨利五世》这类戏剧中得到实惠，因为戏中的部分内容最赤裸裸地为沙文主义摇旗呐喊。英国历史所受的沙文主义式的歪曲在历史剧里随处可见，敌国的诋毁、其领导人下流的诽谤——以及最肆无忌惮的失实。比比皆是的对几乎所有能想象到的、尊崇英国优越性的赞美诗遍及其他国家，而且这些赞美诗是当它的军队入侵其他国家、并以武力征服他们时对胜利的宣泄。迄今为止整个戏剧世界里最臭名昭著的反犹太的人物描写，仍然是《威尼斯商人》中的夏洛克这个角色。凡此种种，莎士比亚的作品在沙文主义、极端爱国主义和反犹等一个或多个方面充斥着暴力与邪恶的情况是突出的。可是实际上人们不会提出这些指责，而是当作某种学术消遣来接受，不去理会它们在总体上是否正确，因为和莎剧的伟大相比这些实在微不足道。任何正常的热爱莎士比亚的人，面对这些或许都会说："好吧，没错，当然那些都千真万确，但……"并且继而会指出，这对莎士比亚作为一个剧作家的天才与其作品的优秀毫无影响。可同样对瓦格纳，任何对莎士比亚严肃关注的此类境况就非常缺失，勾勒出对瓦格纳是何种的平衡心态。只有那些不知道这样的艺术家给予我们的是什么的人，才会推断出这种有损于他们的伟大的论点。他们通常看上去是那类把艺术想象为一种包罗万象的社会产品、而且艺术的首要意义在于它的社会影响力的人。显然，他们几乎不会认为艺术对社会的影响力其实很小，尽管这应该是再明显不过的。

瓦格纳的声誉受到歪曲的另外两个原因值得关注。他对他之后的一代作曲家具有如此压倒性的影响，以至于许多作曲家感到，如果他们想要成为自己，就必须摆脱他的影响。结果是整整一代的音乐爱好者都熟知来自杰出的音乐人物对瓦格纳的公开抨击，并受其坏的影响。肖松写道："瓦格纳的红色幽灵……抓着我不放。我讨厌它。我试图从他的字里行间找到它隐藏着的声音，而我找到了。"德彪西的传记作者爱德华·洛克斯皮泽写道："德彪西对瓦格纳的态度当然是复杂的，交织着热爱和惧怕，表现出很多矛盾并引人注目地猛烈抨击他崇拜的对象。"雨果·沃尔夫写道："留给我做点什么呢？理查德·瓦格纳没有留给我空间，就像一棵参天大树，茂盛的枝干遮蔽着阴影下幼小树木的生长!”鉴于不仅是瓦格纳天才的量级，还有其异于常人的前瞻性、开创性的特质，这般天才艺术家们对他态度矛盾一点也不足为怪，甚至他们教育其他人要认识到在某些重要的方面他的危害性。

在我心中，持续不断的责难的源头来自尼采。他也为瓦格纳所倾倒，而且两人成了亲密的私人朋友。尼采的第一本书《悲剧的诞生》就是献给瓦格纳的，而且不仅热情洋溢地赞美作曲家，还通过他个人以及他出版的作品在思想方面慷慨相助。而当尼采建立起作为一个作家和思想家的独立性时，他对这种关系的反叛就无法避免。他开始公开攻击瓦格纳——而其谩骂是典型粗鲁的。于是就发生了我们目前所看到的尼采在哲学或其他领域的著作中明显复苏的兴趣，而且，只要阅读尼采、谈论尼采，就不可避免地要读到并论及尼采对瓦格纳的批判。实在讲不清楚，为何这样的读者会是音乐爱好者，但如果他们不是音乐爱好者，他们就不大可能对瓦格纳有太多独自的见识或形成自己独立的见解，他们通常也就无法对尼采的批判有独立的批评性意见。更要指出的是，他们往往对瓦格纳的才智和影响力缺乏任何认真的理解，即便他们欣赏瓦格纳作为一位创造性的艺术家其非凡的天才；可他们误认为他比不了尼采。我从很多经验中得知，他们常常认同并接受尼采在表面价值上对瓦格纳的蔑视，然后把这些作为自己的观点说出来。这种情况大量地在大学的哲学系发生。有那种背景的人特别倾向于往往在他们熟悉的哲学家和文学家中寻找到自己确信的对尼采产生影响的根源，而事实上对尼采产生最大影响的两位显然是叔本华与瓦格纳。

瓦格纳沉浸于古希腊悲剧，他热爱古希腊悲剧，且毕其一生。尽管他阅读的是译本，但他以强有力的知识的严肃性与之对话，而且对这个题目充满想法。这些想法形成了他对歌剧的命运的理念，这些理念很多见之于他在 1850 年冬至 1851 年那段时间里完成的《歌剧与戏剧》，那时尼采六岁。如果描述瓦格纳和尼采在 1868 年第一次相见彼此都很兴奋的那个晚上是他们分享对叔本华的追捧，一个几乎同样强烈的共同爱好是他们之于古希腊戏剧的浸润，尽管他们对其尊敬的参照背景并不相同——瓦格纳是一位创造性的艺术家，一位为自己类似的作品探索根源、汲取养分的戏剧家，尼采则是一位语言学者、一位古典学者和一位哲学家。但瓦格纳的方法与尼采所呈现的让这位年轻学者更加兴奋不已，并在起初纵情摄取的所有理念互补，是千真万确的。此后几年里两人花了很多时间讨论古希腊戏剧以及相关的事情。除了在交谈中交流思想，尼采发表作品的缘起大部分出自瓦格纳的《歌剧与戏剧》和一篇发表于 1870 年贝多芬诞辰百年、题为《贝多芬》的文章。这些由尼采独自写成的作品，包含着一些瓦格纳的最引人注目的理念。

所以，通常所说的瓦格纳深受尼采影响的推断是错误的，至少就通常的目的意义而言是如此。重要的事实正相反：瓦格纳对尼采的影响是不容置疑的，且这种影响是巨大的、终生的。公正评价尼采，他从未试图去隐瞒或模糊这一事实。即使是他在和瓦格纳的友谊破裂后满怀怨恨，而且他俩成了公开的敌人，他依然一直声称对瓦格纳有种特殊的亏欠的感觉。

在我们整个文化中还没有其他这样的例子：一位具有创造力、本人并非哲学家的艺术家，对某位确属伟大哲学家的人产生了此等量级的**哲学的**影响。这是一个令人着迷且出人意料的故事，并在任何境况中迫使在研究瓦格纳与哲学关系的书里思考，由此通过我们关于哲学对歌剧的影响的讨论，我们会回到此点。某些同样的思考适用于瓦格纳与反犹这个话题。正如论及尼采，会有某些谈论这本书的读者，期望发现反犹太主义在歌剧中是一个重要的元素，而且不管结论为何，这种期望必须被公认并被讨论。在瓦格纳的生活与作品中对观念的作用的思考方面，比这两者[①]更有意义的话题为数不多，所以他们要求全面思考，但在书中有一点上他们不会中断其他的讨论。

这里，我只想要表达的还有一点，而这是连接这两者的一点。尼采去世多年后，这位哲学家被纳粹的理论家当作了“他们的”哲学家，就像瓦格纳被希特勒当作特殊的作曲家对待一样。如今这多重叠加了对瓦格纳声誉的损毁。他因与尼采的私人友情的事实而受诘难，还成为出自同一来源[②]

① 瓦格纳与哲学及瓦格纳与反犹——译注

② 指尼采——译注

的整部书的谩骂对象，还成为阿道夫·希特勒万神殿中的孪生恶魔。于此相并列，以及由此而分离出来的是，希特勒的反犹太主义和犹太人大屠杀比瓦格纳自己的反犹的实际所为，对瓦格纳作为一名不光彩的反犹者的名声负有更多的责任。但这些都是我们在后面要谈论的事。

第六章

化为古希腊戏剧的歌剧

一

瓦格纳年轻时认为，艺术的首要功能是向人们揭示作为人类一员，其生活的真正的内在本质。在他看来，艺术最重要的功能是**任何东西**都能被表演，因为他不认为有比人类“更高”形式的存在；故此在（艺术的）所有职责中，最“神圣的”——若可以适用此宗教语言（就如他在关于艺术的写作中常用的）——是对纯粹人性的暴露，是对其本质的充分暴露。而且他认为艺术能比任何别的所做的做得更好。他这个观点的真实意思由此揭示的是人的社会性：在人是社会之中的人这层意义上，他不可避免地把人看作是社会存在，这是基本原理，不是中间媒介。他非常明确地不去分享具有个人主义倾向的与自由主义相联系的个人主义观点。他轻蔑地把人设想成“单位”，而不是把他们看作真实的人。他认为最终能定义我们每一个人的，是他或她与社会其他人相处的方式。这至少与他是一个无政府主义者的事实相矛盾。而相反，正是由于他认为在社会与个人这两者的层面上，最和谐的关系是在一个社会中无须被强迫就能获得成功，而且他还认为，只有作为这种社会里的一个成员，并与此相联系，个人才可能最大限度地成为他自己。

这使得他塑造的歌剧的人物性格完全不同。也许将瓦格纳与莎士比亚做个比较，就能最好地显示出他们的不同。莎士比亚笔下的每个角色是以他或她的性格存在着的独特的人。我认为莎士比亚不是通常意义上的信教者，尽管（或者说因为）他是一个有着最深造诣的形而上观念的人，但在他的戏剧中给人留下印象的是每个角色“犹如”一个不死的魂灵般的图景，也就是说好像他的存在独立于这个世界的存在似的：其他人、社会、宇宙本身——所有这些都可以消失，而作为至关重要的存在的角色依然还在。此外，莎士比亚在理解和用文字表达任何事物应呈现何种样子方面所具有的天才，以及由此而生的独一无二的理解和感受的视角是无人匹敌的。他所描绘的个体的人不是概念化的人：有关每个人的每桩事既独特又无与伦比。就是这样，他是如此一个几近可能地消失在自己塑造的角色背后的伟大作家。他们中每一个人和所有的人的本质，他或她不可替代的人物的丰满性，让作者无法存在、没有可占据的空间。角色不以坐在实为真正角色、一直在说着话的口技表演艺人膝盖上的傀儡出现，而是一个有创造力、能够成功的，不需要别人赋予他思想和灵魂的人。

有人可能会说，瓦格纳对于人物角色的观点于此截然相反。他把人物角色的本质视为某种普遍存在的东西。出于这个原因，他那些最成熟的作品都基于神话和传说，因为神话与传说普遍拥有这种特质。例如在古希腊神话中，尽管诸神不仅拥有人的个性特征，并且具有人的各种怪癖，而很多这类怪癖，它们总是（正确地）被当作关于人类的普遍真实性的体现来理解。瓦格纳笔下的角色都是这一类，虽然他把他们大部分取自北欧的神话和传说，或把他们塑造成栖息在这样一个世界里。他们被普遍认作如大家所熟知的奥林帕斯居民——或是亚瑟王传奇中深受热爱的骑士同样类型的人。

瓦格纳的作品对于很多对分析心理学有兴趣的人有如此深的吸引力的一个原因是，以典型的弗洛伊德观点和荣格观点来看，这些作品把典型与创作题材中其他一般属性的关系处理得很成功。在弗洛伊德出生之前，瓦格纳就公开分析了俄狄浦斯神话在心理学方面的意义，强调乱伦的欲望既属人的本性且属常见。和莎士比亚一样，他是具有最伟大天才的心理学家——或许要成为最伟大的剧作家之一员显然必须如是——但对他所操控的人的内心的理解程度是不同的。在莎士比亚的人物心理中，一切都是独一无二的，而在瓦格纳的人物心理中，一切都是普遍存在的。其洞察力更多的是对人类境况的关注而不是对个别的人。例如，你能看到《指环》里各种角色的人物个性五花八门，所以整部庞大的作品展示的是一个个所谓何者的人，从我们最初出于原始的无意识的意识所认知到的，到最终毁灭并回归本初。在所有瓦格纳的歌剧里，个体特性的终极意义从不在于其自身，而永远是某种超越他们的东西，所以其本质是他们是作为符号而存在着的。而且因为他的世界并不由其自身便是一种终结的生物所居住，他没有像莎士比亚那样隐身在自己创造的世界里，但是时时处处以作者身份存在着，一个独特的、非常理性化而且毋庸置疑的声音，如此只可能是一个人；而且他们是最坚决的、即使不自我强调作者身份和整个伟大艺术的声音。瓦格纳的每一部歌剧让我们面对的只有一个角色，在莎士比亚那里只是一个词的例式，只有一个存在着的、其自身就是一个终结者，而那人就是瓦格纳，这个在我们面前展示**自我**、为我们渴望的眼睛和耳朵展示其创造、总是准备着以“听我说”或“看这个”来指出细节的神。如果对他的描述听起来像一位魔术师给我们来一场舞台表演倒也算挺合适：自 19 世纪末以来，许多他的最狂热的崇拜者每当谈起他，所用的词都是“施巫术者”和“魔术师”这一类。当尼采坚称瓦格纳本质上是一个演员时，这成了尼采最终错误地挥舞着用来打击瓦格纳的棍子。

二

按照瓦格纳的说法，历史上只有一个地方在一个时间节点上，艺术达到了其所要求的完全的高度，那就是古希腊黄金时期的雅典。普遍真理与体现在艺术作品里的人所能表达的同等深刻。而且按照瓦格纳的分析，只有当如下三种不同的条件同时成功地汇聚一道，才会使这种情况成为可能。第一，植根于一个神话的主题本身植根于社会的独特性之中。这使得参照范围和在社会与个人两个层面上的戏剧内容表达的可能性达到最大化，且为这两者之综合。第二，虽然我们把它们称之为戏剧，但实际上古希腊戏剧是一种唯一运用所有艺术的综合艺术形式：器乐、吟诗、歌唱、舞蹈、哑剧、朗诵——这一切共同构成作品的内容，从而给予表达以无限的可能性，而任何一门单独的艺术都无法做到这点，由此富有表现力的手段使艺术表达的潜力最大化。顺便指出，这对于瓦格纳和尼采两人在理论上对其的完整理解是至关重要的，而在 19 世纪中期——就如现在仍然被误认为——古希腊戏剧被想象成从头到尾就是在歌唱或吟咏。第三，人们最大程度的参与，整个社区都参与其中。戏剧表演被赋予了尽可能高的重要性，一种等同于宗教的意义——除非是正在打仗，社区被视作无甚用途。这种态度几乎无法使资产阶级社会的艺术走向商业化。当雅典举办一场整个社会生活都围绕着它的戏剧时，这个日子就成了公众的节假日，所有其他活动都停了下来，以便每个人都去参加演出，没人会谈论任何别的，免费观赏，演员们由城邦供养；我们所说的商业方面的考量完全不存在。就如瓦格纳在他 1849 年发表的文章《艺术与革命》中所总结的："古希腊最完美的艺术品，戏剧，是物性的古希腊中一切可以被表达的总和与根本；它是——与其历史密切相关的——一个自我在艺术品中面对自身的国度，认识自身，并且，时空狭小、狂喜地毁灭，好像这就是，其自身的本质。"

这正是他想要在《指环》里为自己所构筑的社会而做的。他要揭示的是其自身内在的本质，和由此带来的对自身的真实理解，以及步入未来应取的方向。而他要通过把一个社会既有的神话设计成能显示出其普遍的——并能包含当今其他事情的——意义的戏剧性表现来实现这点。为了完成这个，他把所有的艺术集合成唯一的表达媒介。他甚至幻想要求每个人自由地表演。

关于瓦格纳这项计划的一个令人吃惊的事实，是他在开始实践之前就制订出了理论的框架。无论如何，将过程视作先构筑一个理论然后运用它、因而用理论来支配实践，这是错误的。事实是他正要启动的是一个凭直觉就知道是高度复杂、比他以前做过的都要大得多的艺术项目，因此他首先做的是在脑子里弄明白他将要着手去做的到底是什么、以及如何去做。而他做**此事**的自然而然的方法是写作。换句话说，写作是为创作一部艺术品作自我准备的过程的一部分。**全部的**过程——他想要做的，或要表达的，或要创造的——即是艺术品。从这个至关重要的意义上来说，是作品决定了理论而不是理论决定作品，尽管在实际中作品会依据适时制定出的理论。之后，回望往昔，他自己给出了事情的解释，虽然这可能并不是他认为自己当时做的。

他认为自己提出了一个全新的歌剧的概念，使歌剧与其所处社会之关系，等同于古希腊戏剧与其所处社会之关系。让人兴奋的歌剧无法做到这点。它多半是供那些疲惫的生意人和他们的妻子消遣的一种形式，它给予他们的是他们想要的：壮丽的景观效果（被瓦格纳嘲笑为“表面上的效果”）；舞台上、礼堂中，充斥着昂贵的衣装；略带挑逗意味的舞蹈；而最要紧的是歌星唱出一些流行的旋律。音乐的确是一部歌剧的主要之点，最后，剩下的大部分只是一个工具：情节临时拼凑、剧情不着边际、人物孤立，但无人在意这些，因为这一切本来就是展示那些本质上肤浅的娱乐内容的手段。符合了这一切，台词则没有什么实际意义——但就如博马舍[①]有此著名的论断：再愚蠢不过的就是，能说出来的便能唱出来。但是依旧，没人在意。

瓦格纳撰文详细地批评了当代歌剧，不是批评这部或那部具体的歌剧作品，而是在当时实践着的歌剧的整个形式。他的目的就是要把此种形式逐出歌剧舞台。他认为，只有在他那个时代的低等的商业资本主义社会里，这种垃圾才会被当作珍宝。如果目的是严肃的，那它藐视一切已有的评论标准。例如，若剧情真的被视为全部事情的重点，包括场景甚至发展线索无一不是服务于剧情的。每一句应被听到的台词其重要性都不言而喻，而且永远不会有两个或两个以上的角色同时歌唱，尤其不会同时唱不同的歌词。可能不会有角色演唱诗节的歌，因为那符合纯音乐的要求，就如同以任何方式一遍遍地演唱、旋律相同、歌词却不同——的确，就像重复歌词一样，这样的重复很少有任何**戏剧的**要点。为达成音乐效果，重复往往是必不可少的，但是重复也通常会削弱戏剧性效果，明显是反高潮的。瓦格纳批评当代歌剧得出的一个结论是当代歌剧把音乐与戏剧整个的弄错了，由此颠倒了目的与手段的正确关系：目的整个取决于与戏剧的沟通，音乐是达此目的的一个手段；而不是把音乐演奏当成目的，把戏剧当作达此目的的一个手段。

在他的这种新的类型的歌剧里，手段与目的的正确关系被恢复了。音

---

① 《费加罗的婚礼》的歌剧脚本作者——译注

乐服从于戏剧的要求，实际上是音乐取决于戏剧：音乐写成什么样、起什么作用，都取决于戏剧的需要。音乐主题要表现戏剧的关键点、角色、道具（特别是具有符号功能的道具）、角色之间的相互反应、其内心的情感与思想等等；而这些主题如何展开、如何配和声、如何配器、主题的转调、复合、节奏的变化以及其他一切，都取决于戏剧的进展，所以音乐每个瞬间都在表达着戏剧。瓦格纳这项制定的伟大结果是，音乐**绝不能**成为或做任何与戏剧无关的表达。

文字（他相信在其生命的舞台上）是与音乐同等重要的，因而不该被处置为由音乐无情地凌驾其上。文字的重音、语调、节奏、头韵以及其他一切在音乐化的过程中应被重视和保存。这意味着音乐的声音线条应当从文字自身中脱颖而出，使文字跳出演说的属性，而使音乐的价值和文字的价值融合在一种独立的、其表现能力强于它们中任何单独一个的整体中。音乐表达情感的能力无与伦比，但在其引用上无法表达得具体——它能够把爱的感觉，把渴望，或把冲突表达得强烈，但音乐无法告诉你这是罗密欧的感情、那是朱丽叶的感情，以及他们两家的不和：表达那些内容你就得需要文字。另一方面，一种仅有文字可供使用的戏剧形式则不得不对所有那些能超越演说的音乐的表达力不抱念想。在离他过去不远的作曲家中，贝多芬在发展表达内心状态的力量这一点上甚至超越了莎士比亚。如今首先成为可能的就是去结合这两者所做的，把经由莎士比亚发展至前所未有之高度的诗剧，和经由贝多芬发展至前所未有之高度的交响音乐，融合成一种独立的表达形式，一种独一无二、可称作为交响化的歌剧、或叫作乐剧的艺术。尽管要如此工作，就必须找到一位能集莎士比亚的诗歌与戏剧的天赋和贝多芬的音乐，特别是配器与和声的天赋于一身、具有创造性的艺术家，瓦格纳不认为这存在什么障碍。

此种艺术形式的终极价值是其所能表达的是整个人类。人是有着思想和情感的肉体：肉体、思想和情感在综合艺术品里都能寻找到直接的表达。身体的动作和手势及面部表情，展现和交流无限微妙的内心状态，以及超乎于文字的具象与特征。掌握这些艺术表现的方法是演员的本职，也是舞者的本职。在演讲中，或更确切说是台词中得到的见解，以及其执行语言行为方面令人称奇的足智多谋的能力：命名、传递、断言、描述、质疑与解答、叙述与欣赏、回忆与预示、宣布、说明、警告、指责、辩护、否认——这一切与具体性相关，语意明确，那是对音乐的否认，并且是以持久水准的逻辑关联和无法使用肢体语言或手势的详细表述。所有这些都能通过艺术的方式做到，无论在戏剧动作还是在诗歌里，或两者兼而有之。还有感觉，其表达的自然模式即是音乐——甚至是以吐露主观情感而存在的、称作抒情诗的特殊形式的诗。歌是音乐与歌词的结合，而器乐可以为歌或舞蹈或戏剧伴奏，亦可独自存在。音乐无法以语言所能采取的方式作详细表达，但它能用强有力的雄辩表达巨大的情感。就如瓦格纳在27岁时撰文论及音乐所说的："它讲述的不是这个人或那个人在此种或彼种境况中的激情、爱和渴望，而是激情、爱和渴望本身。"既然如此，那么台词和脚本承担的任务是塑造角色和设定情节，音乐则能够表达其他别的无法表达出来的情感。如此才能满足一部完整的艺术作品在表达人在肉体、智慧和心灵等所有方面的需求。

瓦格纳在他出版的各种著作里都达到了无可复制的详尽程度。他对表演入迷，在一生中的不同阶段里都在为此写作。在他为《指环》构思歌剧脚本时，他以诗歌形式的要求按所需的长度，脉络的长度来写作：规则的或不规则的韵律；不同功能的辅音和元音，尤其是在歌唱时；押韵和不押韵的情形；头韵的使用；不重复的情形。他出版的关于这些论题的著作大声亮出一种思索，并且他还提出了这些与音乐相关的事物——注重歌词、音高变化的自然加强、旋律轻快的语调、诗意的乐句、意义明确的节奏、使转调富有表现力的均衡分句、改变基调的语意变化。正因为古希腊戏剧是他决心重建的艺术，而其同时代的歌剧则是他决意要扫除的障碍，他对几乎任何事情的探讨都很负责，潜心专研他正涉及到的古希腊戏剧和歌剧中其一或两者的问题究竟为何。

例如，他把自己提出的乐队的运用与古希腊戏剧中合唱的功能相结合。合唱队从不离开舞台，而是总在舞台的一侧、或是在舞台后部、甚至是在角色人物的前方，设置场景并且在走动中反复评述、强调重要的节点、令人鼓舞的和使人愉快的、提示角色遗忘的或不明白的、向他们预言未知的未来、突发的哀鸣和警告、以及把所有这些最终联结在一起——于是所有功能被交响乐队演绎得更好。如果一个音乐动机被用来表现一个特定的角色、情感、物体或境况，再次使用这个动机能使听众在脑子里回忆起最初的联想，从而由交响音乐来回忆——而同样期待、以及把不同的联想相结合，如此运用所有戏剧性的讽刺的资源。比如，它可能暗示的与一个角色正在述说将要发生的某件事差别很大，或是当他在说某件事时，他自己考虑的是另外的事。音乐动机不仅仅是被重复，并且有着音乐转换的无限可能性——心境轻松可以造成悲剧、空洞的欢欣鼓舞、自信的预感、爱的忧伤。音乐的潜在蜕变千变万化，而且还无止尽的难以捉摸。

这正是被瓦格纳尊为他的施洗约翰的贝多芬已经设置好的方法。虽然除了《费德里奥》，贝多芬的确不是一位戏剧人，他开创了交响音乐的发展，使之无疑成为和个人的激情与奋斗、欢乐与悲伤、成功与失败密切相关的表达方式。贝多芬的交响曲个性强烈，亦有着高度的戏剧性：它是一出没有舞台的戏剧，一出本质上受主观感觉激励的乐剧。所有这一切通过短促而强烈、并具有无限转换能力的音乐动机得以实现：扩展的旋律大部分都不柔顺，而且也限制允许这种情况的发生。瓦格纳想要做的是把这种音乐通过将其带出音乐厅、带入歌剧院，使其成为音乐表演艺术的主要表达形式——在那里，除了为戏剧角色提供人声，就像为路德维希·凡·贝多芬提供了人声一样，它能提供与戏剧相关联的、犹如古希腊戏剧中合唱所具有的同样的功能。

此种戏剧的一幕对应于乐队演奏规模庞大的交响曲的一个乐章。而尽管戏剧的一幕所越过的时间跨度更大，但会多次像交响曲的一个乐章那样出现数个音乐动机，而且这些动机永远充满活力，并通过戏剧动作持续并掠扫舞台。这与当代歌剧中乐队通常只被用来为歌手、舞者、列队行进或其他形式的舞台仪式“伴奏”的做法完全不同，而上述做法在歌剧中很多。从音乐的角度来看，传统歌剧中的结构单元非常短：不是整个一幕，而是咏叹调、二重唱、合唱等等，其中每一项都是独立的一小部分，以此在总谱中编号（这就是为何它们以“编号”来称呼）、而当每一部分结束时，音乐会出现完全停止——通常，听众的掌声就会随之而起，之后重新开始，不同编号的部分节奏不同、通常基调也不同。别去期待大部分的乐队音乐本身有意思；音乐编排简单且实用，通常个性化不会很强烈；大多用来重复一遍遍地为角色伴奏：由此足以想象出乐队的运用总体来说是“非交响化”的。若非特殊的声音效果所需，通常不需要一支完整的交响乐队。

三

瓦格纳关于为何他那个时代的歌剧在形式上已经堕落的观点，是和他关于所处的整个社会已经腐败、邪恶的革命政治观念紧密相关的——艺术的商业化便是一个例子，其最终结果就是使艺术变为商品，且宗教的严肃性几乎消失殆尽，而成为愈加庸俗化的赚钱方式。他对于这一现象的社会-政治阐述占据着漫长的历史时期。按他的说法，古希腊戏剧的衰退是由于古希腊的衰退，而当古希腊文明崩溃，其最伟大的艺术形式也就崩溃了。每种艺术各走其路、独自发展：戏剧脱离了音乐、诗歌脱离了戏剧、器乐既脱离了戏剧也脱离了诗歌。最糟糕的是随着放弃了对古希腊人文主义以及在本质上是人文主义的诸神的信仰，人文主义神话所具有的不可替代的题材不再适用于艺术。

瓦格纳多半是因此而指责基督教。实际上他认为基督教的观点是错误且有害的。基督教的观点教导人们停止相信把人的存在视作自身的终极，而要把它当作服务于上天之神的旨意。在古希腊被尊为一个美的事物的人体成了一个羞耻的事物。创造生命、人的性行为、两个人之间的爱的最高表现，被当作某种罪恶和肮脏来看待，而造成极度的内疚。基督教把这个世界描绘成泪水之谷，而把生命描绘成一个不属于此世界、却比此世界更为重要的——永恒的生命——的短暂前奏。瓦格纳年轻时在这些细节的每个方面都憎恶基督教信仰，而且特别认为基督教信仰是与艺术为敌的。他相信，人的一切都是艺术的领地，应该赞美生命、人体和性爱——而且只要艺术能把这些看作是美好与重要的，那它无疑就能做到这些。但很多基督徒把剧院本身就看成是邪恶有罪的，就如他们对人体裸体的艺术表达、对性爱的公开赞美也是如此看待；而每当他们处在能这么做的位置时，都毫不犹豫地对此实行审查和压制。在后古典主义时期的欧洲，只有当艺术摆脱了教堂对它们的束缚后，才能以一种完全成熟的方式发展。但当它们这样做时，它们遭遇到的是来自国家而非教堂的干涉。并且随着工业资本主义社会的发展，政治审查的压力结合着商业的贪婪，起到了驱使艺术沿着无甚危害且轻薄肤浅的途径前行，直到它们中的绝大部分成了滋补用品、逃遁避世、娱乐消遣或身份标识，而内容不再深刻严肃。

在论及瓦格纳著作中涉及的这类事情时，一定会说他总是有一种观点，通常是好的观点，但他太过频繁地没把它当回事，而且毫无必要地公开反驳，用关于对社会或历史或古希腊——或剧院的发展史，或戏剧、或歌曲、或器乐——的断言来包装，那是不准确的，间或是草率的。如果他的目的是倡导某件事，那似乎是他认为他必须去做的是已经被实践过的断言，并且展示此实践，然后拒绝说明解释的理由，随即他能要求回到实践。因此所有的事，都可依照历史的发展来观察；而争论的模式几乎总是相对历史主义的。这在很大程度上是由于当他从一个年轻人走向成熟以及生活所处的黑格尔及后黑格尔的知识环境。

瓦格纳深受黑格尔《历史哲学》的影响，他在其自传中特别提到这点："我向来就喜欢耽入哲学的底蕴，就像通过贝多芬第九交响曲的神秘影响而感到自己耽入音乐的底蕴一样。早年去满足我的这种急迫愿望的第一步尝试以失败告终。在莱比锡没有一个教授在哲学和逻辑学基础的讲座中能紧紧抓住我。通过劳贝的一个朋友古斯塔夫·施莱辛格那时的推荐，我弄到了谢林的《先验唯心主义》这本书，在读开头几页时就在想，我费尽脑筋也是白费力气，一再地回到我的第九交响曲那里去。在德累斯顿停留的后期我也试图把我的这种旧时的，但又再度甦醒的渴望重新拾起并与我当时十分迷恋的历史研究联系在一起。为此我选择了黑格尔的《历史哲学》作为我的哲学入门读物，这部著作中有很多东西令我敬佩，我仿佛觉得，在这条路上我必定能达到圣地的内部。作为全部哲学知识的最后完成者的巨人，他的许多在思辨意义上概括性的惯用语，对它们我越是迷惑不解，就越是激发起对'绝对'的事物及其相关的研究底蕴的兴趣。这期间发生了革命，为了建造一个新的社会实践的种种倾向使我脱离了我的研究。……”[①]

我认为，瓦格纳在自己的著作里夸大其辞与他深受黑格尔影响的事实有关。在其自传的另外章节中把自己还在一个大学生时期的写作的默默无闻归因于受哲学论述影响的天真本性：“我去听了一个年轻一些的教授瓦依斯的美学课，有两次到三次至多；能如此坚持下来，这要归之于我对瓦依斯的兴趣，我在我的叔叔那里认识了他本人。瓦依斯那时翻译了亚里士多德的《形而上学》，如果我记得不错的话，在一种争论的意义上，他把它题献给了黑格尔。在叔叔和他交谈时我听到了关于哲学和哲学家的事情，这给我留下了极为深刻的印象。我记得，瓦依斯漫不经心的性格，他那匆忙的和断断续续的说话的样子，特别是有趣的沉思的面部表情令我十分着迷；涉及他文字风格晦涩而受到责备时，他以此为自己进行辩解，说人类精神最深刻的课题是不可能为群氓解释清楚的。这个我自认为有说服力的信条立即就成为我写东西的一切的准则。我记得，有一次我受母亲委托给我的哥哥阿尔伯特写一封信，他对我写的信和信的风格极为诧异，他怕我是完全陷在概念里疯了。”[②] 也许我们所知道的关于瓦格纳在这个关系中最发人深省的故事不是来自他的自传，而是来自画家弗里德里希·佩希特在瓦格纳死后的出版物。在写到他们在德累斯顿的相处时佩希特告诉了我们究竟：“有一天当我去拜访他时，我发现他为他正在阅读的黑格尔的《精神现象学》激情澎湃，用典型的随意夸张的口吻对我说，这是迄今为止出版的最好的书。为证明这点，他把书中给他留下特别印象的一段读给我听。由于我的思路没能完全跟上，我请他把那段再读一遍，其实我俩对那段都没理解。他读完第三遍后又读了第四遍，直到最后我俩面面相觑而大笑起来。而那就是现象学的终结。”

作品难以理解或近乎难以理解却给人印象深刻，自费希特、谢林与黑格尔成为最初得到关注并被用来愤世嫉俗的哲学家以来，他们的读者就像有毒的真菌般在西方文化中蔓延。这三位哲学家全都说了重要的事，而且

① 高中甫、刁承俊译瓦格纳《我的生平》，东方出版社2009年版，318页——译注

② 同上，40页——译注

这三个人对读者的态度非常巧妙；而其大多数不具备他们那种天才的蹩脚的模仿者享用了这种技巧。这类写作在20世纪自第二次世界大战以来特别普遍。通常其目的主要有两个：一是造成了这样一个印象——既然表达的东西如此难以理解，那它一定是深奥的；另一是给读者投下一道魔法的咒语，使他在某种程度上被自己正在阅读的东西所迷惑。两相结合，产生出的是典型的那类被自己阅读的所迷惑、却没有能力向任何人解释那说的是什么的读者。在我们这个时代，利用这类冒充内行的人成了整个学术界用来交易的囤积之物。具有深刻而讽刺意味的是，一些受此祸害最严重的领域是文学研究领域。他们中有些人无法坦率而开诚布公地写作，都把自己藏在通行的术语背后，希望通过或是膨胀的华丽辞藻或是只有发明者才能说得透的专业词汇的打扮，来掩盖住他们不得不说的那些不值得关注的东西。瓦格纳意识到这种东西不仅不可相信而且毫无价值，并为自己不论是作为一个学生时还是作为一个应该有更好理解力的成熟男人都深受此影响而嘲笑自己。但即便如此，在他的后半生里，这种残余影响在他自己的著作里依然明显。他的风格——相对其他知识分子而言永远是自觉的知识分子写作——是一种下意识的集合型自大的典型（我相信，即使他意识到这点，他也不会去改变它）。这是冗长的，且略带炫耀的；但最糟糕的是他对那些含混不清的观点的断言，既间接又抽象，因此往往难以弄明白所有那些观点说的是什么。而当那个观点确实显现时，往往像是一大片云中间的一个阴影。孤立地去看几乎是无法看清楚的，而脱离了上下文也无法明白无误地引用。我几乎想不出任何其他哪位作家能够引用得如此之少，这就是为什么我引用他的文字很少的原因。一个人开始阅读，读了三四段后就会发觉自己在想“所有一切将会如何？他想要说的是什么？”。随即开始的只能是去逐渐了解争论的趋势，去弄懂是什么观点。但有时没什么观点：瓦格纳只是在清清嗓子，准备要说点什么。而且甚至听众都能意识到要做些什么：这不过是重要的清嗓子——唤起世人及后代的关注。你不应该怀着恼怒去指责瓦格纳过于个性化，而且一开始就以他的性格作为对这些的解读：毕竟他只是以他那个时代大多数德国作家、学者、新闻记者所用的写作方式在写作。只不过几乎所有其他的人如今都被遗忘了。也确实如此：

我们感兴趣的是作曲家瓦格纳，而不是作家瓦格纳。

但即便如此，说瓦格纳是一个浮夸的作家仍然是一个小小的悲剧，因为那意味着这个有史以来最伟大（之一）的大脑无法通过其著作被完全理解，而且这些著作几乎没有人再去阅读了（除了德语世界里的某些学术界，如今有一个蓬勃发展的产业专注于这些）。即便是我这样对瓦格纳怀有兴趣的人，阅读他的著作也不是一种乐趣——除了那本献给其第二任妻子的、个人化的、直率且对话风格完全不同于他的其他著作的自传。若他被告知这点，他会愤愤不平且心存怀疑，但事实是，从具有某种文学风格的意义上来说，他从未有过自己的风格。在那个年代，他不假思索地以普通知识分子的写作方式来写作。这是一种未经思考的模仿行为。他认为，如果你认真思索且天资聪颖，这便是你如何去写作的方式。一段时间以来，那些有着极高威望的思想家的著作经受着前所未有的漠视，这对瓦格纳和对我们都很不幸，这种漠视一直延续至今。我想到的不但有黑格尔、谢林和费希特，或许——尽管有些不公平——还有康德。他们之后，哲学家中唯一一个其著作值得一读却遭受到同样漠视的是海德格尔。恰恰瓦格纳不仅具有作为作家、还具有作为音乐家和戏剧家的一种独立性，并以相匹配的刺激性和直率来写作，而如今检视其作品的知识状况完全不同了。通常他的理念本身就很好，而且这些理念不仅是他多年研习成果的映照，更是——比这更有价值——多年在音乐、戏剧、新闻传播和政治责任等领域的实践经验的映照。他不仅仅是整理、运用他阅读过的和他人的观点——很多自命不凡的作家就是这么做的——还把他自己经历的滋养、强烈的感觉、很真实的见解传达给我们。而他的智慧，归根结底，是有史以来最非凡的智慧之一；因此几乎让人吃惊的是，当他详尽地叙述一件他极为看重的事时，通常的确是说了值得我们关注的事情。

对于今天的我们，容易忘记瓦格纳作为一个作家成名在先，而作为一个作曲家出名在后。因为他有如此多的报刊文章因傲慢且咄咄逼人而引起关注，即便不都是严肃的知识分子的关注；而他发表于1850年的《论音乐中的犹太性》一文显然招致了恶名。不过这不是主要的。更为重要的是，事实上在1850年前后他已经出版了自己最重要的理论著作，可是直到19世纪60年代的后五年里，他的成熟期歌剧作品还没有一部获得过首演，因此在这段漫长的时间间隙里，他的著作为很多人所熟知，而他的成熟期歌剧却完全无人知晓。这不仅在德语世界，在整个世界范围内都是如此，并成为一个具有重大文化意义的事实。因为这是瓦格纳的著作，不是他的歌剧，使他获得了——比如在法国诗歌界——对象征主义运动的决定性的知识影响力。这些著作是在倡导各种艺术之间，特别是诗歌与音乐之间，相互关系的新模式，放在一个更为宽广的思想框架里，那也是“现代的”、先进的、革命的。对很多人来说，这似乎是未来的声音，特别是当它如此宣称时。在英国，类似的情形是，最初引人注目的瓦格纳传播者——虽然他们是像萧伯纳那样的类型完全不同的作家——沉浸在瓦格纳的散文作品里，而且他们传播他的理论和推广他的音乐一样多。如今这一切对我们来说很容易就遗失了，他的歌剧在西方世界不停地上演，而他的理论已经不再引起很大的兴趣。随即在实际上对人们产生了危险；并且这也是一种涉及到当今的遗失。

随即对人们所产生的危险在于他们把所熟悉或为之激奋的瓦格纳主义作为一套观念，于是**随即**，当他们此后初次接触歌剧，所携带的是理论包袱和对艺术作品的个人体验。这使得全部的经验都建立在高谈阔论之上。最愿意采取这种方法的人不是音乐界或戏剧界人士，却是文学界人士，如诗人、小说家、剧作家或新闻记者，或其他行当里真正专业的人士，包括学者。在这种情形下，不仅不可能产生任何自发的审美反应，而且强烈激发出的是对作品的误解。

再说一遍，接近瓦格纳歌剧首先且最重要的是要依据作品具体表达的观念，而无论是对其做肯定或否定的回应，依据的也是那些观念而远非作为艺术的作品。这种错误的方法一直都存在着，虽然跟过去相比现在已不太常见。如果有人阅读 19 世纪的人写的关于瓦格纳的文章，他会对“体系”这个词的使用频率感到吃惊，也许爱好者使用这个词没有中立的旁观者和评论者，尽管还包括批评家，用得那么多。有种断言，或叫假设，说瓦格纳是在依照他制定出的一种理论上领先的体系来作曲或写歌剧。他应用他的体系，作品体现了他的体系，并且由爱好者依据这个体系为作品进行阐述和辩护。很久以来这就是瓦格纳被那些对其作品在审美反应上没什么亲身感受的人所最普遍认为的。而且当然会自然而然地假设这样的作品对具有丰富知识的人会有独特的吸引力，尤其是提供了瓦格纳出名的“知识分子”写作的背景。我相信，这是如今仍然存在的观点——即瓦格纳的艺术具有其他别的艺术，或至少是其他歌剧或音乐所没有的“沉重”与“知识性”——的起始。与瓦格纳同时代且敌视他的人习惯于说瓦格纳的整个事业是错误的，而且是反艺术的，因为真正的艺术不可能依照一个体系制作出来，而那就是为什么歌剧是如此可怜的艺术。那些对其作品并不了解的中立者倾向于这个似是而非的论点，并觉得不把这点看作是有效的：由此思考便成为值得尊重的事。一代又一代的人，熟悉歌剧的在增加，而对理论著作的兴趣却在减少，这种态度的确是在慢慢消逝。但它从未消失。直到今天这样的情形并不少见，有人说不喜欢瓦格纳的作品是因为不同意他的理论。我经常会发现——不过是温和地挖苦一下——他们对这些理论是什么大都茫然，通常把这些理论设想为某种激进的德国民族主义的轻率断言。

而这一点给我造成的遗失也涉及到今天的我们。我对瓦格纳著作中许多历史方面的不准确，还有其何等沉闷的散文风格都不做辩解，但他的散文作品充满好的创意和富有洞察力的见解，对我们的文化，不只是对我们的音乐与戏剧，产生了巨大影响，这是事实。我在我的著作《瓦格纳概貌》中已经阐述了有哪些巨大影响，以及其中对诗人、剧作家、小说家及其他方面的作家的一些影响，因此本书对那些不再赘述。下面要认真讨论的，是瓦格纳之重要性仅仅在于他是一位有创造力的艺术家，而作为一个思想家则可忽略不计这种观点：光是从他的历史影响这个角度来看，这个观点就是错误的。但推荐别人阅读他的作品来反驳这个误解是不现实的：他们太无聊了。也许需要的是一个既理解他们，又为他们兴奋不已的作家所做的关于他们的有吸引力的解释，作为经历丰富而且科学高度普及的新一代，以同样的方式，正以用科学理论解释我们所经历的其他方面来引起普遍的读者兴趣，并主宰着我们生活的其他方面。没有人能够否定爱因斯坦观点的重要性，然而即便是受过高等教育的人，他们中大多数依然难以接近这些观点，而必须依赖某种媒介来获得对其任何形式的理解。或许对某些艺术家可能也确是如此这般。

第七章

《指环》的一些主要理念

一

如果一位有创造性的艺术家对其艺术的本质公开地理论化，那我们至少会期待他所做的艺术作品从计划开始做的时候——或是在随后很短的时间里——就与他的理论相吻合，哪怕日后其作品的特质肯定会发生变化。而这就是发生在瓦格纳身上的。当他在撰写我们此前已经关注过的理论著述的同时，也正在酝酿《指环》的创作——不断在思考这部作品、阅读关乎其中并涉及左右的原始材料、撰写部分歌剧脚本。因此，当这个本身作为一种歌剧的一般理论提出来时，其总体的理论方法实际上即是《指环》的理论基础。这是把作为艺术作品的《指环》**所做的**，作为一种理论体系——换一种方式——来表达的尝试。很多年后瓦格纳据此做了评述：他说，他是试图“将此作为某种已经被我的创造性直觉所确定的知识理论”。

无疑，在写完《指环》的歌剧脚本并且为这四部歌剧的前两部作曲之后，没有一部作品是与这个理论紧密契合的。创作《指环》总共花费了他26年时间，而在那段时间里他的理念发生了改变。这或许是不可避免的。但即便如此，他创作（《指环》）的全部歌剧脚本从一开始就比他在自己的巅峰期创作的其他任何作品都更接近于体现他的自觉的意图，起码这四部歌剧的前三部是如此。

人们常说瓦格纳花费了他超过四分之一个世纪的时间去写这样一部篇

幅超大、不可能上演、并要求他得去建造自己的歌剧院来演出的《指环》只是一种狂妄自大。从这部剧的规模以及作为一个个人的成就（尤其是这个人还创作了《特里斯坦与伊索尔德》《名歌手》《帕西法尔》和《罗恩格林》）这个角度来看，这在伟大艺术品的创作史上是史无前例的。但瓦格纳在开始构思《指环》时并不完全清楚要把这部剧写成什么样子。

他起初是想写一部关于齐格弗里德之死的歌剧，而那部歌剧的标题确实是：《齐格弗里德之死》（*Sigfried's Tod*）。这部歌剧的脚本完成于1848年，而且在许多方面与后来成为《指环》四部歌剧中的最后一部《众神的黄昏》的歌剧脚本相同。也许读者会意识到，1848年这个时间节点，早于我们一直在关注的瓦格纳写的理论著作：《艺术与革命》和《未来的艺术作品》写于1849年；《歌剧与戏剧》和《致我的朋友们的一份报告》写于1850年至1851年。这是有启发作用的。这就意味着他先写了《指环》这部最长的、也是终极的（而且在我看来是最好的）歌剧的脚本的草稿，然后转到一边去写理论性的散文作品，而后再回到《指环》歌剧脚本的写作，修改并完成了它。也就是说，理论著作的完成是在《指环》歌剧脚本的创作期间。因为这四部歌剧中有一部的脚本先于《致我的朋友们的一份报告》在1851年完成，实际上这两者[①]比我所描述的更为相互纠缠。这强有力地说明了当瓦格纳真正静下心来投入到《指环》的创作中时，他发现了自己所面对的艺术上的挑战与要求，需要暂时停下来并且后退一步，以及制定出应对的办法，因为他在脑子里还没有完全想清楚如何进行下去。这是被事实所证实的，他为《齐格弗里德之死》写了一些音乐而随后弃之不用，他很少这么做。或许可以这样说，他只是还没有准备好去为《众神的黄昏》作曲，并且此后很多年他都没有准备好。

这份年表说明了另一个问题：《众神的黄昏》的脚本与《指环》其他几部歌剧脚本的不同。由于这个脚本的大部分是在瓦格纳已经用书面形式把自己的理论制定出了构想之前完成的，因此比其他的脚本更像是他先前的传统的德国浪漫主义歌剧的脚本。例如，不同人物角色有时会同时歌唱，

---

① 指他的理论著作与《指环》——译注

二重唱或三重唱，甚至有时唱词都不同，而按照他的理论这是严格禁止的做法。舞台上突然响起合唱，这从第一到第三个晚上[①]都不会出现这种情形。萧伯纳坚称，《指环》的前三部自始至终是革命性的成功之作，而第四部则令人失望地倒退为一部传统的旧式的大歌剧。我不赞同这个观点，但在歌剧脚本的结构方面这种说法仍有一些根据。

瓦格纳把《齐格弗里德之死》的歌剧脚本给一个叫爱德华·德弗里恩特的朋友看，德弗里恩特反对这部作品向听众呈现过多的既存的知识。瓦格纳对这个批评意见很在意，并且为第一幕添加了一个不间断演奏的分段序曲，以便使这三幕的第一幕从开幕到落幕完整的演出时间为两个小时。这段序曲表现了两个场景，其中第二个场景描述的是齐格弗里德与布伦希尔德的恋爱关系——而在此后的剧情里他们俩相互背叛了——而第一个场景是通过三位（分别能知晓过去、现在和未来的神秘的挪威）女神诺恩呈现了歌剧的整个事件的全部背景故事。

但瓦格纳仍然觉得，他讲述了齐格弗里德的故事的结局，却没有讲述这个故事本身。于是他把这个作品计划发展成写作两部歌剧，完整地讲述齐格弗里德的生与死的故事。第一部取名为《青年齐格弗里德》（*Der junge Siegfried*），第二部为《齐格弗里德之死》。《青年齐格弗里德》的脚本写于1851年，先于《致我的朋友们的一份报告》。而随后他经历了同样的过程——不是一次而是两次。他先是决定在《青年齐格弗里德》之前还需要一部完整的三幕歌剧来讲述布伦希尔德的故事，以此来给予足够的戏剧性分量以平衡齐格弗里德的戏份：这就有了《女武神》（意思是“英雄传唤使”）。但在实施这个想法的过程中他的心被想要做另一件事的渴望所占据，总起来说更为深远，就是要讲述完整的沃坦的故事，而不只是故事的结局——这在很大程度上和他此前为讲述完整的齐格弗里德的故事而不只是故事的结局而扩展他的计划一样。于是他构思了《莱茵的黄金》和《女武神》的场景（按此顺序；不过他写歌剧脚本的顺序却与此相反）。

他的这个故事原型的巨大扩展，从根本上改变了其相关内容和人物角

---

① 指前三部歌剧的演出——译注

色的内在平衡。在其酝酿的早期阶段，整部作品是专注于表现跨越两个晚上的齐格弗里德的人生故事的。但在最后完成的歌剧脚本里，齐格弗里德一直要到第三部歌剧里才出现；因此如果我们是在星期一开始看《指环》的话，那么我们见到他的第一眼得到星期四（这四部歌剧演出的间隔，最常见的是周一、周二、周四、周六——或是，如果在另一天的话，在相同的位置以相同的间隔）。这些规模巨大的戏剧性发展随着我们看到这个出现在前三部歌剧中除一幕[①]外每一幕中的沃坦而发生，并由沃坦所主导。因此瓦格纳对最初的戏剧构思扩展的结果，使得齐格弗里德这个《指环》中的主角的地位被沃坦所取代。沃坦这个角色在全部的歌剧剧目中至今仍是演唱时间最长、分量最重和要求最严苛的——其次是齐格弗里德。在实际演出中，指望演唱齐格弗里德的男高音歌手连续演出两个晚上是不现实的，同样指望演唱沃坦的低男中音歌手连续演唱三个晚上也不现实；这就是为什么几乎从未有过连续四个夜晚演出这四部歌剧，虽然实际上瓦格纳很希望能这样[②]。

二

在焦点转移，也是作品中心转移——即中心由齐格弗里德转向沃坦——的过程中，于《指环》之外的《名歌手》与《帕西法尔》两部作品中发生了某些与之相似的深层次的事情。

那两部另外的作品本身包含了一个天才成年人生命的成熟过程的客观映照物，随后还有很多别的。《名歌手》以一位主要的男高音角色瓦尔特作为该剧的英雄为开始；但当进入到第二幕，年岁更大、更智慧，本质上忍让以及实际上为低男中音角色的汉斯·萨克斯取代男高音成了歌剧的中心人物，而这个转换是在不知不觉中发生的。在《帕西法尔》里，虽然标

① 指《女武神》第一幕——译注

② 连续四个晚上演出而不间断——译注

题角色[①]在名义上也是主要角色，但在实际上主导着歌剧演出的角色是那位年迈的、较少利己并且懂得更多的古内曼兹[②]，尽管几乎没有什么情节，但他一个人起着古希腊戏剧中合唱的作用，解释着一切、评论着一切，而结果在剧中比英雄对我们更有意义、作用也更大。在《名歌手》和《帕西法尔》中都有一位愚昧的年轻的英雄，他无知无觉，对外部世界几乎一无所知。结果是对既存的权威和现有的秩序都不理解、且对这些几乎都不尊重，并且不耐烦地要把它们扫除一旁，因为挡了他的道。在各种情形下，这位长者都能深刻地感知并理解此种极其的复杂。这位长者开始接受面对崛起的一代自己的力量即将丧失，而接受的部分原因是他最终认识到年轻人的真正的潜质，但他也深切关注去纠正年轻人错误的价值观和企望。他试图让那个年轻人去理解而不是轻视或无视其他人对那些东西的感受；那些存在所依据的是其内在本质，不能随意改变或清扫一旁；事物现有的秩序是过去积累的智慧与价值观的储存，其中有些是非常珍贵的，因此即便剔除其中那些死去的、衰亡的、腐烂的十分重要，但它[③]是认识美好并将美好传递至未来的基础。与这位年轻人不同的是年长者对事物本相有着深刻怜悯的理解，一种隐忍与宽容的理解，他一直试图使这位年轻的天才，也是年轻的傻子，批判性地欣然接受它，真正满怀深情的，而不是调转身子拒绝接受。

这个大部分，若算不上全部，适用于齐格弗里德与沃坦之间的关系。而且在我看来，在所有这三部歌剧中究竟何为关键的是两个瓦格纳，也就是成熟的瓦格纳和年轻的瓦格纳之间的对话。也许他在写歌剧脚本时脑子里并没有意识到这一点，但相对于自己个性发展的部分毫无疑问地带入到了剧中，并随后在每部作品中维持着辩证的平衡，在每部剧中都提供了部分的戏剧冲突。在这三部作品里最早写完歌剧脚本的《指环》中，那个年轻人把老年人横扫在一旁，而后随着他的死亡带来了整个现存秩序在彻底

---

① 指剧中人物帕西法尔——译注

② 剧中的圣杯武士——译注

③ 指事物现有的秩序——译注

毁灭中的崩溃。在后两部作品——这是瓦格纳写的最后两个歌剧脚本——里，那个年轻人最终感知和欣然接受了现存秩序中好的方面，而且不仅是与此和解，还接受了在其中的主要地位。如此，这个未开化的天才曾经对传统嗤之以鼻，最终却成了传统的旗手；这位以前遭嘲弄和鄙视的局外人成了知名的、受人尊敬的权力机构的领袖。

看到瓦格纳作为艺术家的自身发展在这里化作了他的作品，这毫不稀奇，虽然，如我所说，不一定是有意识的。事实上这个相似之处同时适用于作为艺术家的瓦格纳和作为人的瓦格纳，尤其适用于他的社会与政治观念的转变：非常成熟的艺术家如今正在面对着那个曾经**缺乏责任心**的自己，而同样的是一个成功的文化引领者与一个年轻的无政府主义煽动者面对面的相遇。每一种情形不仅是两个相遇的人彼此深刻理解的方式——在自身中、在沁入自身的肌肤里——也是每个人感知他人的方式。正如同生活本身，这三部最后的歌剧[①]中的每一部开始都以一个年轻的主角为中心，但后来调整成了别的东西，并且开始处于一个完全的更加理解的境地，那个年轻主角被说成从不知道自己是谁，并且一直被当作无知的和受限制的。这当然是我们每个人的人生故事，除非我们从未认知。我不止一次地提出过，这三部歌剧的问题所在就在这里——这些东西领会了，作品本身就弄明白了。在每一部剧中都有比这多得更多的东西。但毫无疑问这些是基础成分。

三

等到瓦格纳投入《指环》的全部工作时，他知道自己要为四部歌剧写脚本，并开始谋划为其中一部歌剧作曲。确切地说，他认为最终的作品由三部歌剧加一部前夜序幕剧组成：《莱茵的黄金》的篇幅和其他三部三幕歌剧不同，是一部包含了几乎所有需要讲述的内容的单幕作品，其目的是给观众在进入后面完整的歌剧情节之前对他们需要知道的东西做一个简述。

① 《指环》《名歌手》《帕西法尔》——译注

实际上这是瓦格纳为《众神的黄昏》附加的一个扩展的、独立的舞台版前奏曲。因此他把《指环》设想为一个三部曲，并一直把它当作三部曲来对待。但是后人并没有遵循他的范例。毕竟，演出《莱茵的黄金》通常要持续两个半小时多，本身就需要一个晚上。《指环》几乎被所有的人视作由四部歌剧组成——因此不是一个三部曲而是一部四联剧（虽然有时会用这个词，但不常用）。

在以相反的顺序写了这四部歌剧脚本的草稿后，瓦格纳不可避免地发现他需要回到最先写出的那部脚本，并依据后写的进行修改，尤其是要通过调整叙事的材料，形成对在舞台上展现给观众的事件的复述。众所周知，他无法拿出足够的东西来满足每个人的口味。作为观众的我们，最终在《指环》里看到的那些反复告诉我们的东西都是我们早已知道的。但是是由艺术上的认真阐述所组成的。通常在这样的场景音乐下出现的是对体验的融会贯通、一种与十分美好的过往现实的和谐，并且其在当今的转化进入到了更深层次的理解和洞悉，进而成为一个也许是生命中最重要过程的艺术的对应之物。如果正在进行的一切同时都以台词伴随，而且台词不是被孤立地对待，这些片段实际上就没有被重复经历过。我们论及的内涵复杂的艺术表达的主要元素是音乐，而在音乐戏剧层面上一些新鲜和深刻的东西正在发生。实际上我们讨论的这些片段在整部《指环》中有着最深刻的启示。

然而必须承认，瓦格纳在修改他的歌剧脚本时有一些其他方面的事做得不够令人满意。随着文本的扩张，他常常弄得收不了场，而且还矛盾横生。例如在《齐格弗里德》第二幕的草稿中，迷魅因为指环在其兄阿尔伯里希那里被巨人偷走而奚落他，但实际上，在《莱茵的黄金》里，是沃坦凭着骇人的力量从阿尔伯里希的手指上扯下了指环（如舞台导演说明所示）而不是巨人。有些作家在他们发表的论述瓦格纳的文章里，试图倾向于调和这种被他们称之为“明显的矛盾”；但明显的不是这些矛盾，而是他们的矛盾。在我看来，缺乏常识造成了这种不理解和不认同。在为出版需要而修改作品原稿方面我有自己的体验，而被忽略的事实是我对某些方面所做的删减或增加需要在其他一些方面做改动，或许这会与原稿相距甚远。这很容易出错，而大多数有经验的作家对理解瓦格纳为何会出这个错不会有什么困难。甚至比试图去调和实际上的自相矛盾更错误的是试图对这些错误作戏剧性意义的解读。常看歌剧的人通常不会把这些错误当回事，我认为确实如此。

瓦格纳对他先写完的两个歌剧脚本作了修订，把这两部歌剧重新起名叫《齐格弗里德》和《众神的黄昏》。他把整部作品取名为《尼伯龙根的指环》。这个名字中有一个虽然小却是重要的地方，就是“尼伯龙根”这个词有点奇怪：这个词翻译过来有时会呈现出多元的误解。这里说的指环是专指一个叫阿尔伯里希的尼伯龙人的指环，而这个事实具有贯穿整个故事的重要性。这个名字的含义实为“阿尔伯里希的指环”，而一个良好的英文译本至少得体现出这点。

理解《指环》的最关键点是把它视作一个有机的整体，即由四部歌剧构成的一部艺术作品，而不仅仅是四部歌剧。以后者来看待它，则必然无法满足，甚至会像一个人孤立地听一部交响曲的各个乐章，无法正确理解这种艺术上紧密对应的感受。如我说过的，得把这部现存的最伟大的艺术品中最大——从最大的规模这个意义上——的作品作为一个整体来看待，除非你把一个中世纪的大教堂也视作一件单独的艺术品；而且与之相符的是孕育这部作品的时间如此之长。瓦格纳在 1848 年 4 月就已经完成了对《罗恩格林》总谱的收尾工作，而直到 1853 年的 11 月才开始为《莱茵的黄金》作曲。在那段长达五年半的时间里，除了为《齐格弗里德之死》写了后来弃之不用的音乐和两三首钢琴曲，他没怎么作曲。作为如此伟大的作曲家，在他事业的巅峰期那么长时间放弃写音乐在心理上是很不寻常的。理解这点最有启发性的方式就是把孕育期视作创作期不可或缺的一部分，包括音乐创作在内。除了所有正在发生的有意识的推论之外，必定还有大量无意识的精神活动，在一系列事件上与作曲和革命的无政府主义两者间明显的不同一样。关于这部完成的作品的许多令人惊叹的事情之一，是有着如此众多和令人惊奇的多样化成分的完整性被代谢成一个活性组织及同样复杂的有机体——的确，复杂到几乎无法把握——而且有一个集成了所有的、毫无疑问是其自身的真实的生命。瓦格纳本人无法在意识思维的层面上再去分析出其中的构成要素。而他清楚这点。当然，所有这一切对于与他的作品相关的每一位伟大的艺术家来说都是真实的。正是这样，规模上如此大的差异构成了性质上的差异，而且这永远使得《指环》的某些——与本义接近的——东西是难以置信的。这就像是不可能实现的。

四

如《指环》所描述的大自然的状态，宁静、和谐、无忧无虑，远非猩红的尖牙利爪。对此实施任何形式的人为的秩序，是某种只能由邪恶的力量所为的事，而且只会是一种毫无必要的错误，其结果是只有回归大自然本身的状态世界才能得以恢复。无论法律强制者的主观意图有多好，无论他们的方式多么的非暴力和两厢情愿，无论他们所做的一切是以促进文明为目的，且目的很成功，法律强制必定会不可避免地涉及到自我强制；而任何自然存在对大自然中其他存在——包括彼此之间——的自我强制，只能是一种侮辱，其结果若不是对生命的毁灭也是对生命的束缚。瓦格纳曾一度考虑过要写本书对此做一些论述，而且他还决定为这本书起个醒目的名字，叫《文明的丑陋》。

《指环》的情节始于社会化的很早期。如果想要正确理解整部作品，就得认识到——按瓦格纳的观点——这个社会化基于一个根本性的错误之上。沃坦刚建立起他的权力，而一开始他的企图只是要求最单纯和仁慈的自发性的牺牲以回报秩序。在此背景下令人回想起费尔巴哈在《基督教的本质》中把奥丁——如今被瓦格纳重新起名叫沃坦——视同于“原始的或最古老的法律”。他的法律是第一位的法律，是法律的起始**便就如此**。换句话说，他的统治迈出了跨越大自然状态的第一步而走向文明。这是完全基于和平的一致、融洽、合同与契约。此权力的象征是沃坦的矛。他总是携带着这根矛，但不是用来刺人的（他从没这么做过），而是他建立的由合同与契约构成的世界秩序雕刻在这根矛的杆上，并且他是这些合同与契约的监护人。作为它们的维护者，如果他要在出现任何无序的情况下恢复秩序，他就必须真的举起矛，把它在空中挥舞。可是当然，这个象征物告诉我们，即便是最两厢情愿和最小限度的秩序，要想得到认同只能依靠最大的权力和武力的展示。

事实上，这个新秩序是如何毁灭自然的感性认识和自然的生活从一开始是隐含的。所犯的第一步错误是当沃坦作为初始的父亲（这说的是初始的、温和的权威人物与生命的始创者——不知怎么容易忘记他是齐格弗里德、布伦希尔德、齐格蒙德、齐格琳德和其他很多角色，包括其他八个女武神的父亲或祖父；而且还是埃尔达、弗丽卡和其他众多妻子与母亲的配偶）在智慧的春天饮酒。这里有一个与之对应的另一个伟大神话的起因以及纯真的丧失，即亚当食了智慧树（之果）——由于这个行为使亚当陷入被逐出伊甸园而来到人世的境况。沃坦为获得智慧付出了一只眼睛的代价。他再也无法平直地看任何东西。他在智慧的春天喝酒之后做的第一件事就是追求权力这个事实，说明了获得智慧即包含了失去纯真。他从世界的岑树上折断了一根遮蔽春天的幻影的树枝，并把它变成了一支矛——此后他用这根矛来控制世界。但违反大自然的第一个直接反应，就是它周围活着的一切开始枯萎和死亡。就如第一个诺恩告诉我们的：

在漫长的时间过程中，
创伤使得树林里的枝条憔悴。
树叶变黄飘落，
这棵树便枯萎而死。
甘泉的清水也干涸得可悲……[①]

此处表达的理念是无政府主义哲学思想的核心：**如此这般**行使政治权力，社会化、法律，是不符合事物的自然秩序的，而且在本质上是反生命的。作为清白的政治是不可能有这样的事的。这里部分是因为，无论如何

① 申文林译瓦格纳《众神的黄昏》，《瓦格纳戏剧全集》下卷，中国文联出版公司 1997 年版，375 页——译注

非暴力与温和根本不可能行使政治权力，若没有能力召唤武力则无法在需要时强制实施秩序。对这点或许还可以加上——如果不是理论上而是实践中——不可避免的腐败，如果只是缺乏某种坦率的感觉。如今，即使是在最文明、最热爱和平的自由民主国家，政治家中也会有永远的统治与操纵；而尽管他们的人民对此作了极大的嘲笑，且假装去鄙视它，他们中的大多数人实际上相信，在任何结构的社会里这都无可避免是生活的特征。在任何文明社会里不用武力来调和社会矛盾是其压倒一切的目的。我本人是一个民主的政治家，而且同时我一直认为自己做事的依据是社会的支持而不是用诉诸武力以求政治手段起作用——这也很棘手，就像保持一种无休止的欺骗行为一样。任何有类似经验的人都会感觉到轻易同情沃坦令人不舒服。事实是维系任何组织的运行，抑或一个家庭，需要采取甜言蜜语、贿赂、奉承、警告等等各种形式的操纵手段。每个组织有它的政纲。它对任何团体，或甚至是其中的一个团体承担真正的责任并保持清白。那就是为什么实际上强调保持清白是一个无政府主义的承诺。

沃坦与第一个对象的自由秩序的交易就是违背其意志的。例如法索尔特在《莱茵的黄金》里对他说：

> 你束缚住我们的自由，
> 和平得以保持。[①]

随后他明确表示已经打算摒弃与沃坦的和平，除非他得到许诺过的好处。

迈向文明的第一步实际上同时即是对自然情感的第一次压抑、对天性的第一次压制，是在人类心理和生活中有着最深刻的重要性的一件事。这是在弗洛伊德的标题为《文明及其不满》的书中被提到的事实。这是卡尔·波普尔《开放社会及其敌人》的中心部分《文明的应变》表述的概念。

---

① 高中甫译瓦格纳《莱茵的黄金》，《瓦格纳戏剧全集》下卷，中国文联出版公司 1997 年版，34 页——译注

瓦格纳在把这个观点吸收进《指环》之前，在其理论著作中对此所做的明确表述比弗洛伊德或波普尔要早得多；而且他是从哲学无政府主义者那里得来的。他们把这个概念加深、系统化，并使之在他作为一位劳贝的追随者、“青年德意志”之一员的那些年里第一次有意识地去考虑的更为严肃的理念。这个追求或行使权力与爱和爱的能力互不相容的概念是《指环》的基点。如果要提出一种思想来作为作品的核心，那一定就是这个。不只是一次例示，而是能一遍又一遍地以不同方式举例。为了建造瓦尔哈拉天宫，沃坦准备冒失去诸神中的爱情女神弗莱娅之险，而弗莱娅会由此丧失永恒的青春。巨人法夫纳和法索尔特为了确保得到他们建造天宫应得的、指环也包括在内的报酬，也不得不放弃弗莱娅。整部作品开始的第一个场景是侏儒阿尔伯里希从莱茵河的女儿们那里得知莱茵河的黄金可以锻造出一个能把世上所有权力都给予拥有它的人的指环。但是能锻造指环的只能是某个宣布放弃爱情的人——于是试图挨个儿捕捉莱茵河女儿但都没成功的阿尔伯里希宣布放弃爱情而夺得了黄金（从而启动了构成情节的所有事件的连锁反应）。

阿尔伯里希在锻造了他的指环后继续做的与沃坦制作了他的矛后所做的完全类似：他把竞争的秩序强加给了原本在大自然状态下生活得无忧无虑的人们。在他的情形中是其侏儒伙伴尼伯龙人。他的弟弟迷魅向我们描述了这个社会转变的特点：

往常，我们是些无忧无虑的铸匠，
为我们的女人打制
漂亮的饰物，
令人喜爱的尼伯龙人的小玩艺，
我们的辛苦使我们得到快乐惬意。
可现在这个坏蛋，
逼迫我们爬进深坑，
为他一个人劳力费神。
通过黄金的指环，

暴露了他的贪心；
在洞井里边，
凡是新的光华隐没之处，
我们就得在那窥探，
搜寻和挖掘，
把劫掠来的去加以熔炼，
浇铸成珍品，
不许安歇，不让休息，
去为主人把财宝堆积。①

阿尔伯里希和沃坦代表了政治权力的两张最相像的面孔，而且是同一枚硬币的两面：一面是赤裸裸的暴力，用恐怖和鞭子来管理，一种把其他人不是当作妨碍者就是当作臣民的暴力，在列宁那里就变异为众所周知的那个提问“谁战胜谁?”；而另一面是建立在法治之上的文明的秩序，协商、合约，所有这些体现了对对方的尊重。把它们说成是同一枚硬币的两面的理由是即使沃坦善意的非暴力的统治都会涉及无休止的不公：他纠缠于肮脏的妥协中、他不遵守诺言、他骗人、他偷盗，所有这些都是在试图建立并维护这些文明的价值观的基础。在时间的进程中他认识到就这样了。在《女武神》第二幕里他对布伦希尔德说：

我不知不觉使用了不正当的手段，
去干一些不诚实的勾当
我与隐蔽的魔鬼缔约结盟，成了伙伴。②

在另一点上他把阿尔伯里希称作黑暗的阿尔伯里希，把自己称作光明

---

① 高中甫译瓦络纳《莱茵的黄金》，《瓦格纳戏剧全集》下卷，中国文联出版公司 1997 年版，63 - 64 页——译注

② 周依萍译瓦格纳《女武神》，《瓦格纳戏剧全集》下卷，中国文联出版公司 1997 年版，157 页——译注

的阿尔伯里希，从而确认他们两个是同一人格的光明与黑暗的两面。但瓦格纳一如既往通过音乐把他的洞察力最微妙且富有表现力地传递给了我们。与瓦尔哈拉——沃坦建造的用作其维持世界秩序的城堡——相关的主导动机，和与指环——阿尔伯里希锻造的并使他成为一个世界的独裁者——相关的主导动机，这两个动机和弦的序进是相同的；然而前者令人印象深刻、使人安心、高贵的、充满庄严的，后者身处阴暗角落、狡猾、邪恶。这两副控制社会的面孔由此在音乐中得到了清晰的表达——这是瓦格纳把观念，往往是复杂的观念，转化为音乐的能力的一个完美例子。随后他所做的是用交响化的动机把无法用文字表达的关于心理力量的洞见传递给了我们。这就是《指环》通篇在**那个层面**上表达的其最深刻的戏剧性含义，并给予了"乐剧"这个词的自身意义。但这个层面，唉，无论这本书还是其他任何别的书都无法说透。

瓦格纳运用音乐符号的惯常特征是这些符号起初是伴随着某些具体事物出现的，而随后有了更为抽象的意义。从音乐的角度来看，《指环》中几乎最丑陋的主导动机都和沃坦的矛相关。只有一个更丑陋的主导动机和沃坦与之几乎没什么交往的巨人有关。当然，这两种情形下的丑陋是故意设计的。没有一个音乐符号能比象征权力之矛的符号更基本的了。然而这个权力已经是一种特殊的权力了：这是基于协商的文明的权力。而矛本身不仅是抽象的，还是文字的物化的合约。所以，在《莱茵的黄金》开始不久，当雷神多纳尔冲过来用蛮力，即他的锤子与巨人解决问题时，沃坦则挥动了他的长矛挡开了多纳尔并对他说：

住手，你这暴躁的家伙！
动武解决不了问题！
我的矛杆会保护契约，
用不着你的锤柄。[①]

---

① 高中甫译瓦格纳《莱茵的黄金》，《瓦格纳戏剧全集》下卷，中国文联出版公司 1997 年版，38 页——译注

这是我们从乐队音乐中听到的矛的动机，因此它意味着是与以武力解决问题相对立的。有一些关于《指环》动机的说明书把这个动机标注为“协商”或“合约”，而不是“矛”。我们还仅仅是刚进入到《指环》，然而“权力”才刚开始就来了个 180 度转弯，在某种意义上成了“不要蛮力”。而这几乎至少是可延展的音乐动机。《指环》里的音乐动机总共多达一百多个，这些音乐动机通过形式多样的以及不停的微妙的变形，特别经由乐队演奏，其戏剧性意义愈加趋向内心、越来越多的心理分析、愈来愈转化为情感、愈来愈蜕变成体验。而且它们不是个别的在做着这些：它们彼此间不断相互结合或相互暗示。这里形成的一种戏剧性表达的方式显露出完全超越语言传达的力量。也许对一个严肃认真学习哲学的学生来说，关于这个最令人感兴趣的是涉及到阐明**观念**的一种手段；而且，最为精炼的，是比语言更具体、更准确、更微妙以及更复杂的一种手段。

五

在《莱茵的黄金》首次在舞台上演之前很久，瓦格纳就在音乐会上指挥演奏过其中一段称作“抢夺莱茵的黄金”的音乐。抢夺，就其字面上的意义和其象征性意义，都与《指环》的核心内容很接近。让我们先来看字面意义。

整部作品是以阿尔伯里希试图抓住并掠走莱茵河女儿中的一个为开始的。而莱茵河女儿中的哪一个对他来说没有什么区别——我们看到他挨个儿地试图去抓。但到最后，当他锻造出指环，并开始拥有得到更高梦想的无限的权力，他产生的妄念就不仅是要诸神臣服于它，还要抢夺地球上的任何生物和迷人的女性。他明确警告沃坦说，这就是他要做的：

> 要当心了！要当心！
> 你们的男人

要为我的权力服役，
你们那些珠光宝气的妇女，
她们曾嘲笑过我的求婚，
现在我这个侏儒要用她们作乐，
虽然爱情并不使他开心。①

巨人们一度宣称俘获女神弗莱娅能使他们在闲暇时享受到性的欢愉。在《女武神》里齐格琳德讲述了她是如何被其丈夫违背她的意愿强行虏获进他的臂弯，因此她的婚姻是一种永久的堕落与侮辱。当沃坦贬黜布伦希尔德，将她沉睡于山岩之上，惩罚的主要之点是，不管她喜欢与否，都将必须属于第一个发现她的男人。在《众神的黄昏》里，齐格弗里德为了用武力把布伦希尔德带到冈特尔的婚床上把自己伪装成冈特尔。

这些关系中的女性被强行征服是男性为了性，与齐格琳德和齐格蒙德之间、布伦希尔德和齐格弗里德之间的真爱的关系形成了对比。后面这两对因血缘关系通常是被禁止的，而且在瓦格纳生活的年代里的任何社会都是不合法的，在我们今天的社会里也不合法；但是在《指环》里他们被公开地认可——事实上他们是整部作品中唯一被认可的两性关系。作为兄妹乱伦的齐格琳德与齐格蒙德的关系依照传统属骇人听闻，即得到承认但又遭驳斥。当婚姻女神弗丽卡大声疾呼：

兄妹之间媾和成婚
真教我心惊胆战，眼花头昏！
你什么时候见到过兄妹成了爱人？

沃坦回答道：

① 高中甫译瓦格纳《莱茵的黄金》，《瓦格纳戏剧全集》下卷，中国文联出版公司1997年版，73页——译注

今天终于让你看见！
……
你一定清楚这两人的爱恋，
希望你听听我明智的意见。
如果赞同能给你带来舒心的喜悦，
你何不同情他们的婚恋，祝福他们璧合珠联。①

瓦格纳的观点是明确的，作为一种自由接受和真正相爱的关系才是有价值的；而相反，齐格琳德的状况是一种顶着婚姻名义的制度化的强奸，这是应该被视为超出了真正的文明社会范畴的。换一个说法，这里我们听到的是其“青年德意志”以及随后的无政府主义者对两性关系的观点。而在本质上是无政府主义者对所有权的观点。齐格琳德对齐格蒙德说：“这房子和这女人是属于洪丁的。”瓦格纳反对传统婚姻的核心部分是传统婚姻把女人当作占有的对象——跟家畜一般的动产、被宠爱的某种东西差不多。

在瓦格纳作品里反复出现——不仅在《指环》里，也不仅仅是关于两性关系——的两个价值体系被置于相互对立的位置。一方面是人类心灵的价值观、诚实、自发的情感，恰恰因为这是与生俱来的，是我们的生命之所依。这些价值观被作曲家认同但被社会视为可怕的、无法接受的东西。另一方面是体现在财产和婚姻这些基本社会制度层面的价值观，这些被理所当然地当作社会文明的要素，但被作曲家视为可怕的、无法接受的。这两者之间的碰撞是灾难性的；而那些按照自己内心去活的人必定遭到社会的碾压。我认为这个冲突反映了瓦格纳其在世上所处位置的大部分生活的感觉——他确实曾经说过这个世界不让他活，而他这话的意思不仅是金钱方面的。这甚至可能是在不同于艺术或智力层面的心理层面上的，瓦格纳作品背后的最基本的动力是需要缓和他本人与社会现实间无法忍受的冲突。他的艺术通过把现实原则搁置一旁使得生活可以接受，即使舞台上发生的

① 周依萍译瓦格纳《女武神》，《瓦格纳戏剧全集》下卷，中国文联出版公司 1997 年版，146－147 页——译注

那些似乎否定了这个。那些在舞台上失败了的在音乐中得胜了。他们或许会被世界毁灭，但在更高的意义上他们被拯救了，并最终获得了自我。所有这一切在《指环》中成了真，如在他的其他作品中一样。从某种程度上说，这是关于在当下讨论中被称作社会价值观的东西由被称作人文价值观的东西所取代的意义。齐格弗里德与布伦希尔德为此带来了部分的意义，但他们自己在这个过程中只是被毁灭。而且甚至连他们以及他们所取代的秩序一起被最后的大火所吞噬亦非终结，虽然此时我们已无法行动、无法言语，而只剩下交响音乐在向我们述说。

真实性原则的悬念涉及到事实的悬念与价值观的悬念之区别。在瓦格纳那里，价值观被当作事实来对待，它们被视为终极现实所包含的价值观。如此这般，一种对价值观的严重冒犯是对真实的事物本质的攻击。在《指环》中为什么强奸如此重要，原因之一是这种极度的堕落是最有价值的。我认为是柏拉图第一次说出最好的堕落是最坏的：按瓦格纳的观点，最好的是爱——而这，强奸是极度病态的表现，极度的败坏、堕落、颠倒，或者可以说是极度的破坏。

这个破坏的概念，在贯穿于《指环》的象征性意义和字面意义两方面都是重要的。我们已经看到沃坦如何迈出破坏大自然、建立世界秩序的第一步；而阿尔伯里希首先抢到的黄金被瓦格纳自己称为抢夺莱茵的黄金。《指环》一开始就是同时在三个层面上的抢夺，有抢夺成的或抢夺未遂的，而这三个层面，一是企图抢夺，按字面意义说，依次抢夺三个莱茵河女儿中的每一个；抢夺黄金；以及破坏大自然原始的田园般的状态。字面意义和象征性意义有着因果关系。正是由于阿尔伯里希抢夺莱茵河女儿没能成功，他抢夺了黄金：抢夺黄金直接代替了抢夺女人。而我们很快就发现，并非只有阿尔伯里希打算用权力或黄金来作为爱情的替代品：沃坦如此，巨人们也如此。

《指环》中每一处关于对权力或黄金的占有，都被视作为爱情的替代：剧中人物无论是因为无爱而追求爱情或是发现其占有侵蚀了爱情。对这四部歌剧结尾处的齐格弗里德和布伦希尔德与对开场时的其他人是同样真实的。在《女武神》第二幕里沃坦最重要的独白的开头几行：

年青时我缺爱少欢，
权力是我心中唯一的欲望。

接下去几行之后沃坦说：

我不愿舍弃爱情，
尽我所能我要把爱情追寻。①

阿尔伯里希认定他能够束缚住另一个人——虽然爱情无法通过武力获得，但只要有了黄金他就能买到爱。而他确实是买到了，从格里姆希尔德那里，因而有了儿子哈根。

就如这个例子所阐明的，贯穿于《指环》中的爱被视作是与性分不开的。这就如齐格弗里德与布伦希尔德从他们刚遇见开始就是郁郁寡欢的角色一样。这个等式从一开始就被莱茵河的女儿们认为是理所当然的，她们中的一个说道：

因为谁活着就要去爱，
没有一个人会把爱情躲避。

另一个评述：

这个色迷迷的丑八怪（阿尔伯里希）
尤其不会：
为了贪欢图爱，
他宁愿把性命送掉！

---

① 周依萍译瓦格纳《女武神》，《瓦格纳戏剧全集》下卷，中国文联出版公司 1997 年版，156－157 页——译注

前面说话的那个同意道：

他那情欲的火焰，
几乎把我灼伤。[1]

瓦格纳认为这是一个让围绕于此的人们大都过于谨慎行事的主题，而他无法得到他们回避的踪迹。他曾在给一个朋友（吕克尔）的信中写道："现实中最完美的爱情只有在两性之间才有可能；只有作为男人和女人的人类才会真正相爱……把这个只当作是一种表示爱的形式是错误的，这好像是说有另一种与之相等或甚至是更好的形式……只有在男人与女人（感官的以及超越感官）的结合中，人类才得以存续；而因为人类无法上升到任何超越其自身——他自己——存在的概念，因此其生命的卓越的行为即是通过爱达成其人性的完善。"他说的是性交是人类所有活动中一种双方自由拥抱的爱的行为的最高证明。

六

这一章节的方式明显不必做过多说明，我们发现《指环》的全部歌剧脚本（还不光是歌剧脚本）充满了我们现已熟知的具有作为"青年德意志"一员的瓦格纳、无政府主义革命者的瓦格纳和费尔巴哈主义者的瓦格纳特点的理念。这里有大量的理念。直接回到他作为"青年德意志"一员的年代，关于已有秩序的观点是客里空[2]且注定失败的，且其带有受规则支配、受习惯约束的那些自己已经成年的父辈和祖父辈老一代的特征；一种

① 高中甫译瓦格纳《莱茵的黄金》，《瓦格纳戏剧全集》下卷，中国文联出版公司1997年版，21－22页——译注

② 客里空是苏联1942年出版的剧本《前线》中的角色，客里空原文意为信口开河，弄虚作假——编注

对需要由年轻一代来推翻的信仰，部分是由一种积极地对其最珍贵习俗的不理会；最重要的是通过对性自由的挑衅性的颂扬；以及所有这些终将有助于带来自我觉醒的、如今正有意识地走出其过往的中世纪迷雾的日耳曼民族彻底获得重生的信心。由其长期浸润哲学无政府主义所驱动的对大自然原始状态的理念是田园诗般的和温和的，所以任何秩序的强制实施——即便大多出于美好的愿望——都是违背契约的，是反生命的，因为**像这样的**政府是不必要的罪恶；所以即便政府的标签会出现相对立的，那也只是不同种类的邪恶；而任何如关于婚姻、财富与金钱的法治秩序的基本成分是其最邪恶的；财富是赃物，而那些大规模财富的拥有者、以及劳动的组织者们是恶劣的剥削者和奴隶主，他们把掠夺对象的所有让生活值得过下去的东西抢劫一空；这个世界不需要任何这样的秩序；拥有一个人类可以按照他们的本性来生活的世界才是合理的——那是一个不仅不需要金钱、财富和婚姻，也不需要政府和任何种类的法律就能让人们满足地生活在宁静与幸福之中的世界，而在那种情形下维持宁静与和谐的是爱情：你所需要的只是爱情。瓦格纳沉浸在费尔巴哈的哲学里，不仅得出了附加而奢华的对爱的赞颂，更有一个作为政治理论替代物的假设的原理，对一个有凝聚力的社会来说其本身就具有充分的基础；其在哲学上（他确信源自“古希腊”）的最新强化的观点是，人类世界的经验与潜能——如果不是一切——是真正重要的事情；而与之同源的一种神性的观点是，所做的一切确实与宗教相关，如同拥有了以人的视角来看待的完整意义。当我此前引述瓦格纳说的“人类无法超越高于其自我存在——即自身的概念”，我指出那是瓦格纳的观点之基础。此后通过接受叔本华的哲学成为受到限制者，但是他从未成为通常意义上的信教者。试图把他说成后来成了基督徒不仅本身就是错误的，而且会使得想要完整理解他的作品变得不可能。

我们在本书前面的章节里已经了解到，在19世纪30年代到40年代他的这些理念从未搁置在水密仓里，而是在他脑子里相互融合且相互补充着，就如这些理念在他的同代人中的其他一些脑子里所做的。这也是这些理念在《指环》中所做的。它们不是作为一系列的信息来传达的。它们不是那种现成的语录或讲义的罗列，但是充满在作为整体的肌理中，最重要的是通过告知其假设。我绝不认为它们提供了《指环》全部的理念的内容。任何完全认同那些的尝试，必然要包括对精神分析学，以及相关的神话——不仅是古希腊神话，也包括北欧神话里那些中世纪人物的广泛讨论；而这必定会涉及到瓦格纳歌剧所表达的与古希腊悲剧和中世纪日耳曼传奇相关的内容。做这些事会需要种类不同的书籍，而且是篇幅长得多的一种。在本章中我所关注的是在瓦格纳歌剧里辨认出那些可以被说成是源自最广泛的意义上的、本质上包括了政治与社会理念在内的哲学理念。我并非在暗示这些理念构成了歌剧的全部内容。

从这个意义上来说，瓦格纳的作品充满着哲学理念，但掺杂着我提到过的源自所有其他方面的元素。融合近乎完全渗透——或许并不总是，因为有时不可避免有些地方会有一些其他突出的事，但多数时候是如此。关于瓦格纳艺术的不可思议的事情之一，就是他的作品如一块综合着出自那么多不同来源、头绪多样化的天衣无缝的音乐-戏剧织锦。我无法相信他是在有意识的思维层面上完成的。我敢确定，这大部分是在下意识里，或是在他大脑深处的无意识中发生的，而且是在很长的一段时间里——的确，我能直接联系到这个过程，除了《特里斯坦与伊索尔德》，他的每一部成熟期作品都需要十多年的孕育期，这个孕育期比任何可与他匹敌的艺术家的已知有特点的作品都要长。

归根结底，我们定位瓦格纳的是创造性的艺术作品——我们在从事的不是研究政治哲学、或精神分析学、或中世纪日耳曼神话或古希腊悲剧，而是我们发现他的舞台作品很吸引人而且他的音乐很美。所有这些元素迄今依然存在。而且因为他是一位把所有成分代谢到艺术作品中去的如此伟大的艺术家：他没有把我们拉扯进他对工业资本主义社会的批判中，或是对我们宣扬其更为笼统的政治哲学，或是向我们说教他对宗教的观点，就好像他是萧伯纳 + 音乐。萧伯纳确实在有意识地努力从瓦格纳称之为“使之动情的智慧”的艺术中学习，由此瓦格纳意在为艺术而把圣餐礼仪转化为主题；但在萧伯纳那里，尽管他的天赋，这些理念仍然执拗得无法转化，而我们从他那里得到的是些引发争议的观点，这些观点是从那些经常多嘴多舌的角色嘴里吐出来的。而在瓦格纳则从来都不会这样。理念被吸收进作品生动的织体中，而且感觉不太引人注目，尽管隐匿绝无可能。

不言而喻的是，我们对所讨论的艺术作品在艺术方面的反应和评价，与我们赞同——如果我们赞同——形成这些作品的理念的程度没有什么关系。我从未听到过有任何人提出，欣赏陀思妥耶夫斯基小说的读者得是一位虔诚的存在主义者，或从狄更斯小说里得到欢乐的人得是一位社会改革的支持者，或喜欢布莱希特舞台作品的人得是一位马克思主义者。没有人会认为只有基督徒才会被巴赫的《马太受难曲》深深感动，或只有意大利民族主义的同情者才会被威尔第歌剧完全控制住情感。任何相信这类事情的人对艺术本质以及对其与艺术概念上的观念和信仰的关系会产生某种根本性的误解。而在瓦格纳这个特殊例子中，有大量恰恰做出了这个错误假设、且认为任何喜欢瓦格纳作品的人肯定赞成其理念的人。相反，任何不赞成那些理念的人——这也是假设——肯定不喜欢他的作品。许多极其古怪且个性引人注目的持有这种观点的个人，对传达其他理念的艺术作品完全不去应用它，他们大声谴责任何这类应用。举例说，如果你告诉他们你不喜欢布莱希特的剧作，而且你把反对马克思主义作为你的理由，他们会指责你脑袋出了问题。然而当事情发生在瓦格纳这里，他们失去了自己这种基本的判别。我认识这样的人，当他们发现自己很享受瓦格纳时被自己的反应弄得很紊乱，对他们来说这被视作问题，并且变得困惑。实际上人们常常把自己享受瓦格纳形容为感觉**有罪**。此种困惑的原因是他们身上有一种强烈的错误的假设，而把自己从这种混乱中解放出来的唯一途径，就是先把自己从这种假设中解放出来。

第八章

瓦格纳发现了叔本华

一

我们已经看到，瓦格纳在一个较长阶段的末期创作了《指环》联剧的脚本，而在那个阶段中他先是沉溺于社会主义无政府主义的思想中，后又醉心于费尔巴哈的思想；我们也看到，他如何在完成那些脚本以后很短时间之内，陷入了对革命政治的幻想破灭，并且对一直被他当作指导原则的一些东西丧失了信念。这次幻想破灭对于后来完成的联剧整体，造成了深邃的本质上的影响。那意味着在他投入其中进行创作的大部分时间里，他都已经不再相信在那部作品中本来要刻意表达的很多思想。这并不是说他对它的脚本完全丧失了信心，把它当成一个错误或者认定它是基于虚假的前提——如果那是他的想法，那么毫无疑问他一定会抛弃那套脚本——而是说他产生了信念的转变，意识到整部脚本的真正含义，不仅与他在写作时想到的很不一样，而且要深刻很多。换句话说，他一边投入其中进行创作，一边大幅度修正了对自己作品的解释。

在他最初开始创作《指环》时，瓦格纳认为对现存世界进行革命性批评是那部作品的锋芒所向。到他完成它的时候，他相信那部作品的真正重要价值不在于任何时事问题或者社会问题，而在于内在的与永恒的问题。人们因此说这部作品结合了瓦格纳在一生最重要阶段中的个人成长，这是造成这部作品复杂奥义的原因之一。思想转变所导致的多方后果，当然也包含了我们看到的整套联剧无法在一个单一层面前后一致地被解释清楚。正如戴里克·库克[①]写到的："不论后来如何演进，拉开四联剧序幕的《莱茵的黄金》毫无疑问是在世界的社会与政治现实中开始的：瓦格纳最初对《莱茵的黄金》的构想——'表现最本质的不公正，而整个非正义世界都建筑于其上'——依然嵌入在那部作品当中，是其昭然若揭的涵义。对于能够铲除世界上一切罪恶的回天之术，虽然瓦格纳最终改变了对它的理解，在《众神的黄昏》中将其本质表现为是形而上学的而非政治的，他却并没有觉得有必要回过头去、改动《莱茵的黄金》的基本内容。"

为什么在思想转变以后，瓦格纳没有去重写《指环》中的先前部分，我们尽可以自由发挥猜测其原因，但是在我看来真正的原因可能就是最明显的原因。将这套脚本重写一遍，这项工作超过了瓦格纳的所能承当。《指环》这部巨作，创作一次已经是一项几乎无法完成的任务，将其中的长篇大段再创作一次，那就只会是一项不可能做到的事。而且即使要改，他应该将它改成怎样才对呢？在他内心发生的个人变化，是在若干年时间内连续不断的一个发展过程：我很怀疑是否能找到一段固定的时间，让他可以重新构筑那部本来需要几年时间才能完成的作品，而在做那件事情的同时他自己不再发生变化。事实上，既然说他在36岁就开始了《指环》的工作，后来一直围绕它工作到61岁，在这样长的时间里他不发生变化反倒是件怪事了。这也就告诉我们说，现在我们已经透过写作《指环》脚本时的瓦格纳的眼光看到了这部作品，在我们的《指环》历程接下去的一个阶段，我们要跟随他在脚本完成以后经历的变化，到达他走去的新立足点，从那里再透过成熟以后的瓦格纳的眼光、带着这些变化给我们的启发，重新审视《指环》。

需要首先说明的是，他的关键转变，而后才波及其他一切的，是他对政治的幻想破灭。正是这一关键转变启动了他从外在于他的世界解脱的过程，而且做得非常坚决。这个过程的转折点发生在他30岁的最后几年与

---

① Deryck Cooke（1919－1976），英国音乐家、音乐理论家、播音员。著有《音乐语言》《我看见世界已经完结——瓦格纳《指环》之研究》等——译注

40 岁的最初几年。他的幻想破灭不是只针对这种或那种政治，而是针对政治希望的整体，针对一切政治。那是曾经点燃熊熊烈焰的幻想。它的破灭对于他是极为可怕的经历，那意味着他在非艺术领域中最重要部分的信念顷刻瓦解——实际上，艺术与非艺术的界线在这里是难以划清的，因为他的政治信仰是他作为艺术家对未来抱有期待与希冀的基础。对政治的幻想破灭造成他对自己作为艺术家的未来感到绝望：转瞬之间，革命性的政治与社会变革的希望全部消失，固然也就没有了艺术的未来，也就谈不上理查德·瓦格纳对未来的希望。他坠入颓唐。我们读到过很多人遭遇中年危机的经历，这就是瓦格纳的中年危机了，特别之处在于这给他带来的是可怕的剧烈冲击。他的状况表现出完全符合抑郁症一词在临床诊断下的意义。在他的主观感受中，那无疑是他的人生经历到那时为止面临过的最严峻的转折。

我们必须说明的第二件事，是那一过程开始于他邂逅叔本华哲学之前。阅读叔本华确实促成了在瓦格纳人生与工作几方面的根本性变化，并且其中的一些变化具有历史意义，但是对政治的幻想破灭却不是叔本华促成的。相反，像他那样如饥似渴地接受叔本华，至少一部分原因在于那时他已经被幻想破灭深深困扰。对一个陷入颓唐的人，对一个本来对政治前景抱有宗教般信仰、突然丧失信仰迷失方向的人，叔本华让这个人用一个新的看法对待世界，这就是叔本华对瓦格纳起到的作用。这种新的看法认为包括政治在内的一切公共事务无关重要，它以肯定的态度提出对它们不抱幻想，主张不去关注这个世界及其价值；这种看法将性爱与艺术，尤其是音乐艺术，置于人类行为的最重要的地位；阐述这些看法的哲学巨著又具有那样的审美、知性、人格特征，它们与瓦格纳本人的特点近似到惊人的地步。对于瓦格纳的艺术具有最重要意义的一些问题，例如深度心理学、性爱、对艺术本质的信念，以至具体到对音乐的意义的理解，叔本华已经通过不同途径先于瓦格纳得到了许多同样的洞见。我本人在阅读叔本华的同时会经常感到，如果瓦格纳拥有的才华适合做一位哲学家而不是一位作曲家兼戏剧家的话，这一定就是他会写出的哲学，其中包含了那样多相同的洞见。所以依我看来，这正是他需要的哲学，就在他需要的时候，它完整地出现了，而且不论其规模或是哲学才华的高度，以瓦格纳的实际能力都是不可能自己完成的。我们从他如何对待自己的公开发表的著作，知道瓦格纳对自己作为一位理论思想家有很高的自我评价。然而一旦读过叔本华，他意识到那绝不是他自己可与之同日而语的作家。书中表达的洞见假如瓦格纳自己也能够提炼出来的话，他会为之惊喜万分。叔本华著述所成的德文文笔闪现着冷言冷语的睿智，点缀着让人读过不忘的隐喻，本身就成为一种艺术。在理论思维与逻辑论证方面（这后一项一直不是瓦格纳的所长），叔本华的著作满足了瓦格纳最重要的要求。它们为瓦格纳提供了一个概念的结构框架，那正是他感到需要的，他在其中能够获得有可能想象到的最大的独立施展空间。既然这个体系已经存在，他也就不再感到自己必须创建这样一个东西的压迫感，而到那之前为止他一直觉得无法回避。现在不同了，它已经守候在那里。我们还可以肯定地说，如果不是因为叔本华，瓦格纳永远不会得到这样的东西，因为如果靠他自己的努力，他就只能变成一位与他作为作曲家兼戏剧家的造诣相当的伟大的哲学家了。这是他自己对这件事情的看法。从他发现叔本华之日起，一直到他逝世为止，他抱有的态度最好用他自己的一句话来概括："我该怎样感谢他！"（《柯西玛·瓦格纳日记》第1卷，618页）

我们很难再找到一个例子，其中有两种思想，各属于不同领域，却又有着像在这里看到的成果卓著的关系。我们会想到歌德与席勒、柏拉图与亚里士多德，甚至想到马克思与恩格斯，这些例子都是一位天才人物在他人帮助之下发展到自己成就的顶峰，而帮助来自于同一个领域里的另一位天才人物。就连在叔本华与康德之间，还有在瓦格纳与贝多芬之间，都有着类似性质的关系，只是提供帮助的人先已进了坟墓。我们现在要说的是一种完全不同的关系。叔本华不属于任何一类创作艺术家，但是，如果像很多人相信的那样，《特里斯坦与伊索尔德》《名歌手》《众神的黄昏》《帕西法尔》这一总体，构成了人类思维曾经创造出来的最伟大的艺术成果，那么其中一部分原因就在于它们的创造者瓦格纳，自觉地并且直接地在创造过程中从另一位属于不同领域、能够为他弥补不足的天才那里汲取益处。那位天才的著作，如托马斯·曼所说，"给予他的音乐以摆脱桎梏回归自我的勇气。”[①]

1853年，瓦格纳开始为《指环》作曲。距那以前不远的时间，他刚刚发表过若干文章，详细阐述他付出大量心血建立起来的理论。他这时动手写作的音乐，显现出对那些理论亦步亦趋，与它们过分纠结在一起。敏于理解的观察者们从一开始就注意到这一点：作曲家彼得·科内利乌斯同情并且支持瓦格纳的事业，他曾经出席《莱茵的黄金》的首演，并且发表文章赞扬它的优点，而像他这样的人都说过，瓦格纳为那部歌剧作曲，过于墨守一些抽象原则的规范。这些原则所要求的事情之一，就是词句应该被赋予与音乐同等重要的地位，因此在大多数地方，瓦格纳实际做的是将话语音乐化。如果他写的是话剧脚本，那么在演出时，道白的语气会有自然而连续的抑扬顿挫，瓦格纳所做的就是将这样的语气扩大化，从诗句的语句中引申出曲调的起伏。这些语句中的字词又自然聚集在一起，形成含有意义的短语，瓦格纳将他的乐句就建筑在这些短语之上。各个单词和音节要有不同的重音——有些需要强调、有些需要拖长、有些需要一带而过、有些需要干脆丢弃，瓦格纳将所有这些都对应到音符的不同时值和力度的细微变化。在每一个层次，瓦格纳都是从词语中导引出音乐，甚至包括语句中的自然停顿也被对应到短暂的音乐休止。当然所有这些都做得富于技巧，但是音乐的大部分还是受到牵制。曲调实际上与唱词中的各个音节捆绑在一起，很难伸展羽翼腾空翱翔。如果瓦格纳的全部作品只展现出这种层次的纯音乐灵感，我们会将他归入大约与李斯特等人同等造诣的作曲家。《指环》也绝对不会像在今天那样占据着全世界的歌剧舞台。我们必须说，《莱茵的黄金》说到底是一部散文戏剧的音乐再现，而不是一部诗体戏剧的音乐再现——其中的散文固然才气横溢、耐人寻味、与众不同，但是毕竟脱不开散文的局限。

《莱茵的黄金》在音乐上的灵感局限，在一定程度上也与它是瓦格纳第一次尝试用一种新的方法写作歌剧有关。像我在其他地方已经表示过的，

---

① 朱雁冰译托马斯·曼《多难而伟大的理查德·瓦格纳》，收录于《多难而伟大的19世纪》，浙江大学出版社2013年版，44页——译注

这部作品是处于瓦格纳所有作品的中间点的一部习作——它的位置是名副其实的中间点，因为在它之前与在它之后，他都各写了六部歌剧。这时他的双脚踏在新的基点，正在学步。这部作品今天已经家喻户晓，已经在西方艺术经典中占据了稳固的地位，我们很容易会忘记，对最早听到它的人那是何等的先锋派。无论是对歌剧还是对音乐而言，它都是开天辟地的东西。很多那时第一次听到它的人，不可避免地带着对已有规则的期待而来，不会想到它是有意取代那些东西。他们感到疑惑，一部歌剧怎么可以从头至尾只有“宣叙调”。另外缺少的一些东西同样令人费解，例如其中既没有“二重唱”也没有“齐唱”：没有这些成何歌剧！在娄格的一番叙述之后，观众席中的各个地方响起了掌声，因为他刚刚唱过的显然是一首“咏叹调”，而对咏叹调当然要报以掌声。T. S. 艾略特告诉我们，伟大的艺术家必定会创建他们的作品应该如何欣赏的准则。对此我们可以说瓦格纳的全部作品是历史上最极端的例证，不仅影响了音乐更影响了戏剧，当然尤其是歌剧。很多第一次听到《特里斯坦与伊索尔德》的人，感觉那是极端彻底的不可思议；就连歌唱家都在音乐中找不到整体凝聚力，觉得没有办法学会他们的角色，乐队队员更是下结论说他们的分部根本无法演奏。这中间的原因当然是瓦格纳写出了我们在今天听来是音乐，而很多人在当时听来不是音乐的东西。瓦格纳与听众都在学习：他要学会怎样写出那样的音乐，听众要学会怎样去听。他用了整整一部歌剧完成他的学习，然后才融会贯通了他的新方法。

《莱茵的黄金》的音乐缺少情感温暖，还有另一个完全不同的原因，那就是这部作品是在有意识地描绘一个没有爱的世界。那里的每一件事情，要么是基于横行霸道，那就难免暴力，要么是基于订立合同，也就是自私自利，再要么就是基于欺骗，基于旧有习惯、规则、权威的理所当然的重复。在我们面前，舞台上呈现的是各种事物的社会化组合，是在最初的错事发生之后，随之而产生的我们的罪恶世界。大自然的世界已经不复存在，那么在各种秩序中为害最小、遭到反对最少的就是玩弄政治了，但是即使玩弄政治，在它状态最佳、不靠强力的时候，也总要涉及操纵利用、蒙蔽欺骗；阴谋与造假随时伺候，已经不存在放弃不用的可能。同时，事情的另一面，虽然可能稍加掩盖并不明显但是心中一直念念不忘的唯一后备手段，就是强迫就范。这是一个彻头彻尾没有人类感受的世界，部分出于这个原因，瓦格纳将它描绘成一个没有人性味道的地方，不仅在寓意上，而且在表现形式上也做到一致：在这部剧中是没有人类的，所有角色不是天帝、巨人，就是侏儒或者其他什么怪力乱神之类的东西。直到《指环》的第二部歌剧《女武神》开始，我们才会遭遇剧中的第一个人类角色。而且也只有到那里我们才第一次接触到人类感受、听到体现人类情感的音乐。

在《莱茵的黄金》的无爱的世界之后，《女武神》的第一幕描绘了最基本最初始的人类之爱的感受，出现在一个本来没有给它留下任何地位的完整秩序中，但是《女武神》的第一幕岂止是描绘爱的出现，它本身就是爱的出现的范例。这一幕比先前曾经想象过的，包括瓦格纳自己曾经想象过的任何东西，都在情感上更加动人。从可能想象到的各种角度而言，它都是艺术上的成功——音乐走线腾空翱翔，不再同话语束缚在一起，但是又与字词紧密相连，只能说两者是作为一体孕育而成。它中间的角色、舞台活动、舞台场景，都同时是戏剧与音乐两种意义上的巨大成功。投入在它的音乐创作过程中，瓦格纳曾经几次感到自己被它打动，以至情绪剧烈起伏，无法继续工作。在全剧创作过程中写给李斯特的一封信中，瓦格纳直接称它为显然是一切作曲成果中最美丽的音乐——瓦格纳提及自己的作品，从来都是从第三者角度（谈论其他并不是这样），好像是客观立场但显然是有些大言不惭。直到今天，《女武神》的第一幕是瓦格纳全部作品中经常被作为音乐会曲目由交响乐团单独演奏，并且脱离全剧的后面部分被单独录音的唯一一幕。这一幕的音乐永远保持着出神入化的力量。这里不仅毫无约束地表现恣意迸发的爱，还将它卷起的情感波涛、让人深受刺痛的赤裸裸的力量全部投向听众。这些情感存在的人性化身被剥去一切遮掩、袒露无余，给我们带来的感受强烈到近乎无法控制的地步。瓦格纳的作品，至此第一次给保护最严密又是（在此例中）被禁忌的情感赋予了声音，我们作为听众听到了艺术所从未表达过的东西。在那之前已经完成的《罗恩格林》，虽然被人誉为是前所未有的最美丽的音乐，但是只有到了

《女武神》瓦格纳才第一次撞准了后来为他提供独特品质金子的富矿，那是情感的矿脉，埋藏很深、取用不尽。它储存在高压之下，靠近它都是一件危险的事。除瓦格纳一人以外，似乎再没有人知道如何将它开掘到表面，它白热、是流体，在从深处被带到表面的时候，不知怎样被瓦格纳转化成了音乐。有好几位作家表示过的意见，大意是说《莱茵的黄金》是瓦格纳发表过的歌剧理论的近乎完美的实例展现，我不同意这样的看法：《女武神》的第一幕在各个方面都将它甩在后面。尽管在写完《女武神》整部歌剧的音乐之前，他还将领悟若干思想，还会让那些思想将他的发展引导到意想之外的方向，但是事实仍然是，《女武神》的第一幕是瓦格纳全部成熟期成果的起点。一连串巨型伟大作品由它起始，在其后的30年时间里不间断地逐一问世，临到他逝世才告终结：《女武神》《齐格弗里德》《特里斯坦与伊索尔德》《名歌手》《众神的黄昏》《帕西法尔》。

1854年，在他41岁的年纪上，瓦格纳为《女武神》作曲。从6月28日到9月1日，他完成了第一幕的音乐。第二幕的音乐在从9月4日到11月18日的期间完成，第三幕的音乐在从11月20日到12月27日的期间完成。在作曲的这一阶段，他的初稿写在两行或者三行五线谱上，配器的过程还有待后来完成。但是即使这样，当我们意识到每一幕都有长于一个小时的堪称作曲家写下过的最伟大的音乐，而且都是在构思中搭建起有可能做到的最宏伟框架、不仅有人声而且注定要配备宏大的交响乐队，那么这几段时间都是短得惊人。显而易见，瓦格纳是在以白热化的工作状态写出白热化的音乐。但是，这也让下面的事实更加不可思议，他是在1854年的秋天第一次读到叔本华的《作为意志和表象的世界》——哲学史上规模最大、对读者要求最高的名著之一，全两卷，总页数超过1000页。他不仅是读了这部著作，而且完全被它震慑：它会给他带来的影响将超过他一生读到过的任何其他东西。托马斯·曼的评价直截了当："与叔本华哲学的结识是瓦格纳生活中的一个重大事件；以前精神上的邂逅，比如与费尔巴哈思想的邂逅在个人的和历史的意义上都不可与此一事件同日而语。”[①] 这句话虽然看上去毫不留余地、难免夸张，但确实讲的是真话。凡属于严肃的瓦格纳传记作家都在这一点持相同意见。而瓦格纳传记作家中最好的一位，恩斯特·纽曼，在他所著的四卷本《理查德·瓦格纳生平》一书中，这样描述了叔本华对瓦格纳的影响：“在他的智慧当中，包括当时已经知道的和其后还将知道的一切事情，这是最强有力的。”其他人说的话也同样不留余地，一位作者称之为“瓦格纳一生中曾经有过的最深刻的知性经验——与叔本华哲学邂逅”（罗纳德·泰勒《理查德·瓦格纳：生平、艺术与思想》，111 页）。另一位作者称之为“在瓦格纳创作生涯中独一无二最重大的影响”（约翰·钱塞勒《瓦格纳》，132 页）。瓦格纳自己当然比别人都更知道其重要性，在自传中对此表露无遗。在他的自传中最初提到叔本华的地方揭示出非常重要的内容，我们必须在此长篇转述：

> 在此期间，我就埋头于自己的工作。我于 9 月 26 日完成《莱茵的黄金》总谱书写娟秀的誊清稿，在我那座房子的幽静中，见识了一本书，对该书的研究对我具有十分重要的意义。这本书就是阿图尔·叔本华的《作为意志和表象的世界》。
>
> 赫尔韦格给我提到这本书——他首先得告诉有关这本书的最有趣的事情——他说这本书在三十多年前就已经出版，在出版三十多年之后，最近几乎是绕了好些特别的弯路才被发现……我感到自己立即就被这部著作深深吸引，很快就致力于该著作的钻研。一种内在的需求使我一而再、再而三地要求去弄懂哲学的真谛。还在我很年轻的时候，通过同巴黎的勒尔斯的三次交谈，我心中就激发起了这种欲望。我力求通过种种尝试，在莱比锡教授们那里，然后从谢林的著作，后来从黑格尔的著作中使这种欲望得到满足，直至——因为这些尝试很快就把我吓住了——几篇费尔巴哈的论文看来给我提出了与此有关的理由。

① 朱雁冰译托马斯·曼《多难而伟大的理查德·瓦格纳》，收录于《多难而伟大的 19 世纪》，浙江大学出版社 2013 年版，44 页——译注

现在，除了对这本书的特殊命运感到兴趣之外，它的深入浅出、通俗易懂和男性的准确立即就吸引了我，这是我在对其中包含的、对极难的形而上学问题进行探讨时，一开始就接触到的。当然，一位英国批评家的评判就已经吸引了我。这位批评家十分老实地承认，迄今为止，他对德国哲学说不清道不明，但又是难以置信的钦佩，就来自该哲学——就像它最后由黑格尔所阐明的那样——十足的不可思议。对此，他现在在钻研叔本华的著作时，很快就豁然开朗，认识到并非他的理解力欠佳，而是在理解那些哲学命题时的故意夸大，对他在这方面的不理解负有责任。就像每一个由于生活而狂热激动的人都会遇到的情况那样，就连我也是首先去寻找叔本华体系的结论；叔本华体系的美学方面使我感到十分满意，尤其是对于音乐的那个重要看法在这里使我感到惊喜，所以就像每一个与我的心情相同的人都会体验到的那样，这种趋向于道德的整体终结倒是使我吓了一跳，因为在这里，扼杀意志、极其彻底的放弃，被证明是从在对世界的理解和相遇中现在才清楚感觉到的个人局限性的桎梏中，唯一的、真正的和最后的救赎。对于那种想从哲学中获得一种为进行有利于所谓“自由个人”的政治和社会宣传的、至高无上的权利的人来说，在这里自然是一无所获，而提出的唯一要求是：完全彻底地放弃满足人的欲望的一切路途与手段。因为这一点暂时还根本不合我的口味，所以我很快就认为自己不能放弃那种所谓“轻松愉快的”希腊世界观——我曾经用这种世界观来看我的《未来的艺术作品》。就是赫尔韦格，是他用一句很有分量的话促使我首先对自己的敏感采取谨慎态度。由于对现象世界的虚妄的这种认识——他是这样看的——甚至所有的悲剧都是确定的，总而言之，凭直觉可以认为，每一个伟大的诗人，甚至每一个伟大人物身上想必都会发生这种悲剧。我望着我的《尼伯龙根》台本，使我感到吃惊的是，我看出，现在使我受到理论这么多束缚的东西，我在我自己的诗意设想中早就熟悉了。我就是这样首先来理解甚至是自己的沃坦的，现在又重新激动万分地开始更仔细地钻研叔本华的书。现在我认识到，至关紧要的是，去弄懂该书的第一部分，弄懂对关于迄今为止在时间和空间中以如此现实的方式建立起来的世界的观念性的康德学说所作的解释和扩展性阐述。我相信，通过认识该书非同寻常的难度，我现在已经在理解的道路上迈开了第一步。从现在开始，这本书有好多年都从未完全离开我，我在第二年夏天，就已经第四次仔细通读该书了。通过这个渠道对我产生的潜移默化的影响特别大，不管怎样，对我整个一生都至关紧要。我通过这部作品，为我对自己迄今为止纯粹按照感情学会的一切所作的判断，得出了差不多与我昔日来自我的老师傅魏因利希的学说，通过极其深入地钻研音乐的对位法所获得的看法完全相同的判断。要是我以后在一时冲动的写作工作中，再次让自己听到关于与我的艺术特别有关的主题的话，那就必须让人看出这些工作就是我在这里称之为从我对叔本华哲学的钻研中得到的收益。——现在我觉得有必要，给这位备受尊敬的哲学家寄去一份我的《尼伯龙根》的台本样本。我亲笔在标题处只附上“出于敬仰”这样的文字，而没有写上一句通常情况下要对叔本华讲的话。之所以如此，部分原因是十分拘束，没法对他说出心里话，同时也受到这种感情的支配，要是叔本华通过阅读我的台本，甚至连自己都没法弄清楚，他是在同谁打交道，那么，一封由我在这儿写的、不管多么详尽的信也不会有所帮助的。因此，我也就放弃了那个沾沾自喜、希望能有幸得到他的书面答复的愿望……

当我在从事这方面的钻研之外，又继续为《女武神》谱写音乐时——这时我过着隐居的生活，我的清闲时刻只用在去周围的长途散步上——就像通常我在持续不断地从事音乐创作时所遇到的那种情况一样，又一次产生了进行诗意构思的欲望。这很可能有一部分是叔本华使我置身其中的那种严肃认真的气氛，这种气氛现在力求其基本特征的一种极度兴奋的表达方式。就是这种表达方式促使我去构思《特里斯坦与伊索尔德》……①

---

① 高中甫、刁承俊译瓦格纳《我的生平》，东方出版社 2009 年版，382－384 页。本书译者稍作调整——译注

这段引文中的很多重要内容，都有后来的事件或者文档为它们提供佐证。我在此不去重复它们，只就一件事提请大家的注意："救赎"是在瓦格纳的整个艺术生涯中一直吸引他的概念，甚至可以说让他执著，而在1854年以后，这个词对他的意义完全可以用叔本华哲学做出解释。对于那个不断被人问到的问题："瓦格纳提到的救赎到底意义是什么?"至少对1854年及以后的时间，我们有肯定无误的答案。对于《帕西法尔》的一切评价，它都占居中心的重要地位，我们在接下去的讨论中会看清这一点。

瓦格纳的"哲学观"发生了如此剧烈的转变，那么作为其直接影响不可避免地使得他和一些到那时为止与他有相同看法的人发生分歧，在那些人看来他背叛了不久前才公开发表的观点，这对那些热心赞同那些观点的人尤其不能接受。瓦格纳在自传中记录了这样一个实例："在此之前，我个人只见过她（玛尔维达·冯·梅森堡）一次，而且是在我逗留伦敦期间（1855年)，那已经是在她过去以狂热赞同的口气，在书信中向我表示自己对我的书《未来的艺术作品》的态度之后。但是在伦敦，有一天晚上我们在一个名叫阿特豪斯的人家中聚会，我见到她时还充满着为使人类完美无缺的各种愿望和构想。我通过那本书已经声明，自己信奉这些愿望和构想。可是现在，尤其是在叔本华著作指引下，由于认识到世界的巨大悲剧及其现象的毫无意义，我却几乎是神经过敏地避开这些东西。使我感到难堪的是，在我讨论这一问题时得不到这位热情朋友的理解，在她看来，我简直就是一项高尚事业的叛徒。我们在情绪十分不好的情况下分手。"①

一个本来像一团火焰、立志挽救世界的革命家，现在变成拒斥世界的人。这在那些仍然充满革命激情的人看来完全不可理解、是一种耻辱。我们看到在这一阶段出现了对瓦格纳的新的敌对态度，这是来自一批政治上的左翼人士对他的人格与动机的蔑视。他们的这种态度后来随着时间推移变得愈来愈强硬。

在一年时间内将《作为意志和表象的世界》通读四遍以后，瓦格纳在

---

① 高中甫、刁承俊译瓦格纳《我的生平》，东方出版社2009年版，467页——译注

余生后来的时间里从没有停止回头重温这部著作，尤其是在深深投入他自己的最有创造性的工作时，他会来重读这本书，我们知道的第一个这类例子是在 1857 年，他在自传中告诉我们说，在“精心为《齐格弗里德》第一幕配器时，我又重新埋头于叔本华的哲学之中。”① 1858 年，在创作《特里斯坦与伊索尔德》的第二幕（应该可以说这是他的所有成就中最伟大的一幕）中间他患了病，“我为了振作精神，像每次已经做过的那样，就是现在也再一次拿起叔本华的著作，我又重新在内心里同它结成知己。”② 这样的事情接连发生。叔本华的思想再也没有离开瓦格纳半步之遥。除了无止境地反复阅读叔本华之外，他还一遍又一遍地阅读叔本华引用过并且称赞过的著作，并且在这一过程中经常调整自己对它们的看法——举例说沃尔特·司各特爵士的小说：“在这些小说中，我在日内瓦就已经见到非常廉价、非常漂亮的法文译本，我把这些书成堆地带到莫尔内克斯来。这类读物非常适合我的生活方式，我不得不让这种生活完全避开比较严肃的研读和工作。但是除此之外，我也觉得完全证实了叔本华对这位迄今为止对我来说仍然显得疑虑重重的诗人的价值所持的评价很高的看法。”③ 更富有效果的是，瓦格纳被叔本华打动去研究康德，并去浏览阅读印度教与佛教著述。在自传中的一处他告诉我们说：“最能打动我的是比尔努夫的《佛教故事入门》；我甚至摘引这部读物，作为一部戏剧创作的素材。自此之后，它就总是——虽然只是在极其粗略的构思中——一直存活在我心中，也许还会再一次加工出来吧。”④ 这就是一部成熟期歌剧但瓦格纳从来没有动手写出来，它在好几年时间里一直萦绕在他的想象中。他肯定，通过使用他的主导动机方法，对一个以轮回转世为中心题目的故事，可以找到独特而又恰当的艺术处理，那也就是说，在他的艺术方法与该素材中的佛教特征之间是存在着一种有机联系的。

他还并不是只把这些东西留给自己知道。瓦格纳为人的一个突出性格，

① 高中甫、刁承俊译瓦格纳《我的生平》，东方出版社 2009 年版，416 页——译注

② 同上，444 页——译注

③ 同上，406 页——译注

④ 同上，400 页——译注

就是好像有着用不完的精力，要把自己的所好传达给朋友和认识的人，甚至传达给广大世界。他向朋友们讲解叔本华、推荐叔本华、强行兜售叔本华，给他们寄去叔本华的书，给他们写信在信中谈叔本华。叔本华的思想出现在他写作以供发表的所有文章中。他发起了一项提案，要在苏黎世大学设立教职，专门研究叔本华哲学，他认真支持该提案，虽然最终没有成功。凡是能够想到的可以让更多人知道有关这项提案的事，他都去做到了。甚至在叔本华仍然在世的最后几年时间里，就已经很少有或者根本没有比瓦格纳更积极地宣讲叔本华哲学的人，而叔本华本人并不知道。这些事在叔本华逝世以后仍然继续。瓦格纳在《我的生平》中记录1861年访问巴黎的情形时，用若无其事的口气写了这样的话："在我经常同我那些亲切可爱的东道主在亲密无间的交往中度过那些夜晚，甚至有理由试图在这里教人熟悉叔本华的著作之后……"① 他后来一直也没有对此变得厌倦，从来没有放弃整个世界都应该改信叔本华的信念。到1874年，那时他已经名副其实地举世闻名，柯西玛仍然在日记中写道："只要又有新的证据，说明叔本华还是不为人所知，都准定会让理（查德）大为恼火。"

柯西玛的日记是瓦格纳人生最后14年活动的逐天记录（这也是在同等造诣的艺术家中找不到第二例的记录）。它们向我们展示的一件事，就是在他们的生活画卷中，叔本华是怎样被编织进花纹织体每一个细部。整部日记的索引列出，叔本华在200页不同地方被提到。在其中一处，她这样写道："理（查德）不厌其烦地不断提起叔本华的伟大。"日记中提到她与瓦格纳在晚上一起阅读的地方数不胜数，瓦格纳会不知道同一篇文章他反复读了多少遍："晚上我们读叔本华"或者"晚上叔本华"在一个接一个日子里出现。它成为如此常规，以至于哪天有了遗漏柯西玛倒要特意提到："今晚没有康德-叔本华。"（1874年12月12日）她的书信也在讲同样的故事。在1870年7月16日写给尼采的信中，她提到瓦格纳在早晨的时间创作《众神的黄昏》，在晚上的时间阅读叔本华。瓦格纳甚至在梦中遇见叔本华——不言自明，柯西玛将这些梦也都记录无遗。所有这些非常丰富

---

① 高中甫、刁承俊译瓦格纳《我的生平》，东方出版社2009年版，505页——译注

的证据都表明，从瓦格纳第一次读到叔本华开始，瓦格纳就变得对他近乎执著，这种状况一直持续到瓦格纳生命终结。这里的情况不是，绝对不是，那位哲学家对这位作曲家产生过初次接触时的巨大震动，而随着时间推移，其作用与反弹都减弱了，就像多数人对于多数兴趣都会逐渐淡忘一样。相反，瓦格纳越来越多地认为自己的成就，是与叔本华的成就共生的。他在晚年开始认识到叔本华哲学，还有他自己的《特里斯坦》和《帕西法尔》（对他来说它们非常紧密地相互关联在一起）共同代表了人类洞见的最后终极。用他自己的话说，它们是“终极成就”，而他并不是认为那仅仅是他和叔本华两人的终极成就。

二

叔本华对瓦格纳的影响的独特性质及其程度，都有证据支持，没有质疑的余地——接下去我们考察它们在瓦格纳歌剧中的作用，还将会看到这些影响的最有趣的方面。但是，有相当一批作家怀着并不公开表明的愿望，要把这种影响的作用削减成不那么重要。因为证据的力量强大，他们无法否认这种影响，因此就采取一些隐蔽的手段，试图予以淡化。他们这样做的理由多种多样，但是其中有两种理由最为突出，一种关系到叔本华哲学，另一种关系到被瓦格纳抛在身后的那一类观点。

从我教学生学习哲学的经验中，还有从对公众普及哲学的经验中，都有例证支持一种常识性的见解，就是如果我们看到两种人，一种人同情被瓦格纳抛弃的那一类观点，另一种同情被瓦格纳后来接受的那一类观点，那么前一种人的数量一定远远超过后一种人，而在所谓知识分子的总体中尤其显著。属于前一种的人很容易就认为瓦格纳身上发生的转变是一种错误，是值得遗憾的。如果这些人承认这种转变对瓦格纳的作品有着很大的作用，他们就很难解释这种作用是让他的作品获得改进的推动力量。一个人的观点不能前后矛盾对他们是很大的压力，虽然他们自己未必意识到，但是他们被迫在两种看法中做出选择：要么认为在瓦格纳的作品中出现的变化不是一种改进，要么认为改进虽无争议但是其产生与叔本华无关，也就是说叔本华在这个问题上的真正作用而非表面作用是被人夸张了的。替这两种看法做论证的文章都是可以找到的。

在20世纪中期和晚期，有很多作家在足够大的程度上受到同情马克思主义思想的立场影响，发现自己倒向上述的第二种方向。他们中的一些人看到自己面临一个严重的个人问题：他们在情感上笃信被瓦格纳抛弃的观点，而同时他们看到他后来继续创作的作品无与伦比蔚为壮观。所以这些人不得不去争辩说，他在总体信念上发生的变化与他的真实艺术成就基本上没有关联。他们中的有些人甚至断言——招数真可谓用心良苦——瓦格纳似乎表现出有过改变，而且可能是确实的，但那只是一时的，在那以后他又转回到与他先前持有的实质上相同的观点（当然，它们是那些人自己心中的观点）。对于这些议论，困难在于它们与事实互相抵触，当然对于像瓦格纳这样一个变化无常、想法多样、有时不免自相矛盾的性格，有人总可以从这里或那里找出一句孤立的言论，可以对它加以任何解释。这样一种方法的实际作用不是在加深我们对瓦格纳的理解，反倒是在补救这类评论家的学术地位。如果说他们在情感上笃信的总体世界观确实合理的话，类似这样的事情难免要发生。

相当一批作家倾向于淡化叔本华对瓦格纳的影响还有另外一个重要原因：全面承认这种影响并且认真予以对待，实际上是越出了他们在其中能够运用自如的专业领域范围。几乎每一位在学术上严肃的瓦格纳评论家都是对音乐有特殊兴趣的人，也可能对歌剧有专门兴趣，也可能对广义的艺术有专门兴趣，很自然，这些人中很少有人有哲学的专门知识。因为具有这种知识并无必要。期待现状与此不同是没有道理的。我把这一讨论仅限于我所说的学术上严肃的评论家，是因为有关瓦格纳的某些题目，比如他的性生活、他的反犹主义、希特勒与他的某些作品的关系之类，吸引了众多煽情的作家。有关瓦格纳的耸人听闻的书籍泛滥成灾：在他名下的煽情读物比任何其他作曲家名下都多。当然不奇怪，这类东西的作者表现出对瓦格纳的作品都缺少可靠了解，更不要说那之外的任何题目。这样说来，虽然有关他的文献在数量上比任何其他作曲家都要多出很多，只有其中的一小部分真正值得阅读。这一小部分著作中，有些含有非同一般的兴趣，但是在这类著作的作者当中，有人对叔本华哲学有真正了解，已经是很久以前的事了。最早的评论瓦格纳的著名作家们不一样：尼采、萧伯纳、托马斯·曼都对叔本华作过研究、他们自己受到过他的影响、对这种影响的性质有第一手经验、对它完全了解。他们的时代过去了，对于多数受过教育的人，叔本华已经不再是精神支柱的一部分；自那以来，著名的瓦格纳评论家当中很少再有人对叔本华哲学有任何知识。这一实际情况就导致大多数人只承认叔本华对瓦格纳有巨大影响，但是避而不谈这些影响的具体构成。就连恩斯特·纽曼都在这样做。我个人很怀疑他曾经认真阅读过叔本华——在有关叔本华影响的问题上，他从来没有讲过任何话需要他去认真阅读。还有一些人，他们意识到自己对于叔本华欠缺了解，又不愿意承认——很有可能是首先不愿意对自己承认——这种欠缺会妨碍他们理解瓦格纳的一些重要方面，为了保护自己的地位，于是他们或者断言或者暗示，说那一影响并不十分关键。这种反应远不限于只是瓦格纳评论家中间的特殊现象。任何一个人，只要是某种现存解释关系到他的个人地位，都会有同样的反应，而无关乎那种解释是有关哪个人或者哪件事。大学中有专门讲授哈代和康拉德的小说的教师，一旦面临叔本华哲学对这些作家的影响这类不容争辩的事实，他们宁愿承受这些事实同时淡化它的影响，而不会承认——不光对学生，甚至对自己都不会承认——在这些小说家身上有一个重要的方面，从开始到现在他们一直都错过欣赏。

有趣的是，作为邂逅叔本华的后果，瓦格纳本人也在一种清晰可辨的形式下面对了同样的问题。那时候他刚刚花了几年时间致力于构建一种人生态度，他通过写文章、发表小册子、出版书籍各种渠道，将之公之于世。这一人生态度尤其偏重于他对艺术所要说的一切，特别关注戏剧、音乐与歌剧。还不仅是对于这些理论已经公开表明立场，他已经在遵循这些理论创作歌剧。这时，叔本华哲学出现了，瓦格纳感到自己完全被它吸引，但是它与他自己的理论在各个地方全面冲突。他应该怎样做？在一个短时间里他先是抗拒，但是经过一番自我抗争以后他放弃了。很多年过后他回顾当时面临的抉择，说：“一切都取决于面对真理，即使说那是不愉快的选择。我自己与叔本华哲学应该是什么关系——我这样一个完全信奉希腊人生观的乐观主义者？但是我做出了困难的选择，做到从中告退以后，我比先前更强壮了十倍。”（《柯西玛·瓦格纳日记》，第1卷，291页）

在我们努力理解瓦格纳是怎样对叔本华哲学产生反响的时候，有一件事我们切不可忽视，那就是有许多基本要点，对瓦格纳是事实的，对我们却不是。这中间包括一些极为简单的事情，例如：叔本华那时还在世，与瓦格纳住在同一个德意志；叔本华的著作是用瓦格纳和他的同时代人熟悉的语言和习语异常精彩地写成的；那些著作根植于同一个深层的文化与知性传统，是瓦格纳感到他本人也生活于其中、属于其一部分的。我们还不应该忘记，哲学是瓦格纳一直愿望把握、而且也是他迟早一定会把握的东西。但是对于今天的多数瓦格纳爱好者来说，甚至还有可能对于本书的多数读者来说，叔本华哲学在好几个方面都是陌生的东西：时间间隔与地点、外国语言与文化、相异的传统以及其他兴趣。在我的读者中那些讲英语而且学习过哲学的人，他们受过的训练更有可能来自于在20世纪大部分时间里主导了英语国家哲学界的分析传统，在那段时间中，对康德以后的大部分德国哲学，不仅持不信任态度，甚至是理直气壮地予以排斥，在并不具备知识、站在外部立场的前提下，将它们归为不可理解、枯燥乏味、装腔作势、空话连篇。极少有歌剧评论家认为他们自己实际有能力阅读、更不用说理解那些东西，甚至不认为值得为此做一番尝试。出于这样的原因，虽然他们可以毕生怀着对瓦格纳的真诚热爱，对他做过深入研究，但是在他们形成的对瓦格纳及其发展道路的观点中，虽然作为历史事实在口头上承认叔本华对瓦格纳的影响，一旦涉及在某个方面具体是什么，便绝少有所论及了。

三

既然瓦格纳发现叔本华的时机具有很重要的意义，那么整个事情发生的背景值得在此讲述。

人们通常认为伟大的哲学是长年深刻思考的成果，因此不是可以指望从年轻人中间产生的东西。多数的伟大哲学著作确实是它们的作者在成熟期的作品，但是从各种意义来看，这都不能说就囊括一切了。哲学史上一些最伟大的著作，是由很年轻的作者写成的，就是说它们的作者在写那些书的时候只有二十多岁年纪。休谟的《人性论》就是这样的一个例子。贝克莱也有过同样成就。再有就是叔本华。叔本华生于 1788 年，但是到 19 世纪的第二个十年，他已经在撰写他的名著《作为意志和表象的世界》（德文原名 *Die Welt als Wills und Vorstellung*，英文译名 *The World as Will and Representation*。最早的英译本将书名译作 *The World as Will and Idea*，这一译名今天仍然有人经常沿用，但是后来更近代更好的英译本的书名也应该被尽量选用，因为这涉及到哲学专用词汇的意义与关联的问题）了。叔本华花了大约四年时间写作这本书，在 1818 年 11 月完成，那一年他 30 岁。在初版的书名页上印着 1819 年，造成后来很多人以那作为出版时间，但是是不正确的。叔本华的这本著作与休谟的那本名著在若干方面相似，其中之一就是在诞生以后便没有了生命：很少有人评论、购买、阅读它，或者对它有任何关注。它出版以后很多年过去，叔本华还是像在它出版之前那样默默无闻。他继续在不为人知的情况下就那本书所探讨的问题做进一步工作，在过了比四分之一世纪更长的时间以后，1844 年他又出版了该书的第二版，将原来的一卷扩充为两卷，新添加的内容在长度上超过了原有的内容。这样做过以后，他还是在接下去差不多十年时间里鲜为人知——尽管说到这个时候他已经另外出版了若干精彩而篇幅较短的著作。

无论有人对他的著作中包含的思想如何评价，叔本华的写作总是十分优秀，长时间以来他已经被公认为是德语风格方面最伟大的作家。他鄙视、憎恨那些与他同时期或者接近同时期的德国哲学家诸如费希特、谢林、黑格尔等人的晦涩难懂，视那样的东西为故弄玄虚，不过是要造成错觉，让人们以为他们说的话非常深刻。叔本华从哲学的本质和德国语言的特点中看不出像他们那样写作的任何理由。在哲学家当中，他最崇尚康德。除康德以外，再可能就是柏拉图，叔本华认为柏拉图的缺点在于他作为作家不仔细、不清晰，在缺乏艺术性方面更是无可挽回，但是柏拉图诚挚，不同于那些声称是他的继承人的江湖骗子；柏拉图的深刻是真实的，只是写作枯燥，造成没有必要的艰难。在叔本华眼中，讨论极为深刻的哲学问题，而散文文风保持清晰、雅致，时有透出机智，典范是大卫·休谟。于是叔本华就在德语写作中自觉运用休谟的英语写作风格。结果他超过了给予他启发的人。叔本华比休谟对音乐更为敏感。他的写作保留了休谟那样的诚恳直率，同时遣词注重回味、造句刻求有力，于是总体结果富有韵律、频出格言。他的文章中多有鲜明的形象，读过之后，会长久留驻在读者的记忆中（我们只来看一个例子："那些概念与抽象，如果最终不能引导出理解，那岂不就成了有那么一种林中小径，沿它走到尽头也不能把你带到任何地方。"）。

叔本华有着这样清晰的思想、犀利的文风，让我们不容易理解他会在那样长时间里被埋没。这中间的一部分原因，没有疑问存在于19世纪20年代、30年代、40年代德国哲学界的状况之中，当时的局面被黑格尔及其追随者掌控，其排除异己到了空前的地步，我在本书前面已经对此作过相当详尽的描述。叔本华对那些思想家及他们的作品持绝无妥协的蔑视态度，他甚至不屑于与他们辩论——他有一次曾说，一旦有念头去参加他们的所谓哲学争论，就会立即觉得那和去街头参加流氓斗殴没有两样。但是，虽然他不会屈尊与他们辩论，一有机会他便把他们骂得体无完肤。像他这样自我选择立场，与其他所有一切人都热心拥戴、捧场的东西格格不入，是导致他不被别人纳入考虑的最主要原因。他拿出自己最好的论文之一《论道德的基础》，参与丹麦皇家科学院举办的有奖论文评比，虽然他是唯一参加者（而且文章不署名），丹麦科学院仍不予考虑，给出的理由是"这篇文章以不妥当的方式提及近期的多位杰出哲学家，以至于构成严重的和实质的冒犯，我们不能对此视而不见。"后来叔本华自己将那篇文章发表，并且附上一句类似墓志铭的题词："1840年1月3日，哥本哈根丹麦皇家社会与科学研究院未予授奖"。这是很典型的叔本华作风。

说来也怪，叔本华名声的决定性逆转是从英国开始的。因为他的哲学与休谟哲学的特殊关系，再加上他看英国这个国家的人民"比其他民族更有智慧"（叔本华《杂述与拾遗》，第1卷，16页），也许这对叔本华不是意外的事，但是这件事实际上来由复杂，不是可以容易看清的。英国人对于德国的东西，除了音乐以外，很少抱任何兴趣。当然，他们的王室家族是日耳曼人，但是在学会说英语之前，那些人的语言是法语。大概正因为他们的王室在伦敦与汉诺威两地分散注意力，导致了英国人对德国东西的嫌弃，这不只是针对王室家族，还演变成深层而严肃的对德国的不欢迎态度。英国人在文化上的岛国根性也确实是世界闻名的，他们仍然具有的对其他国家的知识与文化生活的关注，也过于偏重他们的隔岸邻国法国，更居其后的是意大利。在长时间里，英国的高质量教育都是以古典语言，即拉丁语和希腊语，为基础。这种做法对于将这些受教育者的文化意趣引导去地中海区域起到很大作用。在很大程度上，受过最高教育的英国人都曾经学习过法语和拉丁语，可能还加上一些希腊语。很多文学家懂得一些意大利语，但是就连在这些人当中，懂得德语的也寥寥无几。说到出国旅行，那通常是指去法国或意大利，或者其他通行法语或意大利语的国家，例如瑞士或低地诸国。无论怎样讲，所有欧洲国家的受教育阶层的人都通法语。法语这种语言，靠它是可以纵贯通行欧洲，从希腊一直走到瑞典的，这还没有将俄国包括在内。但是这也遗留下对德国的无知——它的文学、它的语言，还有它那个国家自身，当时德国还没有统一，仍然是位于欧洲中心的一堆杂乱无章的小国——这就是多数受过教育的英国人在个人修养与见识上所欠缺的。我还愿意进一步说，即使到今天，也还遗留着一些与之近似的东西，但是，我们已经说过，音乐不在其列。

亨德尔，在讲英语的世界以外的所有地方都被当成是德国作曲家，其实在英国度过了一生的大部分时间，并且成为英国臣民。海顿，专门为在伦敦演奏，写出了若干首他一生中最伟大的音乐，他还得到牛津大学授予的荣誉学位，也为那所大学创作了美好的音乐。皇家爱乐协会把他用过的最好的钢琴赠与贝多芬，并且委约贝多芬创作《合唱交响曲》。威伯的最后一部歌剧《奥伯龙》，是受科文特花园委约、为一部英语脚本创作的。门德尔松写出的几部最著名作品，包括《意大利交响曲》与《伊利亚》，都是最早在英国演奏的。所以在音乐生活方面，不列颠早已与讲德语的世界合拍了。但是对于在18世纪德国发生的奇迹般的文化复兴运动来说，音乐领域里的现象是一个很大的例外，主要是因为语言隔阂，虽然音乐不受其影响，德国的文化复兴在英国基本没有受到注意。因此，虽然在德国，那些无与伦比的作曲家们都有与他们实力相当的哲学家、诗人、剧作家左右相伴，例如康德、歌德、席勒等等，英国人在很长时间里基本上忽略了他们。康德的《纯粹理性批判》在今天被普遍视为古希腊文化以来哲学领域的最杰出著作，但是那本书在1781年出版以后，过了几代人时间之后才被翻译成英文。

话虽这样说，在英国也会像我们想到的那样，有不少个人对在德国发生的事情抱着兴趣，并为之欣喜。这些人当中首先一个我们熟悉名字的，就是柯勒律治，其次又有卡莱尔。到19世纪中，已经有一批虽然人数不多但是有相当知名度的英国知识分子，作为他们的各项活动中的一项，也是他们的有意识的愿望，在受过教育的英国公众中间推进对德国文学与思想的了解，改变当时对它们不只无知而且没有兴趣的状况。出版界中的唯一领域，这些人在其中可以希望做出充分表达并且获得足够支持的，就是激进刊物《威斯特敏斯特评论》。乔治·艾略特做过几年时间的这本刊物的副总编，这位女作家也是亲德派（她在1877年与瓦格纳见过面）。起到为叔本华的声誉打破坚冰作用的那篇文章，就出现在她主持编辑的期刊之一、1853年的4月号上。文章发表的当时没有署名，但是它的作者是约翰·奥克森福特，是更早三年前发表爱克曼的《歌德谈话录》最早英文译本的同一个人。他的文章的题目叫作《破除德国哲学的偶像崇拜》，其主旨是批判当时已经主宰德国哲学达四分之一世纪之久的黑格尔学派。在文章中用来棒打黑格尔学派的棍子，就是叔本华的著作，他是黑格尔学派在知性上最强劲的对手。这篇文章的布局将主要篇幅用于介绍他的哲学，写得准确、精彩，并且引用叔本华的原话以取得尖锐效果。这就好像混沌理论中的昆虫爬行一样，它引来了雪崩。《福斯报》刊登了这篇文章的德文翻译，读者量超过了英文原本——叔本华一夜之间在知识界声名大噪。他的声誉树立之迅速、范围之广大，这是极端现象却也是先前对他无视的镜像反转。翌年1854年，克尔凯郭尔写道：在丹麦“所有的文学八卦、新闻记者、末流作家都开始忙着谈论叔本华。”在那个年代，丹麦在文化上基本被人当成是德国的一个省。1856 年，又是借助了一篇关键性的文章，叔本华哲学成功征服法兰西；随后在 1858 年攻陷意大利。在一生遭受无视之后，在他在世的最后六年时间里，叔本华走过了闻名世界的历程。他逝世于 1860 年，终年 72 岁。从那时起，到可以说大约第一世界大战开始前的时间里，他被各方都认为是没有争议的伟大哲学家之一。

当叔本华的迟来的声誉在讲德语的世界中爆炸式地扩散开来的时候，瓦格纳正作为一个政治流亡者住在苏黎世。他身为革命者，又是艺术家，被吸引到一些社交圈子中，对时下流行的新思想保持活跃的兴趣可以说是那里的一种准则。在那些场合中有一个人和他成为朋友，这个人就是德国诗人格奥尔格·赫尔韦格，他本人也是一位革命艺术家，也在流亡当中。作为作家，他以自己的才华取得足够大的成功，直到今天仍在标准参考书中占有一席地位。就是赫尔韦格在同瓦格纳的交谈中，兴奋地向瓦格纳介绍叔本华的思想，并且敦促他去读他的书——赫尔韦格很有预见，说叔本华刚好是瓦格纳所需要的思想家。那时是 1854 年的下半年，瓦格纳 41 岁；叔本华当时住在法兰克福一栋简朴的公寓里，时年 66 岁，他与瓦格纳之间正好有一代人之隔。

我们已经看到，瓦格纳开始阅读《作为意志和表象的世界》，发现这本书让他产生的反应，是以前阅读任何其他著作从来没有过的。1854 年 12 月，他在给李斯特的信中说："除了在我的音乐上（《女武神》的第三幕）慢慢有所进展，最近我将注意力完全集中在一个人身上，对孤独中的我，他简直是上天赐予的礼物，虽说是只限于文学。他就是阿图尔·叔本华，自康德以来最伟大的哲学家，用他自己的话说，他已经将自己的思想考虑到终极。德国的教授们费尽心机无视他的存在达 40 年之久，但是最近，他被一个英国批评家发现，让德国人大失脸面。所有那些黑格尔们同他相比都不过是江湖骗子……"这封信的措辞，表现出瓦格纳觉得他在从叔本华思想得到启示，并不是像他一直认为的那样，启示只应该来自音乐和戏剧——他提到"只限于文学"的东西可以是"上天赐予的礼物"，表示了他的惊讶。但是事情就是这样，这件礼物填满了除作曲以外他的全部生命空间。

到那年的圣诞节，瓦格纳已经迷醉于叔本华之中，决定给那位哲学家寄去一份《指环》的脚本，那时它出版刚刚一年。他在封面上实际题写了“谨以此表示尊敬与感激”（瓦格纳在自传中对此题献记忆有误），而他缺乏自信到了连一封信也没有附的地步，这实在与他的性格非常不符：对人表示尊敬、感激、自谦的行为，绝少有人会比瓦格纳来得更加吝啬。他这样的做法显然也让叔本华产生误解，叔本华似乎认为瓦格纳这种不附一封信的做法很无礼。不论怎样，叔本华没有表示收到了脚本；无论是当时还是后来，他都没有同瓦格纳有过联系。但是他确实拿起那部脚本阅读了一遍，而且还作了批注。他欣赏瓦格纳如何处理古远的黑暗时代的北欧诸神神话传说，给效果不明显的东西带来生命，让它们对现代观众有意义。根据他对别人讲的话，无论是当时的还是过后的，我们知道叔本华认为瓦格纳有真正的诗人天才，虽然可能程度有限，然而他却不认为瓦格纳有写作音乐的才华。

叔本华在世的最后一年，也就是 1860 年，瓦格纳在法兰克福访问。他提到要去拜访那位哲学家，但是最终没有兑现，甚至根本没有认真准备要去。他仍然缺乏信心。他担心真正见面会让他表现出穷于应对。他在自传中承认了这件事情：“……一种奇特的胆怯妨碍我去拜访他。我的情绪使我过于心不在焉，远离所有在同叔本华的一次交谈中——即使在我感到能真正敌得过他的情况下——能够成为唯一议题的东西。”[①] 以我对瓦格纳的了解而言，像这样的穷于应对另一个人的担心是绝无仅有的。他的内心有着某种东西让他敬畏叔本华，而我不认为他会对其他任何一个与他在生命时间上有重叠的人抱有同样的态度——也许只有贝多芬会是另一个例外，贝多芬逝世的那一年瓦格纳 14 岁，而瓦格纳不曾有过任何见到贝多芬的机会（其实我必须说，我觉得他对贝多芬也不会那样）。我确实相信瓦格纳在心中知道他自己与叔本华是同样伟大的人。在逝世前不到十天，瓦格纳做过一个有关叔本华的梦，我认为这个梦向我们揭示了瓦格纳认识到叔本华与

---

① 高中甫、刁承俊译瓦格纳《我的生平》，东方出版社 2009 年版，479－480 页——译注

他自己地位相当，而且这不只是停留在他的下意识中，却已经在他的意识层面。这个梦被柯西玛记录在她的日记中："理（查德）指给叔（本华）看一群夜莺，而叔（本华）已经注意到它们。"

叔本华寿终正寝，死前却不知道受他的哲学影响创作的、古往今来最伟大的艺术作品之一已经问世，这件事给我们带来简直无法承受的差错感。从头至尾处处体现叔本华哲学的《特里斯坦与伊索尔德》的总谱在 1860 年已经公开出版，但是我相信实际上可以肯定叔本华并不知道它的存在。他是知道那部作品的创造者的，然而很显然同时又具讽刺意义的是，他的头脑中从来没有出现过这位艺术家是一位超越性天才的念头，就算有过也会被他一笑打消。瓦格纳却深知这一差错感。叔本华还在世的时候，瓦格纳在写给马蒂尔德·维森东克的一封信中说："那位老先生完全不知道他对我的意义，更不知道受他影响之后我发生的变化，这是何等美丽的一件事。"直到瓦格纳的生命最后一刻，他的态度都凝聚在那句刻在他心底的感铭之中，让我们再来回味："我该怎样感谢他！"

第九章

叔本华哲学

一

叔本华认为他的工作是为康德哲学纠错、拾遗。既然这样，他当然相信，恰当地说康德哲学并不存在，独立于康德哲学以外的叔本华哲学也不存在，实际存在的是康德-叔本华哲学这一合体。他相信，这一合体对哲学所能处理的几乎一切问题都讲出了有可能讲出的最重要的道理（他并没有认为已经穷尽所有问题）。这样说来，要最清楚地阐述叔本华哲学就必须从康德讲起，这样说也还确有根据，叔本华在他的主要著作的前言中，就恳请读者先读康德。那么就让我们像叔本华看康德那样去审视康德吧。

康德阐述过的一个具有无穷深远后果的观点，是说我们的感知和体验不仅仅必须取决于所要感知和体验的事物，而且必须取决于我们赖以感知和体验的官能。我们可以触、尝、嗅、视、听。我们可以思考、感觉、记忆、计算、梦想、创造。我们可以爱、恨、怕，还有无数其他的情感方式。我们可以通过上述的以及难以想象的多种其他途径来感知并体验外在于我们的现实以及我们的内在世界。但是这些也就是仅有的途径了，这不仅是说我们能做这些完全依赖于我们所具备的做这些事情的物理官能，这要说的是我们人类身体具有特殊的感觉器官、大脑和中枢神经系统，被人类官能输送到我们的自觉意识的那些经验本身，如果不是因为那些官能本身的特性，就不会具有它们现有的形式。其实，自觉意识不过是这些官能的一种机能。虽然不排除还有其他起重要作用的方面，但是考虑到服用药物和头部受重击这类事情带来的后果，让我们无法怀疑我们的意识处于健康状况和我们所拥有的器官实体的深度控制之下。还有，一切官能当然都根据它们的自身构成，局限于仅起到它们所能起的作用。一台照相机只能制作某个场面的视觉形象，却不能制作同一场面的嗅觉效果。一台录音机可以让我们听到场面的声音，却不会留下视觉形象。各司其职对于我们人体的官能来说是确实的，每一单件都在做它所能做的事情，不做它所不能的事情，并且以其本质所决定的形式将结果送达到我们的意识。我们的视觉经验服从于眼睛与眼球后组织所设立的具体条件，听觉经验服从于内耳所设立的具体条件，如果没有这些感官（又没有可以达到同样目的的人工代用品），视觉与听觉就成为不可能。通过其他途径的感知和体验也都是如此，没有大脑就不会有思考，就像没有肠胃就不会有消化一样，都是同样道理。我们有可能感知的一切事物的总合，不论在任何时候任何情况，都是我们所具备的官能所可以接受并处理的东西的总合，而我们是否懂得它们的局限不会带来任何差别。

以上见解的合理性很难想象会遭到否认。从上述见解中产生出诸多重大结论，我在这里要特别讨论其中的五到六项。

首先，任何事物虽然存在，或者处于某种状况，或者正在发生，但是如果它不能被我们的某个官能接收（就像一台照相机接收不到气味），或者不能被其他某种设施接收并通过某种间接机能传达到我们具备的个人官能的话，这件事物就不会被我们感知。很显然，这不等于说这样的事物没有可能存在，而只是说这样的事物没有可能出现在我们的体验当中。很多东西都有可能存在而我们与之没有接触，我们根本无从知道它们。我们当然没有理由说在我们的体验范围以外不存在任何其他东西，首先产生这种信念的根据在逻辑上就站不住脚；其次这种情况在现实中的可能性也是微乎其微，尤其因为我们正巧具备的官能本身并不是一套非此不可的组合。我们已经知道有其他生物存在，它们具有不同的官能，例如蝙蝠就具有我们人类所没有的声纳。从在这个星球上生存的任何生物出发，我们都不难想象它们的不同。我们可以认定的一件很显然的事，就是我们具有的个人官能与现实的一部分可以发生关系，而与现实的其他部分不能发生关系。逻辑上也还有另一种可能性，是说实际存在的事物与我们所能与之发生关系的事物恰好重合，但是这种可能性一定是近乎于零。一个合理的假设，而且其可能性高到几乎等同于必然，就是说现实包含两个部分，一部分是我们可以体验的，另一部分是我们不能体验的。在康德的语汇中，现实当中我们可以体验的那一部分，也就是实际的与可能的现象世界，被称为是“现象的”，而现实当中我们不能体验的那一部分，被称为是“本体的”。

从康德的洞见中获取的第二个推论，是说虽然几乎可以肯定有一部分现实存在于我们可能体验的范围之外，我们并不能想象它们的样子。不仅我们的感觉器官无法接近它们，我们的理智也无法接近它们，也就是说不仅我们的眼睛看不见、手触不到它们，我们的大脑也无法对它们进行思考或者想象。但是，如果一个东西既不能被感觉也不能被思考或想象，那么它可以是怎样一种东西呢？显然（我很想说根据定义），我们永远不可能对它们形成任何哪怕是最模糊的概念。但是如前所述，这不意味着说这样的东西不可能存在。正相反，我们有很好的根据相信它们非常可能存在。我们只是说我们无法对它们形成概念，无论关于它们是什么或者像什么。因为我们对于任何存在的东西形成概念，只有通过我们的体验官能提供给我们的方式，或者有其他一些我们的官能传达给我们的意识的方式。所有这些方式都不可避免地取决于官能。我们的大脑和中枢神经系统都不是什么抽象的东西。它们是物理物质，是非常精密的物质器件。事物可以有各种不同的途径呈现于我们面前，我们对此知道很多，我们也知道很多关于我们可以思考它们、在计算与想象中触及它们的各种途径，但是所有这些有着它们所具有的特性完全是器件所决定的。

既然每一件事物在我们的自觉意识中呈现自身都要以某些方式做到这一点，而这些方式的本质是由我们自身的物理器件的过程所决定的，那么现实当中我们可以体验的那一部分不可能在它们的自身存在中具有同样的方式。一件事物自身，独立于任何体验之外，不可能落入那样一种范畴，即其存在要按照体验过程的功能所采取的方式。所以一件事物是什么，一旦独立于体验之外，就是为我们所不能想象的事情。有些人会说“为什么事物**不应该就是**它们向我们表现的那样呢？”这些人非常严重地没有理解我们的论题。事物不依赖于体验而存在，而其存在却按照取决于体验的形式，这种情况没有成立的可能，这种说法本身就不能自圆其说。事物的独立存在的本性**只会**置于一切仅对我们有用处的思考与理解的范畴之外。

至此我们可以提起康德洞见的第三项伟大推论。我们所体验并且知道身居其中的整个世界和在时间空间中物质物体的整个宇宙，正恰恰就是那样东西，即体验的世界，而且仅此而已，不再是任何其他东西。它就是我们所能知道的一切，同时不可能是独立存在的现实。如果愿意，我们尽可以把它们当成是“我们的现实”，由“向我们表现为那样的”事物所组成。问题正在于此，因为在我们的知识中展示和可能展示的物体，即一些哲学家所说的知识论物体，就是我们可能知道甚至可能想象的一切东西，那也就意味着我们在思维中实际上没有办法不去认为它们就是现实，或者不去认为现实就是由它们组成的。除此之外我们没有其他方法进行思考。这就是说人类思维对一种幻觉带着固有的倾向，这就是实在主义的幻觉，我们将我们体验中的物体错当成独立于体验而存在的物体。即使不能自圆其说，我们仍然执迷不悟，因为显而易见，同样一件实体不可能既可以按照体验范畴的方式存在，同时又独立于体验之外以同样的方式存在。没有一件知识论物体，可以作为同一件实体又是独立存在的物体。将我们从这种混淆不清中解放出来，正是康德哲学最突出的伟大贡献，而且非常不容易取得。尽管体验总是对主体而言的，而且仅对一个主体有效（虽然有时它可以是多个主体共同的），但是我们具有一种很强大的固有倾向，要去将体验客体化，即把它当作现实，我非常怀疑这种倾向在很大程度上来源于我们的生物遗传。尽管一定是真理，但是要把握住这一事实，即知识论物体不可能既是这一物体同时又独立于体验而存在，困难之大到令人却步。我们为之付出的努力就像是硬要让我们接受某件事物而我们的头脑缺少接受那件事物的编程（有可能这真就是实际情况）。在某种意义上，其违反直觉与地球绕轴自转同时又绕日公转的知识违反直觉的程度相当。我们人类居住在一个巨型球体的表面，这一球体在空间奔驰，同时还围绕着一根地轴不停旋转，最早提出这种想法的人被普遍认为是疯子。虽然到今天这是连小学生都懂得的真理，我们还是发现要让我们的体验习惯于这样的方式简直不可能。这项发现已经有了几百年，在日常用语中，我们仍然在说诸如太阳升起太阳落山一类的话，好像大地静止不动，是太阳在围着它转，这正是因为地不动的表现完全不可抗拒，我们没有办法通过意志的力量让它不再这样表现。康德自己提出这一比较，并将自己的工作赋予哲学上的哥白尼革命的性质。

在我看来，康德的这一洞见是西方哲学中唯一影响最深远的思想。同时因为康德以它作为起点，它也就是我认为最有价值的哲学。同时这也是一项让我们非常难于理清思路的洞见，很难用它来取代我们原有的成见。但是，如果一个人能够成功经历这一过程，其收效之大就会像叔本华说过的，“很可比作给盲人割治翳障的外科手术”[①]，这也是叔本华要求读者在读他的书之前先要搞懂的康德的思想。“康德的哲学，只要是掌握了它，就会在每个人头脑中产生一种根本的变化。一种如此重大的变化，真可当作一种精神的再生看待。只有康德哲学才能够真正排除掉头脑中那种天生的、从智力的原始规定而来的实在主义……在这一作用下，人们就经受了一种彻底的幻灭，此后得以从另一眼光来看一切事物了。只有这样，读者对于我要提出的一些更积极的说明才有接受的可能。”[②]

康德从他的基本洞见引申出的第四项最激进的结论，是说我们的体验的结构特征不能独立于体验而存在，就如同我们的体重身高不能独立于我们的身体而存在一样。我们的内在体验在一维的时间中将其自身呈现给我们，其做法本身就像时间是我们具有内在体验的先决条件，或者说时间是感性的一种形式，缺少了它也就不会有同样的体验。我们对于一切处在我们之外的事物的体验，除在时间中还在空间中将自身呈现给我们，而空间不同于时间，有三维。所以我们对于外部世界的体验将一个好像是在四维的空间时间中连续存在的世界呈现给我们。这一空间时间的框架似乎包含

---

① 石冲白译叔本华《作为意志和表象的世界》第 1 卷，商务印书馆 2014 年版，5 页——译注

② 同上，16－17 页——译注

很多不同种类的不计其数的物质物体，其中一部分是我们人类，而更大部分是人类以外的东西。这对我们来说，似乎就构成了经验世界是什么这一最不可抗拒的基本概念，那也就是很大数量的物质物体（人与物）存在于三维空间与一维时间中。我们只需要再多一个范畴：为什么所有这些都不是一团混乱，不是宇宙上下杂乱无章呢，原因就在于一个事件导致下一个事件。某种与因果性相关的东西，可以让事物落入某种规则、组成互相关联的事件状态，我们需要这一范畴来为我们建立可以识别而不是一团糊涂的世界。康德极为精彩地论证说，所有这些体验的最基本特征，没有一件可以独立于体验而存在——空间与时间是我们感性的形式，只有在有体验的地方才能获得，而且也只有在这样的领域中才可能有物质物体，或者说是因果关联。

有了这一引申，我们现在可以彻底了解若干强有力的结论。重温康德的先前的结论，我们知道几乎可以肯定只有一部分而不是现实整体可以被体验接触到。这就意味着（我们可以将它视为康德的第五项重大结论），对于确实存在但却不能被体验接触到的那一部分现实来说，因果性并不成立，在那里没有物理物质，没有空间，没有时间。介绍到这一步，康德的先前的另一项结论带着新的力量再次回到我们的思考当中，也就是说对于现实整体中的另一部分，我们没有任何范畴或者方式可以进行想象。我们几乎可以肯定它的存在，但是无法对它形成概念。换句话说就是，我们（实际上）知道它的存在，但是我们永远不可能知道它是什么，永远不可能对它有感受，永远不可能有任何方式识别它，永远不可能在感性或思想中构成有关它的任何特征的任何形象（就算“特征”一词可以让事情变得容易一些）。除了能意识到它几乎可以肯定的存在以外，我们对它再也无话可讲。对于它讲任何确定性的话的一切企图都只能出于对它的完全无知，既然这样，再加上我们根本没有任何语言或词汇可以用于描述永远存在于任何可能的体验之外的东西，那么对于这一题目的一切言谈议论都一定毫无益处。无论任何词句都一定没有意义。这样做所能达到的最高水平也不过是东拉西扯空话连篇，除了表达出我们想要说些道理的空洞愿望以外不能表达任何东西。

康德哲学的这一论断有着颠覆性的意义，直接影响那些似乎已经成熟上百年乃至上千年的思想与著作的领域。这不仅涉及大多数前人哲学家的形而上学论述，而且还涉及所谓的自然宗教与自然神学领域，在那里，一代复一代的人对于上帝与灵魂性质的详尽论述真可谓汗牛充栋。根据康德的思想，我们不是绝对肯定地知道确实有上帝或灵魂这样的东西，即使他们真的存在，我们也一定不会对他们有直接的认知，或者有关于他们的确定性的知识。康德在这个问题上的信念到今天已经被广泛接受，使得我们很难体会到在刚刚发表的时候它造成何等的知性上的地震。在今天我们不难看到这中间没有严肃的反宗教的问题，在康德提出它们的动机中也没有反宗教的问题，事实正相反，康德自幼在严格的宗教教派即虔敬教派的培养下长大，并且一直到生命最后都宣称自己是基督徒，而他永久性地摧毁了在人类体验范围之外的据称的事实性知识。他讲过一句很有名的话："我发现必须否定知识，才能给信仰保留地盘。"[①]在哲学史上从未有过一位思想家像他那样做到在多方面摧垮现存信念与假设。他取得的所有这些都是通过基本据理立论，它们的大多数都没有被当时或后来的人结论性地予以推翻。摩西·门德尔松（作曲家门德尔松的祖父）是与康德同时代的国际知名哲学家，形容康德是"全功能粉碎机"，就像我们知道的今天的垃圾处理设备，意思是说，康德富有英雄气概地碾碎摧毁了知性领域中的垃圾。

除了这些具有划时代意义的思想之外，康德当然还有许多其他建树。例如，关于道德哲学我完全没有提到，但是康德在这个领域中的影响远大于古希腊以来的任何哲学家。他是第一位提出太阳系演进理论的思想家，该理论解释太阳系如何进化到现在的状况而不是一直保持着几乎相同的状况。他在这一题目下的详细论证在今天还被援引，并被称为康德-拉普拉斯假说，而拉普拉斯是独立于康德得出同样结论的。但是到目前为止我所介绍的是康德关于知识的可能性、现实的本质、自身存在的现实与呈现于我

---

① 以上康德引语的译文出自中文维基百科，曾参照 http：//www. cctb. net/llyj/llsy/llwz/201411/t20141104_314245. htm。俞吾金对比五种不同翻译的论文，仍然觉得维基百科的单句译文最恰当，也最适合本书作者的行文——译注

们的现实之间存在不可逾越的鸿沟这些概念的基础思想。同时它们也正是叔本华从康德提取并结合进自己的哲学的核心部分。

因为康德的这些思想在一个人的头脑中难以想通，也导致了一两种很常见的基本误解。一种误解是说，根据康德的思想，现实是我们思维的产物。这与康德所说的正相反。他说的是，除了现实整体中由我们参与构成的那一部分之外，一切存在的东西都独立于人的思维及思维能力。“物自体”以及“自在之物”的说法在他的著作中随处可见，而他对于现实独立存在于我们对它的体验之外的看法非常坚定，因为这正是他对于事物法规的完整概念的基础。我们基本上可以肯定“物自体”的英文说法 the thing in itself 是因为康德才出现在英语当中的，正像它的德文原文“das Ding an sich”是被康德引入德语的。当康德意识到他被误解为将现实与精神等同起来以后非常警觉，特别为清除造成这一误解的起因而修改他的重要著作《纯粹理性批判》。叔本华认为康德在这一过程中损坏了该著作的完整性，持第一版优于第二版的观点。

另一个对康德的普遍的误解是，既然他论证说，现实整体中几乎可以肯定有一部分是我们不可能感知的，那么尽管他不承认，实际上他是间接引入了对于现实的宗教观念。这一猜疑更因为人们了解到康德应该是相信上帝存在与灵魂不死而变得更加牢固。我当然相信这一猜疑没有根据，但是这个问题的关键在于，即使这样猜疑有一定的道理，它提出的问题却无关紧要。康德没有要求我们遵奉一种信仰，或者单凭信任去接受任何东西。他所说的一切，关注点自始至终都在于理性、分析、论证，他的立论的每一部分都靠它们来决定是否成立。比起自古希腊以来的任意一位思想家，康德都更称得上是完整的哲学家，他追踪每一条推理链索锲而不舍直至结论，不忽略分析它们的前提假设，不对任何东西不予追究，绝不袖中藏物。最终的结果正好是，与其他任何一位哲学家相比，他给既成的宗教思维方式造成的毁坏都更大。在 21 世纪临近的今天，仍然有很多人，或者相信经验世界是唯一的存在，或者在精神、上帝、奇迹、通灵的意义上相信超自然的力量。康德哲学在拒斥第一种选择的同时，没有对第二种选择给予任何承诺。

康德的观点是，在知识为可能的问题上，拒斥理性探究而安于信仰是愚昧行为。然而，在知识已经被证明为永远不可能的领域中，一个有理智的人保持某种希望是合理合法的。这指的也就是可以允许宗教信念占据的地盘。将信念说成是知识完全是错误的，因为它不是知识。但是它的加以限定的断言未可知不为真，那么一个人希望它为真或者相信它为真就不属于非理性。康德本人相信，现实整体中为人类体验所不可能接触的一部分中包括上帝这位缔造者与不死的灵魂，但是他知道他并不知道这一点，他也很清楚在他以外没有别人知道这一点，同时也没有任何人有义务必须相信这一点。他知道完全可能有人同意他的哲学却不抱有同样的信念。我本人就非常敏感地知道这一事实，因为我自己正巧就是这样一个例子，无论在任何意义下我都不信宗教，在多数时候我没有上帝存在的信仰，我还认为我们不可能具有不死的灵魂，但是同时在我看来康德的基本的形而上学洞见不仅精彩而且合理。在我看来，从它们直接得出的推论不是宗教的却是不可知的，即我们不知道而且永远不可能知道。对于不向人类体验展现的那一部分现实，我看不到任何理由应该认为它是宗教的，或者神秘的，或者通灵的，或者奇迹的，我们永远不会有好的理由说明它就是那样或必须是那样。我们推测它像其他一切东西一样存在，只是我们无法感知。我们与它的关系就好比一个先天失明的人与视觉世界的关系。我们其余的人在每一个非睡眠时刻都被视觉世界包围着，我们对它彻底熟悉，以至于习以为常，除在某种特殊的心情下，我们不会觉得那是什么奇迹或者绝妙的东西，除非是画家、诗人，我们不会觉得那有什么神秘。对我们多数人来说，它就在那里，是平凡的日常生活的一部分。但是，那些先天失明的人从来没有看到过它，也永远没有可能看到它。如果我们生来都是盲人，我们就没有办法知道它在那里，确切地说在那种情况下“在那里”这个说法有什么意义都是不可思议的。对我们所有人都不能接触的那一部分现实，无关乎我们是盲人还是有视力，我找不到任何理由说它不可以在同样意义下“在那里”、环绕着我们、触及到我们，就像视觉世界环绕着并且触及到盲人朋友们一样。它甚至可能就是我们的一部分，具有至少像我们的外观对于我们那样的同等意义。一个先天失明的人不仅不知道自己的相貌，也不会有那种概念，懂得相貌对于一切东西具有什么样的意义，他不会懂得任何事物都有视觉外观是怎样一回事。也说不定，我们对于我们自己的概念正缺少了像外观这样的基本方面呢。

一些读者会坚持说："这都是强词夺理，视觉世界其实就是奇迹般的，你提到的其他几个形容词也都正好适用。"然而这种说法只能更增强我的观点，那也就是说我们没有理由认为不可知现实比可知现实更是奇迹。有可能二者都是奇迹，或者都不是。有可能这两个论断说的是同一回事。

二

叔本华尊崇康德，认为康德在人类体验的真正本质问题上为我们启蒙，贡献高于所有其他人，但同时他认为康德在若干重要问题上有错误。在上一节中，我专注于介绍叔本华把从康德借用的若干思想作为自己哲学的中心，在这一节我将专门讨论叔本华认为康德有错误的一些主要方面。

首先，康德假设在经验世界以外，事物可以以复数存在，叔本华认为这一定是错的。叔本华的理由是，他相信一个事物与另一个事物不同，先决条件是它们处于空间或者时间当中，或者时空两者当中。但是空间和时间仅仅是体验的特征，因此只在经验世界中存在。即便是数字这样的抽象实体，初次考虑似乎它们的存在既不在空间中也不在时间中，但是它们成为可能完全因为有接续这一概念，而接续这一概念本身如果不以时间或者空间作为参照就无法理解。与接续类似的论断也适用于一切语言的、音乐的和运动的艺术作品，而我们唯一还没有提到的艺术，也就是视觉艺术，不言而喻存在于空间之中，它的存在要求空间。叔本华论证说，这样看来，在空间与时间之外，一切事物都为一体而不可区分。分别的事物仅在经验世界中存在。这就意味着现实整体由两个领域构成，一个是现象领域，这是处在空间和时间中的物质物体构成的千差万别的世界，另一个是本体领域，它是单一无差别的某个东西，无空间、无时间、非物质、超乎因果性之外，为体验与知识所无法接近。

康德假设本体与现象的关系是因果性的，认为本体导致现象，或者说本体导致我们体验现象。但是叔本华以及康德以后的所有哲学家都坚持认为这是不可能的，因为根据康德自己的观点，因果性只有在现象领域内才能有任何施展。在现象领域之外，没有哪件事物可以是其他事物的起因。因此叔本华提出一种极为不同的观点，他认为本体与现象是在两种不同意义下的同一个现实，本体是我们可以觉察到的外在现象世界的内在重要性，是隐匿而不可接近的存在。这在很大程度上就像基督徒的信念（注意叔本华不信宗教），即是说一个人的灵魂是一个人真正的虽然是隐匿的存在，是那个**真人**，而他的可见的物理躯体就类似外套，不过是外在的封装，可破损而不能长久。换句话说，在基督徒看来一个人由躯体与灵魂构成，但是不认为灵魂导致躯体。叔本华对本体与现象所持的观点是：它们是同一个东西的两个不同的方面，一个内在一个外在，但是一方不为另一方的起因。

叔本华从这样看待现实整体的实质直接过渡到某种道德观。人类，从身体的存在来说，在空间与时间中是各个分离的物理物体，因此他们就像所有其他物理物体一样，是那个本体的、非物质、无时间、无空间的东西在现象世界中的短暂表露。这就意味着，在我们存在的终极层次，我们所有人都是同一个，或者说都是同一个东西，而这个东西为我们所不能理解，只知道无论它是什么，它只可以是一体而无可区分。如果我伤害了你，那么在某种最终意义上，我是在伤害我自己。做错事的人和受损害的人、折磨人的人和受折磨的人、捕猎的人和被捕猎的人，在最后的分析中都没有区别。这就能够解释同情心，解释我们与他人认同的倾向，解释与他人感同身受、在别人受苦的时候自己感受真正的痛楚，甚至解释怜及动物。如果我们真的是完全互不关联的物质物体（例如像笛卡尔所说的动物是机器），那么这些倾向就无法获得解释，或者只能用幻觉来说明。

叔本华论证说正是这一点才是道德和伦理的基础。主要是通过同情心，也通过与他人的认同，我们才认识并理解另一个人，才使我们与其他人类生灵形成道德纽带。伦理学是实践与实用的形而上学，它基于这样一个事实，那就是在空间、时间、物质物体的瞬间世界以外，我们是合一的。

叔本华做这样的论断实际上驳斥了康德主张的人类聚合的关键因素是

理性的观点。在康德看来，我们是理智生灵的群体，伦理的根基在于遵从理性。叔本华完全否认让我们聚合在一起的作用来自理性，他论证说那是出自远为更基本的原因，不仅仅有关人的本质，而且有关存在的本质。一切存在的事物，无论是否理性，都参与到存在的最终一体性中。

三

叔本华先是发展出这些思想，然后才惊讶地发现，这些思想在两种主要印度宗教即印度教与佛教的哲学当中，或前者或后者，都处于中心地位。印度教的哲学主张永恒的现实是非物质的、没有空间、没有时间，而最重要的它是一体的，它不具人性、不可知、不可描述（仅除去现在用到的这几个否定形容词）。通过我们身体的感知呈现给我们的世界不过是一些暂时现象的过眼烟云，是影子的舞动，是幻觉的薄纱。佛教在历史上由印度教发展形成。佛教强调我们显露在外的各自区分是那些幻象的一种，在没有时间的现实当中没有可区分的个体，也没有可区分的上帝，有的只是一切存在的联合体，因此说看上去的个人的苦难实际上是全体的苦难，做坏事损害的是做坏事的人自己。

我们不必为叔本华在开始写作的时候不知道印度宗教一事感到吃惊。印度宗教的主要文献被大量翻译成欧洲语言只是他在世时候的事，所以那些宗教的严肃的智慧思想，除少数到过远东的旅行者或者专门领域的学者之外，在欧洲是基本不为人知的。如果不是因为叔本华的母亲在他二十几岁的时候亲自将他介绍给那些学者之一，他发现印度宗教的时间还会更晚。这里提到的这位学者就是弗里德里希·梅杰，他是将印度哲学介绍进德语世界的主要人物。

另一个与叔本华已经形成的思想有共同性的佛教观念是悲观主义。佛教经卷传扬在这个世界上的生命在本质上是一种累赘，人世间痛楚与苦难大大压倒快乐与满足，对每一个个人，因为注定要走向死亡、毁灭、腐败，人生都不可避免是一场悲剧。对于佛教徒，因为相信轮回、相信一个人重复有生命，这一悲剧更为严重。在这种情况下，最大的希望是从轮回的轨道中解脱出来，不必再回到世界上去。佛教徒认为这样的解脱是可能的。他们相信苦难的根源在于依附、在于意愿、在于我们无时无刻的欲求、尽力获取、尽力占有，而同时在这个世界上一切皆为短暂、一切都注定要毁灭，持久的满足是不可能的，因此欲求将我们限制在烦恼的焦躁、失望与失落的痛苦中。如果我们能够从无止境的愿望、获取、占有中解脱出来，我们就能从苦难中解脱。如果我们能从对世界的依附中解放出来，我们也就能解脱不断驱使我们回到世上的力量。佛教的最高境界就是找到解脱的道路。它向我们展示一条道路（名为“八正道”，因为它向我们推荐八种努力），如果我们遵循这条道路，它就可能将我们引领到从这个世界的生命中解脱出来的目的。

前三个段落中提到的每一个思想，仅除轮回的信念之外，在叔本华哲学中都有对应。即使轮回这一信念，叔本华也曾经对它有过念头，思考过它的可能性，虽说没有接受为自己的观点。这也就是为什么，在西方的伟大哲学家中，叔本华被认为是终极的悲观主义者。一个在叔本华的思想和佛教教义中都是接近核心的信念，是说人生是无休止的意愿、企图、希冀、奋争、攫取、欲念，从婴儿时起，我们就想要得到某种东西，努力争取某种东西。在这之上，无休止的意愿在本性上就无法满足，因为一个愿望刚刚被满足，新的愿望马上就会出来取代它。灾难、不幸、事故、疾病、失望、困窘、失败都是人生常见的遭遇，没有人可以期待幸免，而到了最终，即使是一生最幸运的人也无可避免地注定被死亡征服并被磨灭。这样说来他们的幸运只是暂时的，不过是一种假象。人生无可避免地是一场悲剧。

其他作家也有人赞同叔本华的悲剧观点的合理性，但是没有人像叔本华那样毫不妥协地彻底坚持这一观点。他看事物没有丝毫希望，不给人任何慰藉。他表达这些观点的文章写得醒目有力让人读后不忘。在他看来，存在本身就是一项悲惨的职责，他相信对我们每一个人来说没有出生都是一种更好的安排。他还是一位伟大的厌世论者，认为人类在很大程度上在与他人的交往中行为自私、残忍、贪婪、愚蠢、得寸进尺、无情无义，而人类对于动物世界的态度是嗜血成性。在他看来世界是一个可怕的地方，到处充满暴力、犯罪、贫困、政治压迫、经济剥削，每一座小镇的医院里和监狱里都设有折磨人的密室，每个生命最终都不能逃脱死亡的厄运。自然界也没有更好，在那里每时每刻都有成千上万的动物在尖叫中被活生生撕成碎片。他说，在这类情形中，我们唯一能做的事就是转身背对，不同流合污，不与它们发生任何关系。

将这个世界看成是邪恶的渊薮、泪水的溪谷，在持各种不同宗教信仰的信徒中间都是很普遍的想法。但是同是这些人，对于他们相信存在于空间和时间的世界之外的地方，通常都抱着道德上赞许的态度，善良地看待它，认为那是美好的地方。叔本华与这种情况截然不同。根据他的哲学，本体世界与现象世界是同一个现实的两方面的存在，既然如此，他推断本体世界也是一个可怕的东西。他视它为盲目、没有目的，是没有人性、完全非道德的力量或驱使力、对于与生命和生灵有关的一切都无动于衷。它在我们的现象世界中就表露为对存在的愚蠢追求，我们看到一切存在中的物体和单位都是这种愚蠢追求的具体体现。我们是本体力量在现象中的具体体现，其他一切东西也都一样，这也就是为什么存在本身就是愚蠢的欲求，漫无止境、漫无目标、无法控制。我们对于其他生灵的同情心可以是形而上学的真理，但是在实践当中，我们的作为与挤在一起等待宰杀的动物没有区别。

那个本体的东西，我们都是它在现象中的具体体现，而它是不可知的也是不可理解的，那么我们就面临一个如何称呼它的问题。虽然叔本华本人似乎并不十分满意，他还是找到理由决定将它称为“意志”，做此选择的部分原因就在于，生存意志是我们可以在自身内部发现的最根本的冲动，是让我们最接近于直接理解本体的东西。如果我们要成功做到从生存和世界彻底解脱，那么我们要克服的正是存在的意志。叔本华并不鼓励自杀，因为自杀是对意志的正面肯定，而且还通过暴力，我们号召的不是对它的肯定而是对它的抑制。更进一步说，自杀会增加这个世界上的悲剧，在真正需要减轻痛苦的时候给别人带来更大痛苦。所以自杀不是出路。唯一的出路在于不参与、不依附、否定意志、绝不同流合污。

康德是一位基督徒，至少是他毕生都一直这样宣称的，但是叔本华不信宗教。他是公开承认自己是无神论者的第一位伟大的西方哲学家，在他以前没有人这样做的原因，是直到他出生的那个世纪为止，任何人在欧洲公开否定上帝都会触犯法律。最早公开否定上帝的有一定重要意义的哲学家是18世纪的法国百科全书派，也就是狄德罗和他的同事们。但是，虽然叔本华不相信上帝，也不相信灵魂不死，他远没有只是将宗教视为一堆童话故事，将之一笔勾销，在这一点上他与费尔巴哈相似，虽然两人的出发点不同。叔本华认为世界的三大主要宗教，即印度教、佛教和基督教，宣扬了一些最深刻的真理。这些真理包括：这个世界并非就是一切，它并没有长久的重要性；我们真正的自己并不属于这个世界；这个世界上充满了苦难与邪恶；它的价值观都是虚伪的，应该被我们摒弃；真正的价值根本不是在这个物质的世界中能够被创造出来的；透过表面我们都是另一个东西的成员，因为这个缘故而产生的同情心是道德和伦理的基本基础；所有持久的重要性与价值都是在时间以外的，它们存在于这个在空间和时间中的物质物体构成的世界之外；我们每一个人都参与那个超越时间的存在，虽然是通过一些我们不能理解的渠道。

叔本华认为没有比上面这些更重要的真理，他还认为因为通过宗教可以学到这些真理，那么几千年来世界上都有人懂得它们，这正说明文明在很深的意义上受益于这些宗教。不幸的是宗教也宣扬一些我们没有理由要去相信的教义，比如说存在一个造物者上帝、人类有灵魂、不仅灵魂各异而且不死。根据叔本华的观点，宗教之所以表现成为这样的形式，是因为如果只是将宗教的无比深刻的形而上学真理和道德真理表达为抽象命题，则人类的多数群体就不可能领会它们，好比说他们没有办法生吞这些道理，所以这些命题必须像药片裹糖衣一样用故事装点起来，使那些思想人格化，因此就用到寓言、神话、传奇，也有的通过虚构的历史和虚构的人物来表达这些思想。信徒们又希望看到这些故事更生动，并且要为他们自己的男女英雄树碑立传，就把他们也添加进去。经过一代又一代人的作用，这中间就加载了连篇累牍的奇谈怪论。宗教信徒所犯的最根本错误是他们严肃看待这些奇谈怪论，从字面上对它们信以为真。它们在字面上不是真的。它们在字面上是假的，是虚构的故事，但它们形象化地体现着我们所知道的最深刻的真理。这让它们与艺术创造有着深层的共性。被叔本华认作是三大宗教的每一种又都有着一种神秘传统，会直接与真实性相抵触。不同宗教在神秘主义方面表现出惊人的相似，都主张从这个世界退隐、否定这个世界的价值、苦修自己的筋骨、遵从形而上学的著述，等等，他们所讲的东西也大都非常近似。叔本华是一个不信宗教的人，他通过理性论证解决像洛克、休谟、康德这样一些重要人物所研究探讨的西方哲学主流问题，得到的结论竟与在几千年前的典籍中已经有的优美并大胆的结论相同，更不用说这些典籍是从与我们截然不同的文化中，并且它们各自所处也不相同的文化中源起的。这让叔本华感到非常惊诧。

四

我们中间有神秘主义天赋的人不多，即使有这样天赋的人也总是告诉我们他们的洞见不可言传。但是叔本华说，有其他途径可以让我们这些不是神秘主义者的人看到事物的内心，即便是在一个短瞬间。我们直言不讳地说，这些途径就是性爱与艺术，而在各种艺术中，作用最突出的是音乐艺术。

叔本华感到费解为什么哲学家一直很少考虑性爱问题。受孕与死亡清楚地标志着我们在这个世界上存在的开始与终结，哲学家们不断就死亡的问题进行思考和著述，却几乎没有对受孕问题进行过任何探讨，而对于我们来说受孕肯定比死亡更重要，而且它的神秘毫不亚于死亡。人类的每一个生存过的个体都是性交行为的产物。这中间一定存在着形而上学的问题。在没有人感到有能力就性的问题进行严肃写作的时候，叔本华就以他贯有的智慧与卓见写出这方面的著述，他的一本名著中的一章题目就是“性爱的形而上学”。他认为对于我们多数人来说，性欲驱动是最强烈的冲动，仅次于有关个人自我保护的冲动。性意识在我们的思维中永远存在，虽然有时处于下意识。这也就是为什么在无论多么间接地提到它的时候，或者在无论任何偶然情况下在双关语中涉及到它的时候，都会立即被人们捕捉。

早于弗洛伊德几十年，他已经认为性意识是影响整体人格的因素，他看到一定程度的性动机在一切人类行为中都有反映。所以他相信理解一个人的关键在于理解一个人的性意识。一个独立人格，这样说甚至有些自相矛盾，在相爱的性关系中做出最充分的表现，在性行为中，个人的障碍和界限被超越，一个人丢弃自我意识，经历与另外一个人的合为一体。叔本华在发表的著作中足够清晰地阐述了这些看法，而在他的笔记当中表达得更加明确。“如果我被问到，对于那个世界的内在实质、那个已经被我称为**生存意志**的自在之物，到哪里可以去找到有关它的最亲近的知识呢，或者问那一实质从哪里会最清楚地进到我们的意识中来，或者怎样它才会做出最纯粹的自我显现呢，那么我必须指出那就是交媾中的高潮。就是它！它是一切事物的真正本质与核心。一切存在的目的与意图。”（《叔本华手稿》，第3卷，262页）换句话说，性高潮不仅仅是终极体验，而且是拟似神秘的体验，可以将我们带到生命奥秘的最核心，虽然说对比神秘性的持久延续这仅仅是瞬间体验，这是符合事物本性的。

艺术体验也具有那种将我们移出自我的特性。当我们被一件艺术作品吸引的时候，我们会忘掉自我。时间好像停止流动。叔本华说，正如这句话字面所说，我们作为想象的主体不复存在于空间时间中。这种状态的发生是处于如下原因。除音乐以外的一切艺术都是具象的，但是它们表现的却不是表面上看似主题的个别物体、人物、场景或故事，而是通过这些事物所表现出来的东西。艺术作品通过具体向我们展示一般。叔本华接受柏拉图的形式理论，柏拉图认为每一件存在的事物都是一个一般观念的体现。按照这一理论我们有一座房屋、一朵郁金香、一位国王的观念，这些是各个分离的形式，独立于任何实际存在中的房屋、郁金香、国王。这适用于我们对体验中一切事物的理解。这些理想形式是抽象中的现实，虽然存在却不在时间和空间之中。通常我们对事物的体验让我们接触到事物的各个具体实例，而艺术作品让我们窥见形式本身。艺术向我们展示具体背后的一般，它透过具体展示一般。在艺术作品中，我们接触到在时间与空间以外的东西，在我们被艺术作品吸引住的过程中，我们的正在体验的自我也不在时间与空间当中。

在各类艺术当中唯独音乐不是具象的，因此不能演示柏拉图形式。根据叔本华的思想，音乐是自我表述，是不可以被表现的东西也就是本体的自我表述。音乐是形而上学意志之声。这也就是为什么音乐的表达似乎来自无比深刻的层次，其深度为其他艺术所远远不能企及，而同时保持自己永远不能被语言触及，也不能被知性理解。形而上学意志当然在现象世界中表露自己，但是它也在音乐中表露自己。这样说来音乐就可以被看成是这个世界的一个别样形态的存在，一个别样的世界可以纵深接触到世界的存在本身。音乐站在其他一切艺术之外，与其他艺术迥然有别，是无可估量地高于其他的超级艺术。伟大的作曲家乃是伟大的形而上学家，他们穿透到事物的中心，表达出存在的真理，所用的语言是我们的知性甚至无法领会的，更不要谈将它翻译成概念或者文字。“作曲家在他的理性所不懂的一种语言中启示着世界最内在的本质，表现着最深刻的智慧。”[①]“音乐在一种极其通用的语言中，用整齐划一的材料，即除音调之外再无其他，以最大限度的独特性与真诚，表达出世界的内在存在、其内在自我。”[②]

既然音乐可以做到这些，它同文字与戏剧结合就更有独特的表现潜力，而这就是歌剧的力量所在。“对文字的情感表达或对歌剧的动作表演，音乐给予它们最深刻、终极、秘密的信息。音乐表达出它们真实和真正的本性，让我们结识那些事件与场景的最内在的灵魂，而在舞台上展示的仅只是它们的形体与外衣。”[③] 叔本华援引的具体例证包括莫扎特的《唐璜》和贝利尼的《诺尔玛》，他称《唐璜》为“最伟大的大师们所作的最完美名作”之一，称《诺尔玛》为“悲剧中的完美极致”。

---

① 石冲白译叔本华《作为意志和表象的世界》第 1 卷，商务印书馆 2014 年版，358 页——译注

② 叔本华《作为意志和表象的世界》第 2 卷，264 页，本书译者译——译注

③ 同上——译注

五

这本书毕竟是写瓦格纳而不是写叔本华的，受篇幅限制我只能停留在相当枯燥地只介绍叔本华的主要结论。这样做对他多少有些不公正，因为叔本华作为哲学家非常耐心关注支持论据。他对所提出的观点都给出理由，他考虑可能引起的争议而努力避免它们。他甚至有一种作家中少见的习惯，将我们的注意力指向他的推理链索中可能的薄弱环节，讨论那里为什么可能出错。我不可能在此论及所有这些，因此必须介绍那些愿意对叔本华哲学获取更全面介绍的读者去读我的另一本书《叔本华哲学》，那本书介绍他对他的结论所给出的理由，也论及可能对于他的著作进行严肃批评的若干途径。但是现在，对于眼前这本书的读者，重要的事情是记住瓦格纳本人确实读过所有的支持论据。瓦格纳对叔本华的了解绝不局限于我在本书所能概括的。如我们所知，瓦格纳反复阅读过叔本华的全部主要著作，这在任何版本中都有千余页。在发现叔本华哲学的第一年中他反复阅读多达四次。他对最详尽的细节，包括支持论据与附属定理在内，都做到了如指掌。他的理解一定不是肤浅的，不会像那些不了解情况的人假设的那样，是业余的、浅尝辄止的。我们接下去很快会看到，他以最严肃的态度对待叔本华哲学，将自己的存在交付予它，并生活在其中。作为这一切的见证，我们不仅有瓦格纳的实际作为，还有尼采的记述。还有几点对瓦格纳在这个问题上的考虑我们要清楚认识，那就是瓦格纳的思想深度、他在复杂系统的大幅度跨越之间关联细节的能力，以及他在最大型的严谨阐述的系统中的运用自如。其他伟大作曲家，无疑都是天才，却几乎没有人具有把握大规模形而上学哲学体系所需的知性能力，唯独瓦格纳具有。我们实在可以说他已经在一个不同的表达形式中自己创建同类体系了。

第十章

瓦格纳重新审度价值观

一

我们已经看到，当叔本华哲学进入瓦格纳的人生时，这位作曲家在世界观、社会观、艺术观几方面都已经抱有坚定信念，而这些信念与叔本华的思想在许多重要方面相违背。瓦格纳一直习惯于认为经验世界就构成全部现实；直到在前不久遭遇政治幻想破灭为止，瓦格纳在很多实用目的上一直习惯于从社会政治角度看待现实，理所当然地认为，我们必须生存于其中的现实在很大程度上是社会政治现实，社会就是现实；他认为价值观与道德观的适用性与重要性都由社会政治决定，艺术也是社会政治的产物。而现在叔本华出来说，现实是隐匿的，经验世界可以说什么都不是，只可以比作南柯一梦、浮光掠影、幻象几重，我们最应该做的就是不参与，从中引退，将之抛弃。叔本华说赋予艺术重要意义的东西在于经验世界之外，道德的基础也是同样。受当时流行的黑格尔哲学影响，瓦格纳一直以历史方法看待现实整体，也就是认为现实由不断演进的历史进程构成。虽然他憎恶当时的世界，但也是直到那以前不久，他都是一位彻头彻尾的乐观主义者，坚定不疑地认为他正在亲身经历的历史变化会导向一个美好社会，它将建立于真正的价值之上，社会成员都可能做到自我完善从而获得幸福。而现在叔本华说，通常所说的历史变化极少重要意义，因为最关紧要的事情或者没有改变，或者只有在漫长的时间中才发生变化；在真正意义上，事情的总体没有在改善，也不能期待它会有改善；现在这个世界真就是藏污纳垢之所，过去一直是，将来仍然会继续；人类也一成不变，永远都会同今天一样；那种认为有一天全体人民都会自我完善、得到幸福的假设完全是无稽之谈，因为在这个世界上没有持久的幸福，人类的命运是不可逃避的悲剧。甚至在音乐的性质和音乐在歌剧中应有的作用这一专门的、非常确切的问题上，他们的观点也存在着根本的不同。瓦格纳一直认为各种门类的艺术是通过不同途径为同一个目标服务，他相信歌剧的理想形式是各类艺术在平等关系上的结合，音乐与其他艺术地位等同。现在叔本华论证说音乐与其他艺术性质截然不同，音乐不可估量地比其他艺术更优越，因为只有音乐能够清晰表达世界的真正而又是隐匿的意义，因此在歌剧中，音乐是唯一讲出戏剧的最内在重要意义的艺术。

为了建立自己的理论，瓦格纳曾付出若干年时间的辛勤劳动。他对世人发表严肃认真的文章、书籍，而它们中间最重要的论述刚刚发表不过两年时间。这还不止，他还投入精力创作一组歌剧作品，其规模之大是那以前和那以后都没有过的，在其脚本中他的大部分思想都有所表达。还不仅于此，他甚至完成了在我们看来是一部完整的歌剧即《莱茵的黄金》的创作，在它的作曲过程中他很关注不让音乐占据多于其他艺术成分的重要地位，确实可以说做到了让音乐从属于文字。所以，不仅在理论上而且在实践上，不仅在私下里而且在公开发表的言论中，瓦格纳都持有与叔本华相违背的各种原则。

二

尼采是最经常与瓦格纳讨论叔本华哲学的人，他们之间的这种讨论也是最详尽的。尼采后来报告说，是叔本华的音乐观起到钩子似的作用，挂住瓦格纳进而把他拉进叔本华哲学的其余部分。这也正是我们所设想的，也和瓦格纳在他的著作《我的生平》中自己讲述过的这段经历相一致（见本书第 126 - 128 页的引语）。因为在他心中产生的对这一哲学引诱的本能抵制，瓦格纳最初经历了对叔本华哲学的勉强接受，类似屈从、让步。但是在经过一番斗争，一旦接受这一改变之后，他便全心全意对叔本华哲学敞开怀抱。毫无疑问，这样一来就让他的艺术不可估量地大大丰富起来。杰克·施坦因在他的著作《理查德·瓦格纳与各类艺术的综合》中论及瓦格纳与叔本华哲学的关系时，道出了平白的真理："他不仅全面接受它，而且叔本华哲学对他的艺术与创作力产生如此之大的影响，可以说在阅读叔本华以后，他变成完全不同的一位艺术家。我相信可以毫不夸张地说，如果没有叔本华的影响，瓦格纳从那时起的创作活动就会走不同的方向，那以后的所有作品都不会具有我们看到的形式。"

在他本人对于这次转变的叙述中，瓦格纳没有将它看成是简单的抛弃一种观点拾起另一种观点，不是像圣保罗在去大马士革的路上转为基督徒那样一蹴而就。在他理解中的事情经过要远为更复杂更微妙，这在我看来也一定是实情。瓦格纳相信这一转变经历了几年时间，在其中发生过如下事情。

当他还年轻的时候，瓦格纳就以符合年轻人的典型方式，对自己和世界形成了乐观态度。出于他本人的性格，他还努力将这些形成一种知性上表里如一的人生态度。在付出努力的同时，他从不同源泉汲取益处。由于他对戏剧的深陷其中的爱好，又由于古希腊戏剧的独特的历史与艺术重要性，他采纳了自己认为完全"希腊式的"的一系列信念，这些信念可以被归类为某种形式的理性乐观主义。它的思想认为，通过将批判理性不断应用到人类事务，社会就可以得到持续改善；这一进步体现在社会成员有着不断改进的获得自我实现的机会；这在实质上是一种社会活动；艺术可以对社会进步做出决定性贡献；艺术的作用就在于用有关人民自身及社会的最深刻的内在真理激励民众，促使他们取得更深刻的自我认识和对社会的认识；理想的艺术形式是多种艺术门类在平等原则下的结合一体；艺术的关注点纯粹是人，艺术应当肯定与颂扬人的生命与情感，以及最宝贵的社会价值；这是一项重要事业，全体民众都要参与。瓦格纳用这些"希腊"原则指导自己，也将它们应用到他生活的社会，这就使他转变成一个激进的社会改革分子，相信进步、相信美好未来肯定实现。这些思想也使他相信，音乐戏剧艺术如果创作得当演出得当，将对实现这一未来起到决定性的作用，并且在那一事件发生之前和发生之后，在向全体民众揭示其重要意义方面起到决定性的作用。

他现在想到，这中间最大的缺陷在于这种思想形成过程一直在他的自觉意识层面进行，并没有走到更深入。他积极从事各种活动：观察周围社会，与朋友展开讨论，不断从报纸及各种政治、音乐、文学期刊中吸取观点；他关注阅读收到好评的哲学家的著作，与最新思想发展保持同步；他每日勤奋工作，编写严肃的新闻报道，参与政治活动。所有这些接连发生，一切都令人振奋，但是这些都是从外界触及到他的。在青年时代，他经历了中欧前所未有的革命风潮，当时的激进潮流和势力猛烈地冲刷裹挟他前行；因为它们他热情高涨，他相信自己是信奉这一切的。然而在他的内心深处，在自觉意识思考的层面以下，所有这一切都完全不是**他**自己。他越发严重地在下意识中对自己不忠实了。

现在他相信，这种情况是被他作为一个艺术家的发展过程所证明了的。他的最初三部歌剧都是“制造”的产物，都是用停留在自觉意识层次的思维与技巧拼凑出来，为的是达到最浅薄的自觉目的即金钱与名誉这样的世俗功利。但是，当他最终在《飘泊的荷兰人》中让受下意识驱使的直觉来左右创作活动方向的时候，他的创作活动就在知性趋向上发生了巨大变化，我们暂且还不说是发生逆转。飘泊的荷兰人这一角色的塑造动机主要是渴望摆脱如链条般永无尽头的生存。在歌剧开始时，他被链锁铸在世间，活过几辈子生命逃不脱在海上航行，永远在风浪中挣扎，他全身心都在渴望死亡的到来，以死为唯一平静的避风港。对于他，平静意味着不存在，因为已知的存在无法容忍。他渴望的死亡不应被想象为过渡去另一个欢乐境地，而应被想象为彻底遗忘、终极灭绝。“无尽的人生，你就此断路吧！永恒的空寂，请将我容入！”救赎在歌剧结尾到来了，它意味着从存在的必须之中完全解脱，它的实现是因为一位女性的牺牲自我的爱，如果我可以这样讲，那就是她准备好与他分享不存在，为他去死，与他死在一起。

《唐豪瑟》继《飘泊的荷兰人》之后写成。这部歌剧中的主人公也是放弃在这个世界上的生存。在长时间里，徘徊于献身艺术的需要和性爱的需要之间，无法抉择，他最终得出结论所有一切都是虚无，决心从中彻底解脱。与荷兰人的情形同样，一位爱他的女性为他而死，这也就给他带来死亡的最终解脱。瓦格纳的一位传记作家带着讽刺的口吻作过这样一个评语："瓦格纳的许多人物都是叔本华的弟子，而还在他们的缔造者掌握指引他们道路的学说之前就已经如此了"（罗伯特·W. 古特曼《理查德·瓦格纳：生平、思想与音乐》）。我们现在可以看出这句话所指的是什么了。

在接下去的歌剧《罗恩格林》中，又是主人公弃绝这个世界，而世界也弃绝了他。在结尾他陷入放弃一切的绝望，不仅是对世界而且是对背弃了他的爱情，《罗恩格林》可以说是瓦格纳歌剧中唯一在绝望中结束的一部，同时又是剧中主要主人公没有死去的少数几部作品之一。这位主人公神秘地来自一处尘世以外的优越地方，出于对他人苦难的同情，屈尊接受这个世界的生存，为了一场既富于同情又充满性爱的爱情，不惜接受这个世界上的一切政治与社会负担。他得到的承诺是无条件、不质疑的爱，但是这一承诺被打破了。打破承诺的那位女性死了，而他却没有。在结局中他变成孤身一人失去一切，在凡人间的幸福与自我实现的希望全部破灭，走投无路只能回去原来的地方。

最后我们要面对《指环》的脚本。瓦格纳在接触到叔本华时已经完成了脚本的写作，虽然还有大部分音乐有待作曲。这在他看来是他的艺术直感与他在自觉意识中持有的观点互相违背的最好例证。读者会记得我们在前面引用过的话中有这样一句："我望着我的《尼伯龙根》台本，使我感到吃惊的是，我看出，现在使我受到理论这么多束缚的东西，我在我自己的诗意设想中早就熟悉了。我就是这样首先来理解甚至是自己的沃坦的……"就是这位沃坦在瓦格纳写作那四部脚本的过程中变成《指环》的主要角色的人物，他上升到悲剧的高度，不仅意欲毁灭自己而且意欲毁灭他所创建的整个世界，即那个在作品开始时呈现给我们的世界。在下面的话中他将二者等同起来：

> 我再受不了
> 在我成就的一切当中
> 永远看到只有我自己。

他的态度于是变成：

去吧！
这一切不可一世的辉煌，
神界的壮观，
可耻的夸夸其谈！
我所构建的一切让它一起完蛋！
我放弃我的事业，
只有一事尚存心上：
等待我的是什么样的下场，什么样的下场！①

很多年以后瓦格纳又评论过他的上面这段写作，那已经是在叔本华逝世18年以后，他说："我不知道有其他作品展示出像在沃坦身上表现的那样，只通过一个骄傲性格的单独力量，并不借助上天的帮助，就做到打碎一个意志（况且是怎样的意志啊，它曾经为创造世界而激动）……我深信叔本华知道了会很不高兴，因为我在知道他的哲学之前就已经做到了这件事。"（《柯西玛·瓦格纳日记》，第2卷，52页）

这种可以追溯到他阅读叔本华之前、在瓦格纳的自觉意识中的意图与他的艺术成就之间存在的互相背离，也造成了《指环》脚本中的几处不一致，它们甚至到后来也一直没有得到解决。起初，瓦格纳想要做的，是首先展示建立于权力和财富基础上的世界的多重腐败，然后展示新的一代人怎样将它们清除干净，并代之以建立于爱之上的新秩序。但是不知出于什么原因，新秩序在脚本中一直没有得到确立。齐格弗里德和布伦希尔德这一代新人也以毁灭告终，而且尤其是他们的毁灭一部分是因为他们之间的爱失败了，两人互相背叛，甚至有一方产生报复欲望。就像我们已经提到过的，在几年时间里，瓦格纳在如何处理《指环》的结局上一直犹豫不

① 周依萍译瓦格纳《女武神》，《瓦格纳戏剧全集》下卷，中国文联出版公司1997年版，162页——译注

决，因为他能够想到的方案都让他感到有不妥之处。当他最终读了叔本华之后，他相信他懂得这其中的原因了。在动手写作这部脚本时，他的自觉层面的思考方法是想要暴露世界发展某一个阶段中的丑恶现象，但在下意识里，他认识到这些丑恶现象并不只局限于历史发展的某一时期，而是周期不断的，在下意识发出的提示下，他就不可能不去把变换形式的丑恶现象也附属到下一步到来的社会中去，而根据他在自觉意识中持有的观点，下一步到来的社会本应是完美的。现在我们看到，只要他继续对他的艺术家直觉持有信念，就不可能为《指环》写出与开场相一致的结局。

在某个时候，瓦格纳确实尝试过给脚本加上一个明确符合叔本华哲学的结尾，就像更早的时候他尝试过写一个符合费尔巴哈哲学的结尾一样。这一方案确实出现在这一脚本的相当数量的不同印刷版本中，被人称为是“叔本华结局”，但是他又一次遵从自己的艺术直觉，没有将它谱成音乐，因此这一结局并不是最后完成的作品的一部分，那些将它展示为完成作品一部分的印刷版本起着误导的作用。瓦格纳确实将这一结尾收入他自己的脚本版本中，但同时加了附注，大意是说他没有为之谱曲的原因是它在音乐中含义不明确。事实是，我们今天看到的《指环》确实有一个叔本华结局，只是那完全是用音乐表达的，这从叔本华哲学来看是最恰当不过的。我们走到这一步，语言已经不敷使用。词句已经无法表达意义。瓦格纳在经过所有这些反复考虑之后，最终将《指环》的词句保留原样，没有因为阅读叔本华产生反响而作任何改动。这应当被看作是一件很重要的事实，它帮助我们认识到，出于叔本华影响的作用，瓦格纳不仅改变了对脚本的理解，而且改变了对脚本的音乐处理。我们可以说脚本（我是说在瓦格纳理解中）是附加的、不重要的，而音乐处理则与作品整体密不可分，才是作品的真正的最重要部分（正如他受到叔本华影响之后开始这样确信）。

瓦格纳最终没有采用的叔本华结局包含下面几行诗句，原准备写给布伦希尔德演唱：

> 我从欲念的天地里脱开
> 我永远弃绝假象的世界。

在身后我关闭了多少扇
向着千变万化敞开着的大门：
向着没有欲念也没有假象的
最神圣的中选之地——
目标是漫游全世界——
终于获得智慧的她上路了。
你可知道我是怎样
在一切漫无休止之中
找到如此神佑的结局？
我的双眼因为
哀怨之爱最深切的
刺痛而睁开
我看见世界已经完结。

上面句子的最后一行被戴里克·库克用作了他研究《指环》脚本的著作第一卷的书名，当然这个句子没有出现在最终作品里。在这 叔本华结局更靠前的一句诗可能会让一些读者联想起1873年瓦格纳得到一处固定住所，他将那座房子命名为旺弗利德，这个名字的字面意义就是“脱离假象得到平安”。虽然这是一个让很多人感到困惑的名字，但其实在叔本华思想的前提下其意义很清楚，而叔本华思想在很多方面都接近佛教教义。在旺弗利德的起居室里，就有瓦格纳摆放的一尊佛像。

至此我们就触到问题的核心，那就是瓦格纳究竟如何看待发现叔本华对他本人起到的作用。答案是，这一发现将瓦格纳的创作直觉，从下意识空间尽可能充分、尽可能明确地提升到他的觉悟意识层面。这一点既然做到，他的觉悟意识也就获得了一种哲学，它同他已有的洞见、理解、直觉协调一致，而不像他以前持有的“哲学”观点那样总是与它们相左、形成冲突。这就是为什么虽然叔本华已经发表的观点与瓦格纳的观点在很多方面互相抵触，但是最后瓦格纳并没有因为接受叔本华的观点而感到自己出尔反尔、放弃妥协，更没有感到口是心非，正相反，瓦格纳从中感到找着了完整的自己。他在自觉意识中持有的哲学信念多少年来第一次与创作直觉结合成有机的一体，因此当然也与驱使创作直觉的潜意识、下意识动力结合成了有机的一体。

三

至此我已经讨论过瓦格纳在自觉意识中持有的观点与叔本华哲学的关系。我们还可以清楚地看到，在瓦格纳的性格结构与叔本华哲学之间也有着重要的关系。仅就通常意义下“意志”一词的含义而言，如果有一个人可以说是体现了意志，那么这个人就是瓦格纳。他简直就是意志的化身。他有着一种压倒一切的性格，有一种好像不可控制的要主宰周围一切人一切事的动力。这就是他的朋友和与他共事者们眼中的他，也成为后来人对他的一贯看法。很多人还认为他的艺术也一样，也是试图主宰听众或观众，要把自己强加于他们，要征服他们。尤其是他的音乐，总是自始至终那样强烈，那样紧扣听众。有人会禁不住要说，他的音乐就是意志的声音。无论是他的追随者还是敌人，都一致同意他在艺术和人格方面完全与众不同，甚至可以说是独一无二。我本人肯定找不出哪一位艺术家，在其他方面可以与他相提并论，而在这两个方面能够与他匹敌的。

在很严重的程度上，他是自己意志超强的牺牲品。他对不可能得到的东西或者是一时还没有得到的东西有着无休止的渴望、向往、欲念，以至于这成为他的日常经历。因为是这样，他的一生充满着各种各样的苦闷，可能只有到最后的 18 年才有所不同；又由于意志超强，他的苦闷总是处于非常沉重的地步。这样的情况从不间断，使他总是生活在心力憔悴之中。如果我们查看不断在折磨他的一长串各种身体疾病，可以看出几乎它们全部属于应激障碍，或者是我们今天可以归类为精神负担引起的症状，虽然当时的人没有这种概念。在大部分时间里，他都是一个因为冲撞社会而受到伤害的病人，他不断与各种人各种组织机构作对，与现状作对，从不知休止，让自己的情况更加恶化。出于这样的原因，他在多数时候都处于极度不愉快之中。我们已经引用过他的话，表明他在成年生活中，没有一年不生出自杀念头的。他把世界看成是充满憎恨的地方，而活在这个世上本质上就是受苦受难。他还对很大一批人抱着强烈的自觉的敌意，因为他们挡了他的路、让他烦恼、让他不能成功、让他得不到想要的东西，而在他看来那些人构成了人类的大多数。

叔本华哲学如何与这一切相适合，并且为之提供根据，是显然可见的。叔本华哲学在瓦格纳看来是如此的真知灼见，很有可能正是因为叔本华哲学与他的个人体验在很广范围中的很多细节上相吻合、与他的性格和所需密切靠拢。虽说瓦格纳和叔本华都各自非常与众不同，我真是觉得可能他们两个有很多共同之处。很接近瓦格纳并且很了解他的人们当然已经有过这样的结论。1862 年 1 月 16 日，马蒂尔德·维森东克写信给瓦格纳说："最近我在读叔本华的传记，感到我自己莫名其妙地被他的人格吸引住了，他在很多方面都很像你。"更晚些时候，瓦格纳的夫人柯西玛委约一位画家绘制一幅叔本华的肖像，准备作为礼物送给瓦格纳，当她收到肖像的时候在日记中写了这样的话："与理（查德）相像之处：下颚、头与脸的关系、一只眼睛半闭、另一只眼睛大睁、天才共有的带愁容的锐利目光。"我本人在几年时间里研究叔本华和瓦格纳两个人及他们的作品，我建立起一种感觉，那就是在某个极为深入几乎不可探访的方面他们两人是一致的，而这也是无法用文字表达的。其他作家也试图表达过类似的感想，例如瓦格纳的传记作家科尔特·冯·韦斯特恩哈根曾经写道："在它们所表达的思想之上，叔本华的形而上学与瓦格纳的音乐之间有着某种超出理性疆域之外的共同性。"

我们先暂且不提音乐比其他艺术更优越的话题，瓦格纳在音乐上的才华超过他在其他领域的才华这一点无可置疑。在一般常识当中，他已经被公认是最伟大的作曲家之一，并且很显然他又是一位伟大的指挥家，是现代指挥艺术的奠基人之一。但是他在其他领域的才华就不可与这些同日而语了。他的才华当然很多、很真实，并且对于他来说充分够用，但是只再除开作为戏剧家之外，在其他任何领域他都称不上"伟大"。他真心认为自己是一位伟大的诗人，但是很少有别人支持这种看法。事实上，有人拿他在脚本中的诗作打趣是常有的事。当然那种看法也是因为一种错误而引发的，那就是我们在本书第一章已经讨论过的，将脚本中的诗作为独立的诗作进行衡量，或者认为它们可以构成一部诗剧的错误。由于瓦格纳在音乐上的才华大大超过他在文字上的才华，当他形成一种歌剧理论，限制音乐与文字平起平坐，他是在设局束缚自己的才华。在为《莱茵的黄金》整部歌剧作曲时，他忠实服从这一理论，是偏要给自己的才华套上枷锁。关于音乐艺术与文字艺术的相对优越性的客观真理，即便它存在，我们可以另行讨论，但是在瓦格纳身上，当他后来接受叔本华的音乐至上的思想以后，他是走上了一条解放自己天才的道路。还有，当他接受了叔本华的音乐是形而上学意志之声这一思想以后，他是接纳了一种对音乐的理解，而它最贴切地适用于他自己最具才华写作的各种音乐。

综上所述，瓦格纳转变到接受叔本华哲学使他找到了自己，让他在各个层次做到了合一。在对世界持有信念的自觉层面，这一转变赋予他细致的思想框架，而且它与他的直觉相一致。对于他作为一个情感丰富的个人，这一转变为他澄清了对生活的态度，而这种态度与他的性格和谐一致，甚至包容了其中的缺陷与局限。对于他作为一个创作艺术家，这一转变为他构建了一种艺术态度与全面的审美观，并且说服他接受其合法性，使得他可以不受任何羁绊地发挥上天充分赋予他的才华。1855 年 2 月 5 日，他写信给吕克尔，当时后者仍在因为参加德累斯顿起义被关在监狱里，并且还将在牢里待很久，远不如一同参加起义的瓦格纳那样幸运。瓦格纳在信中说："我承认在一生中我走到了现在的一步，认为叔本华哲学一家之说完全充分、可以决定一切。我毫无保留地接受了他的非常非常严肃的真理，因此而最充分地满足了我的内心所需。虽然接受他的哲学让我走去不同的方向，和我原来所走的道路相差甚远，但是唯有这一思想与我内心深处怀有的世界本质是受苦受难的认识吻合一致。"

四

读者会记得，让瓦格纳愿意在接受叔本华影响的可能性面前开放自己，在其中起到关键作用的事件是他在政治上的幻想破灭。政治幻想破灭与叔本华哲学两件事一同进到他的思想中，从他在自觉意识中持有信念的各方各面，向他展示哪些地方他认为是走错了方向。这时他认识到，社会不断改善这件事并不成立，而且从来没有成立过。暴君统治与滥用权力是周而复始的，残忍、自私、贪婪、愚昧、麻木不仁，再加上无爱与背叛，也都在不断重演。它们并非是当前秩序中的事、未几就会被扫荡干净，它们是这个星球上生活的永久特征，不分时代总被翻新。急剧变化将带来新秩序，到那时爱、幸福、自我实现将成为日常秩序，这样的信念不过是悲摧的幻想。在这个世界上失意、苦难、死亡是每个人无可摆脱的命运，持久的幸福与圆满永远不可能获得。通过在这个世界上的努力让幸福与圆满永驻的企图注定是自欺其人。不仅仅是我们碰巧被授予的在这个世界上的生活状况无法接受，每一种生活状况都不能满足期望。事实是我们根本不属于这个世界，我们在这里的存在是短瞬的虚幻的，有关我们的永恒的东西在于空间和时间以外。这就意味着，艺术的功能不在于也不可能在于揭示这个世界事务的某个未来状态，并指明通向那里的道路，它也不应该是颂扬某种社会政治价值，而且，既然说到这里，它也不应该是颂扬隐匿于人们心中的半价值或半情感，这是指那些虚假价值与罪恶情感。艺术的真正功能与上述这些绝然不同。在最浅显的层次，它就应该是从这个不可容忍的世界的逃逸，去一个可能替代它的地方。让艺术充实的价值观，应该远不是颂扬社会政治现象，而是涉及对它的断然弃绝，以它为邪恶或者渺小，甚至二者兼具。艺术的真正价值应该完全立于经验世界以外，超越空间和时间的疆域，艺术要表达的是关于最终与永恒存在的最终与永恒的价值。既要做到这一点，又要让其结果对广大民众保持长久吸引力是不切实际的。让尽可能多的人对它保持兴趣当然是我们的愿望，为了做到这一点当然应该让接近艺术变得尽可能公开尽可能没有限制。但是即使这些都做到以后，我们仍然不应该期待艺术可以对除人类少数一部分之外具有严肃的吸引力。

认为不同门类的艺术有相同潜力的想法不过是一种空头意识形态，是无视事实的一厢情愿。试问一幅水彩画怎么可能与莎士比亚诗剧或者古希腊戏剧有同等内涵？将不同门类的艺术以平等地位对待、组合在一起形成一种单一艺术形式，这种设想根本是无稽之谈。1857 年初，瓦格纳在题为《论弗朗兹·李斯特的交响诗》的文章中写道："无论与什么结合在一起，音乐都会保持最高的、拯救性的艺术地位，不会低就。"这已经直接违背他在六年前发表的观点，就是说他原来抱有的对于各种艺术综合一体的观点在这样短的时间内就被他公开放弃了。音乐现在被看成处于形而上学意志之声的高度，独占特殊地位，担当包括诗艺在内的其他一切艺术不能担当的任务，即阐述诗剧的内在重要性。音乐所表达的现实，无关乎舞台上展示的世界，而是处于空间与时间之外。

我在谈到瓦格纳对自己理解的变化和他对《指环》脚本看法的变化时援引了不同来源的信息，然而他自己写过一封信，一气呵成写出相关话题的很大一部分内容，这封信里包含的深入见解值得我们花篇幅在这里引用。这是 1856 年 8 月 23 日他写给吕克尔的（在本书前面的部分曾经引用过其中简短的一段）：

> 你认为可能吗？一个艺术家可以受到他自己以外的智慧的帮助，理解清楚他自己的创作？现在，我有权利这样说，因为就在此时此刻我有了最奇特的经历。很少会有同一个人，在自己的身上，在他的直觉或者本能冲动方面与他的自觉或者理性思维之间，出现那样深刻的分歧或者离异。我就是这样一个人，我必须坦白，我是借助他人的帮助才找到了对我自己艺术创作的清楚理解，这个人给予我在理性中的概念，而它们与我在直觉中的原则相一致。
>
> 我遵循直觉进行创作的时期以《飘泊的荷兰人》为开始。随后又有《唐豪瑟》和《罗恩格林》。在这几部作品中，只要对潜在的诗意动机有所表达，就一定是通过克己这一崇高悲剧实现的，这也可以说

是对意志的否决，在这些作品当中它成为必不可少不可避免的，而且只要做到，救赎便可以到来。正是这一深刻的潜在想法赋予我的诗作和我的音乐那样的神圣感，没有这一想法我的作品就不可能有力量取得它们现在达到的那种深度。然而奇怪的是，一旦涉及我在知性中对于生命的思想，涉及我用理性觉悟去理解世界、在奋斗过程中形成的那些概念，我却总是站在那些作品中所表达的直觉思想的对立一方。我作为艺术家一直在**感受**，而且一直毫不犹豫地让我的创作从直感中获取缤纷色彩，但是作为一个哲学家，我却一直在寻求对世界的完全相反的解释。这样的解释我曾经获得过，而且我对它执着恪守，虽然我自己都惊讶为什么每一次与我的自发产生的纯粹客观的艺术直觉发生碰撞，总是它要败下阵来。在尼伯龙根戏剧的工作中我有了最显著的发现。那部戏剧的构思成型时期正是我在我的思想中已经基于古希腊原则建筑起一个乐观主义世界，我相信那一社会的实现只需要人们对它向往。我很有创造性地避开为什么人们不向往它的问题。我记得正是为了这一明确的创作目的，我构想出齐格弗里德的性格，意图就是要表现一个不知痛苦为何物的存在。但是我想要做到的，是通过展示尼伯龙根神话的全部以更清楚地表明我的意图，表现一个充满不公正的世界如何从最初的错误中发展出来，最终崩溃，以此来强调一个教训，就是我们必须辨明不公正，从根子上将它铲除，并建立一个正义的世界。但是不！我哪里知道从工作的开端，从我对设想最初细化开始，我就在无意识中受到一种完全不同的、无比深刻得多的直觉的引导，我并没有只理解到世界发展的某一个阶段，而是抓住了世界的真正意义和实质、它的所有阶段，并且意识到它的虚无。到头来，因为我听从了活生生的直觉，而没有听从有关整部作品的抽象构思，与我开始设想完全不同的一个东西呈现出来了。但是我记得，到过程接近最后的时候，有一次我决定无论付出怎样的代价也要把我本来的目的表现出来，于是就借助布伦希尔德最后对周围人做出的多少有些过分渲染的表白，她先指出占有的罪恶，然后宣布只有爱才是应该去追求的赐福，而（不幸）并没有说明爱的性质，可是我们看到在整部神话的展开过程中爱起到的是毁灭作用。

因为受到知性中意图的干预，以至于让我在这个段落里走偏方向到如此程度。很奇怪的是我一直对这一段非常失望，直到后来叔本华为我带来知性概念上的完全转变之后，我对它感到不满的原因才终于变得清晰起来。也是这一转变给予我的诗作充足的基石，使它能够与这部戏剧的整体思想取得一致，而那也就是简单直率地承认事情的真正关系、杜绝一切鼓吹某种理念的作法。

正如瓦格纳在上面最后一句话中讲明的，在这一实例中《指环》的脚本如实叙事，没有像他在写作意图中想到的那样去做宣传或倡导。在同一封信紧接下去的内容中，瓦格纳不仅将他对这类事情的领悟归功于阅读叔本华，甚至还将他对这一转变过程本身从过去的旧态度演变成后来的新态度也归功于阅读叔本华。“一旦被叔本华以他的深刻而有启发性的突破为我解决了在知性概念（Begriff）与直觉（Anschauung）之间存在的差别以后，我就不再把它看成是一个抽象的思想，因为我意识到它是真理，它以如此强大的说服力作用于我，我在完全认识到它的本质以后欣然将它纳为己有。我也不会去犯那种自以为是的错误，通过与人争论强迫他人接受。我极为深刻地认识到，如果不是我最深层的直觉已经得到满足，我自己是不会被那种方法说服的，所以我看到，如果要让另外一个人完全接受我在这里谈到的真理，那个人必须首先从直觉上感受它，否则不可能从知性上把握它。”

五

瓦格纳从一开始就清楚叔本华哲学的最突出的实际结论就是我们应该弃绝这个世界。读者会记得，起初瓦格纳不接受叔本华哲学也正是由于这个原因，直到赫尔韦格说服他再予思考。但是我们也已经看到，瓦格纳在读到叔本华之前已经连续写成四部作品的脚本（《飘泊的荷兰人》《唐豪瑟》《罗恩格林》和《指环》），而其中的主要角色确实都弃绝了世界。瓦格纳作为一个创作艺术家已经接受的立场，在他的自觉意识中持有思想的层面仍然被拒绝，我们大概不会找到比这更好的例子。

瓦格纳始终一贯地用“救赎”一词意指在他写作当中的从生命得到解脱。这些作品中都有一个中心前提，那就是救赎是最终夙求，是某种顶峰和极致，是主要剧情中每一件事的目的和目标。而且作为最重要的方面之一，这个概念完全不是虚无主义的，因为在每一个情形中，救赎的对象都必须是曾经真正相信我们在这个经验世界中的生命就是一切的人。因为对于作为艺术家的瓦格纳来说，他一直有一个隐含的假设，认为虽然在这个被弃绝的世界上所有价值都是虚假的，但是真正的价值这种东西仍然存在。维特根斯坦是一个彻底相信叔本华的人，关于这一假设，年轻的维特根斯坦说过这样的话：“如果有一个具有价值的价值，则它必定在一切所发生的事情之外，必定在实在之外……它必须在世界之外。”① 由此我们大概可以推论，无论作为政治和社会思想家的瓦格纳愿意相信他自己相信的是什么，在艺术家瓦格纳的直觉层面上，经验世界从来就不是现实整体。

如果说瓦格纳的救赎概念中所包含的看问题的方法具有合法性，那么在空间与时间之外有某种东西存在的思想必须首先具有合法性。对于一个在任何通常意义下不信宗教的人来说，这一思想就难于把握。这就是为什么年轻时的瓦格纳没有在自觉意识中思考这个问题的原因之一，也是为什么他发现叔本华哲学中的这一部分（为叔本华从康德哲学中照搬）最难理解的原因之一。但是一旦当他开始接受这一哲学，他便意识到，如果要获得与他的艺术观的真实性相一致的在知性上诚心持有的信念，他必须赞同该哲学中的这一部分。在第127－128页已经引用过的他在《我的生平》中写下的两句话，我们再来看一下：“现在我认识到，至关紧要的是，去弄懂该书的第一部分，弄懂对关于迄今为止在时间和空间中以如此现实的方式建立起来的世界的观念性的康德学说所作的解释和扩张性阐述。我相信，通过认识该书非同寻常的难度，我现在已经在理解的道路上迈开了第一步。”我只想提请读者注意这

① 郭英译维特根斯坦《逻辑哲学论》，商务印书馆1985年版，95页——译注

里用到的“至关紧要”几个字，以及它们的（很正确的）含义。

瓦格纳以极大的知性上的严肃态度对待这一任务，在自那以后的余生中一直没有放弃研习康德，就和他在自那以后的余生中一直没有放弃研习叔本华一样。全部的康德-叔本华价值世界、知性世界，都变成了也是他的世界，经过几年时间的充分消化吸收，成为地地道道属于自己的东西。和叔本华一样，因此大概和康德不同，瓦格纳从来没有在字面意义上相信过上帝或者相信过基督教，但是他随时愿意谈论基督教教义中所包含的至关重要的根本性真理。他在这两件事上的差别被很多人误解而较少有人理解。事实上他所具有的宗教观（也就是为他提供了《帕西法尔》的知性子结构中关键部分的宗教观）在很大程度上与我们在本书第157－159页总结叔本华的宗教观时列出的要点相一致。卡尔·达尔豪斯给出过言简意赅的评价：“瓦格纳的信仰是哲学性质而非宗教性质的，是同情与克己的形而上学，其基本要素从叔本华的《作为意志和表象的世界》中，以及间接通过叔本华从佛教教义中衍生而来。”这一形而上学观念包括若干核心信念，它们是：现象领域与本体领域的根本区别；现象世界不依赖于其他的虚无性；在这个世界中令人困窘的渴望、意愿、索求和死亡随后到来的不可避免性；形而上学意志的最终现实性；一切事物的本体识别；个人化是悲剧，造就返回包容一切的一体的愿望；死亡是从这个现象世界的虚空获得救赎，和因此而来的否定生存的意志是个人自觉意识的最高成就；同情是一切道德的基础；艺术与性爱的高于我们生活在这个现象世界中一切事物之上的本体重要性；在各类艺术中音乐作为直接的形而上学意志之声的独特地位。

瓦格纳为这些丰富的思想带来了对音乐和戏剧以及对它们的可能性的知识和理解，这部分知识与理解比叔本华的更伟大，虽然它们是借助叔本华哲学重新理解重新解释的结果。叔本华没有也不可能给予瓦格纳的东西，因为叔本华自己根本不具备，就是可以将这些思想熔炼成艺术作品的创作天才。威尔第，这位绝没有放弃过批评态度的瓦格纳仰慕者，对这些作品中最突出的一部《特里斯坦与伊索尔德》有过这样的评价，说他自己无论如何无法接受这部作品乃是出自凡人之手这样一个事实。

六

牛顿是他的时代中最伟大的科学家。他说过，“如果说我比别人看得更远，那是因为我站在了巨人的肩上。”当然牛顿这句话的直接所指是笛卡尔与胡克。瓦格纳在取得他的最终成就上与叔本华有着可以类比的关系。没有叔本华，《特里斯坦与伊索尔德》和《帕西法尔》的创作都是不可想象、根本无从提起的，因为这些作品的内容实质是形而上学的真知灼见，瓦格纳固然是将这些思想完全吸收进他的体内细胞中，将它们彻底变为自己所有，但是单凭自己的力量他绝没有可能走到这一步。瓦格纳在更年轻时，在还没有听说过叔本华之前，曾经梦想创作出将贝多芬的交响展开与古希腊和莎士比亚的戏剧展开结合在一起的艺术作品。当他达到创作力巅峰的时候，他取得的成就甚至超越了那一梦想：他将处于各自发展巅峰的主流西方音乐传统、主流西方戏剧传统、主流西方哲学传统三者结合到一起，不仅融汇出一种理论上的艺术形式，而且完成了被大部分人认为迄今没有被超越的实实在在的艺术作品。他在早期理论著述中提出的设想计划，在当时被人讥笑为不知天高地厚，后来这样的批评也没有停止，但是在他写下这些计划以后动手实现它们的时候，他取得了超越它们的结果。

第十一章

改弦更张

一

影响这种东西很少有可能被量化、不太可能被勾画出轮廓，甚至也很难说明它在哪些地方起作用。维特根斯坦对此作过一个比喻。他说，假如我们知道一个人很多年以来一直只吃两样东西，培根和马铃薯，我们仍然立刻可以知道，断言这个人的这一部分是靠培根维持那一部分是靠马铃薯维持是多么荒谬可笑，但是如果涉及到一个人在知性与艺术上受到的熏陶，我们却总是在做与之类似的断言。我敢十分肯定，维特根斯坦本人在很多场合拒绝指明他自己的学识渊源，主要原因是不愿看到自己的成果受到上面比喻中的那种分类对待。有创造才能的人一般都明显不愿公开说明他们受过的影响，人们通常假设这是因为他们不愿承认曾经受益于人，虽然有这个原因，但大概更多的理由是他们愿意让自己的工作被看作是有机整体、是地地道道他们自己的东西，曾经受过的影响都已经被消化吸收融入他们的身体组织、变成他们的一部分，原来的培根和马铃薯早已合成于血肉之躯了。他们也愿意承担对全部作品的**责任**，不愿说作品的一部分属于别人。他们尚在磨炼自己本领时留下的习作可能是在追随或者模仿他人，但是他们的成熟作品反映的是已经完成的变化。

那么从这类事的性质来看，追踪叔本华对瓦格纳晚期歌剧的影响就需要慎重从事了。在瓦格纳的书面表达中，他公开、明确地谈论这一影响的巨大作用，我们已经看到许多例子，接下去还将看到更多。但是到了具体艺术作品内部，我们就不能指望像在他的言论当中那样看到一些写着“此处想法来自叔本华”的指示牌，就算对于整部作品，例如《特里斯坦》，他讲过类似的话。在面对更具体的细节问题时，对于那些有的明显、有的隐蔽的相似之处，我们所可能做到的一切只有将它们标明出来，至于是否存在关联的问题，必须留给读者的判断力去作决定。幸运的是，瓦格纳公开发表的理论在若干年时间内一直随着他的实际做法的改变而改变，他在书面表达中对受益于叔本华这个问题从未有过含混，很有助于我们的理解。但是尽管如此，我们仍然应该不带着任何理论的先入概念，首先直接学习这些歌剧，然后再去考察在它们的创作时期中，瓦格纳在公开言论中有过哪些改变，只有这样我们才能更靠近本来的目的，那就是增进对这些歌剧的理解。

我们这样做还有另外的理由。在《黎恩济》之后，瓦格纳很少再以理论作为创作艺术作品的出发点。《莱茵的黄金》是最大的例外，在该剧内容的理念中存在有政治意图，我们也已经看到，瓦格纳后来觉得很高兴没有将它付诸实现。是他的下意识阻止了他。在艺术手段方面，他自觉自愿地遵守在《歌剧与戏剧》中详尽阐述的那些理论，致使《莱茵的黄金》为过于概念化而付出了代价。到他开始为《女武神》作曲的时候，他重又开始完全让下意识思想支配工作，这让他做到了毫无约束的强烈表达，而且从那以后他就像那样一直继续下去了。从那以后，对他来说艺术理论的主要实际作用就在于帮助他清楚地认识正在从事的工作。我们可以说这给他以信心、自如与自由，让他有了全局在握的自信，而假如没有理论他就不可能做到这些。叔本华在这一点上给他的帮助是巨大的。但是瓦格纳仍然不是用叔本华的理论将自己装备起来，然后就试图用它们去创作艺术作品。我们必须再次指出《特里斯坦》是一个部分意义上的例外，接下去我们会全面考察这个问题。但是除此一例之外，瓦格纳在创作他的最伟大作品时并不是从理论入手，我们在理解和欣赏这些作品的时候也不应当从理论开始。只有当我们对它们首先产生自发的艺术反响，在随之而来的反思过程中发挥它们的理论依据，我们才可以将它们当作艺术作品而不是其他什么东西来理解。

二

我们已经看到当瓦格纳发现叔本华的时候，他已经在为《女武神》谱写音乐，还没有开始为《齐格弗里德》与《众神的黄昏》作曲。同时我们也看到，那时他已经完成了这些作品的脚本，虽然考虑过修改，但是最终没有对它们做出改动。这就意味着它们“要说的事”已经决定并且保持不变了。这就是说在瓦格纳一生中只有三部完整的歌剧是在阅读叔本华之后创作的，即《特里斯坦与伊索尔德》《名歌手》《帕西法尔》。它们“要说的事”，在我们并不知道本体为何的前提下，各为叔本华认为的生命可以窥知与本体联系的三种方式中的一种。这三种方式就是通过性爱、通过艺术尤其是音乐、通过基于同情心和宣扬自我克制的神秘主义。在那之后，瓦格纳不愿再为戏剧舞台创作作品。他说过，在他看来“叔本华哲学和《帕西法尔》作为终极成就”（《柯西玛·瓦格纳日记》，第 1 卷，851 页）可以说从那里已经再也无路可走。在《帕西法尔》以后，瓦格纳有意转去写作交响曲。我们中间有一种凭直觉的看法，认为既然威尔第与瓦格纳同龄，而威尔第在瓦格纳逝世以后写出的两部歌剧《奥赛罗》与《福斯塔夫》，被很多人认为是他的最伟大的作品，那么瓦格纳如果在世，活到威尔第写出《福斯塔夫》的高龄，他肯定能够在歌剧之上再写出世界上最伟大的交响曲。写出伟大的交响曲正是他所预期的，对此我们必须不要忘记，对于历史上的人物，虽然我们知道他们什么时候就会死去，他们自己当然不会知道。这将是赋予交响乐队重要地位这一连续发展过程的最高峰，最终让交响乐队总揽全局，免去其他一切。这个过程的开始就在于他阅读叔本华带来反响，放弃在综合艺术中各类艺术地位等同的教条思想，接受音乐不容争议占居主导地位的理论。我现在已经相信，我们可以确切看到这个过程的开始是《女武神》的最后一个场景。这段音乐自从瓦格纳自己在音乐会上指挥演奏它以后，就成为在音乐会上单独演奏的一首曲目，后来通常被人称为《沃坦的告别》。在舞台场景中，这是沃坦——这位在《指环》中的两种社会秩序里都占据父亲般至尊地位的人物——与女儿布伦希尔德的离别。沃坦的子女不计其数，布伦希尔德是他们中间最受他关爱、与他最亲近的一个。因为她违抗指令，沃坦惩罚她将她逐出神界。他取消她的神的地位，第一次将她变成生命有终、会受伤害的凡人。他运用神力将她送入沉睡，就让她睡在山顶的一块巨石上，周围用火焰包围。她将被第一个敢于冲入火中救她的男子唤醒，并归属于他。虽然在完成这件事时沃坦没有手软，但是他知道以后再也不能见到她，几近因为这个结局被悲哀征服。

整个场景由一段乐队序奏开始，这段序奏虽然非常简短，但在音响上的威严是有史以来没有音乐可以与之匹敌的。《指环》全剧在发展到这一点以前，交响乐队也没有像这样独自爆发出冲天的力量，震裂天庭。这里有的是以坚定不移的巨大信心表现出来的如获解放一般的彻底自由，是冲破一切拘束运用交响乐队的最高水平。从那一点开始直到那部歌剧的结尾，交响乐队遵循着自己的轨迹充满激情地与人声一并前行，在一个地方从人声接过《指环》中间最美丽最悠长的旋律之一，同是这条旋律在后面一部歌剧中转成纯粹乐队音乐再次出现，造成令人屏息凝神的效果。这一场景（同时也是这部歌剧）的结尾又是另一段乐队音乐，这段音乐也有单独的名字，被人称为《神火的音乐》。这个场景在让人心情激荡的一晚歌剧体验之上冠以光艳四射的终结，它为歌剧——不仅是瓦格纳歌剧而且是所有歌剧——注入新的内容。《莱茵的黄金》也以一段乐队音乐结尾，效果也很辉煌，但是在那里表现出来的情感却空洞无物自欺欺人、肤浅而无真意。在那一场景中，众神一起跨过一座彩虹搭起的桥梁，住进新建成的瓦尔哈拉神殿，他们已经看见自己在那里享受荣耀、行使职权，堂而皇之地统治世界。但是实际上，他们是一帮已经腐朽的东西，注定不久就会被扫荡干净，瓦尔哈拉也将焚于烈火，世界将踏上灭除他们之后的新开端。所以他们的隆重庆典就是自欺欺人空洞无物，而这一点被音乐极为精彩地透现无余。现在在《女武神》的结尾，交响乐队再次出头，让声音灌满厅堂，但是这一次（我相信这里的差别为特意造成），情感绝不是停留在表面，而完全出自内心、极为深刻，令人闻之恸容。这一场景中最让人不能忘怀的三个段落都由交响乐队独立担当，这对这套连剧后来的部分有着重要的寓意，这一点很快就会有证明。

三

时隔将近两年以后，到1856年夏天，瓦格纳才动手为《齐格弗里德》谱写音乐。那个时候他已经将叔本华的著作《作为意志和表象的世界》通读过几遍，充分吸收书中的思想到了在头脑中快要满溢的地步。

听这部歌剧，开始以后不要太久，我们就意识到这是进入了不同于《莱茵的黄金》和《女武神》的音响世界。不同之处在于交响乐队与其他戏剧成分的关系。在前面两部歌剧中，只要是在有唱词的地方，音乐对我们起的作用一定是帮助我们将注意力集中在唱词。在那两部歌剧中都有很突出的单纯交响乐队音乐的段落，但是却从来没有出现过交响乐队介入到我们与歌唱中间的事情。我们总是可以听到人声在唱什么，而且清晰程度常常让人惊讶，即使是在人声嵌在交响乐队的“包围”之中，而且乐队音乐尤其丰满厚重的地方仍旧如此。在有些地方，取得这种清晰度是通过在为交响乐队谱曲时有意留下一道间隔，也就是不让乐器在与人声演唱的相同音高上演奏，不与人声相争。但是现在在《齐格弗里德》当中，也是在《指环》当中至此头一次，听者发觉不是总可以听见唱词了，在听者与人声之间，交响乐队音响的厚重足致将唱词完全淹没。作曲家不再留出间隔让人声与唱词通行无阻，不再克制乐队的自由发挥以关照人声与唱词。在我们和人声之间，他建起一堵坚实的音墙，凡有音墙存在的地方，它当然不可避免地成为调动我们注意力的因素。我们发现，在关注台上活动的同时，也将注意力集中到了这样的音乐。唱词已经不再是中心和焦点，不再有包括音乐在内的其他一切成分都向它自然聚合的情况。乐队音乐形成的织体随着舞台活动的发展而延伸，就像在《女武神》最后场景中我们经历过的那样，虽然与舞台动作并不脱节，但它仍在某种意义上有着独立的含义。这已经不是任何意义上的“辅助”或者“伴奏”，而成为戏剧重要意义的一个中心了。

造成这种情况的事情之一是这位作曲家对主导动机的运用，到现在比在前面写成的歌剧中变得高深很多。在前面的歌剧中，他的精力花在引入新的主导动机，在第一次出现时它们很鲜明，而且因为是新的也应该那样鲜明。到它们在第一次重现时又引起人们的注意，是因为这时它们被用来追忆某件事或者已经不在场的某个人，因此是在获取抽象重要意义上迈出关键的第一步。在《莱茵的黄金》和《女武神》演出整整两晚以后，几十上百条动机已经这样被引出、再用，然后在音乐上开始变奏，经常变到简直面目皆非，随着每一次变化它们还增添戏剧含义，变得越来越被彻底吸收，以至近乎于消失在音乐整体中。现在我们迎来了《齐格弗里德》，因为持续演进的过程（就像水螅体生成珊瑚礁）已经弥足长久，一座宏大、美丽的交响乐队音响建筑已经具备规模，它富于细节、构造坚实。从表面上看似乎有力而简单的结构材料，在仔细考察之下显现出由几条变形的动机互相渗透而成，它们的关系几近无法分析，在每一小节中经常有两条甚至三条动机交织一处。根据一种统计：“在《莱茵的黄金》全剧当中，动机共以不同形式出现 279 次。在长度增长很多的《女武神》中出现 405 次。但是仅在《齐格弗里德》的头两幕，主导动机就已经出现 452 次。我们在前面已经提到，这些数字并不包括每次反复，而是包括了每一次至少稍有变形的出现。因此，例如铸造的动机在第一幕结尾部分反复几十次，都仅被算作该动机的一次表现。如果将每次反复都计算在内，那么在《齐格弗里德》当中动机的出现就会多达几千次了。”（杰克·施坦因《理查德·瓦格纳与各类艺术的综合》，128 页）

但是这样的音乐，在这种速度进行中，要让听众在心目中区分那些动机、识别它们、思考回溯它们的一切中间发展状态直至它们各个不同的起始，再在其各自戏剧重要性上予以解析，这不是任何常人可以做得到的。因此那不会是瓦格纳的意图。要达到那样的目的必须经过一个放慢很多的研究与分析过程，那是适合程度高深的音乐学生从事的练习。如果这种看法成立，我就不能相信瓦格纳本人在做到他那一方面时，也就是将他自己动机的实际上几千种不同运用融汇在一起的时候，是在自觉意识层面的自我明晰思考中完成的。毋庸置疑，它们中间的很大部分是受自觉意识指导的，但我不相信是全部。这些动机里有一部分是明显指物的，例如如果唱词中提到一条鱼或者一只鸟，我们就会听见它们的声音在乐队里闪现。对于这些，我们可以归结为是作曲家自觉意识中的一种自动反射的结果。类似那样的声音上的波纹不会比编织物表面的凸凹不平有更多意义。我担心那种做法有时候只能解释成为近乎懒惰，且不说是一时的品位贫乏。在多数部分，交响乐队声音的主体汲取它的音乐源泉，丰富自身，向我们展示出具有自我中心的艺术。这件事与我们认为这部分音乐的好坏没有关系，比如尽可以有人认为这里的音乐不如在《女武神》中美丽了，但是从技术角度看这根本不是问题。

因为交响乐队现在具有的更大独立性，它在与舞台进行和唱词表达这两方面关系中，都变得和在前面部分的《指环》中不同。在此以前一直有的一种音符对字眼、乐句对动作的曲谱与舞台对应关系，现在虽然还常有发生，但已经不再是一条规则。在多数情况下，交响乐队采取一种与舞台进行和唱词表达比从前更为松散的关系，在它们旁边担当着一种评说性质的作用。在《歌剧与戏剧》中，瓦格纳推崇交响乐队担当古希腊戏剧中合唱起到的角色，现在在《齐格弗里德》中，乐队做到了这一点而且其方式比他的预想更接近本真。举例来说，一件突出的事实是，在《齐格弗里德》头两幕中，十条最重要的新引入的主导动机都是由交响乐队介绍的。传达剧情发展中的内在重要意义现在主要是交响乐队在担当了。

四

瓦格纳在他人生的这一阶段面对的不止是艺术问题，还有个人状态和心理状态的问题。在两年多时间里，他在几个方面经历观念的转变，不仅仅是艺术观，而且是整个人生观。在内心人生战场的各个角落，他都经历了前所未有的最深入最激烈的个人转变。一些他把握最坚决的信念和立场出现了180度大转弯，造成之后与之前完全对立的情况。作为创作艺术家，他抛弃了直到先前不久还在实际做法中占中心地位的若干理论和前提假设。然而有一件事没有变，他还在完成一项计划，那是在所有这一切发生之前就已经决心要做的，他仍在将睡眠以外时间中最好的注意力和精力都投入其中。问题在于这项没有完成的工作不是很快可以打发掉的，不是简单打磨一下就可以完工、接着就好走去新起点的。剩下有待完成的工作不只是要为一部歌剧作曲，而是完成整整两部歌剧的作曲，还不要说它们规模宏大，是前人从未做过的巨型歌剧，其工作量无论如何估算都是需要几年时间才可以完成的。再者，他也不是毫无负担只要动手作曲就可以的。他运用主导动机体系要求他必须继承几十上百条个性鲜明的音乐主题，沿用它们以构造未来、保持音乐织体继续延伸。当然并没有东西阻碍他引入新主题，而且他也确实引入了，但是这项工作的性质决定了，凡是已经用过的都必须不断被再次使用，起评说、隐喻、回顾、对比、前瞻、昭示、争执、缅怀的作用。对于一个有创造性的人而言，这真是受到了极大束缚。他的真正选择只有两个，或者遵从这一局限把事情做到底，或者就此罢休放弃这项工作。

瓦格纳是《指环》的独自创造者，在现在的关头，过去的积累一定沉重到要把他压垮的地步。整项工作如何展开已经从头至尾安排停当、全部脚本不仅已经写完而且已经发表。四部连续歌剧中的前两部已在各种意义上全面完成，有待完成的后两部，也都一切均已决定、只剩谱写音乐。那么在这件事上，唯一仅存的灵活空间在于如何去构建这份曲谱，连这也必须受制于充分利用已经写好的动机。他确实做到利用这一自由度，给乐队写作增加了前所未有的份量，部分出于这个原因也让音乐获得了在《指环》中前所未有的突出地位。但是按照他的标准来衡量，特别是以他在新情况中隐含的新标准来看，这些东西在创新意义上并不十分重要。不用多久他就意识到，对他的秉性和精力来说，对于他不断开创新世界的追求、还有刚刚发生的转变所激发出来的新鲜热情来说，那是不够的。

瓦格纳从1856年9月开始为《齐格弗里德》写作音乐，到同年12月，他已经在向友人抱怨无法进入应有的工作状态。这种感觉显然是上述状况的逻辑延伸，我认为没有必要再到其他因素中寻找解释。但是即便我的看法不对、即便是外部环境造成他对手头工作不能专注，那么也不难看出事情为什么会坏到那种地步。他作为政治难民滞留瑞士已经超过六个年头，前不久提出的允许他返回祖国德国的请求遭到拒绝，他面对的出路是看似永无尽头的流亡生涯。他穷到身无分文、负债累累毫无偿还的可能。他的婚姻遇到麻烦、健康状况不好。虽说他的早期歌剧倒是被德国的歌剧院接受、开始广为上演，但是它们所代表的东西是他作为艺术家正在设法摆脱的。两部已经完成的《指环》歌剧完全没有上演的展望，事实上它们的首演还要等十多年时间才最终发生。报刊上对他的讲法大都是惹他不快的，一年前他在伦敦开过几场音乐会以后，英国报刊对他与他的音乐毫不掩饰地恶意中伤。瓦格纳总是能够做到避开外界影响，专心从事自己的工作，但是在他一生中的那个阶段，大概那也已经做不到了。

但这不是说已经山穷水尽、再没有事情能勾起他的热情让他愿意从事的了，而且很可能这才是真正答案所在。阅读叔本华给了瓦格纳一个想法，至少说对他产生那个想法起到不可或缺的作用，那是歌剧作曲的全新办法，不是单单把交响乐队放在主人公的位置就可以做到的，而是更具体、事实上技术性的方法，我们很快接下去会对它作一番考察。它的可能性在叔本华著作中平白地写着，讲得清清楚楚，瓦格纳也似乎立即就捕捉住它。我们在前面第 140 页已经引用过 1854 年 12 月致李斯特的信，在信中瓦格纳告知李斯特他发现了叔本华，“他简直是上天赐予的礼物”。同时也提到《特里斯坦》的构思：“因为在一生中我还从来没有尝到过爱的极度喜悦，我一定要为所有这些美丽的梦树立一座纪念碑，它自始至终都要洋溢着那样的爱。我在头脑中有了《特里斯坦与伊索尔德》，最为简单但是血肉丰满的音乐雏形显现了。”

《特里斯坦》的想法一旦浮现，瓦格纳再也未能把它从脑海中驱除。从写上面提到的那封信起，到他试图重新拾起《齐格弗里德》创作的那段将近两年时间里，那一想法一直伴随着他。而在整个那段时间中“它仅只是音乐”，就是说他完全没有为它写脚本。当他开始为《齐格弗里德》作曲以后，《特里斯坦》的音乐还是经常出来干扰，以至于有一次出现“不断的旋律走线……就像纺线越转越长，让我把整日时间都花在它的展开上。”（1856 年 12 月 19 日致玛丽·维特根斯坦的信）到他尽力终于写完《齐格弗里德》三幕中的前两幕之后，瓦格纳彻底将它搁置一旁，转去全力投入写作《特里斯坦与伊索尔德》。这件事的发生是全面的真正意义上的解放。然而两三个月过去以后，他又谈到《特里斯坦与伊索尔德》时，仍然说“还仅只是音乐”。（1857 年 1 月致玛丽·维特根斯坦的信）

第十二章

化为音乐的形而上学

一

问题说到这一步，读者大概会感到疑惑。我们引用过瓦格纳自己谈及产生《特里斯坦》念头的两种说法，它们似乎说的不是同一件事，即便说的是同一件事，也有些不大可信。在瓦格纳的自传中，他说《特里斯坦》的创作在一定意义上是阅读叔本华带来的反响，而在给李斯特的信中，他将《特里斯坦》的性质说成是简单的音乐雏形。读者很有理由发问，阅读一位哲学家的著作怎么会引起产生简单的音乐雏形呢？如果瓦格纳这样说仅仅是指那一思想，即让音乐在歌剧中占主导地位，而不是只从属于唱词与舞台动作，那就谈不上是音乐雏形，而只能说是关于音乐在歌剧中的地位的一个观点。无论怎样讲，这种看待歌剧的观点其实一直最为普遍，在很长时间里几乎没有例外。瓦格纳在早期，即写下《歌剧与戏剧》的时候，确实强烈批评了这种观点，并提出改变它的意见。那么现在他说的话只是在表明通过阅读叔本华他被说服放弃自己的看法吗？但是仅这样说就显得有欠缺、不足以服人，肯定不可以用来解释瓦格纳明显表现出来的对于一种新的音乐可能性有所预见、一经点拨豁然开朗的态度。《作为意志和表象的世界》的读者会在那本书中找到关于这个问题的答案，但是出于完全可以理解甚至无法避免的原因，瓦格纳的众多爱好者中只有很少一部分人会去阅读叔本华那本名著。

二

叔本华认为，在最严格的意义上说，我们人类是形而上学意志的具体体现，因此意愿、需要、渴望、向往、欲念就不仅是我们的所为，那就是我们自己。他又说，音乐也是形而上学意志的表露，是形而上学意志在经验世界中可以耳闻、富有意义的声音。这就是说音乐与我们自身最内在的存在直接沟通，是我们的另一条生命。

叔本华在几页篇幅里讨论这种沟通的本质，它们涉及音乐的技术问题，他甚至在某一处举例中引用了乐谱[①]——这是我能想到在堪称“伟大”哲学家的哲学著作中唯一出现谱例的地方）。对于我们作为音乐听众来说，叔本华这番议论的关键是说，音乐行进在于创造若干需要，并且一时不予满足而是让它们延伸出去。旋律当然是串联在一起的单个音符，哪怕最简单的旋律都会让我们需要它最终回落到主音，而不论在这个过程中它在多么大范围内升降起伏。如果结束在主音以外的任何其他音符上，它就会引发我们的一种若有所失的不满足感。这还不够，旋律不仅只能结束在主音上，还必须结束在节奏重拍上。假如一段旋律没有同时做到这两件事，就会让我们产生比不满足更加严厉的反应，会让我们要去抗拒它：“这怎么可以是结尾。它不能就这样停住。必须继续向前。”如果一首音乐不只是简单旋律而且又有和声，那么和声也起同样的作用，也让我们产生不满足感和随之而来的让它们朝某个方向获得解决的欲望，这只要最终到来便好，而且除非最终解决到主音和弦上，我们的欲念就会不得平复。叔本华给出这样的总结：“音乐的构成就是或多或少令人不安的和弦，或曰激起欲望的和弦，与或多或少使人安静满足的和弦的延绵不断的接续。对比心（即意志）的生命是或多或少出于欲望和恐惧的不安心态，与时起时伏与之程度相当的

① 叔本华《作为意志和表象的世界》第 2 卷，455 页，本书译者译——译注

情感控制的延绵不断的接续。”[1] 因此说，音乐与我们内在的状况直接沟通，音乐的行进与我们内在的生命运动直接沟通。

在听音乐时，让我们不去感受音乐中的期待与欲望是不可能的，那完全不在我们有能力可以控制的范围以内，是不受意愿支使的。我们对音乐的反应完全取决于这种期待与欲望在多大程度上，还有通过何种办法被激发，由此牵动我们的情感，然后最后被满足，当然它们又会紧接着被接踵而来的音符与和弦再度激发。这些反应与我们的知识、知性、理解都毫不相干。大多数天生有音乐感的人，虽然没有受过丝毫音乐训练，不懂得哪怕最简单的技术问题，不知道“一个小节中有几拍”，也不知道何为“主音”，他们仍然会有完全相同的感受，并且强度毫不稍弱。这样说来音乐就与生命一样，像无穷动那样引发并加剧渴望，让我们受其煎熬、无处藏身，如此持续到一切事情全部终了。只有到一首完整的音乐结束，或者是一个生命走到尽头，不能被满足的渴望才会止歇。

讨论到这一关节，叔本华对和声学中的一种技术手段给予特别关注，这就是“悬而不决”。正是这一论述在瓦格纳心目中点亮了一盏指路明灯。悬而不决当然是造成悬念。在通常的运用中它总是出现在一首音乐的倒数第二个和弦，悬而不决即从我们刚刚听到我们**认为**应该是倒数第二个和弦的时候开始。它几乎没有例外是一个不协和和弦。我在这里用“不协和”是指调性音乐的一个技术概念，这样的和弦非自身圆满而需要另一个和弦来解决，而在此时我们有充分把握期待解决的到来。但是与期待相反，我们刚刚听到的不协和和弦又走到下一个不协和和弦，只有在这一步之后，暂且不说这个和弦仍然有可能再被延长，才有到主和弦的解决。就在一个不协和和弦出人意料走去又一个不协和和弦的时刻，非常形象地说我们会感到提一口气，僵在惊诧中。我们本来预期被化解的紧张，非但没有化解反倒被伸延了，说伸延还不够，是被更加绷紧了。这也就是说，当解决终于到来的时候，开释感也就会更大，就是说我们放下惊诧中提起的一口气，在高度满足之中获得舒展。正如叔本华所说：“这显然与意志的满足相仿

---

① 叔本华《作为意志和表象的世界》第2卷，456页，本书译者译——译注

佛，延迟使它更为强化。”

阅读这段论述似乎给瓦格纳一个虽然简单但却至为惊人的音乐念头，就是写作一整部音乐，索性一整部歌剧，就按照悬而不决的原理去做。音乐从不协和和弦过渡到不协和和弦，一路走下去，让人的耳聪一直焦急等待一个解决，而解决却迟迟不至。如叔本华已经说明的，这就会是无可缓解的渴望、向往、欲念的纯粹音乐上的等同，而那正是我们的生存，照直说就是我们自己。解决只有一个，那就是在乐谱终结处的最后一个和弦，如果是歌剧，解决就同时又是主人公生命的终结。其整体就是世间生存在音乐中的客体关联物。

瓦格纳想到，我们的原始的、最基本的向往，我们的性格与生命都由它塑造，就是对爱的向往。这一思想是在他的成年生活中一直持有，是他非常熟悉、还在他的“青年德意志”时期就相信了的。他肯定认为这对于他自己来说是真的。还在写作《特里斯坦》之前，他就已经在自己的作品中，尤其是在《指环》里，赋予它强有力的声音。在《女武神》当中，与人类爱情紧密关联的痛苦找到了音乐表达，它如此令人心碎以致瓦格纳为之作曲甚至自己患了病。这部新歌剧一定应该是关于爱情的，这对他来说无需辨明。那是两个人之间的爱情故事，它的实现和永久享有对于他们是不可企及、在这个世界上没有可能的。《特里斯坦与伊索尔德》就这样孕育出来了。它的初始种子是彻头彻尾纯音乐的。像我们已经看到的，后来它还在几年期间一直停留在“只是音乐”，然而正像瓦格纳告诉我们的那样，他是因为阅读叔本华带来反响而获得这一基本的、激发灵感的念头的。

《特里斯坦》的第一个和弦，率直被称为“特里斯坦和弦”，一直是整个音乐史中最为著名的一个单一和弦。它本身包含着不是一个而是两个不协和关系，因此在听众身上引发双重欲望，让听众因为它的强度而倍感焦灼，期待它的解决。从这个和弦行进到的下一个和弦解决了其中一个不协和关系而没有解决另一个，造成既解决又未解决。音乐就照这样进行下去，随着每一个和弦变换，某样东西得到解决而还有东西没有解决。每一个不协和和弦的解决都伴随有另一个没有被解决或者是一个新的刚被造就出来，在每一个关头，音乐听觉被部分满足却又同时再度被困扰。如同这样一直不断，持续整整一晚。只有到一处，所有不协和关系全部得到解决，而这一处就是整部作品的最后一个和弦。这当然是一切的结束，所有角色以及我们在其中的参与、这部作品以及我们对它的体验，一切的一切，到此结束。余下的只有沉寂。

即使没有受过音乐训练的读者都可以体会到这是革命性的作曲法。因为它几乎全由在技术上被称为不协和和弦的成分构成，自它问世起就被当作是“现代音乐”的起始点。在很多当时的人看来，它打破了一切现存规则。在几百年时间里，调性原则一直被奉为至高无上，一切音乐均有调性，或者大调或者小调，每一个和声都可以被指明属于哪一个调，或者，如果它是两个调性之间的过渡，可以被指明它相对于二者中每一个的关系。但是特里斯坦和弦是无法分析的。音乐学家从来没有就它的特性取得一致意见，《新格罗夫音乐大词典》中为之列出两种分析，悉听读者任选，就最好地说明了这种情况。难怪当时很多人认为它的音乐让人找不到方向。这部歌剧在它的总谱出版以后五年没有获得上演，原因是很多歌唱家发现它的音符走向怪异，无从学习、无法记忆，而很多乐队成员抱怨说交给他们演奏的这个东西不是音乐、他们不能理解，而这些人都是专业音乐家。在维也纳，一次企划中的上演在历经了不下77次排练之后被取消，他们宣布这部作品无法上演。也就是从那时起有一种说法传开，认为瓦格纳是狂人，还有一种说法认为他是音乐上的无政府主义，一旦他得势，西方音乐最优良的传统就会毁灭殆尽。

很清楚，这部作品威胁到调性系统。在随后到来的几十年时间里，这一危险变成了现实。瓦格纳自己后来的创作将调性系统推到了它的极限，在他的最后一部歌剧《帕西法尔》的最后一幕开场有交响乐队的前奏，其中有一部分音乐无法归结到任何一个调性。到这样的地方，常规的分析已经变成任人随意：如果有人一定要分析每个和声，找到其对应调性，那么他就自己站到一个位置上，必须承认这段音乐的调性随着每个小节在改变，甚至不出一个小节也在改变，结果就等于说这段音乐**不在**任何一个调性上；如果有人一定要坚持这段音乐是关系到**某个**基本调性，那么他就会发现不同的音乐学家指认的调性会不同。在《特里斯坦》，是一个单一和弦超越了分析，它摆脱调性关系，在常规条件下无法定性，到了《帕西法尔》，是一整段乐句。再下一步，就不可避免是整部作品超越分析。但是如果那样就等于放弃调性。而这正是在瓦格纳身后一代人中发生的事。当调性被放弃的时候，无调性音乐的开路先锋们为自己的努力找到的理由正是有必要超越瓦格纳。

三

我们已经看到，自《飘泊的荷兰人》以后，瓦格纳的创作基本上都从音乐构思开始，而《特里斯坦与伊索尔德》更纯粹是这种情况。这部歌剧对人类本性的戏剧表达，触及感受、体验、关联等等方面的本质，但是这一戏剧表达是通过音乐做到的，它所达到的深度广度为其他表达手段所不可企及。所以说，在这里戏剧是在音乐之中。瓦格纳也充分意识到这一点，他说《特里斯坦》“比我迄今做过的任何一部作品都更加彻底地是音乐”。最著名的瓦格纳研究家恩斯特·纽曼将它描写为：“从中心到外围都是**音乐的**，这一点如此突出，以至于这部歌剧的大段段落可以让交响乐队演奏而不带人声而仍然构成有机的音乐整体……《特里斯坦》的音乐织体与瓦格纳其他作品不同，它表现出几乎纯粹的‘交响性’，他经常置其他方面于次要地位，沉湎于‘展开’由某一具体动机代表的意境，长篇累进，而与此同时台上情形少有变动……如我们已经指出的那样，真正的戏剧不是外在而是内在的，一位音乐戏剧家能够做到这一点完全仰仗于音乐远远高于语言和画面艺术的巨大优越性，这在情感表达的范围、细腻、强度各方面都毋庸置疑。”（恩斯特·纽曼《瓦格纳之夜》，215 - 216 页）

让各种形式的艺术以平等地位结合在一起的状况在任何人心中都不应再有疑问。舞台活动吗？那在很长一段时间里几乎静止。词句吗？它们多数是厌倦情绪的重复呼喊，而渴望、痛楚、欲念都更尖锐更迫切地由交响乐队表达出来。在几个高潮的瞬间，例如布兰甘妮从瞭望塔上发来警告、特里斯坦和伊索尔德的性爱巅峰，词句仅仅成为如痴如狂声音的装饰衬托。

歌剧中的每个成分现在都在烘托音乐。戏剧已不再是主要由舞台上呈现的视觉成分构成：它变成主要由曲谱中包含的音乐成分构成。这已经不再是可见动作的戏剧，而变成为不可见内在境界的戏剧，是人物内在历程的戏剧，这样的戏剧导致一套全新客体关联物的发现。正如瓦格纳在述及《特里斯坦》创作时说过的："这里我带着充分信心潜入到灵魂内部活动的最深层，然后由此向外构建，从世界的最隐秘核心处开始，去接近外部形式。这就是为什么台词如此简洁，可以一目了然。一个处理历史题材的作家，必须使用大量的佐证细节以保证剧情进展的连贯性，这妨碍他揭示主题中更为内向的部分，我责令自己完全关注这后一项任务。这样一来，生命、死亡、存在本身、外部世界的重要性，就全部作为灵魂内在活动的表露而出现。戏剧动作不过是响应内在灵魂的要求，它能呈现在表面完全是因为受到来自内部、由内向外的推动。"

瓦格纳现在完善起来的戏剧形式，在其中，外部的和可见的现实在舞台上展现，而同一现实的不可见和不可触摸的内向性由音乐来阐述，因此做到了内在与外在现实的统一表达。这样的戏剧形式超越了它以前哪怕是最伟大的歌剧所曾经尝试做到的东西，之所以这样的部分原因，在于它是对于世界的完整哲学理解的自觉应用。歌剧和大歌剧一直是一种戏剧形式，音乐是其中最主要的表达手段，但是到瓦格纳以前为止，所有被阐述出来的内在特征只局限于剧中人物的内心世界、他们的感情和私密的思绪，还有就是通常所说的一个场景的基本氛围或者一种情形的隐而不露的含义。这些，瓦格纳都仍然在做，同时在这之上增添了完全不同的东西。他现在表达的是本体现实，至少他认为是在表达本体现实，而所有剧中人物对于本体现实都是现象。瓦格纳不是简单地在表现这些现象内在的一面，而是在表达所有现象的本体现实，也就是如我们所知的一切现象都仅是其表露的那个本体现实。我们通常说的表面上的音乐进行，当然仍旧和舞台活动的变化互相呼应，但是在其无法想象的深层，音乐完全不是在表述舞台活动的进展。音乐与舞台活动两个方面都是在共同表述另外一个东西，它们表述的东西并非不同，区别在于一方表达的是这个东西的内在本质，而另一方表达的是它的外在特征。至于它们双方哪一方负担的重量更大应该是不成问题的了。

瓦格纳这时已经这样看待自己的作品，这一点在他后来写作的理论文章中清楚阐明。在这些文章中他将歌剧的舞台戏剧称为“音乐的视觉形象”。在1872年发表的题为《论音乐戏剧概念》的文章中，他写道：“我几乎要把我的戏剧说成是可见的音乐行为（举动、动作）。”他还说：“音乐奏响着，而你可以在眼前的舞台上看到它奏的是什么。”现在可以把一种通常说法中的关系调转过来，那句话仍然成立，那就是舞台表现是在支持与伴随音乐的进行。交响音乐，仰仗贝多芬的功劳，已经发展成为一种自身完整的手段，可以表现最高度个性化的，以及在那个意义上高度戏剧性、充满激情的冲突，而现在它在剧场中找到新的地位，变成原本意义上的戏剧，这一戏剧所体现出来的可不仅只是人物角色，而是人类赖以存在其中的整体事物的宇宙结构。它所表达出来的是终极的形而上学洞见，是对一切事物整体的大彻大悟的哲学世界观，在它的合法性前提下，没有东西能够比它更深刻。我相信这就是瓦格纳在说到“叔本华哲学与《帕西法尔》作为终极成就”时心中想到的。在它们之外，在人类洞见与理解的可能找到的各个范畴中已经再无处可去。

四

瓦格纳与莎士比亚相仿，在戏剧作品中复述的故事和其中的主要人物很少是他们自己的发明。他们二人都是随心所欲从他人著作中取用素材，然后在其上施展神来的发挥。我们对他们的最终剧作如此熟悉，让我们认为他们展示的故事式样是理所当然的。我们不会记得，当莎士比亚决定写一出戏的时候，比如说描写麦克白，或者当瓦格纳决定为特里斯坦和伊索尔德写一部歌剧的时候，敞开摆在他们面前的有好几种不同处理方法。事实上麦克白是一位历史人物，而莎士比亚讲述的故事与实际发生的历史事件所去甚远。对这个故事和这个人物，莎士比亚用自己乐意的办法做了加工，但是做得恰到好处，我们无论如何不会有异议。但是这同时也意味着，大概不可能再有人会对同一个故事做出哪怕近似的处理，大概根本不会有人那样去想。

如果我们把《特里斯坦与伊索尔德》复述的故事原本讲给一些不知道它的学生们听，然后提问：“我要你们想象，如果是你把这个故事在一出三幕戏剧中展示出来，就是说要你来选择不多于三个时间和地点背景，用它们讲出整个故事，你会怎样选？”我不相信他们中的任何一个会做出和瓦格纳相同的选择。瓦格纳的选择其实是最不可能的事情，在他的歌剧第一幕大幕拉起的地方，故事已经到了将近结尾。

瓦格纳这样做的原因之一，是他在写作《特里斯坦》时有意识地借鉴古希腊的剧作家，这也是他在写作《指环》时做过的。古希腊人用戏剧手法呈现一个故事，不是从故事的开头讲起，而是很不相同地从靠近高潮的某个地方开始叙述，然后通过倒叙，好像旧事闪现，说明在那一点之前的事件，这就让高潮加速到来。这一技法的巨大威力，在于在讲述故事的过程中，它让听众处于高度紧张，所有的事件都在回顾中得到理解，而这正是瓦格纳的音乐具有独特说服力所能够表达的。它的最大危险在于只有很少一部分故事通过舞台活动展示出来，而大部分都要通过某人叙说大段历史背景交代给观众。如果不能保持活力、做到生动，这样的部分就容易让人厌烦。这种情况恰恰正是很多人觉得瓦格纳的歌剧让人厌烦所经历到的那一类厌烦，对他们来说剧情没有进展，剧中角色只是在滔滔不绝地叙说那些在歌剧开始时已经成为过去的事情。很遗憾，对于有这样感受的听众，音乐也不能起作用，对于这一群人，这种形式的戏剧因此也一定是最无法接受的戏剧。

在《特里斯坦与伊索尔德》大幕拉起之处，两位主人公已经相爱，只是没有互相表白。他们两人同在一条船上。特里斯坦是布列塔尼骑士，侍奉康沃尔的国王马克，他护送爱尔兰公主伊索尔德离开她的故乡，去和国王马克成亲，通过联姻联合两个王国。但是伊索尔德不愿嫁给一个她不爱的人而每天还要见到她真爱的人，她决定与特里斯坦同归于尽。在那个关头，她对特里斯坦的爱与恨交织在一起，完全被情感征服。她的恨是出于他先前杀死了她被许配给的那个人，而现在又背叛他们之间的爱情要将她送给另一个人。大部分舞台活动都发生在她表达与倾吐那种爱恨交织。她要求他在船靠岸之前和她同饮一杯谢罪酒，命令使女取来毒酒。这位使女惊恐万分，故意没有拿来要她取的东西，而是拿来爱的魔汤，那本是伊索尔德的母亲要让伊索尔德送给她的新婚丈夫的。特里斯坦知道伊索尔德的用意，心甘情愿饮下杯中的浆液。这时的两人都相信死到临头，启齿吐露真言，互相道出了爱情，当然这之后他们没有死，而是拥抱在一起再也无力摆脱。

在第二幕中，伊索尔德已经嫁给了马克，但是并没有与他完婚，她在暗中追求着与特里斯坦的爱情关系。梅洛特是与特里斯坦同级的骑士又伪装是他的朋友，梅洛特意识到发生了什么事，为了自己的攀升要让国王也知道。他安排夜间狩猎之行，带国王一起去打猎，他知道国王不在的时候伊索尔德和特里斯坦就会幽会做爱，然后他出人意料地把国王带回来，当场撞见正在亲密中的他二人。这一幕的大部分都在两人做爱的场面中发生，在性爱高潮和背叛出卖中告终。这大概称得上是一切歌剧中最著名的，同时无疑是最长的“爱情二重唱”。在接下去化解为械斗的局面中，特里斯坦故意垂下手中的剑，让梅洛特刺中自己，他受了伤但没有当场死去。

在第三幕，伤势沉重神志不清的特里斯坦在生死线上弥留。一位忠实于他的仆人带他回到布列塔尼家乡，这位仆人希望伊索尔德逃离丈夫来与他们会合。这一幕的大部分是在特里斯坦的回忆、错乱、欲念中发生的。伊索尔德终于真的来了。见到她来，特里斯坦在狂乱中扯掉自己伤口上的包扎，死在她的怀中。这之后伊索尔德也死去了。瓦格纳的女主人公多数会面临没有明确缘由的一死，就是照着舞台动作的指示“倒地而死”，伊索尔德也是这样，唯独她是倒在特里斯坦身上。

所有这些事件如何开始、为什么，都由几个角色复述出来，他们讲的篇幅很长，如果我们在此全部重复会占用过多篇幅而对达到我们的目的不大必要。总之虽然瓦格纳歌剧中相对较少的舞台活动很容易给人以印象没有太多的事情在发生，但是事实上故事的全部经过都非常详细地交代了出来。故事的不同部分在不同场景宣布，通常一带而过，很少考虑事情发生的先后次序，听众自己需要把它们重新排列起来。我猜想大多数观众群体中的大多数人也从来没有做过这件事，只是满足于了解事情发展大致的轮廓。

在特里斯坦和伊索尔德不在做叙述或者回忆的主要时间里，他们是被对对方的渴望压迫到无法喘息。德语中的“渴望”（Sehnen，第一个字母大写是名词，小写是动词）一词给出《特里斯坦》脚本的核心概念，正像“同情”（Mitleid）一词给出《帕西法尔》的核心概念一样。这两个概念之下都有来自于叔本华哲学的缜密的子架构作为支撑，因为渴望是叔本华关于体验的形而上学的关键概念，而同情是叔本华伦理体系的关键概念。在《特里斯坦》的第三幕，特里斯坦对伊索尔德的渴望真正是在夺去他的生命，而同时又是唯一让他一息尚存的原因。正如他自己讲出的：

> 渴望见到我！
> 临死时渴望见到我！
> 见不到就不死！
> 绝对不会死的。
> 渴望在呼唤，
> 为了安静地死去，……

还有：

> 现在无药可治，
> 没有甜蜜的死。
> 何处我才能
> 从渴望的痛苦中解脱。
> 没有！没有！
> 我能得到安宁吗？[①]

① 赵乾龙译瓦格纳《特里斯坦与伊索尔德》，《瓦格纳戏剧全集》上卷，中国文联出版公司1997年版，640－642页——译注

他的伤从看上去到实质上都是致命的，他的伤要置他于死，但是他不能死，直到与伊索尔德再在一起，让伊索尔德将他释放。

特里斯坦和伊索尔德之间的爱从一开始就注定没有好结局，因为他们生存在禁止他们的爱、不允许其存在的世界中。他们只有从世界上躲藏起来，在黑暗的掩盖下，才可以作为情人相会。这就导致他们对话中很多处对白昼、对他们从中引退的外部世界以及那里的虚伪价值观表示的憎恶，还有同时表达的对于黑暗与黑夜的专爱。他们以全面的叔本华意识弃绝这个世界、转身背对、与之断绝关系，进入一种有时拟似佛教顿悟的境界。在特里斯坦最痴狂的表白中有他这样一段唱：

啊，我们已是
献给黑夜的牺牲品！
这狡猾的白天，
怀着嫉妒之心，
它用欺骗能把我们分开，
但是它的谎言不再能迷惑我们！
它那虚无的瑰丽，
它那炫耀的光华，
遭到嘲笑，嘲笑它的目光，
得到黑夜的祝福：
它那跳动的光亮，
瞬间即逝的闪光，
不再能使我们眼睛致盲。
谁爱看死寂的黑夜，
就了解夜的深层的秘密：
白天的谎言，
荣誉和名声，
权力和金钱
尽管发出明亮的光线

都会像太阳中的空虚尘埃

在知情人面前烟消云散……①

对应这一段的音乐，美丽超出一切语言所能描述，而同时这一段落本身也是叔本华思想的诗意体现，周全到用幻象来表明分离只有在外部世界才存在。《特里斯坦》的脚本就是像这样浸透着叔本华思想。下一节我们还会专门讨论瓦格纳对于白昼和黑夜的形象比喻与叔本华思想的关系。

那位哲学家的几个观念还都在这部戏剧的结构中得到阐发。例如说，其三幕中的每一幕都为自己设定一个通过音乐与戏剧手段弃绝外部世界的表现。每一幕我们最先听到的，都是从幕后传来的人世间各类活动的声音。在第一幕是年轻水手拉帆时的歌唱，第二幕是渐渐远去的狩猎号角（我相信有人说过阿尔弗雷德·德·维尼的诗句“我爱那号角的声音，远自林中，飘忽晚空”是所有法语诗歌中最优美的一句，我们在这里听到的是应和那诗意、使人战栗的音乐），第三幕是牧羊人的角笛。而每一次，这些声音所代表的东西都被否定掉了。伊索尔德认为那些水手是在嘲笑她；她的使女布兰甘妮觉得号角的声音还不够远不够安全；牧羊人吹的调子是错的；每一次都是在这样的时候，真切近前的声音响起，与远处传来的幕后声音凸显对照，让人为之一震。位于我们与舞台之间的交响乐队奏出的音响如潮水涌进入我们所处的前台，带来对我们面前的剧中人物内心苦境的细致刻画。从这时起直到每一幕快要结尾，我们都与这些角色的内心世界同在，而每次又都不例外，在结尾到来处，外部世界突然闯入，造成灾变的结果。

下面再讲到的方面未必是有意做到的，但是《特里斯坦》的其他方面也表现得架构井然，就是说各样安排都在簇拥着中间的一幕：第一幕是朝那里走去，最后一幕是从那里离开。从声乐上看，三幕中的每一幕，大部分过程都在二重唱中发生：第一幕是布兰甘妮和伊索尔德、第二幕是伊索尔德和特里斯坦、第三幕是特里斯坦和他的忠诚的收留者库尔韦纳尔。从

① 赵乾龙译瓦格纳《特里斯坦与伊索尔德》，《瓦格纳戏剧全集》上卷，中国文联出版公司 1997 年版，602 页——译注

戏剧上看，第一幕属于伊索尔德、最后一幕属于特里斯坦，在这两幕当中他们都得到同性别的忠实助手给予他们忠诚、爱和挽救生命的支持，而中心的一幕是那一男一女给他们自己和其他所有人制造灾难，以他们的相爱导致他们的毁灭。所有这些画面呈现可以构成一部三联壁画，我们可以想象就照这样的画面作出舞台上的展示。

五

我刚刚在上面引用过白昼象征外部世界的诗句。在《特里斯坦》脚本中最广为出现的形象比喻就是有关白昼与黑夜，它们在多个层次有着功用。白昼让情人分离，而黑夜与黑暗将他们结合在一起，这些都是显然的。而瓦格纳又将白昼与黑夜的区别对应到叔本华将现实整体划分为现象与本体领域：现象领域对应白昼，本体领域对应黑夜。我们可以说黑夜让情人合一，将他们结合在一起，而事实上只有在本体领域他们才可以在本来意义上，也就是形而上学意义上，合一。

在这一形象比喻中的各个元素在叔本华的设定前提下也都恰合完好。光亮只有在空间中存在，而空间只有在现象世界里才存在，因此光亮只是现象世界的一个特征。所以情人们怨恨白昼与日光的丑陋是在怨恨世界，怨恨它的虚伪价值观，同时也是在怨恨不仅在物理上，而且在形而上学意义上让他们分开的那种东西。只要还活在这个世界，他们就是分离的个人，不仅因为社会势力而分离，而且还在更深很多的层次，因为现象存在的形而上学而分离。只有死亡可以将他们从现象领域中释放，让他们从白昼的领域获得解放，进入黑夜的领域，那里不再有特里斯坦也不再有伊索尔德，他们会在最本来的意义上结合在一起，不可区分、没有名字、永恒永驻。

他们的歌唱就是表达这样的思想：“让我们去死，永不分离——结合在一起——没有名字——没有终结——不再有特里斯坦——不再有伊索尔德……”等等像这样的词句几度反复。跟随着最能迷醉人类听觉的美丽音乐，他们唱出形而上学。

读者当然会记得，在瓦格纳心中，一男一女在死后结合、他们的爱情将他们从在这个世界上再活下去的需要中解脱出去的思想，可以回溯到《唐豪瑟》和更早的《飘泊的荷兰人》，但是在先前是基于直觉，缺少理性的支持，而现在它深居于康德-叔本华哲学的宏伟殿堂之中。这一哲学提供给瓦格纳成系统的形象比喻，其中关系到白昼与黑夜的在作品中大量出现，要把它们集中起来必须重印脚本的一半才有可能。在第二幕的一部分它出现得如此强烈如此广泛，以至于这一场景在用德语讨论歌剧的人群当中有了一个特别的称呼，即Tagesgespräch，意思是“一日的讨论”。让我们来看一个简短的例子：

伊索尔德：他来爱尔兰，
替马克向我求婚，
不就是在白天
公然撒谎，
把他忠实的爱
献给死神？
特里斯坦：白昼！白昼
阳光照耀着你，
你也像太阳一样
发出灿烂光辉。
在最高荣誉的
灿烂阳光中，
伊索尔德离开了我！……

伊索尔德：是那个坏日子，
对你撒谎，
说你背叛了
注定属于你的爱人？
特里斯坦：是什么在你周围，

发出灿烂的光辉，
是名誉的光华
是荣誉的力量。
我的心向往它，
使我思之如狂。……

伊索尔德：我欲避开
白昼的阳光，
同你一起
逃入黑夜。
在那里预感到的想象
必定会消散……①

瓦格纳首先是一位音乐戏剧家，由于这个缘故，在于他，可以用词句表达的东西是最起码的。这一场景的音乐极为高尚，它用到包括交响乐队配器的特征变换这样的细微手段烘托戏剧展开。正像优秀指挥家查尔斯·马克拉斯爵士指出的那样："为白昼的浮华与欺瞒的配器效果光亮耀眼，而忽然之间配器又会变得带有夜色或者笼上阴影。"因此："瓦格纳歌剧的丰富的形象比喻不仅通过动机体现出来，而且还表现为细致入微的交响乐队色彩……在第三幕中有一段非常值得称道的段落，其中神志恍惚的特里斯坦回想起他的过去和他出生时的悲剧般的环境，他继而联想到他的名字、他对伊索尔德的爱、白昼与黑夜的截然不同、白昼如何产生悲愁黑夜如何引出狂喜。在此处，瓦格纳将伤口的主题、白昼的主题、魔汤的主题、牧羊人角笛主题中的两段拧和到一起，作出最杰出的对位行进。它们接下去发展出角笛主题的尖锐表现，它焦躁欲狂地上行进行，同时所有其他主题都在下行。这是一个非常好的例证说明瓦格纳运用这些音乐手段产生心理

① 赵乾龙译瓦格纳《特里斯坦与伊索尔德》，《瓦格纳戏剧全集》上卷，中国文联出版公司 1997 年版，595 –596 页、599 页——译注

作用的技巧。”

六

我们已经看到，在第一幕，伊索尔德和特里斯坦是怎样下决心做到他们已经认定、只是没有点破的自杀协议，我们也看到他们一同赴死的计划是怎样被布兰甘妮施展计策搞成未遂。在第二幕，他们再度愿望一同赴死。这时他们已经互相表明爱情，渴望着唯一真正的结合为一并且可以保持永远，那即是本体领域的一体，死亡可以让他们回归。他们共同去死的愿望现在也已互相表明，像在下面这些对话中几次三番说出的：

伊索尔德：让我死吗？
特里斯坦：我必须醒着？
伊索尔德：永远不醒！
特里斯坦：白天还要唤醒特里斯坦？
伊索尔德：让白昼退避死神吧！

还有：

伊索尔德：我们就一起死，
　　　　　为了不分开——
特里斯坦：永远连在一起
　　　　　地久天长——①

在《作为意志和表象的世界》的论述中，叔本华专门作为一个话题，

① 赵乾龙译瓦格纳《特里斯坦与伊索尔德》，《瓦格纳戏剧全集》上卷，中国文联出版公司1997年版，611－612页、610页——译注

谈到他不能理解一对情人为什么会做这样的事。“每年都会有一两起一对情人被外界环境摧垮，双双自杀的事件。然而对我来说不能理解的是，既然两人确信相互的爱，并且期待享受爱将带来的最大喜悦，他们为什么不去竭尽一切极端手段从一切关联中退却、容忍每一项窘困，却反而会连同他们的生命一起，放弃比他们所能想象的一切都要更大的幸福呢。”[①] 瓦格纳信心满满认定他自己懂得这个道理，以典型瓦格纳的近乎滑稽的作风，在写作《特里斯坦》的过程中动手给叔本华写了一封商榷的信。这件事显然对瓦格纳有着重要意义，这部歌剧在除此之外各方面都符合叔本华思想，这一点不一致一定要和哲学家本人讲明理由。他在信的开始先引用了上面的话，接下去论证说，有若干途径，而性爱就是其一，不仅可以将意志引向自身意识，也可以将它引向自身否定。然而出于某种原因，这封信没有写完更没有寄出，但是他仍然认为这是重大问题所以保留了这份未完成的信稿。现在这封信收录在他的文章选集中，已经出版。

《特里斯坦》的脚本还有一个方面与叔本华不一致。我们知道，根据叔本华设定的前提，情人死后，他们不再作为个人存在于现象世界当中，两个人都会融入本体，而本体是一体的、无可区分的。但恰恰也是因为这个原因，没有任何意义去说那样一来他们就可以**互相结合**到一起了，他们两人的结合，还有与布兰甘妮、库尔韦纳尔、马克国王的结合，还有与一切曾经生活过的人结合都是一样，不会更多也不会更少。“互相”这个词只有在事物可区分的领域里才有重要性和适用性。就像那对情人反复在说的，在黑夜或死亡的领域中，既没有特里斯坦也没有伊索尔德，在本体领域中，一切存在皆为一体。根据叔本华设定的前提，虽不完善但毕竟还有唯一可能的途径，可以让独立的个人，在无论何种意义下仍然能够被辨识为个体的情况中，实际参与到如上所说的存在中去，那也就是在他们仍然生存在现象世界当中的同时，通过同情之爱，贯通到本体的一体之中。但是这要求对他们作为个人的意志进行否定。我相信在写作《特里斯坦》之时瓦格纳对此把握还不完整，因为那还是在他熟悉叔本华哲学的初起时期，他还在进步到全面把握的

---

① 叔本华《作为意志和表象的世界》第2卷，532页，本书译者译——译注

努力之中，所以我们看到一方面他当作一项事情要与那位哲学家商榷意志的否定可以通过性爱达到，另一方面又半途中止，没有做完。假以时日，瓦格纳懂得了，根据真正的叔本华原则，在个人之间共享存在，只有在这个世界中才可能做到，而其基础是同情之爱，其中涉及对于个人的性行为的否定。正是这一点后来成为《帕西法尔》的中心主题。

七

很多极其伟大的艺术作品，在它们中间一种思想或者信念的体系已经被充分融会贯通，使得它们作为艺术作品的权威性独立于它们所表达的思想。这就使这些作品可以与那些不接受那些思想的人们，甚至自觉或主动拒绝那些思想的人们在无比深刻的层次进行交流。对于西方人来说，在头脑中立刻可以想到的这类作品应该是体现着基督教信仰的东西，包括比如说巴赫的《马太受难曲》、但丁的《神曲》、米开朗琪罗的西斯廷壁画，还有很多伟大的哥特式大教堂的建筑本身。没有人会严肃地认为只有基督教信徒才能对这些艺术作品有充分感受，这样想是对艺术本质的差之千里的误会。就音乐来说，我们在有生之年能够听到的、这些作品的某些最完美的演出是由犹太人指挥家率领完成的，这件事实本身就让持有那样看法的人无以应对。很清楚，对于那些不同意这些作品所阐述的信念的人，这些作品仍然可以在他们人生居中心地位，甚至可能改变他们的人生。我假定可以说世界上所有主要宗教都曾经创造出这类艺术。我们在此谈及的信念体系还未必一定是宗教的。有人会立论说明这类作品中包括某些是受到马克思主义启发的，例如布莱希特的剧作与聂鲁达的诗歌。19 世纪的许多优秀作曲家是民族主义者，他们的态度也反映在他们的创作成果当中。就连莎士比亚也显然可以说有相应类似的一面。

《特里斯坦与伊索尔德》就是这样一部作品。它的孕育本身就是受叔本华影响的，我们可以借用恩斯特·纽曼的一句话，稍加修改予以形容：从中心到外围都是叔本华式的。作为其整体思想胚胎的基本音乐构思，来自于阅读叔本华产生的反响，并且由此以后，它之中每一项重要方面都是取意于叔本华思想：从音乐与其他戏剧元素的关系，到故事的中心主题，到脚本中比比皆是的形象比喻……一切之一切都是叔本华。托马斯·曼曾经说过，瓦格纳与叔本华的交融，是整个西方文化中，一位真正伟大的创作艺术家与一位真正伟大的思想家之间互依互赖的共生关系的最杰出例证。我当然赞同这一说法。然而，这不等于说，一个人要想体验作为艺术作品的《特里斯坦》，就必须熟悉叔本华思想，更没有要说必须接受它。事实正相反，我们可以肯定地说，被这部作品深深打动的大多数人对叔本华哲学即便了解也是微乎其微。那些思想完全被吸收、融汇到这部作品中，然后这部作品以其本身的方式作用于观众。

《特里斯坦》诞生于一个单一的、使一切都屈居其次的冲动，它全部吞噬了瓦格纳，迫使他作立即的表达。在这一点上它与他的所有其他成熟期歌剧不同。那些作品的每一部都在几十年时间内缓慢成型：在半有意识半下意识中，他让它们在心中潜意识地展开，几年时间过去，他才会着手在它们上面进行持续写作。没有疑问，这一过程对它们没有先例的深度与复杂度起到作用，直至影响到它们都具有的交响乐队富于内声部细节的整体感，虽然这些细节在多数演出中难于辨认。与它们形成对照，《特里斯坦》从在 1854 年它的第一个念头产生到 1860 年完成的乐谱出版，用了瓦格纳不到六年时间，而且还让他打断另一部歌剧的工作来开始它的写作。

因为这些成熟期歌剧都有长时间的孕育过程，它们在瓦格纳写作《特里斯坦》的同时已经在他的心目中存在。《齐格弗里德》和《众神的黄昏》的脚本都已经发表。早在 1845 年他就有了《名歌手》的最初想法。我们还将看到，有关《帕西法尔》的念头是在有了《特里斯坦》的想法之后不久产生出来的。这就是说，在 1854 年底瓦格纳开始写作《特里斯坦》很短时间以后，他的余生全部作品，也就是在其后只差一年多不满 30 年时间的工作，都已经作为实际项目在他的思想中形成。此外，在 1856 年，也是出于阅读叔本华产生的反响，而且因为叔本华引导他了解了佛教典籍，瓦格纳确实还生出过另一个念头，要创作一部他自己愿意称之为佛教歌剧的作品，名字叫“征服者”。这个念头在他的思绪中萦绕长达将近 20 年时间，但是他终究没有去写它。恩斯特·纽曼对此的解释是:“其中一部分原因，是写作这部作品所需要的情感上和形而上学方面的冲动，已经有很大部分被投入到写作《特里斯坦》当中了；另一部分原因，是到19世纪70年代晚期，瓦格纳发现，他在这部作品中想要讲的话都已经在《帕西法尔》当中自然而然地有所表达。”(《瓦格纳之夜》，204 - 205页）这句引言倒也从侧面告诉我们，《帕西法尔》一剧既可以说是基督教的也可以说是佛教的，而且这在多大程度上是实话。当然只有在遵循叔本华哲学的前提下，跨越两教才有可能，大概因此可以说《帕西法尔》也是叔本华的，在这一点上与《特里斯坦与伊索尔德》平起平坐。

如此说来，1854年是瓦格纳创作生涯中最为关键的一年。在连续五年多时间没有写作任何音乐之后，那一年他写成了《莱茵的黄金》和《女武神》两部歌剧的大部分音乐；他发现了叔本华，并且第一次读到《作为意志和表象的世界》，生出《特里斯坦与伊索尔德》的念头，并在其后很短时间就在意念中具有了他在余生所要创作的每一部歌剧的展望。这一年是他生命的第42个年头。这不能不让人联想到叔本华的一句格言，他说我们每一个人的生命到42岁，都好像是一本书翻到一处，从那里开始往后的一切文字都只是诠释了：虽然有些诠释可以很深刻，但毕竟不会再增添初创材料。

恰恰好正是这种消化吸收了的智慧、这种对事物本质的深刻诠释，是瓦格纳在余生中所作歌剧的特点。《特里斯坦》达到的白热化程度、那种一发不可收拾的激情，在他的作品中再没有重现。瓦格纳自己用“若狂”一词来形容它的境界，其余暂不论，这一境界也标明了从他与叔本华的“爱情事件”中发展出来的“蜜月”。这一“爱情事件”演变成持续瓦格纳一生的“婚姻”，而且是一桩激情从未减退的“婚姻”。他一直保持主动的情感投入反复阅读叔本华的著作，在这位哲学家已经享誉各国以后，瓦格纳还会因为有人对叔本华稍有不敬或者忽视而大为光火。还应该提到，瓦格纳阅读的其他重要著作，让他感悟最深的很多是叔本华推荐的，或者是被叔本华以赞同的态度引用过的。

在非同一般的程度上，叔本华作为一个作家，比其他人更多面向其他作家。对待一个问题，他惯常的方法是先来审视历史上最有趣的作家对同一个题目做过的论断。他广为引用这些论述，以批判态度予以评价，对于他所不接受的和予以保留的都给出理由，然后才对讨论贡献自己的观点。他会用同样的方法对待他的写作所涵盖的全领域，他的参照引用范围广泛而顺理成章，涉及若干种语言，向后回溯不仅援引古希腊罗马古典经典，而且触及印度教佛教基本文献。这样做顺带产生的作用，就是让他自己的原创贡献置于内容丰富的前后叙述之中，让他的贡献具有超乎寻常的细节。这为他的读者们展示出一幅关联图，描绘出在叔本华看来最重要的文化与知性历史。那么他的读者中热情较高的一部分自然感到要亲自去探索那一片天地。像这样，发现叔本华又引导他们踏上旅程去发现那上面的重要关节以及其他相关重要领域的知识，而这些体验又一直保持为一个整体。

我自己便有过这样的发现叔本华的欣悦体验，接下去就是广为阅读这位作家最频繁引用的其他著作，直到再次查阅拜鲁伊特的瓦格纳藏书，发现我手中掌握的书籍大多数在那里也能都找到。这些藏书构成异常丰富的思维景观，而这也就是瓦格纳的思维景观的主要部分，至少可以说是其正面前台的部分，是能够由书籍构成的那一部分。在瓦格纳一方面，他没有再有过基本观念上的改变。当然，像瓦格纳这样一个人，他当然继续阅读与叔本华无关的书籍，也对它们产生热情。他也继续从书籍以外的渠道接受新思想和新事业，它们的来源可以是一时流行的知性风尚，也可以是他接触到的个人，也可以是当时历史事件的潮汐涨落。他一直保持知性上的活跃。他的持久“哲学思想”虽然还在发展过程中，但是其要素已经坚实确立，即将对还有待完成的歌剧产生决定性的影响。

第十三章

化为歌剧的哲学

一

瓦格纳是在写作《特里斯坦与伊索尔德》的过程中达到技法纯熟的最高水平的。在这个问题上，他与这部作品的关系是互助的，因为它为他验证了所有关于歌剧应该是怎样的想法。在创作完成以后不久写的一篇东西中，他这样告诉我们："这倒不是因为我在构造它时遵从了我的体系，其实我把一切理论都抛在脑后，反倒是因为这一次我终于在彻底的自由当中向前进展，完全摆脱了对理论的顾忌。其程度之甚连我自己在写作中都感到已经远远超出了我的体系。请相信我，在写作我的《特里斯坦》时所经历到的完全无需回顾过去的感受，让我从中获得作为艺术家的最大满足。"（《未来的音乐》，1861 年）

在作曲过程中，瓦格纳有如此大的把握，以至于做出在他身上前所未有的事：每写好一幕的交响乐队总谱，他就将它交给出版商刻成金属模板交付印刷，然后才动手为下一幕谱写音乐，也就是不留丝毫改动的余地，我们要指出这里说的是长度非同一般、复杂度前所未有的完整交响乐队总谱。

瓦格纳在写作《特里斯坦》时将他所说的"体系"彻底弃置不顾应该是做对了，因为在那个时候，体系一说只能是指他在《歌剧与戏剧》一书中，还有他在从 1849 到 1851 年这一时期里在其他理论文章中建立起来的歌剧理论。如我们在前一章已经看到的，到 19 世纪 50 年代晚期开始创作《特里斯坦》的时候，他已经超越了那些理论。还需再有几年时间，他的理论才能追上他的实践，所以那时如果顾及体系反倒会阻碍他的实践。结果他充分利用了自由创作力的大高涨。1859 年，他在完成《特里斯坦》以后，按他的时间标准又很快开始写作《名歌手》，从 1861 年起在上面持续工作到 1867 年。在其后的几年时间里，他有了第二次对理论的反思并发表著述。那一阶段的关键著作是长篇论文《贝多芬》（1870 年）。在那之后又写了篇幅较短的《歌剧的前途》（1871 年）。这些著述借助叔本华思想重新整理了他在《歌剧与戏剧》中提出的理论。在他将新的理论付诸文字的时候，他已经写好两部歌剧可以为新理论做范例，它们就是被很多人认为是他最伟大作品的《特里斯坦与伊索尔德》和《纽伦堡的名歌手》。

贝多芬生于 1770 年，《贝多芬》一文在纪念他诞生 100 周年之际发表。这篇文章论述那位作曲家的人格特征，为我们提供了许多关于他的音乐的透彻见解，尤其是那些对于瓦格纳有着特殊重要意义的作品，即他的交响曲和晚期四重奏。这篇文章也提出关于综合不同艺术种类的新理论，并且在论述中多处援引叔本华，虽然没有加引号，但是有不少完整句子或部分句子直接录自那位哲学家的著作。音乐高于其他艺术之上的无可比拟的优越性现在得到肯定。瓦格纳说，由于这个原因，一切让音乐与文字联姻的企图本质上都是凭空幻想，因为两者之间不存在平等关系，因此也不可能互补互进。完全不相同的词句可以填到一首曲调中而不会使得曲调丢失它的任何特征，这一事实就展示了上述道理。因此，一首歌的曲调就总是有它自己的生命，而词句几乎从来做不到这一点。一首完整的曲调，去掉词句，也会被唱、被人吹口哨、被哼唱，或在乐器上弹奏，但是几乎从来不会有人抛开曲调念出一首歌的完整歌词，除非歌词在被谱成音乐之前已经是一首独立的诗。再有，一个人学会一首歌以后，很少发生他忘记曲调而仍然记得歌词的事，而记得曲调却忘记歌词的事却每天都在不同的人身上发生。类似的例子还可以举出无穷无尽。在我们生活的今天，歌剧的音乐选段的录音和音乐会演奏常有发生，但做梦都不会有人想要公开朗诵脚本中间的段落。

以上这些事情告诉我们，当音乐与文字合在一起演出的时候，听众所得到的远远在更大程度上是音乐感受。瓦格纳说，这一事实包含诸多暗示，其中之一就是文字在歌剧中仅占次要地位。这样说来认为歌剧最主要是文字与音乐的联姻必定是一个错误，重要的联姻在于音乐与对生命的戏剧模仿，即在舞台上发生的、演员们借助戏装与道具表现的人物与事件。以艺术手段再现的人物及其行为就是人类外部世界的表象，那就是他们的可见的、经验的、现象的世界，这是直接展示出来的，无须透过文字描写的抽象间接性，即便是诗歌也不会做得更好。瓦格纳说，在这个意义上，戏剧“远远高踞于诗歌的局限之上，就像音乐高踞于任何其他艺术门类之上一样。”音乐与舞台戏剧的联姻表达出形而上学意义上的存在的井然秩序：可见的世界正在显现，同时带来可见世界的内在一面。音乐就是另外那个不可见的感觉世界，说到底是意志的世界。两个世界结合在一起，成为对生命整体的艺术阐释，或者使这样的阐释成为可能，它同时涵盖外在与内在、现象与本体。正好像现实整体是由本体加上现象构成，而本体通过现象表露自己一样（因此，有着重要意义的是，现象已经被包含在本体之中了），音乐戏剧对于现实整体的艺术再现也由两个元素组成，一个元素对应到本体，而这就是音乐，另一个元素是本体借以使自己成为可见的，而那就是舞台戏剧。换句话说，瓦格纳看到“戏剧其实是作为音乐的可见形象在我们眼前发生”。在论及这表明舞台戏剧乃是从音乐中生长出来的时候，瓦格纳又说，“音乐已经将戏剧**包含**在自身之内了。”（着重号为瓦格纳自己所加）舞台戏剧是音乐作出的表露，是实际化的音乐，音乐具备了人形及他们的动作。当这种现象自发产生的时候，就如同瓦格纳在写作《特里斯坦》时经历过的，而《特里斯坦》又确实在长时间里“仅只是音乐”，那就好比（根据康德-叔本华哲学）空间、时间、因果性这些先验范畴被用来构造一个世界，这个世界呈现在我们面前的道理一样，我们甚至没有意识到它是这样构造出来的，更不会想到其实是我们自己提供了构造的原则。这时的瓦格纳已经彻底吸收了叔本华形而上学，已经远远不限于美学观，到了自己可以像这样阐述问题的地步：“就像我们应用在头脑中先验存在的时间空间法则构建现象世界一样，在戏剧中自觉展示世界意念必须依靠音乐的内在法则加以调理，这些法则作用在戏剧家身上而他们并不知觉，这同我们在理解现象世界时运用因果性法则完全相仿。”

这是纯而又纯的康德–叔本华形而上学转化成了歌剧理论。这样的理论让瓦格纳为自己提供了一个说明，那就是由康德与叔本华创建其理论的现实整体可以接受艺术的透析，并且可以用艺术作品来表现，而创作这类艺术作品的人正是瓦格纳自己；它还说明这样的艺术作品如何可以在具体中做到哲学家们在抽象中进行的工作。以具体和抽象的形式区分艺术家与哲学家是叔本华的首创，瓦格纳对之非常欣赏。

瓦格纳对他的理论作出重大更改，并不是仅仅对一成不变的现实重新做一番不同的理论分析。他的做法改变了，他的新理论正是反映这一改变。举例来说，如戴里克·库克说过的：“唱词对于理解《指环》的整体有重要性，这与在《特里斯坦》和《帕西法尔》当中是不一样的。我们必须先理解唱词中表达的概念并将它们组成联系，然后我们才能自然投入到建立在这些概念之后的被音乐表达的情感中去。《指环》在伟大的乐剧作品中地位独特，唱词处于音乐剧情感的核心，几乎与易卜生或者萧伯纳的‘意念戏剧’相通。”

因为唱词和戏剧的其他因素关系完全变了，我们也不再听到像在《莱茵的黄金》当中那样从词语中唤出音乐的说法：那些词语与音符的直接联系、诗句与乐句的联系、词句叙述与音乐叙述的强调、音高、间歇等等的关系，都不再有必要。这些都成为读亦可，不读也无妨。《歌剧与戏剧》当中充满了有关它们的讨论，到瓦格纳开始写《特里斯坦》的时候，他在作曲实践中早已彻底吸收了这些东西，在无意识中付诸应用，因此它们的踪影一直贯穿在他的晚期歌剧织体中。但是重要的事情在于，这些东西已经不再是他做事的理由或者意图。它们已经从那样的地位被废黜，退居为他在创作大型复杂结构和处理富于细节的内部连接的另一部分技术手段，可以说变成了事情的表面。这一向前运动的表面是词句活跃的地方，而在这层表面之下现在有着什么巨大的、可以用海洋来比拟的东西在鼓动，它的特点迥异，它就是交响音乐。虽然处在表面之下，它的表达力却十分巨大，自始至终它是一股势不可挡一息不止的动量贯穿整部作品，随着不断推进聚集更大力量，拉动一切其他成分一路前行。说到终归只有它**才是**这部作品。为了了解这样的结果如何达到，我们认真考察这些歌剧，看到它们如同是在音乐和戏剧两方面工程浩繁的穹顶，跨越巨大空间，建筑构件是在音乐上相互关联的长篇交响段落，这些交响段落又与作用于视觉、在戏剧上相互关联的舞台活动片段紧密相连。这时的瓦格纳所作的，是用阐述内在意义的音乐材料引出场景，然后在整个场景中用交响乐队就这些材料作交响展开，音乐进行的自由度往往很大，几乎有着与舞台活动并行的自己的生命。瓦格纳曾经说过尤其是《特里斯坦》的第三幕受到“最大独立性的乐队处理”。我们仍然可以说乐队起到的作用与古希腊戏剧中合唱所起的作用相当，它们都是不断地而且很挨近地在评说着舞台上发生的事件。但是现在把台上与乐池联系到一起的，已经绝不再是一句对一句的字词与乐队的配合，而是远远比那更松散更独立很多的东西，而且完全不能以字词来辨识了。现在有的是可以被称为形而上学的东西，在于它正是生命的内向型与其外在表露的关系。

以上分析就构成在《贝多芬》一文中瓦格纳考察自己实践的出发点而形成的新理论的核心。《歌剧的前途》一文又进一步阐述其中引出的一个具体题目。我们已经听到瓦格纳说《特里斯坦》的音乐是怎样在他思绪中如泉涌而来，还有在创作一首作品的过程中感到完全无需回顾过去，让他获得作为艺术家的最大满足。在这一经验中有一件事尤其使他深受震动，就是当音乐像那样在作曲家脑海中产生，乐思泉涌必须飞速运笔才能将它们记在纸上的时候，作曲家其实是在做即兴发挥，用笔记录是在留住这一即兴。作曲家中曾经运笔如飞写下音乐的不乏其人，伟大作曲家如海顿、莫扎特、舒伯特显然经常这样做，甚至可能以此为常态。我们虽然通常不称它为即兴发挥甚至不那样去认为，但是他们做的正是这样的事。当然，这不是凭空而来的，每个人在达到那种能力之前，都必须经过大量的学习与经验积累。到他具有那种能力的时候，先前的学习与积累完全融会贯通，便可以达到很高速度而无需再假以思考。这时，无意识在技巧的充分辅佐下成为主导。

在几代人时间里人们对即兴发挥的态度有所变化。在今天，我们倾向于认为它是产生音乐的低级手段，多半属于作曲家的自我卖弄，其结果难免肤浅，因为它不过是浮现在脑海中的最初想法而已。我们理所当然地认为，最初想法在反复琢磨之中必定得到改善，我们还相信，产生真正伟大音乐的不可缺少的过程之一，就是在高度自我意识与一丝不苟的态度中，严谨运用精湛技艺。瓦格纳对此提出质疑，岂止是质疑，他否定这种看法。他援引这样一个现象来说明问题：很多算不上伟大的作曲家，他们的即兴发挥被认作比他们的发表作品更有水平，而且这样的事屡有发生。瓦格纳甚至推测这种情况在贝多芬身上都是事实，我们知道所有听过贝多芬即兴发挥的人都一致认为精彩非凡。即兴发挥让音乐多几分新鲜感、更为灵活、显现摆脱形式束缚的自由度，这些都是在有意识恪守形式的情况下所不能做到的。因此瓦格纳说，最值得追求的东西就是让艺术品拥有这些性质，还能让它们凝固在长久的形式中。

对于歌剧来说，那就又有更多一个原因要做即兴发挥，而且这个原因还是双重的。音乐和舞台戏剧都是表演艺术。而歌剧，正像瓦格纳已经分析的那样，其最主要特征是它作为两种表演艺术的联姻。现在我们又要说，一切**表演**，无论其种类，都有即兴发挥的元素。无论是演员在舞台上的表演还是音乐家演奏某件乐器，每次演出都独一无二：演出当时各种因素的影响，是好是坏总要发生，它们会给同一个表演者演出同一部作品造成大到惊人的差别。这种即兴发挥元素，在它的最佳状态，会让我们用“灵感迸发的瞬间”一类话去形容。在这方面有才华是伟大表演艺术家的必要资质。即兴发挥是使表演艺术不同于其他艺术的关键要素：每次演出都是一次偶发事件，都是孤本，这时的局面全权在于表演艺术家，创作艺术家无能为力。

话说回来，在表演艺术中活跃的最伟大的创作艺术家，他们的创作总能让表演者发挥出全部才能：从最初构想开始，他们就在从现场演出实现这部作品的角度考虑问题。才气平庸的剧作家往往会同一位作家没有太大区别，他们在书斋里伏案写作，他们的作品读来有趣，上了舞台却不会变得栩栩如生，只不过是文字上多加些动作。伟大剧作家如埃斯库罗斯、洛佩·德·维加、莫里哀，还有众人之上的莎士比亚，都不是书斋中人而是剧场中人，而且他们多数自己就是演员（包括莎士比亚、莫里哀，还有根据传说中的埃斯库罗斯）。他们写作不是要给人阅读，而是为上台演出。他们的文字对于演出的关系，就好比一份菜谱对于一盘精心烹制的菜肴的关系：那样的文字本身还不是作品，而只是如何让最后的作品成形存在的指南。因为这种在演出中活灵活现的品质，我们经常会听到演员们形容他们的剧作是“自己演自己”。它们的每个方面对于演员都考虑周到，给予他们一切发挥空间，而又时时想到他们可能遇到的问题。这些剧作真的让人感觉好像是从演员身体内部写出来的，因为我们看到的结果是所有要求演员做到的事情好像都是演员自然流露的，演员给人感觉是在自发创作这部作品，换句话说他是在即兴发挥。这就又把我们带回到这个概念，虽然这次从不同的方向，那就是伟大的表演艺术是“凝固的即兴发挥”。这是瓦格纳的造词，被他用来形容那种不可或缺而又很难用语言精准描述的品质。它是让现场演出栩栩如生的要素，这就是所谓的可演性、剧场性、效果性，是一出剧作可以在舞台上活灵活现所必不可少的关键亮点。虽然这只有靠表演艺术家做到，但是它必须由创作艺术家植入在作品当中。这也就是为什么瓦格纳给他认为无可比拟的莎士比亚归结出特征，说莎翁的艺术是：“凝固在无上诗意价值中的即兴模仿”。我们确实知道莎士比亚，这位演员，以每年两到三部的进度完成他的剧作。关于他，《第一对开本》[①] 的编辑者们在前言中写了这样的话：“他想到手到，想到的东西就顺势表达出来，我们极少在他的手稿上看到涂改的痕迹。”

成熟期的瓦格纳所构想的歌剧，其理想构成应该是两项凝固即兴发挥的联姻，它们各为模仿艺术和音乐艺术。在一种意义上，《贝多芬》和《歌剧的未来》中阐述的理论是在重申瓦格纳将贝多芬和莎士比亚结合在一起的毕生梦想，但这里对这一基础理论的解说与瓦格纳先前做过的有着重大区别，在哲学上比从前深入很多。事实上我们可以说它**就是**哲学被翻译成的一套音乐戏剧准则。这样一部歌剧的音乐可以从格式纷杂无据可循的武断专制之下获得彻底解放，同时又不会丢失形式。它的自身连贯性将

---

① 指 1623 年编就的第一套《莎士比亚全集》——译注

从它与舞台戏剧的关系中衍生出来，由于这个原因，作为音乐在自身内部自然演进的同时，它就只需要服从这种关系对于形式的要求。它因此而具有潜力，能在作品整体范围内最大化发挥表达自由，并且丝毫无损于作品完整性的保持。更大的独立性必将导致交响乐队走上自己单独的一条路，不再参照自身以外任何东西。这就会让它搬出剧院，搬进音乐厅或者说交响音乐的自治领地。

我们已经看到，这里说到的最后一步逻辑发展正是瓦格纳在他生命晚期的最后几年决定要走的，只是由于他的死阻止了他这样去做。我们掌握一些有关他所想到要写的交响曲的证据，这些证据让我们有理由相信它们将会是交响乐队的凝固即兴发挥，因此也就不会有传统的四个乐章的形式，也不会有因循奏鸣曲式的第一乐章，它们会是一种自由、自然构成的作品，大概只有一个乐章，虽然会很长。依我看来，从结构来说，我们大概会看到西贝柳斯《第七交响曲》那样的作品提前先被瓦格纳写出，因为西贝柳斯那部作品正是响应了瓦格纳的描述，而且是一部交响音乐杰作。

二

即兴表演中的夸张成分其实就是瓦格纳的为人特征，我们就此做一番回顾可不该算作完全跑题。因为他的作品厚重、严肃，瓦格纳就普遍被人假定为模样深沉、毫无幽默感，这与事实完全不符。例如说，我们有别人的复述，讲他在《特里斯坦》第一次演出之前彩排上的举动：“如果哪个困难段落漂亮地走过一遍，他就会跳将起来，热烈拥抱或亲吻歌唱家，要不然就是兴高采烈地在沙发上拿倒立，再不然就是钻到钢琴下面、跳到钢琴上面、冲到花园里三下两下爬上一棵树……”（塞巴斯蒂安·吕克尔《路德维希二世与理查德·瓦格纳》，二卷本，慕尼黑 1933 - 1920 年，第 2 卷，133 页）拿倒立是他经常爱做的事，是他表示高兴的举动。爬高也是他的拿手好戏。有一次他去一个朋友家做客，到后第一件事就是从房子的正面爬上了朋友家的屋顶。又有一次他去和一个朋友一起吃午餐，抵达以后他马上就爬上了花园中最高的一棵树，还不要说那时的他已经57岁。他还总爱从楼梯的扶手上滑着下楼，而且那也是他过了中年以后的事。今天如果有人做那样的事会被人认为是不正常，那么不要忘记在19世纪，那种事在别人眼中就是太过于不正常了。瓦格纳身上有一种气质，说是戏剧性还不足以形容，大概只能说是马戏团，是那种杂耍演员或者丑角的特征。他的这些举动不是为了逗人一笑讨个欢喜。它们是一种特殊的自导自演，是一种他内心活动的近乎超现实的表现，那是一种不可抑止的对生活的喜悦态度，是吕克尔说的“由衷的欢乐”。这种对于内心世界的惊人自由、毫无保留的外向表达能力是他与生俱来的特性，我们可以肯定说这与他的艺术的性质有着关联，再加之以从演出角度构思艺术创作的天才，这就产生出他所说的凝固的即兴发挥的概念。

瓦格纳的可能的生父是一位演员，瓦格纳的第一任妻子也是一位演员，他有好几位直系亲属都是因为这样或那样的缘故与剧院有关系。从他童年的早期开始，剧院就是在他的世界中最让他感兴趣的东西。看到过他指导歌唱家该怎样做的人们都一致称道他有着不同寻常的做演员的天赋，都认为假如他入了那个行当几乎可以肯定能做到最好。他创作的戏剧角色为表演者提供表现深度与丰富性的机会，让这些角色跻身戏剧界最难忘的人物行列，这样的天才肯定与他的家庭背景有关。这些角色，还有他的最佳作品的其他方面，它们的创作都像是发自表演者的内心，而实际上他做到的是为有灵感的表演者提供充分发挥的可能，换言之也就是伟大的演出中不可或缺的即兴发挥成分。作为一个创作艺术家，从骨髓里瓦格纳就是一位剧院中人，当然在他的情况这是音乐剧院，而他本人对此一直有清楚的了解。他曾经有一次对柯西玛说，在他更年轻的时候没有设法去做一个一般意义上的、非戏剧音乐的作曲家是一件好事，因为如果那样做了，他就只会作出相对平庸的作品。

三

T. S. 艾略特的诗句中最常被人引用的该是这一句：

我们的探索不会止步不前
而所有探索历程
终将带我们回到起点
看到那地方的真相初次呈现。

瓦格纳终身不懈、努力完善歌剧理论的经历与所获，看来正合这句诗中的寓意。瓦格纳的努力总体上说是在力求取得一种知性的理解，用来解释他作为一个创作艺术家的所作所为，从而至少部分做到将他自己的下意识行为提升到意识水平。这种形式的努力看上去注定不会收效，但事实上瓦格纳具有一件最稀缺的品质，就是作为艺术家的他能够保持的自我审慎（作为普通人的他则完全是另一回事）。我认为在这一点上他超出我可以想到的所有其他人，甚至超过尼采。他做到这一点，部分原因也在于他始终奋斗于对实践进行整理、形成理论。

歌剧作为一种艺术形式，从诞生时起，音乐一直被认为是在其中起主要作用的元素，极少有过例外，当然这是指对歌剧的艺术性持有最大兴趣的人如何看，不涉及关注其社会作用的人的看法。对这一看法曾经有过的不同意见，最主要是围绕格鲁克引进的艺术改革的一些思想，但是在大多数情况下人们对它没有异议。这个一致看法成了青年革命家瓦格纳的反叛对象。他的最著名的批评是：歌剧将音乐作为目的而将戏剧只作为手段，其实应该相反，戏剧应该是目的而音乐仅应是手段。他因此着手扭转这种情况。带着这样的目标，他创建了一种理论，根据他的理论，音乐不比任何一种构成歌剧的艺术形式更重要。各门艺术形式都平等参与，才能创建最有表现力的艺术作品。但是这一理论，一种各门类艺术的平均主义，其实是一种意识形态，也就是说是一种知性构造，其功用只在于迎合他认定的他所需要的东西。在这一点上这一理论与他在同一个时期信奉的政治上的意识形态有共同之处。后来他也是在同一个时间里一同抛弃了这两样东西，而且是基于相同的理由，即它们与实际存在的现实相抵触、与任何可能的或是希望中的不同道路也相抵触。不仅如此，它们还与他自己真正的天赋与基本性格相抵触，说到底与他自己的真正需要相抵触，虽然这种需要可能只在下意识里存在。

所以他又回到原来的看法，认为音乐是歌剧中起主要作用的元素，也就是其他大多数人一直持有的观点。但是他在生命轨迹中像这一次在意识形态中兜了个圈，远远不能看作单纯浪费了时间。正相反，他在早年形成的各类艺术地位均等的理论在几年时间里一直带动他进行很多具体细致的工作，这些工作包括摸索不同的唱词句型、句子长短，以及用词的不同对于音乐处理的变化影响，由此找到诗歌分句与声乐走线的关系，甚至句子内部的强调与音高、词义与时值的关系；研究剧中人物与音乐调性的关系、词义转换与调性转换的关系；解决在将神话传说转换成戏剧的过程中，还有在将古希腊悲剧的基本原则应用到歌剧中遇到的各种技术问题，以至于到处理舞台灯光、汽动天幕、移动布景。既然每样东西都同等重要，他作为作品的唯一创作者当然要认真看待每一件事。他确实这样做到了。如此积累下来他有了对这些问题作为问题的无比清楚的认识，形成一套解决办法，又经过在实践中应用，他的技巧逐渐纯熟。他的第一部采用这些方法的歌剧《莱茵的黄金》还表现出一定程度的不知所措，灵感发挥受到阻碍。待到在《女武神》中再次尝试，他已经得心应手，创作出辉煌的作品。结果就是在他创作《特里斯坦》、经历到乐思如泉涌而不需要有意识地顾及理论的时候，他已经在非意识层次掌握了音乐戏剧技巧，不仅运用纯熟而且涵盖范围甚广，既关照大的方面又不放过细微末节。他的音乐天才现在被解放出来获得了自由，不再受错误的平等教条的限制，他的《特里斯坦》得益于此，彰显才华横溢。同时《特里斯坦》又在方方面面体现出专业水平，所有细节恰到好处，一同伴随着不可遏制的音乐灵感，如果不是瓦格纳经历过他那一番发展历程、为此做好准备，所有这些都绝无可能出现。在完成《名歌手》之后，他动手修改在意识思维中已经定型的理论，让这些理论与他更新近的实践取得一致，并且认可音乐在他的艺术中的主导地位。而就在他将其他多种艺术降低到从属地位的同时，他仍旧保留了它们之间的细致入微的结合。说到底，虽然确立音乐为最主要的表现手段，他仍然离不开脚本；脚本仍然为散文体，句子长短适宜，根据需要或押韵或不押韵；仍然需要分出幕次、场次，让戏剧结构能够成立；仍然需要人物、情节，还必须配上服装、道具、灯光。也就是说为他的歌剧他仍需要汇集其他各种原材料。虽然他已经不再将依照平等原则建立多种成分的综合体当作进行创作的艺术宗旨，甚至已经不再相信有可能做到这件事，他能够而且也确实做到将这些成分组装在一起形成整体作品，这中间用到的综合能力的纯熟掌握，只有因为他在先前过分看重了它们的重要性才在这里成为可能。这也说明为什么他的早期理论的大部分对于分析他的晚期歌剧仍然适用，也解释了为什么他在 1869 年会再版《歌剧与戏剧》、为什么他在 1871 年写作《歌剧的前途》时会提到他在这些问题上的观点自 1850 年代早期以来没有发生变化。瓦格纳通过很多年的工作，将自己造就成歌剧创作的全方位大师，他所做过的工作中相当一部分是那些只根据他人脚本谱写歌剧的作曲家所不会碰到的。那么他的成熟期歌剧就都展示出从上到下的完整性，各个组成成分配比完好，这是别人都没有做到的，因为只有在瓦格纳这里，各方各面都是同一个艺术冲动、同一个创作思维的产物。

我们也可以就瓦格纳在政治意识形态上走过的弯路做同样的论断。我们可以像他自己后来认为的那样，将他在年轻时期的社会主义无政府主义信念看成是一个错误。它们不可能付诸实践，在尝试过程中也只能造成破坏与灾难。然而在事实上，如果他没有诚心接受它们，就不会为我们留下《指环》。还必须指出，如果按照在《特里斯坦》和《帕西法尔》中间的文字对音乐的关系去做，那么创作《指环》这样的作品几乎是不可能的。对待这一关系的两种截然不同的态度各有其用，这对完成这几部作品来说是必须具有的先决条件之一，虽然对作曲来说并不构成区别。所以当我们仔细考察这些重大和惊人的变化时，就会如实看到并没有哪一样东西被丢弃，每样东西都自始至终沿一条主线各得其所，它们的位置服从先后作品的不同需求，成为这些作品存在的基础，如若不然也就不会有这些作品。

第十四章
化为戏剧的音乐

一

我们已经看到，在瓦格纳的成熟期歌剧中，只有《特里斯坦与伊索尔德》一部作品产生于一个单一不曾中断的创作过程，而其他每部作品都经过在思绪中多年酝酿才最终完成，我们将耗时最久的一并考虑进去，它们全体的孕育过程经历了不是数年而是数十年时间。早在1845年，他就写下了《名歌手》的第一个场景，而且篇幅不短，超过4000字，但是他仍然要到19世纪60年代的早期和中期才投入为这部歌剧作曲。

他的最初想法是写一部类似于与《唐豪瑟》配对的作品。这又是在遵循古希腊戏剧的榜样，他注意到雅典人总是在一出悲剧之后，再续上一出依据同一题目的羊人剧（satyr play），瓦格纳自己也想要像那样去做。他的《唐豪瑟》是围绕歌唱竞赛的，它的副标题就是“瓦尔特堡歌唱大赛”，在结尾部分两个主要角色都死去了。他想到要围绕歌唱竞赛再写第二部歌剧，而这次要写有欢快结尾的喜剧。但是在写出草稿以后，他发现很难向前推进。他还不具备写它的能力，他自己也从直觉上认识到这一点。像他动手写作《众神的黄昏》的前身《齐格弗里德之死》而后又半途废止一样，他还根本没有做好充分准备，没有能力创作出我们后来得到的那部作品。谱写《名歌手》的交响乐队部分只能由完成了为《特里斯坦与伊索尔德》作曲的人才能担当，表达隐含在这部歌剧中的对生命的态度只能由吸收了叔本华哲学的人才能胜任。对于他，这些转变人生的发展还要经历漫长的路程，这些转变将被逐渐吸收到《名歌手》的创作想法中，整个过程还肯定将在很大程度上是下意识的。他认定一旦有了充分准备自己就会知道。与此同时，《名歌手》的创作想法一直没有离开他。在1851年发表的《致我的朋友们的一份报告》中，他详尽地谈论到它，也讲到为什么没有在那上面取得进展的一些理由。真实情况是，就在那个时候他正在热衷于完善并发表他的歌剧理论，使得他不可能去构造一部歌剧，尤其又是像《名歌手》所要求的那种构成方式。但是在他心目中，《名歌手》与《唐豪瑟》一直有着关联，1861年就在他为《唐豪瑟》在巴黎上演对其作出大幅度修改之后，在同一年内几乎没有停顿，瓦格纳最终动手为《名歌手》作曲。

这是他所有作品中最阳光的一部，然而开始为它作曲却是在他一生遭遇走到最低谷的时候。瓦格纳其人在一生中遇到过的不幸与在他身上发生过的其他一切事情都是同一个等级的。在写了总篇幅的三分之二以后，他把《指环》弃置一旁，其中的《齐格弗里德》也是中断在写了三分之二的地方。虽然《特里斯坦与伊索尔德》《女武神》《莱茵的黄金》都已完成，他却一部也不曾看过，因为它们从未上演，而且也看不出有任何上演的迹象。《唐豪瑟》的修改版1861年3月在巴黎上演变成了他在事业上遇到的最大失败（作曲家古诺说它是“只有上帝惩罚我才会让我写出这等恶劣东西！”），他负债累累毫无偿还的可能。在开始《名歌手》工作的第一年里，他又终于与第一任妻子敏娜分手，还经历了如他所说的“地狱中的十天”。他的生活在各个方面都是一团糟，而且还已经上了50岁的年纪，那在当时不像今天，50岁的人无论看上去还是从感觉上都已经衰老，寿命超过60岁的人没有多少。这样看来，他将他的新歌剧的中心人物描写成曾经以爽朗、精力充沛的形象面对世界，现在已不再争强好胜，恐怕完全不应该引起我们诧异。我们也因此可以理解他的第二任妻子在日记中写下下面一段话意义何在：“当未来的人们从这部独特的作品中感到轻松愉快的时候，希望他们也凝神回想一下笑容绽开之前脸颊上淌过的泪水。”

当瓦格纳为《名歌手》写出第一版草稿的时候年纪是32岁，那时他似乎是将自己认同于那位主角男高音，那个有些鲁莽、冲动，后来成为作曲家的年轻人。等到他实际开始为这部歌剧作曲的时候，他已经接近 49 岁生日，更倾向于从已到中年、几经阅历的萨克斯的立场看待世界，萨克斯也就在该剧的酝酿过程中不知不觉取代了瓦尔特，变成了中心人物。萨克斯既是诗人又是作曲家，本行是鞋匠。他是瓦格纳尤其擅长塑造的男低音形象中的一个，被普遍认为是瓦格纳所有歌剧中最富同情心的人物之一。他又是一位叔本华思想中的理想人物，尤其体现了叔本华的高贵人品的标准："我们想，一种极高超的人物性格总带有几分沉默伤感的色彩，而这种伤感绝不是什么对于日常不如意的事常有的厌恶之心（这会是一种不高尚的气质，甚至还令人担心是否心存不良），而是从认识中产生的一种意识，意识着一切身外之物的空虚，意识着一切生命的痛苦，不只是意识着自己的痛苦。但是，必须由于自己本人经历的痛苦，尤其是一次巨大的痛苦，才能唤起这种认识……"[①] 萨克斯这时已是中年人，他独自一人生活，承受了妻子过世和所有孩子夭亡的厄运。"如果意志由于这样重大不可挽回的损失而被命运伤到一定的程度，那么，在别的方面几乎就不会再有什么欲求了；而这个人物的性格也就呈现为柔和、哀怨、高尚、清心寡欲了。"在很多年时间里，这个无处不在但是毫不装腔作势的人和埃娃建立了特殊的纽带，埃娃是他邻居的女儿，年纪比他轻很多，做他的女儿也都足够（就像瓦格纳的第二任妻子之于瓦格纳）。现在她长大起来，绽放出女性之美，属于成人之爱的亲密感开始萌发，让两人都感到最初的心旌摇动，但是这并没有表白，因为在于他，是从她小时起就与她亲近，还有就是年龄差距。这部歌剧就是在这个关节开始，埃娃的父亲波格纳，一位殷实、有教养的金匠，这时刚刚做出决定将女儿嫁给——不要忘记这是 16 世纪的纽伦堡——无论哪位只要能在全社区证明自己是最有才华的艺术家的人。满足这个条件的人必须同时是一个创作艺术家又是表演艺术家，因为他必须为一首自创歌曲作词、谱曲，还要面对包括全社区所有人在内的听众演唱这首歌。所有的人只要愿意都可以参加竞赛。这件事的意义就在于向世人展示波格纳和其他市民远不是只在乎金钱，他们让艺术保持生命力，对艺术的珍视甚于一切。

---

① 石冲白译叔本华《作为意志和表象的世界》，商务印书馆 2014 年版，540 页——译注

汉斯·萨克斯是纽伦堡最好的诗人和作曲家，城中的人普遍认为只要他乐意参加，赢得竞赛当然不是问题。埃娃希望他参加，但是他却推让，理由是他的年纪已经配不上埃娃，不应该妨碍了她的前途。这时候城中的另一个中年单身汉、书记官贝克梅赛尔宣布他要参加比赛，而这个人是埃娃不能容忍的。她急切想要萨克斯改变主意，出来参加比赛，免使自己落入贝克梅赛尔手中。

正是在这个关头，这部歌剧在表面上的主人公，剧中的男高音，来到城里。他就是瓦尔特，是位贵族，但是他的庄园在偏远的乡下。他认定与世隔绝的乡野生活不适于他，所以找了波格纳帮助变卖土地，然后迁居纽伦堡，过上充实着艺术活动、文雅体面的城市生活。他到达第一天访问的第一个人是波格纳。在波格纳家中他遇见埃娃，两人一见钟情。这一来就改变了每个人的地位。埃娃本来一直在说服萨克斯参加竞赛，获胜娶她，现在突然不想要他参加了。萨克斯正准备让步、满足她到此为止一直抱有的愿望，现在发现自己被抛开，从突然的变化中领悟到如果现在再去赢得埃娃，自己就成为在她与她的真爱之间的阻隔。瓦尔特一心要讨好、赢得埃娃，但是发现要得到她，必须在短得不可能做到的时间内学会怎样为一首歌作词作曲，还要在众人面前成功演唱自己的歌，这让他完全不知所措。随着故事的展开，这部歌剧告诉我们瓦尔特怎样面对一切不利条件外加一开始的挫折，在萨克斯给予的不可或缺的帮助下，最后胜出；而贝克梅赛尔怎样一直非常自信，认定只要萨克斯不参加比赛，自己就稳操胜券，终于败给意想之外的对手。

故事在异常丰富的背景之上展开。文艺复兴时期德国的有文化的城市生活被精彩地重现出来。音乐作曲与诗歌创作的规则受到城中最有声誉的行会“名歌手会”的保护，这些都被描绘到细致入微。故事还表现出名歌手会怎样拒斥那个未得真传、无知、傲慢的年轻人，他妄想不经过他们的多年苦练和积累经验也能成为名歌手。阶级意识也有所流露，双方都未能避免。在他们一边，这表现为“这个毛头小子，因为是贵族，就以为加入我们是给我们恩惠，不想想他根本就没有资格加入。”而在他的一边，是在想“这帮中产阶级手艺人把自己当成什么？也想摆起架势裁判上等人。”

双方的想法有阶级的意义同时也有艺术的意义。艺术属于全社会是瓦格纳平生信奉的概念，艺术应该像在古希腊时一样，由全社会参与并且评判，这些想法在这里体现得十分透彻。手艺与艺术的关系、它们两者与社会的关系、规则在艺术中的地位、传统的地位，以及个体艺术家相对于上述这些的所处地位，在剧中都有所触及，不仅见解深刻而且趣味盎然。从它在戏剧上的成功而言，大概最让人惊诧的地方就在于，三幕歌剧的每一幕都含有有关为词句谱曲的具体技术问题的详尽讨论，还包括应该怎样做和不应该怎样做两方面的示范。我们会认为这类讨论如此频繁如此长篇，不可能不损害戏剧紧张度及其效果，但是瓦格纳做到了避免这样的问题。正像我们已经看到的，这些事情是瓦格纳一生关注的问题，他就这些题目发表过多篇论文和文章，现在更是将这些技术考虑本身变成歌剧内容的一部分。

实际上，在某层意义上说，虽然未必最重要，但是这整部作品就是瓦格纳将自己的歌剧思想写成了一部歌剧。在这个意义上，这部作品是在《贝多芬》和《歌剧的未来》中已经展示给我们的他的成熟期理论的具体范例。比如说，这部作品的多数高潮场景都出现在正在展开的某种即兴活动当中，而且逼真到惊人的地步。在第一幕是瓦尔特的试唱歌曲，那是他随编随唱，硬着头皮绞尽脑汁为了能被马上接纳进名歌手会而作的努力，结果希望落空。在第二幕是贝克梅赛尔唱小夜曲时，萨克斯即兴敲打鞋楦，名为伴奏实为烦人，这一场景会给第一次看这部歌剧的人留下记忆最深，久不消退。在第三幕的第一个场景，是那首著名的五重唱，那是萨克斯邀请另外四个人一起迎接在他家里诞生的新生命，即那件艺术品，那首获奖之歌。他们每一个人都陷入遐想，开始各自去唱各自的心事。而所有这些例子当中最显而易见的要数获奖之歌本身了。这是瓦尔特专心致志描绘他刚刚做过的一个梦，他响应萨克斯对他的一步一步辅导，立地将那首歌唱出名歌手歌曲的形式。萨克斯一边将规则教给瓦尔特，同时又将瓦尔特的即兴发挥记在纸上使它保存下来。萨克斯在上面记下音乐的那张纸本身在剧情中好几次起到重要作用：它先是让贝克梅赛尔误以为萨克斯准备参加比赛，诱使贝克梅赛尔为了胜过萨克斯偷走这张纸；接下去这张纸让贝克梅赛尔局限于那首写在上面的歌中，他要自己学会演唱它，但是结果彻底失败。他唱出来的一团糟固然也是即兴发挥，但那不是顺其自然的，最后也就无法收场。这就是即兴发挥让人不能接受的那一面，是我们在第一幕已经看见瓦尔特遭遇到的黑暗一侧。最后，在这部歌剧的终结场景中，瓦尔特在所有人面前以势在必得的姿态再现自己的凝固即兴发挥。一位名歌手对照记下的曲谱检查他的演唱，但是他的歌如此美丽动听，那位名歌手完全被迷住，握着曲谱的手垂了下去，不再边听边查看了。瓦尔特在歌唱的同时注意到这件事，立刻感到有了自由，他脱开原来写好的曲调，借着触景生情激发的灵感，即兴唱出新的不同的歌。其实，瓦格纳正是这样解决了一个可能造成反高潮的结构难题，如果歌剧进行到终极场面只是重复前面已经听到过的东西，那就会难以避免了。

从各个方面它都犯了《歌剧与戏剧》中陈述的戏剧标准的忌讳。这部歌剧的主题不是取自于神话，而是取自历史上的时间和地点，以一个历史真实人物作为中心，其他角色的名字也都借用了真实人物的姓名。瓦格纳在写给他的出版商的信中这样说："我感觉有把握描绘出了日耳曼生活的真正神经中心、展示出了它的原创性。这是在国外也受到承认和热爱的。例如，我记得有一次巴黎大歌剧院的总监和我一起查看一些非常独特的德国15、16世纪服装样本，他感叹地说：'要是你能写一部歌剧用上这些服装该多好！没有办法为它们派上用场太可惜了！'"在写下《名歌手》最初的草稿的时候，瓦格纳的社会观正深深处于哲学无政府主义的影响之下，在成品作品中"日耳曼生活的真正神经中心"被表现为一个自治社区，在那里工匠居于主要地位、艺术受到推崇、明显不存在像军队那类的东西、除了打更人之外再看不到有其他强制性的职能，这些肯定是与他的早年社会观相联系的。后辈的德国制作者们有时按一种飞扬跋扈、沙文主义的模式上演这部歌剧，把它当成是美化日耳曼民族主义过去的赞歌，但是这与这部作品的精神背道而驰，是对它的公然背叛。像纽伦堡这样的独立城邦其实是在阻挡德国的国家统一，在实现统一的过程中被荡涤的；这些城邦的特征与帝国主义毫不相干。它们主要关心的是贸易和文化，即使扩张，它们唯一渴求，也是它们唯一可能做到的，也只是贸易和文化的扩张。

这部歌剧不仅在它的总体构想方面，而且在细节安排上，都与《歌剧与戏剧》中的很多原则大相径庭。被青年瓦格纳冷嘲热讽贬成一文不值的传统歌剧手法在此俯拾皆是：二重唱、五重唱、合唱、众赞歌、有鼓号手上台参加的游行行列，以至于舞蹈场面，应有尽有。在词句方面，这里有同样的若干句话仅仅为了纯粹音乐的目的被重复使用；还有几个例子是相同的曲调唱出几个接连段落中的不同词句。从长度来看，句子不是整齐划一的短句，而是长短变化很大，以长句居多，而且句子也没有避免常规意义上的押韵，经常伴有常规的对仗韵文。还有经常出现的是很多人同时开口，例如在第一幕的高潮，有一个地方有 16 条声乐走线同时进行，又如第二幕的结尾是街头打斗闹事。在这些情况下，不言自明听众听不到唱词，说实在话从整体上说这部歌剧中的独立词句起的是可有可无的作用。在所有瓦格纳歌剧中，这一部是最少让人担心在翻译过程中丢失词句原意的。

年轻时的瓦格纳憎恶传统歌剧，对之发起攻势。在成熟期的大部分时间，他都感觉他自己和他的作品比所谓的“歌剧”（opera）更为优越，至少是相对于他赋予这个词的涵义来说。但是在《名歌手》这部作品上，他成功地回归到传统歌剧形式，并且写出在很多人看来是他的最让生命更加充实的作品。还是在这部作品的长时间酝酿过程的早期，他自己也在一定程度上承认这一点，在几次不同的机会都称这部作品是“喜歌剧”（comic opera）。但是到了最终成熟定型，它有了如此巨大篇幅，他觉得那样归类不再恰当，在发表其中任何一部分之前已经不再使用那样的称呼。但是作为歌剧它是逃不脱的，而且是可以用瓦格纳自己的原则去鉴别的。

二

卡尔·达尔豪斯是对瓦格纳有过最精辟见解的几位著作家之一。他注意到在瓦格纳的每一部歌剧中都有一个关键段落，它凸现该部作品的音乐戏剧世界的精髓，因此可以说是代表着达尔豪斯所说的“主题形象”。在《飘泊的荷兰人》当中那便是森塔的叙事曲，那是在整部歌剧中瓦格纳最先谱写的段落。在《名歌手》当中，那个位置破天荒第一次被一段纯交响乐队音乐占据，这就是那部歌剧的前奏曲。在给脚本的大部分篇幅谱曲之前，瓦格纳就写成这首前奏曲而且公开演奏。人们通常说它符合李斯特交响诗的曲式，就是在一个乐章中凝聚古典交响曲的四个乐章。相对于它的四个部分也就是第一主题、第二主题、展开部和再现部，瓦格纳赋予它们传统交响曲四个乐章的特征，即快板、行板、谐谑曲和终曲。

从一开始，交响乐队就在这部歌剧中担当了在此之前从来没有被赋予过的角色。从头至尾，它一直抓住我们的注意力，和在舞台上发生的情景不相上下。音乐配器极其丰满、厚重，而展示内声部又总是非同寻常的清晰。交响乐队在乐池中推动大规模的交响式展开，与每一个舞台场景并驾齐驱，所用音乐素材于场景恰如其分，在风格上既是多声部又自由发挥，多个主题交织缠绕，在交响乐队内声部时隐时现，营造出狂想曲般的抒情性。所有这些都不可能是被正在台上唱出的歌词唤起的。正相反，在大段的原来应该属于宣叙调的段落中，托出歌词的音符让人感觉像是交响乐队中向上涌起的气泡，最后露出表面，如果我们只是单单把它们孤立出来，视它们为旋律走线，会时常感觉到它们很随机、好像没有意义，但是这些音符是交响乐队与舞台活动的至关重要的联结点，它们所处的实际地位是既属于交响乐队又属于舞台活动，它们的实际进行方式是随着交响乐队掀起的巨大波澜上下起伏，通常处于乐队奏出和声的高音表层，它们有着奇异的表达力、富于效果。词句现在处于交响乐队谱曲的表层，起到向我们交代概念的作用，讲清在那一层面需要交代的概念，而唱出这些词句的音符，则总是取决于交响乐队中间正在发生的其他事情。唱出的音符都远远不是从诗句当中衍生，而是从交响乐队当中衍生的。

唱词还通过其他方式从音乐中衍生出来。就获奖之歌而言，瓦格纳在为它写词之前很早就先为它写好了曲调。第三幕中的众赞歌的音乐看上去是先于唱词写好的，第一幕中的众赞歌有可能也是这样。尽管二者的方式可能不同，但是《名歌手》就像《特里斯坦》一样，在一切意义上都彻头彻尾是音乐的，也就是说舞台上的活动每时每刻都从音乐中衍生。即使是整部作品的总体结构都是按音乐思维构思的，举例来说，《名歌手》的三幕之间的相互关系是与一首名歌手歌曲的分节之间的相互关系对应的，而后者的相互关系是在这部歌剧当中被详尽讨论的题目。我再也找不出另一部歌剧像《名歌手》这样自身关联，没有其他歌剧像《名歌手》那样，在诸多方面以讨论影响其本身作曲和结构的具体原则作为自身内容的。这部作品，就像我已经讲过的，是一套歌剧理论被具体实际化演变而成的歌剧，但是如果真是那样的话，在实际当中这部歌剧的创作就不应该先于那套理论的形成了。那么正确的说法就只能是，瓦格纳在《贝多芬》和《歌剧的未来》中提出的经过充分完善的最终歌剧理论，是他对在《名歌手》当中已经依靠直觉做到的东西在文字中的正式总结。

三

第三幕的交响乐队前奏是为汉斯·萨克斯勾画的一幅肖像，是这个男人内心本质的音乐写照，显现出他的灵魂。这是这部歌剧中最内向同时又是揭示最深刻的音乐。它表现的是发自内心的与世无争，它的至诚至真不染丝毫自怨自艾。帷幕拉启之处，我们看到他在全神贯注阅读一本厚重巨著，从稍后的表述中我们得知这是一本编年史，或许是写纽伦堡或许是写世界（他表达的意思一部分就是说那两者即使有区别也无关紧要）。他对那本书的议论让人想起叔本华的一段话，在其中那位哲学家将人类历史归结为自我意识之间互相争斗的分类大全。“这一点是我们到处看在眼里的，是在大小事情中都看得到的；不过有时是在可怕的方面，在无道的暴君和恶人的生平中，在为祸全世界的战争中看到，有时又在滑稽的方面看到。在滑稽的方面，这一点是喜剧的题材，并且特别是呈现为自高自大和虚荣……至于我们看到这一点则是在世界史和自己的经验中。不过这一点表现得最显著的是任何一群人在一旦解除了法律和秩序的约束时，那时立即就会出现最明显的人自为战。”[1] 这部歌剧发展到这一步的故事已经让我们

[1] 石冲白译叔本华《作为意志和表象的世界》，商务印书馆 2014 年版，453 – 454 页——译注

看到很多那一类事情。我们一般所称的“迷惘独白”就是萨克斯对那些事情的反思。德语中 Wahn 这个词该如何翻译是一个棘手的难题。在萨克斯独白的叙述中，将它理解为“人类蠢举”大概最接近原意；但是这个词也有“疯狂”的意义，还同时含有“错觉”与“假象”的意义。“迷惘独白”对这几种意义都有所触及。我们会记得瓦格纳将他最后的居所命名为旺弗利德（Wahnfried），从这个命名中也反映出从上述所有弊端获得解脱的意愿，在他的想法中这座拜鲁伊特的房屋是人世间一切蠢举的避风港，也是他能够面对一切假象，在哲学或者佛教教义意义上求得平安——内心平安——的一处地方。

正如“渴望”是《特里斯坦》一剧中的关键词、“同情”是《帕西法尔》一剧中的关键词一样，“迷惘”是《名歌手》一剧至少是其第三幕中的关键词（这第三幕是瓦格纳歌剧中最长的一幕，仅除开构成《莱茵的黄金》全剧的单一一幕）。瓦格纳在给路德维希国王的一封信中写道：“我正在写作第三幕，它的主题是：迷惘！迷惘！到处都是迷惘！这一主题在所有地方都被提及……它是主宰我的生命的主题，也是主宰一切高贵心灵的生命的主题；假如世界不是被迷惘所统治，我们怎会还要奋争、受苦、付出牺牲？”

同其他几个关键词一样，Wahn（迷惘）在很大程度上也是叔本华词汇，被这位哲学家在很多不同场合中用到。与本体领域相对的现象领域整体，被他归结为“摩耶”，即印度教中的“幻影之纱”的意义，而 Wahn 一词也具有相同的意义，也是指幻象、梦境、影子的瞬息世界。而人类的疯狂世界，包括他们的一切野蛮、荒唐举动，又构成 Wahn 的另一重意义，这也是叔本华在著述中以犀利语言大加鞭笞的。在迷惘独白中，萨克斯化身成为一个叔本华信奉者，表达了叔本华的人类文明总体观。在诉说当中，他用到了叔本华最有说服力的比喻之中的一段。萨克斯唱道：

他们在逃跑，
自以为在追赶；
他们听不到

自己痛苦的叫喊；
他们刺进自己的肉，
把这种事当作快乐。[①]

他所援引的是《作为意志和表象的世界》一书中的如下段落：“制造痛苦的人和不得不承受这痛苦的人两者间的区别只是现象而不触及自在之物。这自在之物就是活跃在这两人中的意志，这意志在这儿被那注定要为它服务的认识所蒙蔽而错认了它自己，而在它的现象中寻求激增的安乐，在它的另一现象中制造巨大的痛苦；它就是这样在强烈的冲动中以自己的牙咬入自己的肉，而不知它永远只是在伤害着自己，其伤害则是由于个体化这媒介暴露了原来藏在它内部的矛盾。痛苦的制造人和承受人是一而非二。”[②]

这是令人叹为观止的一幕，随着它的展开，我们看到一个叔本华信奉者做到否定意志，而且他否定的是意志中最难以抗拒又是创造生命的形式，那就是性爱。萨克斯断绝一切赢得埃娃为自己做妻子的意念，转而担当关键作用让埃娃与瓦尔特结合，这也就注定了他自己的余生将是孤身一人并且没有子嗣。就在这一步，音乐中出现了一切作曲中最令人感到脊背发寒的自我引用。萨克斯告诉埃娃，他不想让自己落入传说中马克国王的地位——娶了年轻的妻子伊索尔德，但是她却爱着另一个年轻人特里斯坦。正在萨克斯这样表达时，《名歌手》的音响世界完全化解成《特里斯坦》。交响乐队先是奏出与伊索尔德相关的一个动机，然后切入到《特里斯坦》第二幕中马克表达遭受背叛的深切痛苦的地方。萨克斯的声乐走线一直伴随交响乐队奏出的影射音乐，所以在若干小节中他在唱的是令人心碎的马克国王的曲调。直到萨克斯把他的意思表达以后，环绕我们的音响世界才全然回到《名歌手》。

雷金纳德·古代尔是我所听过的《名歌手》指挥中最好的一位。每当

---

① 严宝瑜译瓦格纳《纽伦堡的工匠歌手》，《瓦格纳戏剧全集》上卷，中国文联出版公司1997年版，813页。《纽伦堡的工匠歌手》即《纽伦堡的名歌手》，其后一个译名更为通用和流行——译注

② 石冲白译叔本华《作为意志和表象的世界》，商务印书馆2014年版，483页——译注

有人议论《名歌手》是一部喜剧时，总要惹他恼火。他认为《名歌手》表达的是一种处于生命最中心的与世无争与哀伤，表达的是每一样东西都被放弃、都一去不复返，这样一种我们每一个人都要面临的最终事实。荒唐的追逐名利、愚蠢、斤斤计较这些人类行为被披露，这中间固然不乏喜剧因素，但是在更深层次，这部作品整体所表现出来的对这类事情的态度，是让人心痛的悔过，还有无可奈何的听之任之。我同意他的看法，但是同时也愿意再次强调，这中间的与世无争，从它的获取到它在这部作品中的表达，都是真情实意的，所以我们才可以去看它的演出，身上背负着世界上一切不平，而在看完演出之后能够摆正对生活的态度，尽管那里面有丑陋与辛酸。这部作品有一种异常强大的肯定生活的力量，这在瓦格纳自己未必是主动做到的，但是就在对生命的谴责当中，尽管这些被揭露的东西，它仍然告诉我们生命值得延续下去。

这中间还有值得注意的层面，虽然在分量上比上面的问题轻很多。叔本华的其他一些独到见解也在《名歌手》第三幕中有所表达，出现最多的就是他有关梦与艺术的关系的理论。有若干事实是叔本华生前坚信为真而只有到他死后很多年才被科学认可的，其中之一就是他认为我们每一个人每晚睡眠的多数时间都在做梦，但是在醒来之后对睡眠最深时的梦见内容没有记忆。这样的梦境，正可以用一句常用语在字面上的意义说明，那就是它们是我们的下意识思维活动。但是当我们开始向表层游移的时候，我们仍在继续做梦，经常一直持续到醒来为止。当我们醒来时，我们能记得的是这些晨梦，因为它们刚浮过我们的思维，它们被梦见的时候我们的下意识程度已经转浅，我们已经处于回归有意识状态的途中。现在我们要说，这些梦是取决于先于它们的精神活动、是从那些我们已经没有记忆的精神活动中衍生而来的。这让它们成为处于我们的有意识的自我与我们所不能直接接触的下意识之间的某种形式的联系。那么只要我们对它们解释正确，它们就可以向我们揭示我们内部世界最真实的深处。当然，所有这些被弗洛伊德从叔本华那里继承了去，弗洛伊德将梦说成是通向下意识的畅行之路。不过我们在此关心的是梦与艺术的联系。叔本华说过，艺术家的工作之一，就是理解我们在梦境一层的想象活动，并且将它们公开表现出来，通过这种非直接的办法，揭示人类最深层的最下意识的真相，就像那些晨梦能做到的。瓦尔特告诉萨克斯，他不敢去想他的美好的梦，恐怕那样一来梦就会逃走，萨克斯的回答其实是讲了一课叔本华：

我的朋友！但诗人在他的诗歌里
记录和阐发的就是梦。
相信我的看法，人真正的向往
只有在诗歌中才能得以实现。
一切诗意和诗作，
不是别的什么，仅是释梦而已。[①]

当获奖之歌经过将晨梦转换成词句和音乐被创造出来的时候，按照当时的礼仪，需要被赋予一个说明内容的名字以确认它的问世——这一过程在第一幕中已经有过长篇介绍。萨克斯为它起名为“释晨梦之歌”。那首五重唱就是名义上的洗礼命名仪式。在概念上我们已经踏入叔本华的疆域，甚至弗洛伊德的《梦的解析》的疆域。但是我们面对的是乐剧，最伟大的深刻揭示，在这里并不是被那些思想挖掘出来的，虽然它们极具启发性，而是被音乐抒发出来的，而那首五重唱的音乐是多么的温暖、感人。我听到过这样一个真实故事。一个人自知来日无多，他做好安排，让人将他静静地抬进歌剧院一间包厢的入口，他只求听仅仅几分钟长的《名歌手》演出，好在辞世之前最后听一次那首五重唱。如果把这件事换成读书就不大容易想象了，大概不会有人一定要在辞世之前再读一遍那几页叔本华的。这两种情形之间的差别应该可以最好地说明音乐与概念之间的关系吧。

---

① 严宝瑜译瓦格纳《纽伦堡的工匠歌手》，《瓦格纳戏剧全集》上卷，中国文联出版公司 1997 年版，816 页——译注

第十五章

交响乐队占首位

路德维希国王从 1864 年开始赞助瓦格纳，一夜之间彻底改变了他的境遇。在那之前，在多少年忧心忡忡的流亡岁月当中，他一部接一部地完成重大作品，却一部也不曾见到它们上演。那是一段政治流亡与负债累累的年月，他被债主与警察追逐，到处躲藏，同时还被婚姻问题拖累，那真可以说让他永无宁日。这时局面突然改观，那些未曾上演的大作接连被搬上舞台，而且都是高质量制作——1865 年是《特里斯坦》、1868 年是《名歌手》、1869 年是《莱茵的黄金》、1870 年是《女武神》，瓦格纳的世界性声誉开始形成。在同一个时期，他与他的第二任妻子柯西玛共同找到了家庭幸福，并且后来持续余生。他们两人的婚前关系和在那时就生下的孩子们，在好几年时间里被周围世界视为丑闻，驱使他们自己也参与去蒙骗自己最好的朋友与盟友，但是毫无疑问他们的关系为他们带来了深刻的个人满足。总而言之，从他在 1861 年开始创作《名歌手》，到他在 1867 年完成该剧，这个期间内他的个人境遇变化之大，在他一生任何其他时候都不再有过。

在这时所处的地位上，他看到下一件要做的事就是完成《指环》的全剧，并且以水平与之般配的制作上演全剧。手上有了《名歌手》和《特里斯坦》两项巨大成功，他的能力与信心臻于炉火纯青。他由此决定动手完成《指环》。

这项努力可能走入歧途是太显而易见的一件事。从事这件事意味着回到一部 20 年前写好的脚本，它处处遵循《歌剧与戏剧》中开列的、后来已经被他抛弃的原则。运用主导动机作曲是《指环》最基础的东西，要想保持整部作品的特征，就不可能放弃这一做法，而继续运用就意味着构造新作品必须主要使用很多年以前写成的音乐素材。从最初创作出那些素材以后，他一直致力于不同性质的工作，而那是将要改变整个西方音乐发展轨迹的工作，并且在其过程中他自己也被改变。现在的他已经是一个不同的人，不论在对于音乐的态度、作曲实践、音乐戏剧构造方法、整套歌剧理论，以至基本哲学观，他都已经和从前不一样。但是恐怕最重要的改变，在于最初构思《指环》所要表达的社会政治理念及态度，这时他已经不再持有，而那些东西却像胶质一样附着在已经出版的《指环》脚本中。考虑到所有这些因素，最终完成后的《指环》即便成为艺术败笔也是情有可原的，它完全有可能无法贯彻完整的信念，也完全有可能因为太多的拼拼凑凑而丧失真正的艺术作品所必须具备的有机整体感与独立个性。但是如上这些担心没有一件成真。最终完成后的《指环》成为继《特里斯坦》和《名歌手》之后又一项艺术凯旋。

取得如此成功最主要的原因，来自于瓦格纳面对这些问题采取的高屋建瓴的态度。他径直不将这些问题当成负担。我相信他一定直觉意识到，如果在这一步对脚本做重大改动，或者对使用已经存在的大量音乐素材有所顾忌，就只会将问题越搞越大。整部作品的整体性及其生命机体都取决于瓦格纳接受原有的基础。所以他将局面全盘照收，即使有自相矛盾的地方也不去碰它，不在与后来的艺术观整齐划一的顾虑上下功夫，全力以赴去写在那样的情况下可能写出的最好的音乐。其结果就是写出了跻身于他的最伟大音乐之列的作品。

他这样做能够取得成功是与他的一个真诚信念分不开的：他相信那部脚本与他最初在意识层面想到的，还包涵着不同的意义。我已经反复强调过（他本人也反复这样说过），自创作《飘泊的荷兰人》开始，在创作过程中他一直听从于内在驱使与直觉，即使在并没有参透它们的意义和它们所引领的方向的时候也仍然那样做。他将全部信任交付给他作为艺术家的下意识，相信只要完全放开自己，让下意识去有力运作，一切事情最终都会做到恰到好处。这并不是说他的有意识思维就不起作用了。相反，我不相信在我们的文化中还能找到另一位超级伟大艺术家，和瓦格纳相比在各自的作品中投入过更多的知性贡献。但是瓦格纳的惊人思维所起到的作用却是辅助性的。这里的关键在于艺术素材（这是德语中 Stoff 一词所指的东西）是自然产生的：它们找上门来，他请它们进来。他的有意识思维对于艺术素材的创造，或者起了很少作用或者根本没有起作用。他的思维所做的，是运用在它掌控之下的一切智慧与技能对素材进行加工，为它们搭好架构、安排组织、建立关系、合成一体、转调变序、修整外形、完善细节。换一个不同的比喻来说，他内心中的有意识艺术家好比一位雕刻家，而他用的原材料，那些名贵的优质汉白玉石方，却不是被他从无到有创造出来的。他要做的事情是劈、凿、削、刻、打磨、抛光，直到他从石材中成就出竣工的作品。但是原材料本身却是事先就有的。

这里的架构机体已经被瓦格纳演进充实到如此复杂，他作为一个有自我意识的艺术家所面临的任务可以说千头万绪，并且难度非凡，不是一个精神上有极高天赋的奇才不可能负担得了。瓦格纳是在将神话移植转化成为舞台剧目，一方面他的移植转化保留住这些神话在社会心理学意义上的每一项具体的广泛适用性，另一方面那些舞台剧目又是诗剧与交响音乐的联姻，诗剧的一面因循着古希腊与莎士比亚的广为人知的传统，交响音乐的一面因循着贝多芬的传统，在篇幅上又是不可逾越的鸿篇巨制，同时处处不失顾及细节。我们完全可以说，使得这部作品光彩照人的有意识智慧，来源于对神话、语言、诗歌、戏剧、音乐，还有更进一步对哲学、政治、历史、文学的常年不懈全神贯注的研究。恩斯特·纽曼讲过一句话直截了当："这样的一种组合从来没有出现在任何个人身上；这种情况后来也没有再发生过，而且不存在任何概率让这种情况今后可能再发生。"很多人认为瓦格纳是无可比拟的天才，这也是他们这样看的理由之一。这一点我们绝不否认，但是我们也不可以因为他的无所不能，就误认为他的作品一定是有意识的创造。相反，即便是这一非凡思维的有意识运作，也仅在他的作品创作中起到间接的作用。大概这才正说明他的作品的品质。

作为艺术家的瓦格纳，情愿在受无意识驱动的行为之前解脱自己，简单地听从那种行为的带动。这种素质给《指环》创作带来的益处高于其他各项创作。现在他领悟到《指环》中蕴含的叔本华哲学意义，这让他有了充分的信心。很多年以前，他可能确实完成了一部脚本，自认为那是一部乐观主义作品，在其中一个基于无爱、权力、金钱、行骗的世界秩序，人们要亲历它被推翻、被一个基于爱的新秩序取代。但是现在他断然相信他的艺术直觉正确地做了一件不同的事，他实际写成的是一部悲观主义作品，在其中取代一个无爱秩序的是另一个无爱秩序，展示出暴力与背叛在世界上周而复始，任何持之以恒的爱的法规都无从得到，总之它是这样一部作品，人们在其中将亲历一切世界秩序走向败落，最终无可收拾。当年，身为乐观派的青年瓦格纳创作了一部作品，将它写到一个充满希望的新纪元即将破晓的一步。到了现在，已经成熟、变成悲观派的瓦格纳要来写完下一步，要表现希望如何遭到叛卖、新纪元如何像其前身一样堕入毁灭的下场。他全心全意地拥抱对自己作品的从新解释，运用在《特里斯坦》与《名歌手》的作曲过程中磨练而成并且更高几筹的驾驭能力，完成了《指环》的音乐整体。

既然说有关这部作品的一切方面都已经齐备，有待完成的只是谱写音乐，以及调整音乐与其他成分的关系，那么正是在这两个方面，瓦格纳利用契机做到了与从前不同的结果。实际成果与以前作品的差别正好与我们的预期相吻合，它们现在体现的是在《贝多芬》与《歌剧的未来》两篇文章中阐述的原则，不再是在《歌剧与戏剧》中阐述的原则。《齐格弗里德》的第三幕是瓦格纳恢复创作的起点，它以一段交响乐队前奏开始，这段音乐只用到已有的音乐主导动机，没有任何新成分，但是它传达给听众那样雄浑厚重的交响音乐音响，不仅在《指环》前面部分没有听到过，在《齐格弗里德》当中也没有先例。杰克·施坦因在他所著《理查德·瓦格纳与各类艺术的综合》一书中，用这样的话描述这段音乐和接下去的展开："这一段不长的引子用到了不下九条我们熟悉的动机，使用频度比在其他引子段落中显著增加，同时它们被结合在一起像是出于一种即兴发挥似的自由，对比前期《指环》的交响乐队，让人感到这与《名歌手》的交响乐队更靠近很多。这就由此引入了一种与前面明显不同的主导动机用法，像这样的充分运用就是在《齐格弗里德》的前两幕也未见端倪，而在前两幕已经比在《莱茵的黄金》和《女武神》中典型的谨慎用法有了很大偏离。几个动机偕同一致，或者接连闪现、或者比肩同来，让我们已经不可能再按照动机运用的本来用意，借助它们唤起对先前场景的眷顾。例如在《齐格弗里德》的第三幕，当主人公登上山顶走近布伦希尔德躺的巨石的时候，《女武神》中的沉睡动机、《齐格弗里德》中的齐格弗里德的号角动机、《齐格弗里德》中的小鸟动机、《莱茵的黄金》中的契约动机，按对位写法在一个单一小节中交织在一起。类似的三重组合、四重组合有多次出现。因为主导动机的使用变得更加慷慨，它们的不同出现次数比在《指环》的前期歌剧中大大超出。在《众神的黄昏》中的出现次数（1003 次）比在《女武神》中的出现次数（405 次）超出一倍还多（在同一个场景或者同一部分场景中的接连反复没有包括在计数中）”。

《众神的黄昏》一剧是这样的新作曲方式华丽登场、贯通全剧之作。瓦格纳现在面对丰厚而无价的音乐素材宝藏，听任他随意调配。写作传统交响曲时的常规作法，是构造一个完整的乐章要用到三至四条主题，对比瓦格纳，他现在握有主题比一百条还多，它们各有特点，每一条不仅凝聚着音乐灵感，而且在多达前三晚的使用中如同锦上添花附加上了丰富的音乐戏剧关联。在《众神的黄昏》自始至终，瓦格纳都在不断地将它们编织到一起，动用复杂对位的不可思议的组合，又加上在《名歌手》的交响乐队内声部已经体现出来的不打半点折扣的抒情性，只是这里的素材之丰饶是《名歌手》所无法企及的，真可以说是取之不尽、堆积成山。在处理音乐素材、令其变形化解方面，瓦格纳的才华无人可与之匹敌。无论何种音乐素材，任它是一个旋律还是只是几个音符，是和声序列还是只是单一和弦，他都可以在上面做出无穷无尽的变奏或者转型，而且每一次变化都有音乐蕴含，有其自身的意趣。在这类事情上，他好像可以调动无止境的音乐想象力和取之不尽的技术来源。在他的晚期作品当中，多声部交响乐队写作风格高度纯熟，可以做到同时驾驭三条以至四条动机，一条动机总像是顺理成章从上一条衍生而来，自然而然地与已经在进行的动机结为一道，接下去又融入下一条去迹无踪。这类变形化解在他的作品中没有例外，都不是由抽象的、纯粹音乐上的考虑决定的，而是由心理的、戏剧上的需要决定的：这些变形化解总是当时正在表现的无论哪一步戏剧情节的经纬线。这些变奏经常被发展到远离起点的地方，让普通聆听者不再能觉察到是变奏，很多很懂得欣赏音乐的人，一旦被告知它们的构成都会惊诧不已。这些关联是实在的，虽然对大多数聆听者来说它们在这种程度已经成为编织出纹理密实的音乐织锦的手法。我本人一生聆听《指环》，到现在仍然时时有新发现：原来这边的这个乐句是从那边的那个乐句衍生出来的。最擅长展示它们关联的超级大师要数戴里克·库克了，他的功力在他录制下来的《指环》解说中就可见一斑。他已经定下计划写作两卷本的《指环》音乐关联图谱，旨在用图解说明整部总谱中的每一项关联，但是这项计划因为他的意外死亡而落空，实在是瓦格纳研究遭受过的最令人痛心的损失。

像《众神的黄昏》这样一部歌剧的交响乐队总谱，只有作为一部规模更大很多的巨作的结尾篇章才有可能写出来，因为它必须依赖事先汇集起来的丰富素材，这些素材被前此发生的音乐戏剧关联大大充实。我认为瓦格纳一定看到了这里存在的绝无仅有的机会，就是这时的局面让他可以写出一部在纯粹音乐戏剧意义上登峰造极的曲谱。正如一位批评家所说：“《众神的黄昏》中简直找不到一个小节，它不是在或者向前看或者向后看或者向侧面看，甚至三个方向同时看，而且这都是在完成当前作用之上做到的。”（理查德·戴维《戏剧家瓦格纳》，收录于《瓦格纳指南》，119页）这样奇迹一般的写法当然有着多方面不同寻常的优点，但是一定要指出的是，这种可以说瞬息变化的对戏剧成分的关照提示没有一时一刻不构成美丽音乐的。这样的交响乐队写作，无需置言，即便在理论上都不可能维系音符对字词或者哪怕是乐句对诗句的对应关系。瓦格纳的所做，是像在《名歌手》中一样，首先用交响乐队为每一场引入那里的主要音乐素材，然后在舞台行为进展的同时自由展开这些音乐素材，让它们大大丰富起来。当然对于《众神的黄昏》，在展开过程中可供调用的外加音乐素材更是多出很多，它们的戏剧关联与关照极为细腻，范围也更加宽泛。对这一点，我们可以补充说，这时动手写作《众神的黄昏》的瓦格纳已经搞定《名歌手》，那项从事已经让他做好充分准备攀上更高的山峰。交响乐队在《众神的黄昏》之中无疑是起主导作用的表达媒介，这即使在有角色歌唱的时候也是如此。如果有人一定要就此打趣一番，他尽可以管这叫作一部伴有舞台动作的交响乐队作品。剧中有几处场景，包括全剧收尾处到来的最高潮，都变成完全被交响乐队接管。瓦格纳为《指环》连剧以外的每一部歌剧写作的交响乐队前奏，后来都成为大家熟悉的音乐会曲目。《众神的黄昏》同《指环》其他歌剧一样，缺少这样的交响乐队前奏，但是却有好几段单独由交响乐队演奏的插段，它们后来有了独立的地位并且被赋予通用的名字：《破晓》、《齐格弗里德的莱茵之旅》、《哈根观望》的一部分、《齐格弗里德的葬礼进行曲》。这些都是具有宏大戏剧性力量的交响诗，它们标志着这部作品在演出当中戏剧效果的若干最高点。我们很难想象一部歌剧还能做到比这更多地以交响乐队为主而仍然保持作为舞台戏剧的效果，而《众神的黄昏》当然是舞台效果的伟大成就。很多著名瓦格纳研究家都以它为瓦格纳单部歌剧中最杰出一部，以其总谱为瓦格纳的最优秀作曲成就。虽然这是一部综合艺术作品（Gesamtkunstwerk），其艺术趣味的内容主要在于音乐。它的起点是体现《歌剧与戏剧》一书中所列原则的脚本，瓦格纳没有被此难倒，反而去做了他在那同一本书中对早期同时代人痛加责备的一些事：他拿来实际上是另外一个人写成的脚本，当它是一副挂衣架，在上面晾起他的最精美音乐的华丽外衣。这正是萧伯纳批评他的地方，指责他在《指环》四部剧的最终一部背叛了在前三部中体现的革命诸原则。瓦格纳背弃了早先的原则固然不假。他是已经超越了那些东西。

第十六章

终极成就

一

瓦格纳在创作《众神的黄昏》的时候，因为要最好地利用已有的素材，这既包括音乐的也包括文字的，而且它们都是在他阅读叔本华、发生观念转变之前已经创作完成的，因此当时的意识偏重于将他在不同发展阶段的精华合为一体。为了得到这样的结果，某些地方欠缺一致性是值得付出的微小代价。但是当他转移到为《帕西法尔》作曲的时候，他又回到像在创作《特里斯坦》时经历过的那样，要写出一部全新的、是他现有观念的有机整体的作品。其结果所产生的歌剧浸透着叔本华哲学，丝毫不亚于《特里斯坦》。

作为确知的事实，瓦格纳最早对帕西法尔传奇认真关注是在 1845 年。在那同时，他还写出《名歌手》的最初草稿，但是那两部作品最终结成硕果都是几十年以后的事。帕西法尔这一角色在他的一部早期歌剧中曾被指名提到，那也就是在《罗恩格林》中，在将近结尾的地方，罗恩格林说明自己的身世，宣布自己是帕西法尔的儿子（这一关联后来引出了《罗恩格林》的音乐成分出现在《帕西法尔》中的事情）。这样看来，在很多年中，瓦格纳在心中一直存留着对于帕西法尔传奇的活跃意识。但是将《帕西法尔》单独写成一部歌剧的想法，是直到他对叔本华产生强烈反响之后才形成的。那时是 1857 年，在他最早开始写出《特里斯坦》的草稿之后不久，而他仍然在不愉快地奋力写作《齐格弗里德》（还要再过三个月他才将它搁置了）。从《帕西法尔》项目的一开始，在他的考虑中就将它与《特里斯坦》在多方面交织在一起，两者关系近到，他在写作《特里斯坦》的时候曾经认真考虑把帕西法尔作为一个角色引入其中。我们今天看到的《帕西法尔》，在第二幕与第三幕中间跨越很多年时间，帕西法尔在那段时间里游走四方。瓦格纳在创作《特里斯坦》的过程中想到让他走进《特里斯坦》的第三幕。“帕西法尔（这里拼作 Parzival）为寻访圣杯，在苦行途中来到了卡里奥尔，在那里遇见濒临死亡的特里斯坦。这时的特里斯坦思念爱人、陷于绝望。这样的安排就让一个渴望的人与一个克己的人面对面相遇，让一个自责的人与一个赎罪的人面面相对，让一个因为爱而陷入死地的人与一个以怜悯求得救赎的人面面相对，一边是死亡，另一边是新生。”（恩斯特·纽曼《瓦格纳之夜》，698 页，引用汉斯·冯·沃尔错根的原句。关于“帕西法尔”的拼写，瓦格纳一直到很靠后的阶段都在沿用 Parzifal）我们无论如何都会认为，假如当真这样安排了，结果一定是一个艺术败笔。瓦格纳显然也认识到了这一点。但是将那两部作品中的角色相互等同起来的做法，仍然在瓦格纳的思绪中保持着。1859 年 5 月 30 日，他在给马蒂尔德·维森东克的信中说：“在我面前突然变得无比清晰——（阿姆弗塔斯）是我的第三幕中的特里斯坦，只是超乎想象地更为强化了。”而从写那封信的时间，到动手为《帕西法尔》作曲，中间相隔有 20 年之遥。

《帕西法尔》还有其他与《特里斯坦》相同的地方，那就是不仅它的内涵深刻地与叔本华哲学一致，而且传载这一内涵的工具，在性质上也与叔本华哲学一致：不仅内涵而且载体皆为如此。然而所有这些对比与参照，在我们重温一下《帕西法尔》的故事以后，都会来得容易很多。

二

圣杯骑士团是普天之下最神圣器物的守护者。他们保卫的，一是圣杯本身，是基督在最后的晚餐时从中饮用的酒杯，另一是圣矛，是被用来刺伤钉在十字架上的基督侧肋的兵器。这些器物珍藏在处于西班牙北部重山之中的城堡蒙萨尔瓦特，他们就守护在那里，罪过者永远不可能找到通往那里的道路。他们举行崇高的仪式，定期重现最后的晚餐的场面，在仪式上他们自己从圣杯中饮用琼浆。要胜任这一职责，他们必须保持自己的纯真与贞洁。在他们的集体中，除去唯一一名女子之外，其他都是男性成员。那位女子名叫昆德丽，是一个衣着古旧、容貌不整的独身者。她低调地做些杂役，在他们的集体中蛰居，但是有的时候人们会长时间不见她的踪影，无人知道她的去向。

在更早的时候，有一位名叫克林索尔的骑士有志加入这一支圣杯骑士团，但是因为他做不到控制自己的性欲而不能加入。为了要断绝自己的肉欲，他做出极端举动，自我阉割，然而这样的疯狂举动非但没有让他能够加入他们的教团，反而激起教团对他极度反感，把他列为永远排斥在外的人。但是自我阉割让他具有了奇异的魔法，他开始借助魔法的力量要将圣杯与圣矛据为己有。他在蒙萨尔瓦特所在的同一座山中修建了一座城堡，因为他原来深知性欲的瓦解力量，而那对他本人现在已经没有作用，就故意聚集起众多美貌女子，专门让她们勾引从蒙萨尔瓦特外出的圣杯骑士。很多骑士屈从于诱惑，而一旦他们被这样攻破，克林索尔就把他们纳入他的掌控之下。面临这一教团败坏的威胁，他们的王者阿姆弗塔斯动用圣矛装备自己，前去剿灭克林索尔。但是他在途中遇到一位美丽得让人魂不守舍的女子，她引诱他偏离原定的目标——只一瞬间吧，他想。他放下手中的矛与女子求欢，到他发现中了克林索尔的圈套已为时太晚。躲在一旁观看的那个魔法师冲出来夺取圣矛，用它刺伤阿姆弗塔斯的侧体，然后带着圣矛遁去了。克林索尔就此占有了圣矛，他再要做的是把圣杯也弄到手。

阿姆弗塔斯命悬一线，挣扎着回到蒙萨尔瓦特，因羞辱和负罪感而无地自容，身上的伤又给他造成难忍的疼痛。他的伤是致命伤，伤口绝不愈合，痛楚绝不减退，但是阿姆弗塔斯所渴望的、唯一可以一洗他的难堪耻辱的死却又迟迟不肯到来。他发现自己中了致命伤，而伤势永久拖延，让他只能在半生半死间苟且存活。作为教团的王者，他没有其他选择，必须率领定期的重现最后的晚餐的仪式——他是那一教团中唯一的罪过者而又要主持布道。他以自己不配那一职责的理由，强烈要求不要他做但是无效，他几乎是被骑士们拖到他的位置上，身体因伤势无法自主、精神因负罪一蹶不振。如果圣矛能重归蒙萨尔瓦特，已经深入他的灵魂的悔恨会部分缓解，至少会让他平静地死去。年复一年，一位接一位骑士策马前去收回圣矛、恢复原来的局势，但是他们每一个人都屈从于克林索尔的某一位引诱他们的女人，都是有去无回。他们的教团就这样衰落下去，如不止住，最终注定覆灭。从圣杯中传递出来的预言提示这一教团，他们只可能被一个纯洁的傻瓜解救，他对情势的理解靠的不是才智，靠的完全是同情心。

这就是第一幕大幕拉起时的局面。瓦格纳又在做在《特里斯坦与伊索尔德》中做过的事情，面对一个曲折复杂的故事，他选择在故事接近解决的阶段开始他的戏剧表现，至于交代衍生出当前场景的那些事件，是通过在会话中时断时续地提及。第一幕开始不久，一个把打鸟当作游戏的纯洁的傻瓜沿着一条通道跑进骑士团的地域中来。他是一个浪迹天涯的清白者，虽然自己不知道但可以找到对罪过者隐蔽的路径。他就是帕西法尔，一个异乎寻常简单、无知的年轻人。他的父亲也是一位骑士，但是在他还没有出生之前就战死了。他的母亲担心他会遭遇同样的命运，在养育他时完全不让他知道他的父亲，不知道什么是动武，不知道世界充满危险。但是有一天，他看见排成队列的人群，他们周身闪亮，骑在一种俊美生灵的背上而他并不知道那就是马。他一下着了魔，跟在他们的后面追赶，他当然没有马跑得快，最后在离家很远的地方迷了路。从那以后，他就漫无目标地游荡，生存全靠机遇，用简单的弓箭抵御强盗、野兽、巨人。他再也没有回到母亲的身边，而她因为失去了儿子伤心而死；他也不知道母亲已经去世，从没有对她有什么特别的思念。到他闯进蒙萨尔瓦特地域的时候，他不知道自己来自何方，有人问他名字是什么、父亲是谁，他都不能回答。骑士中最聪颖的一人古内曼茨立刻看到希望：这个人可能就是预言中说到的拯救者，于是古内曼茨带领帕西法尔观看他们教团的仪式，并让他目睹阿姆弗塔斯遭受的折磨。但帕西法尔并不懂得这些，对阿姆弗塔斯也不抱更多同情，就像他对自己的母亲那样无动于衷。看到这些，古内曼茨放弃了希望——帕西法尔显然仅仅是一个傻子，别无其他。古内曼茨索性打发帕西法尔离开蒙萨尔瓦特。

帕西法尔接着闯进了克林索尔的地盘。全然无知与彻底清白让那些女人的引诱对他不起作用，他又能像抵挡强盗、野兽、巨人那样抵挡克林索尔的骑士们。克林索尔非要降服他不可，搬出自己的魅力无比至今无人可以抗拒的诱惑女郎，就是让阿姆弗塔斯都被勾引的那一位。动用她特有的洞见，她唤起帕西法尔与他的母亲的关系，以此激发起他平生第一次的性意识。部分原因是与母亲的关系，他体验到这个女郎激起的性的欲望全力袭来，这时他意识到阿姆弗塔斯遇到了什么。虽然受到最可怕最不可抵挡的欲望煎熬，他没有在它面前退缩，虽然心中充满恐惧，但是历受它的侵袭拒不示弱，而最后成功地战胜了它。这场经历在他身上促成了理解与洞见的突破。通过这次经历，他不仅对阿姆弗塔斯，而且对受苦难折磨的人类总体——他们永世被套在无法满足的意愿这副刑具上，都建立起充满同情的同理心。他懂得了救赎的必要，也懂得了一个解救者自己承受受难的人类的负担意义何在，当然也懂得了重现最后的晚餐的意义，而他在蒙萨尔瓦特看到时还全然不解。这一切现在都豁然开朗。但是不幸的是，虽然他现在可以摧毁克林索尔的城堡、夺回圣矛，诱惑女郎还是对他留下了诅咒：与她遭遇以后，他就不再是从前那样的清白，离开了克林索尔城堡的废墟，他不能找到回蒙萨尔瓦特的路径——必须经过很多年四处游荡才能找到，而在这段时间中圣杯教团颓势未改几近灭亡。但是他最终找到了回去的通路。他发现人们记得他，能够辨别他，当然现在他们认出他真正是谁了。他用刺伤阿姆弗塔斯的矛尖触碰他的伤口，立地使他痊愈，然后他从感激获得解救的阿姆弗塔斯手中接过教团的领导职责，后来显然不仅重建而且超越了教团的往昔荣耀。

在最后的场景中，那位为首的引诱女郎也得到了救赎。现在我们知道她和昆德丽其实是同一个人。在几百年中，她接连活过几条生命，要为她犯下的最大罪过、最极端的没有同情心，求得赎罪：在基督被押去钉上十字架的途中，她耻笑了基督。在不同的时间里，她的面目正对应两种不同的女性典型形象：一方面，女性是哺育者、关爱者，另一方面，女性是勾引者、毁灭者。只要她在蒙萨尔瓦特，她就是一个有求必应、牺牲自己、默默照看他人需要的人，以此偿还亏欠、寻得解脱；但是在她无法解释下落不明的时候，她变成无比美貌的极度纵欲者、情人，在性爱中追求自我满足。她的第二种化身被帕西法尔击破，所剩她唯一能做的就是服侍于他（“让我效劳……劳作!”是在最后一场中她说出的仅有几个字，虽然她几乎整场都没有离开台面）。而一旦这样，她也就再没有取得自我满足的可能，她因此终于获得拯救，从存在的链锁中脱出了。

我们现在开始看到，除帕西法尔以外，所有角色都在寻求成果或者拯救，而都找错了地方，所以他们一无所获、最终要靠帕西法尔。昆德丽的追求不是在爱中而是在被爱中，或者说是通过别人对她的需要。克林索尔立志要靠权力获得它。阿姆弗塔斯意愿以一死相换。教团中的那些骑士们希冀通过留作团体成员获得所求，殊不知它的人数与活力都在走下坡路，它的仪式被不配举办它们的人操持早已变成徒有其表。只有帕西法尔懂得，拯救不可能通过循规蹈矩得到，也不可能通过任何形式的自我满足实现，而只能通过与这些相反的一方，也就是否定一切形式的意志：如果通过爱，那只能是纯粹单向的爱；如果通过力量，那只能是用于律己而不是用于服人；如果通过死，那只能是作为生命的成就而不是从生命中遁逃；如果通过仪式，那其履行必定只能是毫无保留地完全奉献给参与者之上和以外之物，在超越中掩去自我，由此取得真正意义上的自我超越。所以为剧中多数角色带来拯救、给骑士教团带来拯救的这个人，在这样做当中也获得了自身的拯救。

这部歌剧中的多数角色，在很多方面都与瓦格纳先前歌剧中的角色有惊人的相似之处，让人觉得是他毕生着重关注的东西被汇聚到一起。昆德丽就像飘泊的荷兰人，被铸在存在的链锁上，活在世上的时间超过通常生命时间的几倍，渴求得到解放。同时她的存在又像是唐豪瑟的生平，在追求性欲满足的自暴自弃与在秩序社会当中做出贡献、安分守己之间被撕成两半。事实上，像在《唐豪瑟》中一样，性作为成就的败坏剂，是这部歌剧的基本主题。帕西法尔就像齐格弗里德，初来乍到只是一个无知无畏的男孩儿，对世界毫无概念，不知道自己从何处来、父亲是谁，不知道什么是女人——除去很可怜知道一点关于自己母亲的事，自然完全不懂什么是性。而当他们获知什么是性的时候，同是经过了痛苦的恋母环节。克林索尔，像黑暗的阿尔伯里希，牺牲自己的爱的能力以换取权力，又像光明的阿尔伯里希，自愿放弃一件重要器官作为得到特殊知识与理解所必要付出的代价。他的奇异花园让人怀疑是不是就是维纳斯堡。古内曼茨像漫游者，年迈、世故、与世无争：虽能察觉一切、理解一切、智慧地评说一切，但是除了无用功之外不做其他事。最后要说阿姆弗塔斯，像我们已经看到的，他真的就是特里斯坦，至少像瓦格纳所想的是第三幕中的特里斯坦，在因为做爱而招致的伤痛中备受折磨无法忍受、垂死而迟迟不死，又在渴望中受煎熬，其强烈足以置他于死，而矛盾的是正是这一渴望让他不得死去。不同之处在于，《特里斯坦》中的特里斯坦死了，而《帕西法尔》中的特里斯坦得到了拯救。

三

我在前面曾经强调过瓦格纳在将特里斯坦的故事组织成三幕戏剧之中所展示的才华。在《帕西法尔》中，他发挥的才华更加伟大。若干文学来源为他展示了范围更广、必须集结到一个整体情节中的素材，而这些素材却又互相脱离，让它们和谐相处完全不是一件容易事。只要我们通过另一位作家的视野看一看那批素材，就可以透彻领会瓦格纳所面临的艺术问题，当然研究那批素材正好构成那位作家的领域，而他的写作并没有特别关照瓦格纳。就让我们来最择要地尝试一下理查德·卡文迪什所著的《亚瑟王与圣杯：亚瑟王传奇与其寓意》：“在古老的凯尔特传说中有着彼世的神奇器皿的故事，那些器皿盛载的是生命与繁衍，它们被英雄瞻仰或被他们掠走。中世纪的作家承接了这个主题，将它纳入他们自己的基督教的写作框架中，因为他们从中意识到一个模糊而深刻的意义，与英雄追求始终如一、战胜死亡的主题紧密相关。这些神奇器皿便是圣杯的前身了。在泛神教的传统中，有一种说法是，那件彼世的器皿与王朝更迭联系在一起，像这样更多的主题被添加到中心主题周围，其中之一就是有关一个国王的传统或者一组传统，他因伤病或年迈而无力治理，他的国土沦落败坏，或者是受到诅咒。一位英雄，作为王位的继承人，必须击破那一诅咒……夹杂在这些当中，又有关于一件彼世兵器的说法，它可能是一柄矛或者一把宝剑，具有巨大的摧毁力。”所有这些元素被瓦格纳全部吸收到他的脚本中，而且做得天衣无缝。

对于某个元素，即使在诸多来源中都无法找到它与其他元素的一体性，瓦格纳仍然可以将它处理成与其他元素具有浑然天成的一体感。例如卡文迪什写道：“一个国王是他的土地的照管者，这一传统是圣杯传奇中‘荒原’主题的由来。它应该因循这样的模式：一位国王落入伤病，由此带来他的土地变得贫瘠荒芜，一位英雄治愈了国王并且让土地重现丰饶，英雄的所为通常就表明他是合理的王位继承人。在圣杯故事里，没有在其中包含这一简单而又令人满意的模式的，在凯尔特故事中，即使有过包含这一模式的，也没有流传至今。”然而“这一简单而又令人满意的模式”，在《帕西法尔》中成为对于大整体卓有贡献的一个局部。这是一个展示出超凡戏剧技巧的实例，而且其运用极为纯熟，以至于我们会对它忽略不见，误认为事情理应如此。还有就是让这些本来互相脱离的元素保持一种平衡。在圣杯传奇的演绎过程中形成的一种失衡得到了纠正。卡文迪什告诉我们：“有一种倾向是把对圣杯的索求变成以个人为中心的使命，目的更多地变成那位英雄自身的解救，而不是将福祉带给他周围的人。”在《帕西法尔》中丝毫没有那样的迹象。瓦格纳将帕西法尔的个人索求与整个故事结合在一起，在其中把握了绝佳的尺度。这部歌剧在最后确实终极实现了“英雄的解救”——它的脚本的最后一句话是“拯救者得到拯救”，它的重要意义在于，帕西法尔已经让留在舞台上的每一个人获得拯救，而他这样做也给自己带来拯救。当然，拯救是自《飘泊的荷兰人》以来所有瓦格纳塑造的英雄都在追求的，这还没有包括更早写成的《仙女们》。但是在《帕西法尔》中，这一追求与所有其他因素非常均衡地结合到一起，以至于那些来到剧院、以为将要看到一部基督教歌剧的观众，一直认为“拯救者”一词在这里意指基督，还是同在基督教语汇中的意义一样，这是我们久已知道的。

有关瓦格纳对于素材来源所作的一切处理，给人印象最深的一件事首先是他选中《帕西法尔》传说、认定它适合于自己的目的。我们一定清楚记得的一点就是，这一选择从一开始就与《特里斯坦》有着特殊关系，在时间上是瓦格纳开始对叔本华产生反响、发生立场转变的最初几年。瓦格纳能够看到，这一传奇让他可以为叔本华哲学中最超越的几个方面，在乐剧形式中创造出它们的实现。让我们再来引用卡文迪什："圣杯传奇有着一种让人沉思遐想的神秘意味，是天大的秘密却只可以远观而不能以心智去把握，游离在自觉意识边缘之外的暗影中。随着越来越多的作家用它作为题目、赋之以自己的理解，这一秘密的大致轮廓变得清晰起来，但是我们从来没有听到过有人用平白的语言说出什么是圣杯的确切涵义……圣杯的内在神秘不可能有解释，因为那是'人们的心灵无法参透、人们的语言不及诉说'的。"瓦格纳的个人发展临到最后阶段，正是圣杯传奇的这种本质唤起他的最大兴趣、成为对他最为有用的东西。

四

瓦格纳将这些素材结合在一起，构成具有艺术整体性的三幕舞台戏剧，在此之上，又让它自始至终的每个环节都浸透着叔本华哲学的中心思想，而且这一层结合仍然看上去做得运用自如。面对这样深层次的艺术创作的多方面交融，想要分离那些"思想"、用文字予以表述的任何企图，只可能是过于生硬，好像是头脑简单。但是在读者事先有所准备的情况下，我仍然愿意做一番尝试，作为一个权宜的办法，在取得全面理解的过程中对我们起一些辅助作用。

通过《帕西法尔》，在乐剧中得到表现的叔本华思想有以下这些：道德的基础不是理性，而是同情心，再者，对于事物的最深刻理解，也是通过同情心获得，而不是通过聪敏乖巧获得的；这条道理之所以成立，是因为在我们的存在的深层背后，一切生物皆为一体，因此每个个体的苦难都是整体的苦难；因为我们皆为一体的领域不是现象领域，所以道德与价值观的根源不在现象领域之中，我们生存的真正意义也不存在于现象领域之中，那些东西所在的领域是超越的领域；出于这样的原因，在这个世界当中没有任何东西具有自身的价值，没有任何东西可以被视为某种终极，我们不属于此地：这里的一切都是琐碎的、临时的、注定要毁灭的，我们在这里的生存是挣扎、是苦难、面临不可避免的死亡；对于我们，通过不依附于这个世界的事务，是有可能做到超越这个世界的，但是这必须要有我们全面否定自己的来自意志的要求；在来自意志的各种要求中，力量最强、最逼人紧迫的是有关创造生命与维持生命的要求，因此控制自我的挑战就特别包括对于我们的性活动的控制；因为如上所说的这些，拯救是可以通过自我超越获得的，而自我超越的实现是通过对他人的完全无私的、非性欲的、充满同情的爱，伴随着将他们的苦难负担在自己身上；达到这样的境界与智慧理解丝毫没有关系，而是一切取决于情感。

仅只把事情这样叙述一番，当然不可避免地显得幼稚、片面，它所能起到的作用，充其量只是为那些对这部作品初次接触并不熟悉的人指点方向，示意一下在哪里可以看到在这部歌剧中蕴含的丰富宝藏。而且就像瓦格纳一贯做到的那样，最主要的表现方式是音乐，而且它达到的高度在多数情况下根本不可能转换成文字。在那样的高度，对意志的克己已经不是仅在这部歌剧中提出，而是完全被包容了。

到那时为止瓦格纳写的所有音乐中，都有一种不可能觉察不到的对意志的强调。可能有人会要说这已是恶名在外的现象。其激烈程度在伟大艺术中可以说独一无二，遭到很多人的广泛议论。在这些音乐中，一种强调态度发挥出巨大而强力的推动力，好像要将它面前的一切东西一扫而空，其暴烈的紧迫之势在任何时候都不会稍有示弱。不喜欢瓦格纳的音乐的人，也是在他的音乐的各个品质中，对这一品质反应最剧烈、予以否定。可以不夸张地说，这一点被有些人憎恶：他们说感到被瓦格纳将他自己强加在他们头上，他是要征服他们的意志、要奴役他们。还有一些人在说他的音乐中有法西斯的味道，通常也是在指这一品质。其他热爱瓦格纳的音乐的人，虽然并不因为这一品质感到受威胁，也完全知道它的存在——他们并不感到是受奴役，而相反感到通过它获得了解放，也许是因为这些音乐表达了什么他们自己愿意表达、却又表达不出的东西吧：这些音乐说出了他们内在的一面，所以是在替他们说话，他们也因此认同它是自己的声音。但是我就要说，通常是这些人最懂得下面这种说法的意义：瓦格纳的音乐是形而上学意志的直接表达。瓦格纳本人当然更在某种特殊的意义上感到就是如此。

但是在《帕西法尔》当中却一反从前，这种任性的强调态度基本上消失了。是的，我们在有关邪恶魔法师克林索尔的音乐中很突出地听到它，还有在骑士们虚张声势举办已是徒有其表的仪式时也听到它，但是除那些之外，我们本来熟悉的那种故意而为、饱满有劲、一往无前的驱动力无处可寻。这部歌剧的大部分时间，它的音乐真的是没有在被什么力量驱使。《帕西法尔》平静地、在非常缓慢的诉说中延展，好像是从内部自然而然地铺开。它主要是交响乐队音乐，与《众神的黄昏》在这一点上相同。但是在《众神的黄昏》，乐队配器已经到了最为丰满、厚重的极限，再有增多就会造成声音阻塞、混沌，损害它的内在清晰，而相比之下，《帕西法尔》的配器完全注重内在清晰：它被削减到只留本质上的简洁，没有一个无关紧要的音符，也不多一件无关紧要的乐器，通体晶莹、泛光。这样的独特的声音在拜鲁伊特可以听到最忠实于原意的实现：正如我们说那里的剧院是专门为《指环》建造的，《帕西法尔》是专门为那里的剧院写作的。剧院的乐池不在观众的视野当中，因为它被舞台盖在下面，从乐池传到观众厅的声音因此非常柔和，好像弥漫空中、光晕融融。《帕西法尔》的大部分乐队谱曲都有着出神入化、沉静地发散晖光的品质，这在瓦格纳的其他曲谱中无法找见。我听到很多人说他们发现这是所有作曲家写过的最美丽的音乐。瓦格纳确实称这部歌剧是告别世界的作品，但是这完全不意味说它显露出丝毫功力上的衰减，尤其是在最后一幕前半部，瓦格纳的灵感一直保持在很高层次，虽然在其他地方可能有过同样表现，但是他从没有达到过比那更好的水平。在所有这些之上，它的音乐又有着那种非强调的品质：它的行进是出于自身的必然，不是因为受什么力量的推动。我们在这里得到的，是音乐形式中的克己、是化为音乐戏剧的否定意志。究其一生，到这时为止的瓦格纳，是世人当中最不能放过强调自己意志的一个人，在创作的《帕西法尔》音乐之中他最终做到了承受。

仅除一处例外，《帕西法尔》中的所有主导动机都是由乐队首先引入的，与词句没有关联。全剧中由乐队演奏、没有人声伴随的音乐比重如此之大，以至于虽然在演出时间上《帕西法尔》是瓦格纳最长的歌剧之一，它的脚本却是最短的——甚至比《特里斯坦》的脚本还要短。音乐戏剧已经快要发展成为乐队戏剧的程度了。这部作品中唯一在词句伴随下引入的音乐动机，出现时的句子是：

通过同情认识一切，
这个纯洁的傻瓜。[①]

而最后一次我们听到这句音乐是在轻声的合唱段落中，其美丽让人忘怀一切，而瓦格纳在曲谱上为声乐进入写下的指示说：“轻到几乎听不到”。

五

虽然瓦格纳在逝世前不到一年的时间里仍然做着《帕西法尔》的工作，他的辞世并没有打断他的歌剧创作。他已经有意向以《帕西法尔》作为他的最后一部歌剧。在若干至关重要的问题上，在很多年时间里他已经坚信若干至关重要的真理，他在这部歌剧中为它们做出了艺术表现。其结果产生的作品在富有真知灼见、在复杂与深度方面都堪称无与伦比。但是它与同样遵循叔本华哲学的《特里斯坦》不同，在表面上并没有支撑起一个作为基本力量的故事。像我们已经看到的，在《特里斯坦》的表面之下，几种不同的属于深刻的形而上学性质的脉络来去起伏，但是观众完全

① 关惠文译瓦格纳《帕西法尔》，《瓦格纳戏剧全集》下卷，中国文联出版公司 1997 年版，526 页——译注

可以充分享受这部作品而不受那些东西的干扰。在很重要的意义上，这是因为一个具有巨大吸引力的故事正在观众面前展开：一位骑士与一位公主在通奸的狂情中忘掉了自己的身份，在亲密行为当中被人捉住，人格就此断送。因此，虽然说这部作品中的形而上学内容非常密集，又相对来说缺少舞台动作，仍然不会有人在看过演出之后心存疑念，不能确定《特里斯坦》在讲什么。另一方面，《帕西法尔》根本没有在表面上展开类似的清晰、扣人的故事，它盛载的形而上学内容却又分量更重很多。虽然这两部歌剧都有另外世界的维度，但是两者相比《帕西法尔》更多地指向另外世界：它的主题几乎全是关于超越的议题。虽然我们说，对于那些存在于心智把握之外的东西，仅仅指明它们存在的方向，不做更多，是我们能够做到的事，但是只要在创作中那样去做了，写出的作品就一定会不容易理解。经常有观众在第一次观看时感到《帕西法尔》十分神秘。在过去很多年中，经常有我熟识的人在看过它之后，或者在幕间休息的时候，找我来说这样的话："我觉得它的音乐惊人地美好，但是您能为我解释一下它到底是要说什么吗?"当然，没有哪个人能够在五分钟时间里向另一个人解释清楚《帕西法尔》"是要说什么"的。

评价一部艺术作品，说它在第一次接触时让人不解其意，完全不是一种批评。一些普遍被认定的20世纪最伟大的诗作，在这方面尤其名声不好：我们必须一遍接一遍反复阅读，甚至要让它们在心中存留数年时间，然后才会领悟到它们的好处。无论这样是好是坏，《帕西法尔》就属于这一类作品。它的非常伟大的一面，在于它有音乐作为立即吸引人的东西，它的音乐不仅美丽而且举世无双：在一切音乐当中再没有声音能够与《帕西法尔》的声音相比拟。很多人仅就此一点反复无穷地回来欣赏它，而且毫无疑问，这些人中有相当一部分像对待《特里斯坦》那样，很乐意让那些形而上学的内容从耳旁飞过。但是探究其意义的总有人在。可是颇有一些人，我们又可以万分肯定地说，从这部作品中读出了里面根本没有的内容。

当然，一部伟大艺术作品总是同时存在于几个层面，因此也会同时在几个层面上具有意义，那就是说不可能存在可以概括它的单一而简单的

“意义”。但是有一件事我们可以非常肯定。因为《帕西法尔》是那样一部彻头彻尾遵从叔本华哲学的作品，那么所有一切从中读出与叔本华哲学相违背的内容的事情，如果只是细微末节尚可不计，不然都是站不住脚的。然而就是在这个问题上，很多论说《帕西法尔》的文章走偏了方向。我们不是说不知道，什么是瓦格纳在晚年时候最深刻的信念。从来没有过一位伟大艺术家，像他那样不厌其烦地向我们，也向他自己，说明什么是他的最基本的信念与承诺，其结果就是，我们知道他相信什么：他相信叔本华哲学。在这一点上不存在任何神秘的东西。神秘的东西反倒在于有些人竟然不懂得我们讲这句话的意义。不幸的是，这中间包括了大多数，假如还不是全部，近几代人中写过关于瓦格纳的文章的人。这件事的不可思议还愈发严重，是因为叔本华不是瓦格纳心血来潮的一时所好，不是临时打动了瓦格纳而过后不久便被遗忘的一位作家，相反是一位让瓦格纳永久地、充满热情地去依附的作家，他将自己浸透在叔本华思想当中，对他的著作反复读了又读、进一步消化、在谈话中说到他、在睡梦中遇到他，这样一直持续到瓦格纳辞世的那一天。在这一点，我们有尼采的详细见证，告诉我们瓦格纳是叔本华哲学的真正的知性层次上的掌握者，不光是透彻地了解叔本华哲学的一切知识，更将它们融汇到自己的立场与世界观中，同时，说到底尼采毕竟是一位伟大哲学家，而且在很多年中自己也是叔本华的信奉者，并曾与瓦格纳一起花了很多时间讨论叔本华。这一切我们都知道，有关这些事情的档案完整到不能再完整，其中一些我们已经谈到，我们还会在下一章专门探讨瓦格纳与尼采关系的时候看到更多。在近几代人的瓦格纳文献中，尤其是有关《帕西法尔》的文献中，所表现出的混乱，其酿成的基本原因，是叔本华对于很多选择这些题目发表文章的人一直是一本没有打开的书。此一局限完全是自我造成的，然而其限制却是实实在在，而且不幸的是，其后果同样不可低估。一位接一位的作家参与到讨论瓦格纳晚期歌剧的重要意义中来，却都没有事先熟悉在那些歌剧中扮演关键角色的、规模宏大而又浑为一体的成套思想。这就给他们的理解留下很大一个漏洞，为了填补，他们便诉诸自己的解释，不了解也不关心他们的解释与已知事实是否融洽。他们中有的人显然认为可以随心所欲拿些东西来补这个洞，他们显示出的在学术上的不负责任到了极端的地步。而这其中所受的远为更大的伤害之处是我们对《帕西法尔》的理解，因为我们已经知道，它的整个构思几乎全部被形而上学内容占满，并且还相对来说缺少像在《特里斯坦》中有的、在《名歌手》里充分存在的、可以起中和作用的现世世界的特征。

一个最常见同时又在学术上最值得尊重的误解，就是将《帕西法尔》当成是一部基督教作品。且不说大多数人都曾经这样认为过，我肯定很多人都持这种看法。既遵从叔本华哲学，而同时又信仰基督教，是不可能的，当然，这一论断对于那些多少了解叔本华哲学的人是显然的，而其他人可能确实不能领会。在我所知道的严肃作家中，没有人否认《帕西法尔》的叔本华哲学本质，对于严肃作家来说，那也确实是不容否定的事实。但是似乎有一些人，他们设想写出了《帕西法尔》的瓦格纳，在遵从叔本华哲学之上，又是一位基督徒。他们争辩说，如果不是那样，为什么他在剧中用到那样多的基督教符号象征呢？这是一个我们将要讨论的问题，但是现在我们只是首先指出，瓦格纳也用到了重要的佛教与印度教的符号象征，尽管说他的主要文学来源是中世纪基督教文献。人们仍然要说，那么怎样解释在为《帕西法尔》做准备工作的时候，瓦格纳去参加了圣餐仪式，而在以前他并不去教堂呢？我认为，一个剧作家为了准备一部舞台作品，在其中要展现圣餐仪式，理所当然地要去亲自体验圣餐仪式，原来不去教堂的更应该这样做才对：我觉得一个人在这种情况下不这样去做才是很难讲得通的。说到底，剧作家不仅要保证准确的细节，而且要捕捉住恰当的气氛。我本人不是基督教信徒，但是我也会有时去教堂，而每一次我去教堂，都会重温一个突出的印象，那就是我注意到除我之外，到场参加仪式的很多人，包括一些定期去教堂的人士，都不是真正的基督教信徒。一个真诚的非基督徒可以有各种很好的理由去参加教堂仪式，而这个人正在创作一部舞台作品，其中要呈现基督教礼仪，正是这样的诸多理由之一。

已经被很多人接受下来的假说，还不止于认为已经十分虔诚的基督教信仰占据了剧中的空间。有些作家走得更远，已经不再是围绕宗教观念提出解释，而是更进一步到意识形态中做文章。第二次世界大战以后出现的、将瓦格纳表现为某种纳粹原型的企图，其中一部分作法就是将《帕西法尔》解释成种族主义的歌剧，而且还能更进一步具体说它是反犹主义的作品。这种做法可能带来的效果之一，是把这部歌剧的主要关注问题说成完全与形而上学无关，也与超越无关。这些作者中有些人断称，《帕西法尔》的思想内容中包括了一些社会与政治思想，它们是瓦格纳在写作那部歌剧的同时、仍然从事他作为新闻评论家的最后阶段工作时探讨过的题目。这种说法其实不攻自破。否认意志、弃绝世界，是《帕西法尔》“要说”的事情当中的最中心内容，这一点无可争辩。这些东西，退一步说，如果用基督教神秘主义为依据予以解释，多少还有可能附会到一起，但是它们与任何政治社会理念都绝对是水火不能相容。按这种思路写作，就是试图以局部代替整体、用新闻报导概括艺术探索、以粗制滥造对待细致入微、以不辨真伪回应深入洞察与辨明真相，说到底是以表面现象掩盖深刻问题。我不得不提及，我察觉这些作家的为人，多数都是习以为常地以新闻报道的眼光，甚至是从意识形态的出发点，去对待严肃与深刻的问题。

在瓦格纳的歌剧作品中到底有没有反犹主义的特征，是一个很有意义、值得专门讨论的一般性问题（详见本书附章《瓦格纳与反犹》），然而关系到对《帕西法尔》的基本理解，值得认真加以分析的误解只有一个，那也就是将它视为基督教作品的观点。

《帕西法尔》中明显属于基督教的内容不仅包括在词句中提及基督教观念：在演出中间，舞台上先后两次呈现看上去非常接近弥撒或者圣餐仪式的场面，壮观而庄严。总是有很多人对此感到难于接受，他们问：“瓦格纳对此到底多么严肃？他期待我们以怎样的严肃态度对待这些东西？”做出这样反应的人倾向于认为，如果瓦格纳对此所抱的是完全认真的严肃态度，那么他一定已经是一个基督徒；假若不然，如果他仍然不是基督徒的话，那么这部歌剧就是言不由衷、就是造假。在19世纪会比在今天有更多的人感到，如果瓦格纳并不真正相信这样的创作在宗教上的重要意味，那么他那样做就是亵渎神圣。实际上，还有一些人坚信，如果瓦格纳确实相信那些东西在宗教上的重要意味却还是那样做了，才是亵渎神圣。在剧场这种地方展现基督教的最神圣的典仪，明显将它降低为舞台奇观，这种想法本身已经触犯了一些人，同时让人数多很多的另一部分人感到莫名其妙。很多未必被这一表现触犯的人，觉得这是一种值得怀疑的品位，是宗教狂热。想要了解这些感受的真正强度，我们必须要意识到社会对于剧院的态度，在当时是与在今天不一样的：有体面的家庭尽可以去光顾享用，但是在大多数情况下，剧院不被认为是他们的家庭成员可以以之为生的一种行当。当时人们对于戏剧世界的态度，就像今天人们看待媒体行业一样，某些智识水平更高的人，虽说也是观众的一部分，将它看成是虚伪价值的世界。

事实是瓦格纳**作为艺术家**完全是真心的、诚意的。在很长时间里，甚至可能一贯那样，他对宗教持有与叔本华表达的、我们也曾经在本书第157－159页讨论过的相同态度。引用叔本华的原话就是："包含在基督教中，也包含在婆罗门教、佛教中的伟大的根本性真理，是人的存在已经完全陷落在苦难与死亡之中，因此必须从中获得解救，而这一解救是可以通过否定意志，也就是义无反顾地抗拒自然而获得。这就是超出一切权衡比较、高于其他任何东西的真理。"① 瓦格纳也同叔本华一样，相信伟大的宗教借助形象与寓言表达了这些最基本的真理，但是这些宗教的虔诚信仰者们错误地将这些形象与寓言照字面意义信以为真。正如同叔本华认为对于严肃的哲学家们至关重要的任务，是从宗教信仰的残缺废墟中挽救这些重要真理一样，瓦格纳将一个与之齐头并进的任务委托给了创作艺术家。从瓦格纳的笔端写成的最后一篇理论文章是《宗教与艺术》，它完成于1880年，正值《帕西法尔》的创作过程当中。瓦格纳在其中清楚地阐述了这个问题："我们可以说，当宗教已经只是表面文章的时候，艺术应该担负起挽救宗教精髓的任务。对于宗教要求我们信以为真的那些神秘符号，艺术应该就它们的隐喻内涵对它们做出解释，最终让人们在最理想的表象中看到它们深刻蕴含的真理。神父只是关心宗教寓言必须作为事实上的真理去对待，艺术家却不必担心这样的事，因为他们是在坦诚而敞开地作为个人创意在展示自己的作品。"

每个人读到这句话都应该认为这已经是再清楚不过的了，但直到今天，

---

① 叔本华《作为意志和表象的世界》第2卷，628页。本书译者译——译注

偏偏还是有人在这个问题上头脑糊涂。我个人觉得很难有办法比瓦格纳说过的话还要更清楚地阐述这个问题。在我的个人经历中，对同样的混乱也有过小小的遭遇，说来难以置信但是确实令人难堪，而我一直没有找到一个有效的办法澄清这个问题。我的第一本书，当然今天我对它的幼稚深感惭愧，收集了我在十几岁时写作的诗，书名叫作《钉上十字架》，就是书中最长一首诗的名字。这首长诗的构造模仿祭坛画，是由两个联结段组合在一起的三联诗，中间的一首是钉在十字架上的耶稣基督的言语。这些诗作存在诸多极大缺陷与我在此要强调的问题无关——奥斯卡·王尔德说得对，大多数坏诗都是倾注真挚情感写成的。这就是我要强调的：我可以担保那首诗完全是在真挚诗意冲动下写成的，而写它的意图在于表达诚恳而深刻感受到的情感。为了做到这一点，我借助了在我成长的文化环境中占据最中心位置、人们最熟悉，同时也是最强有力的偶像形象。但是我的好几位朋友都对我说了类似这样的话："你怎么可以写这样的诗？你又不是基督徒！"或者是："难道我们必须相信你一夜之间信仰基督教了吗？"对于他们来说，既然我并不信仰基督教，那么我写这样的诗，不容分辩一定在情感上和艺术上是虚伪的。遇到这种情况的大多数时候，我即使解释也是徒劳。我指出那些实例：一些被普遍承认的伟大艺术作品，其中使用了宗教符号象征，而我们知道它们的创作者并不信仰那些宗教。就用威尔第和勃拉姆斯作例子，他们两人都写了奇异美好的《安魂曲》，而他们两人都不相信各自为之谱写成音乐的词句是字面上的真理，但是他们都创造出充实着伟大美感的艺术品，同时具有无可置疑的权威性（这我早应该想到）。然而我发现很多有智慧的人不能接受这种看法，坚持认为，或者这样的作品空洞无物，或者它们的作曲家是真正的基督徒，甚至可能隐藏不露，让他们的亲人都蒙在鼓里。这两种说法都曾经被某些评论家用在瓦格纳头上。

如我已经指出过的，《帕西法尔》实际上不止从基督教中汲取剧情形象（我们应该提到，这部歌剧从来没有指名提到耶稣或基督，虽然在几处地方有对他的明显暗示）。昆德丽在接续的几辈子生命中忏悔自己的过错，已经活过了1000年，她的形象就是依照印度教或者佛教的信念构造出来的。佛教的特征在《帕西法尔》当中还远不止于此，我们还可以举出存在本身就是一个错误这个概念的例子。在论及这些思想的早期起源时，恩斯特·纽曼写道："19 世纪 50 年代后期，瓦格纳的全部人生观与世界观发生了向神秘形而上学方向的转变。它的起因是多方面的，一部分源于他研读叔本华的著作、一部分源于他接触到佛教文献、一部分源于他自己对世界的本性还有人及动物的命运的痛苦思考、一部分源于悲情的特里斯坦主题当时刚刚在他心中卷起的情感波澜。他的道德观的中心，这时变成怜悯每一件不得不承受存在的负担的东西。正是从这个中心出发，他以新鲜的态度对帕西法尔这个题目做了审视。传记材料的记录将我们带到 1858 年秋天，那时瓦格纳开始写为了给维森东克夫人阅读的《威尼斯日记》，那成为我们理解那个时期瓦格纳的最重要文献。瓦格纳写道：'能够深深打动我的，只有那些可以激发我的同情心，或者说让我感受他人痛苦的东西。我将这样的同情心看作我的道德生活的最首要特点，并且认为它就是我的艺术的源泉。他还说，动物遭受的痛苦要比人类遭受的痛苦更能激起他的亲历感受，那是因为人可以借助哲学上升到一种解脱，超越他的痛苦，不能表达、不会思考的动物却只能徒忍疼痛而不知为何原因。'这些受苦受难只要还有终结的话，那只能是在人的怜悯心的觉醒之中，这样做的人，就把动物的失败的存在结合到自己身上，通过认识到一切存在的谬误，成为世界的拯救者。有朝一日这样的解释会对你变得更清楚，那要到《帕西法尔》的第三幕，故事会发生在耶稣受难日的清晨。' 非常清晰无误，戏剧《帕西法尔》在当时就已经在瓦格纳心目中定义为同情心的剧作了。"（《瓦格纳之夜》，701 - 702 页）在此之上我们还可以再加一层意义，他在那时就已经围绕着《帕西法尔》的思考形成了人作为"世界的拯救者"的概念。

从上面引用的瓦格纳的话中，可以清楚地看到他感到自己是在同时从佛教与基督教源泉汲取思想，在我们看到的《帕西法尔》中也确实是那样做的。同时上面提到过的话是瓦格纳在为《帕西法尔》作曲之前 20 年写下的，在那段时期的大部分时间里，瓦格纳还有意向创作另一部歌剧，它的名字叫"征服者"（Die Sieger）。如果完成，它会像《帕西法尔》被人称为"基督教"歌剧那样，在各种意义上被人称为"佛教"歌剧，因为它的整体构思的中心，在于所有主要角色的命运都在接续的几次生命中延展。在那之上，剧情涉及轮回转世、曲谱运用主导动机，它们之间会有一种特殊关系，这被瓦格纳认为恰当而独到、富有表现力。然而如我已经引用过的恩斯特·纽曼的话所说，创作这部作品的念头“在他的思绪中萦绕长达将近 20 年时间，但是最终没有结成果实。其中一部分原因，是写作这部作品所需要的情感上和形而上学方面的冲动，已经有很大部分被投入到写作《特里斯坦》当中了；另一部分原因，是到 19 世纪 70 年代晚期，瓦格纳发现，他在这部作品中想要讲的话都已经在《帕西法尔》当中自然而然地有所表达。”（《瓦格纳之夜》，204 - 205 页）

瓦格纳有一种意识，它实实在在地存在却容易被人忽略，它驱使他在几十年时间里在知性上与艺术性上都毫不犹豫地一直使用宗教信仰的符号象征，同时并不相信它们是字面上的真理。这作为一种有自我意识的做法，大概开始于他对费尔巴哈的思想产生反响，但是作为一种直觉的做法，我认为是他从最初开始一直都有的。说到底，《指环》的主要角色是一位天帝，同样还有其中另外几位角色。历史上曾经有过这样的阶段，那时的众多人类成员相信这些天帝真实存在。但是起码我从来没有听说过有人说瓦格纳相信它们的存在。与此同时，也从来没有人指责说，因为他不相信它们的存在却仍在《指环》中用到它们，就让《指环》在知性上不诚实、在艺术上站不住脚。没有人，甚至连不喜欢它的人在内，对《指环》在艺术上与知性上的严肃性存有疑问。对这部作品的最常见的批评之一，也是它经常被人取笑的地方，反倒是它的自我态度过于严肃了。就连批评它的人，在理解《指环》中瓦格纳不仅使用了他自己并不相信的天帝角色、而且还使用了与这些天帝有关的整个世界的符号象征也没有困难——对于这些他也是不相信字面上的真实性，为的是表达一些在他看来具有最深刻重要性的东西。这些批评者对瓦格纳在这中间的真实态度没有理解上的困难，对其中没有任何不可接受的东西没有理解上的困难。这同样也是他在《帕西法尔》中所做的。在《指环》中，他在我们面前展现了一个宇宙，里面有天帝、半天帝、巨人、侏儒，有会飞的马、会说话的鸟和龙、还人青春的苹果、予人权力的指环、魔法头盔、魔法火焰，但是尽管所有这一切都被用到，全剧还是给人一种明显的意识，即这是一部政治作品。《帕西法尔》当中也有魔法，比如克林索尔的花园，但是它与印度教、佛教、基督教的神秘现实属于同一个宇宙，是被这些宗教超越、去除了效力的。在这两部作品中，后一部在各个方面都更富于真正的洞见。它代表了瓦格纳从政治观念到形而上学观念的发展终极。在取得“叔本华哲学和《帕西法尔》作为终极成就”（《柯西玛·瓦格纳日记》第1卷，851页）之后，他看到作为戏剧家已经不再有下一步可走。他唯一可以遵循的道路是略去语言，追求无词的音乐、探索纯乐队音乐的纯净的形而上学。

瓦格纳毕一生精力，从事与戏剧相关的事业，这时要转去面向其他，这中间有一种弃绝世间价值的意味，因此当他称《帕西法尔》是“告别世界之作”，而同时他并没有意愿放弃作曲的时候，实在让人震惊。但是即使这样，即使他表示了希望在完成《帕西法尔》之后作为作曲家从社会作部分的引退，他一直抱有的信念没有改变，那就是认为戏剧有能力为社会生活带来最重要、最有需要的变化。在下一章中我们会看到他因此受到尼采的诟病，而正因为如此，尼采像瓦格纳自己的著述一样，给我们提供了见证，让我们知道那是瓦格纳一直持有的观点。正如在怀有政治信念的阶段，瓦格纳真心诚意地相信《指环》将推动革命到来一样，在他的最终的形而上学阶段，瓦格纳以同样的诚意相信剧场——起码他的剧场，将会取代教会成为一切最深刻的形而上学洞见的集散地。读者会记得仅在几页之前我们引用过的瓦格纳的话：“艺术应该担负起挽救宗教精髓的任务。”他相信那就是《帕西法尔》要做到的事。教堂建筑因为传播福音而成为圣地，这时瓦格纳做出他的最典型的举动，决定要让舞台成为圣地代替教堂，而这舞台就是他修建来上演他自己作品的地方，要在那里上演他的唯一一部专门为在那座舞台上、在节日环境中演出的剧目。他在《帕西法尔》的标题页为它写下这样的称呼：“舞台节日祭祀剧”，Ein Bühnenweih-festspiel。

第十七章

瓦格纳与尼采

一

如果你是一位作家，很自然你的朋友们会来问你现在在写什么题目。自从我开始写作眼前这本书以后，我的回答就是“哲学对瓦格纳歌剧的影响”。而接下去就会有人问：“哦？你是说尼采或者类似的题目？”听到这样的话次数之多让我感到吃惊，显然有一种假设或者说猜测流传甚广，以为尼采对瓦格纳有很大影响。但是事实正好相反：尼采对于瓦格纳的歌剧没有任何可以觉察的影响，反而是瓦格纳对尼采有过他毕生曾经受到的最重大影响。

但是，涉及到我们深入讨论的若干问题，尼采是具有独特价值的有关瓦格纳信息的来源，而且还给我们额外的启发。首先，他是与瓦格纳面对面讨论过那些问题的人，其中特别是有关叔本华哲学和古希腊戏剧，除此之外他们还讨论了范围很广的其他题目，包括哲学、宗教、政治、社会事务、文学、戏剧以及各种思潮。他们两人在持续数年时间里曾经是紧密的朋友，一起度过了不知多少小时的时间，围绕那些题目进行热烈的讨论。所以在很多问题上尼采确实知道瓦格纳如何想，而且为我们留下很多纪实性的见证。再者，尼采并不是一个学识水平一般的见证人。虽然我敢肯定，如果有人告诉瓦格纳，他的这位年轻崇拜者将会成为整个西方哲学史上最伟大的人物之一，瓦格纳自己会惊讶得无言以对，但是这样的评价已成定论，起码在今天没有异议。所以尼采并不像瓦格纳的多数其他友人，只在知识上具有泛泛的兴趣——他是真正懂得哲学的。在最初结识瓦格纳的时候，尼采又是叔本华哲学的追随者，对之做过深入研究。在他们两人友谊最深的时候，尼采成为巴塞尔大学的古典文献研究方面的全职教授，专门研究古希腊戏剧。这说明他在这一领域的学术学识水平。在瓦格纳结识较深的人当中，他大概是唯一对这些题目有专业知识的人，这就让他处在一个特殊的地位，可以判断瓦格纳对它们有多少了解，还可以理解瓦格纳有过什么样的议论，并且向我们转告。

尼采的见证有一个不小的用途，在于它们对一些看法构成反诘——证明那些看法不成立。例如有几位批评家认为，瓦格纳对事情浅尝辄止，仅仅走马观花似的接触一些综述报道，就自诩对叔本华哲学与古希腊戏剧这类的题目有了真正了解，而其实除了一些很浅显的问题以外他并不懂得那些东西。就算瓦格纳本人的作品还不足以证明这些人所说的不是事实，我们从尼采那里又获得旁证。我们从尼采那里得知，瓦格纳对叔本华哲学有着专深的把握，我们还得知虽然他与古希腊戏剧的关系不算是学术性的，但瓦格纳有着通过译文获得的很广泛的了解，而且更为重要的是，他对古希腊戏剧有很多好的想法与洞见。更扩展一些说，虽然在此我们又是并不需要尼采就已经知道这些事，我们仍然有他见证的事实，证明瓦格纳除了作为艺术家的才华之外，他的严肃的、非一般综述性的知性能力属于最高水平。他所不具有的仅只是学术目标。他的知性活动被他作为艺术家的主观需要所主导，没有被导向去做专家学者会做的批判分析，而是被用去为很广范围内各不相同的洞见解释它们的关联。他在他的工作中注入了在广度、深度、力度方面都是极为超群的知性力量，他的方法永远体现完整的知性严肃性。

尼采对瓦格纳的评论开阔我们的思路还不仅仅在于它们可以被用作反证。在他们两人关系破裂、尼采转向极端反对瓦格纳之前，这位哲学家对那位戏剧家正在做的工作或者尝试做的工作具有非常理解与同情的认识，并且尤其是对本书中论及的那些思想的层次有特殊的见解，他还对瓦格纳的散文写作的特性与内涵重要性有着敏锐的理解。虽然时间上的先后次序排除他对那些歌剧有过任何影响的可能，我们将看到他对那些歌剧的观察会对我们先前讨论的很多问题带来进一步的启发。总之，讨论他们之间的关系会有助于更加丰富我们对于很多中心题目的理解，因此一定要在这本书中为之动用一些篇幅。即便是我个人，如果写一本书讨论瓦格纳与哲学的关系，却略去不提他和唯一一位他结识的伟大哲学家之间的长久个人友谊，我也会感到不安。这段故事本身就在很多方面引人入胜呢。

瓦尔特·考夫曼称得上是尼采的传记作家和批评家中最著名的一位，他曾经说："他们之间的友谊远远说不上是对等的。"1868 年 11 月尼采第一次见到瓦格纳时还是一个学生，一个拘谨、不知所措、24 岁的无名青年。而瓦格纳已经 55 岁，他与尼采的父亲同年出生，而且据称与尼采的父亲有几分相像。瓦格纳在那时的声誉已经突破到国际范围，开始享受如潮好评。同一年更早的时候，《名歌手》举行世界首演，获得他的作品到那时为止得到过的最高评价，而仅仅三年前《特里斯坦》经历过同样的成功。其实在结识尼采时，瓦格纳只还有一部歌剧，就是《帕西法尔》，没有开始本质性的工作。除开年龄和境遇的差距，在讨论这两个人关系的过程中还有一个因素我们时时不可忽略，就是纵贯瓦格纳一生、超乎寻常的以我为主的个性。在不同程度上接近他的人，大多数不是被制服被压倒，就是必须奋力抗争以保持自己的独立。尼采发现自己在若干年当中属于前一种情况（而且起码从表面上他还能容忍），接下去就走到后一种情况，成为瓦格纳名望的主要敌人，公开与之作对。

二

尼采与瓦格纳一样，家乡也在德国东部的萨克森。尼采 1844 年出生，父亲是一位路德教的牧师，母亲也来自路德教牧师的家庭。在尼采 5 岁的时候，父亲和唯一的兄弟便去世了，从那以后就在一个成员全是牧师遗眷的家庭中被带大，家中有母亲、他唯一一个妹妹、祖母，还有两位未出嫁的姑母。在这样一个背景之上，他进了名叫普夫达的寄宿学校，这是一所以学业精进著称的学校。他在那里一直保持出色的成绩，因为那样的结果，他又进入波恩和莱比锡两所大学深造。

尼采从来没有正式学习过哲学：他的主修是古典语文学，并且在这一领域才华过人，这让他在结识瓦格纳之后不久，年仅 24 岁、仍然是没有毕业的学生，就被任命为巴塞尔大学的古典语文学的助理教授，之后仅一年又被提升为正教授。因为他那时还没有完成博士学位的研究，为了让他可以履职，莱比锡大学不要求他提交论文直接授予他学位。这在 19 世纪后期流通德语的大学界是闻所未闻的事。从 25 岁左右他就逐渐成为一位享有国际声誉的古典语文学方面的学者。在与瓦格纳保持紧密个人关系的那段时间里，即从 1868 年到 1876 年，他一直是那样一位学者。

但是到那个时期的最后一年，他放弃在大学的事业，转而完全献身哲学，在那之前他曾经尝试在大学内转成哲学教授，但是没有被获准。这件事，连同他与瓦格纳分手，发生在差不多同时，它们都是他在找到自己的位置、走自己的道路过程中的不同部分。在随后的 12 年中，也就是从他 32 岁到 44 岁，他发表了大量著作，正是这些著作让他在今天广为人知。后来到 1889 年 1 月，他因精神错乱而丧失理智，从此再没有复原。他于 1900 年去世。在那 12 年中直到他丧失理智之前差不多一年时间，他的书几乎没有人买也没有人读，得到的评价也几乎都是负面的。他的这种状况在瓦格纳 1883 年逝世之后还持续了很长时间。在 19 世纪 90 年代他开始有了国际声誉，但是他自己已经全然无知了。他对瓦格纳的音乐创作不曾有过影响——根据事情发生的时间先后就足以排除存在这种影响的可能，他对《帕西法尔》的不理解与敌对态度更说明其不存在，但是他对后来的几位作曲家都有过影响，将他的词句谱写成音乐的作曲家包括马勒、戴留斯、勋伯格。理查·施特劳斯最著名的交响诗之一就是基于尼采最著名的著作《查拉图斯特拉如是说》写成的，而且曲名直接沿用书名。

从很年轻的时候起，尼采就自己养成对音乐的强烈兴趣。在他写过的一个自传性片段中，他提到在寄宿学校做学生的经历时说：“那个时候我几乎要立志去做音乐家了。因为自从我九岁的时候开始，音乐就成为最能吸引我的东西。在那种一个人还不知道自己才华的高低，以为一切喜爱的对象都可以据为己有的欢乐时光里，我写了不计其数的乐曲，掌握了远不止是业余水准的音乐理论知识。这一直到我在普夫达上学的最后阶段才改变，那时出于对自己的真正认识，我完全放弃了做艺术家的打算。从那时起，古典语文学才取而代之填补了空缺。”但是事实上，他一直没有断了作曲，而且还发表过后来作的一首音乐。一个有这样背景的人，看到自己与一个正在被普遍认同为依然在世的最伟大作曲家结成紧密的个人友谊，这样的经历肯定让他激动不已，其理由显而易见、无需更多说明，这一点是与涉及他们的关系的其他一些问题非常不同的。

直到尼采结识瓦格纳之前不久，他的音乐鉴赏范围不超出常规，当然这样说绝不是质疑他对音乐的真正了解。在他的成长过程中，他最喜爱的音乐是贝多芬、莫扎特、海顿的作品。更近期的作曲家中第一位引起他的狂热喜好，甚至到痴迷地步的，是舒曼。这不等于说他不知道所谓的前卫音乐，或者说未来的音乐：他在发现那样的音乐之后，舒曼仍然是他的至爱。1861 年，他首次通过钢琴缩减谱接触到《特里斯坦》，那时他还不满 17 岁，而且，不错，他喜欢《特里斯坦》，觉得它很好，但是并没有因此就改变了自己的音乐品位。四年以后（1865 年 6 月 11 日），他仍然在写给妹妹的信中说：“我最喜欢的东西”是“舒曼的《浮士德》音乐还有贝多芬的《A 大调交响曲》”。在其后一年 1866 年的 4 月 7 日，他还在写给一位朋友的信中说：“有三样东西是可以让我放松的，大概都不常见——我的叔本华、舒曼的音乐、孤身散步。”尼采所写的所有音乐，几乎都是舒曼风格的，即使在尼采沉迷瓦格纳的时候仍然如此。我们确实必须说，它们听起来像是低水平舒曼，是掺水稀释了的舒曼，即使其中有瓦格纳成分也是微乎其微。对于他来说，来得最自然的东西、他既喜欢又乐于自己尝试作曲的，是浪漫派的抒情音乐，而且是立足传统的一类。当他与瓦格纳断绝往来以后，他还是求助于那类音乐。这件事实就好像为我们投下光照，帮助我们看清尼采与那位作曲家关系的本质。一本探讨尼采与音乐的关系——他是一名音乐爱好者又是一名作曲家兼钢琴家——的专著，做出过如下结论：“如果说通过当前的考察，任何事情变得清楚起来的话，那也就是对于尼采来说瓦格纳的音乐自始至终是一个没有解决的问题，这个问题在尼采与那位作曲家关系最紧密的时期被压抑下去，而且很可能是出于与音乐本身无关的原因被压抑下去了。”（弗里德里克·洛弗《青年尼采与瓦格纳经验》，80 页）

三

我们通常会认为，一个称得上神童的古典语文学教授转去研究哲学，驱使他转变的定然是他对于最伟大的古希腊哲学家——被很多人认为是永远的最伟大哲学家——柏拉图与亚里士多德的知识，但是事情在于尼采却不是这样。他对那两个人都不抱同情，尤其对亚里士多德，索性没有兴趣。改变尼采人生的事件是他偶然发现了叔本华。当他 21 岁做学生的时候，偶然在莱比锡一家旧书店里看到一本《作为意志与表象的世界》。他后来写到这一偶遇的时候说：“我属于叔本华的这样一类读者：他们在读了他的第一页之后，便确切地知道，他们将通读全书，并将倾听他说过的每一句话。我立刻就对他产生了信任，我现在对他的信任仍然一如九年以前。当时我茅塞顿开，好像他是专门为而我写的：我这样的说法是为了让人对我当时的情况一目了然，但却是很不谦虚、很愚蠢的。”[①] 他开始沉醉于叔本华的著作，经过反复阅读，完全浸透在叔本华的思想当中。不出六个月时间，他开始在信中说及“我的叔本华”。他在朋友中间宣扬那位哲学家，在给他们的信中称他为“我们的叔本华”。叔本华简直成了他心中的神明。欧文·罗德是尼采的挚友，在给罗德的信中，尼采写道：“有时候，我会躲在马肚子下面默念，叔本华啊，来救救我！如果我回到家中，精疲力尽、汗水淋漓，只要看一眼书桌上的画像（罗德赠送给尼采的一幅叔本华肖像），我就会心旷神怡，或者只要一捧起《杂述与拾遗》……”（1867 年 11 月 3 日）尼采最终说过，让他转变成一位哲学家的是叔本华。后来在反叛瓦格

---

① 杨恒达译尼采《作为教育者的叔本华》，收录于《尼采全集》第 1 卷，中国人民大学出版社 2013 年版，252 页——译注

纳的差不多同时，他也反叛了叔本华，这两例反叛在思想层次上有着很重要的关联，但是尽管反叛，一直到事业结束他都在说，如果有人要对他个人有真正的了解，最应该阅读的就是他写的《作为教育者的叔本华》这本书。即使在他拒斥叔本华哲学之后，也仍然还尊崇并且效仿叔本华的个人榜样。尼采写过一首小诗强调这一点：

> 他的教诲已经被放在一边；
> 他的生活之路却要一定遵守——
> 看这个人吧！
> 他才不会俯首屈尊。

所以，尼采在24岁上结识瓦格纳的时候，已经在若干方面和瓦格纳有共同之处，这些题目对于他们两人都有着极端本质性的重要意义：他对古希腊的东西有着精深的知识和特殊的眷爱，尤其是古希腊戏剧；他是一个狂热的音乐爱好者，并且自己也作曲；他沉醉于叔本华哲学之中，而他也将叔本华当作英雄崇拜。在他们初次会面之前，尼采也开始尝试“现代”音乐，放弃了他原来一直抱有的旁观态度。正是处在这个阶段，他开始通过朋友、通过朋友的朋友，寻求机会会见那位伟大的前卫作曲家。那位作曲家经常有机会来莱比锡，那里既是他的出生地又有他的很多友人和社会关系。尼采在给罗德的一封信中描写了初次会面的情景：“我被介绍给理查德，我向他讲了几句表示尊敬的话。他想要知道我熟悉他的音乐的具体过程；他诅咒他的歌剧的每一场上演，仅除慕尼黑的那几场著名演出在外；他讽刺挖苦那些指挥家们，冲着乐队不痛不痒地说：‘先生们，这里要有激情！’‘好伙计们，再多给点激情！’……他真是一位极为活跃、激情四溢的人，讲话很快，思维很敏捷，把我们在场的很私人的聚会搞得气氛很热烈。在中间，我们有相当长一段对话是关于叔本华的；你应该理解我是多么喜欢听到他带着一种无法形容的感情谈论叔本华，讲从他那里得到多少益处，讲他如何是唯一一位懂得音乐真谛的哲学家……最后，到我们都准备要离开的时候，他热情地同我握手，并且带着深厚的情谊邀请我去访问

他，以便可以一起演奏音乐、谈论哲学……”（1868 年 11 月 9 日）

根据当时的礼仪与习惯，尼采不应该在这里直呼瓦格纳“理查德”。他这样做显得已经在炫耀与这位伟人的亲近关系。后来他确实与瓦格纳关系很好的时候，他以瓦格纳的姓称呼他，还常常称他为 Master（主人）①。

就在这次初次会面以后不久，尼采得到了巴塞尔的职位。尼采的传记作家罗纳德·黑曼告诉我们：“这个职位吸引他的方面之一，就是巴塞尔距卢塞恩附近瓦格纳居住的地方只有 88 公里。”（《尼采生平批判》，102 页）尼采成了瓦格纳在特里布申家中的常客。翌年夏天（1869 年 8 月 4 日），他写信给一位他称作克鲁格的朋友说：“我刚刚又一次与我的尊敬的朋友理查德·瓦格纳一起度过了几天时光。他最好心地给予我无限造访的权利，而且如果我不是至少每四周动用一次这个权利的话，他就会责怪我。你会理解我从这一准许中获得的是什么。对这个人，我们还没有一个评判全面展现他的人格，没有东西告诉我们他的伟大品质是多么一尘不染、他的思想和意志是多么理想主义、他的人文理念是多么高尚温暖，他的深邃的严肃态度让我每次和他在一起都感到我是在面对这个世纪的伟人。最近，因为完成了《齐格弗里德》的第三幕，他的心情格外愉快，他正在带着对自己力量的充分信心开始创作《众神的黄昏》。”在同一封信的后面尼采又写道：“暑期在特里布申度过的时光真可以说是在巴塞尔做教授给我带来的最有价值的收获。”

从这段时间起，对瓦格纳的赞誉之词就在尼采的信件中频频出现。我们完全可以说尼采崇拜瓦格纳，而且是在崇拜一词最纯正的意义上。“同他共处让我感到与圣人同在。”（致格尔斯多夫，1869 年 8 月 4 日）他并没有中止对叔本华的崇拜，而是将叔本华与瓦格纳当成好像是一对圣人。这一点他自己是知道的，在一封写给瓦格纳的信中，他说：“我生活中最美好最

---

① 这一称呼并不像我们现代人感觉的那样毕恭毕敬。它实际上有着更接近意大利语中“大师”（Maestro）说法的意味，而这在今天的讲英语国家的职业音乐家中被广泛用来直接或间接称呼一位乐队指挥，中间既含有认可权威的意义同时也可以含有很大程度的友情与熟识。因此，如果人们更从这种意义去理解柯西玛，认为她习惯称她丈夫为“大师”，那种译法表达的印象就更准确，而不像“主人”的译法那样一本正经甚至装腔作势。——作者原注

崇高的时光都是与您的名字联系在一起的，除您之外我还只对一个人同样景仰，我愿用虔信来形容，那人也就是您精神上的伟大兄长阿图尔·叔本华。”（1869 年 5 月 22 日）他在给罗德的信中说：“这个世界对他（瓦格纳）为人之伟大，以及他的非凡的个性没有丝毫的概念。我从同他的接触中学到了太多的东西：我就像是在上一堂叔本华哲学现身说法的实践课。”（1869 年 6 月 16 日）他将瓦格纳个人描写为“彻底体现叔本华哲学并且处处以它作为出发点”。并且说瓦格纳是“叔本华所说天才的血肉躯体的实际体现”（1869 年 9 月 28 日）。他第一次送给瓦格纳的圣诞节礼物就是一幅叔本华肖像，而画框上饰有瓦格纳的族徽。尼采的传记作家荷林德尔这样说过：“现在瓦格纳与叔本华合为一体，成为尼采在情感上的新宗教。”

在所有这一切发生的同时，尼采被当作瓦格纳一家最好的朋友接受到他们的家庭之中。他去作客 23 次，几乎次次留宿，这还没有包括他们在其他地方越来越频繁的会面。他和他们一起度过接下来的圣诞节。瓦格纳唯一的儿子齐格弗里德出生的当晚，他就是和他们在一起。尼采看到柯西玛开始产前阵痛，主动提出告辞，却被执意挽留，后来还接受邀请做了孩子的教父。《齐格弗里德牧歌》在台阶上举行世界首演以作为献给柯西玛的惊喜生日礼物，当时尼采也在瓦格纳家中逗留。他在写给友人的一封信中提到了他在瓦格纳家庭中的地位：“我们住在一起，在最融洽的一家人气氛中作各种趣味盎然的活动，绝无任何通常的社交琐事。”他被布置任务，照看四卷本瓦格纳自传的头三卷付印，他依嘱做到。理查德和柯西玛像对待一个成年的儿子那样对待他，甚至会差遣他办理购物等杂事。而他也乐于担当，以能与伟人亲密相处为骄傲。1871 年圣诞节前两天，尼采写信给他的母亲和妹妹，信中说：“我和瓦格纳一家提前过了圣诞节，上个星期和他们一起在曼海姆度过，还荣幸地和他们并排而坐出席瓦格纳音乐会，真是美不堪言。我们住在欧洲庭院酒店的第一层。瓦格纳接受的诸多荣耀，作为他最亲密的朋友我也因此沾光。”1872 年 5 月，瓦格纳自己的歌剧院在拜鲁伊特举行奠基仪式，尼采乘瓦格纳一家的专车同他们一道前往。

尼采的传记作家罗纳德·黑曼这样一语道破：“尼采对瓦格纳的情感只能用一个爱字说明。”（《尼采生平批判》，102 页）很多年以后，在瓦格纳逝世之后，尼采也肯定了这一点。还有值得指出的是，尼采对柯西玛也感到爱，甚至很有可能确实对她有着爱情。不只我一个人，很多评论家都得出这一结论，并且这件事很有可能。在尼采的余生，只要提到柯西玛，他总是一成不变地称她为一切女性当中他所最敬重的。在与那位作曲家断绝来往以后，他在给一位友人的信中说："我多么想要和瓦格纳夫人对话——和她对话是我的最大喜悦之一，但那已经是失去很多年的了！"（1877 年 7 月 1 日）1889 年 1 月的最初几天，正当他的理智最后解体的关头，他给柯西玛寄去一封信，上面只有一句话："阿里阿德涅，我爱你。"尼采写的最后一封信格式已乱，那是寄给他敬重的友人、历史学家雅各布·布克哈特的。他在字迹难辨的又及中写道："其余都属于柯西玛夫人。"

四

每当尼采和瓦格纳两人相处一处，他们很自然地对共同执着的题目展开漫长的对话，这些题目不仅包括叔本华，还包括音乐与古希腊文化，他们还对当时的文化没落现象作愤怒的抨击。瓦格纳向尼采讲到他在很多年以前曾经从一些德国古典学者那里学到东西，而这时这些人已经被遗忘，即便是尼采也对他们不熟悉。尼采听到以后会去巴塞尔的图书馆提取他们的著作、研究它们并在自己的笔记本上作摘录。最重要的是，尼采研读瓦格纳的著述，吸取了瓦格纳对于古希腊悲剧的思想，尤其是有关如何可能并且应当，在 19 世纪，以歌剧的形式对那些剧作予以复原，让交响乐队在其中担当合唱的作用。瓦格纳的两个思想特别引起尼采的热情。其中一个是说，究其最深刻的精髓，戏剧是以可见形式出现的音乐。另一个是说，古希腊悲剧的历史传承就体现为阿波罗精神与狄奥尼索斯精神的相辅相成。这后一个思想见于瓦格纳 1849 年在巴黎写作的《艺术与革命》一文的起始段落，但是他仅作此断言，而没有进一步阐发。

尼采对这些想法产生巨大的兴趣，就它们与瓦格纳作了长时间讨论。同时，在巴塞尔大学，在他担当的第一个学期的授课中，他已经在引用瓦格纳的《歌剧与戏剧》，并且将瓦格纳对于古希腊戏剧的看法同他自己的视角结合起来。他的课程讲义很快就表现出在议论古希腊戏剧当中直接关系到瓦格纳的歌剧。例如他讲道：“今天，每当人们谈论或听说埃斯库罗斯、索福克勒斯、欧里庇得斯，每个人都会自动联想到他们是文学诗人，因为我们对他们的知识都是通过书籍获得的，无论是原文还是翻译。但是这样联想几乎无异于谈论《唐豪瑟》而只关注它的脚本。他们三人不应该被看作是脚本作家而应该被看作是歌剧作曲家。”罗纳德·黑曼评价得正确：“这些讲义的主要思想都是瓦格纳式的，就是在这样的环境包围下尼采形成了他的第一本书的思想：悲剧是从音乐的灵魂中诞生的。”瓦格纳确实说过戏剧是以可见形式出现的音乐，但是这是从审美意义而言，未必是在作出形而上学论断。尼采将它转移为一个历史的论断，建立了戏剧艺术从音乐之中发展而来乃是历史事实的观点。他整理这些思想，将它们充实成为他的第一本书，书的全名就是《悲剧诞生于音乐精神》。这部著作写成于他与瓦格纳的关系处于顶点的时期，即1870年到1871年间，于1872年出版。

像这样一本浸透着瓦格纳的思想而又非出自那位作曲家本人之手的书，很难想象还有其他著述出于其右的。这本书题献给瓦格纳，它的前言又是直呼其名写给瓦格纳的；全书共25个分段，其中最后10段程度或多或少都是对瓦格纳的溢美之词。其实这一整本书都是写给瓦格纳的，尼采在前言中这样写道：“以他（该书作者）所设想的一切，他与您的交谈就如同当面倾诉，他只能把与这种当面倾诉相应的东西记录下来。”[①] 他又把这本书称为他与瓦格纳对话的精华：“美好而庄严时光的化石。”尼采在给那位作曲家寄去这本书时附了一封信，在起草这封信时尼采这样写道：“我在这里要说的关于悲剧的诞生的每一个议论，都是您已经说过的，而且说得更漂亮、更清晰、更有说服力……因为这里是您的领域。您是唯一的一个人，我感到必须要向他为这本书请求宽恕。”在最后寄出的信中他是这样写的：“如果我认为，在基本问题上，我自己是正确的，那只是说您在您的艺术中

① 孙周兴译尼采《悲剧的诞生》，商务印书馆2012年版，17页——译注

一定是永远正确的。您会看到，在每一页上我都是在对您传授给我的东西向您表示感谢，任何令我担心的疑惑也来源于我是否正确接受了您的传授。再过些时候，我大概还能做出更好的成果。我这里说‘过些时候’，心中想的是‘圆满成功’之时，即拜鲁伊特文化期间的时候。而目前，我为表明我自己而骄傲，为从此人们会把我的名字和您联系在一起而骄傲。”（1872 年 1 月 2 日）

这本书的文风也受瓦格纳的影响。成为尼采后来文章一大特点的犀利、清澈、机智，在这里却非常罕见，让人看到的是淤积不畅、混沌不清，是对主人的最忠实而又最拙劣的模仿。瓦尔特·考夫曼是翻译过这本书的译者之一，他说过，这本书有些地方简直就像是对瓦格纳的戏仿。最极端的是，这本书出版时外观制作也是在对瓦格纳亦步亦趋：它的出版商是瓦格纳的出版商，而且如尼采自己所说，它的装帧“就按照瓦格纳的《歌剧的未来》样式做成”。尼采在将手稿寄给出版商的同时写给出版商一封信，在信的草稿中尼采写了这样的话：“（这本书的）真正作用在于揭示理查德·瓦格纳，这位当今时代之非凡奇迹，与古希腊悲剧的关系。”

这本书中的所有重要思想皆来源于瓦格纳，只有一点除外。瓦格纳将古希腊戏剧的衰落归罪于古希腊政治的衰落：古希腊城邦失去了它们的实力、财富与重要地位，成为沦落的社区；在这样的前提下，既然古希腊戏剧实际是全社会参与的活动，瓦格纳认为它一定随社会败落而败落。尼采提出了不同的解释。尼采说，在埃斯库罗斯与索福克勒斯的作品中可以见到的古希腊戏剧的高峰期，充分表现出贯通人类生命的如波涛起伏、非理性的情感冲动，究其各种形式的最深情激越的部分，凸现那些情色、好斗、迷醉的方面——一句话：狄奥尼索斯的世界。但是这些要通过神话传说的梳理，这些神话传说充分利用想象、幻想、梦幻——也就是阿波罗的特征。这样产生的戏剧在剧院这座幻觉的殿堂中活生生展现。这些成分结合在一起就创造出一种包容广泛无可比拟的艺术形式。但是，这在古希腊的批判与自我批判的知性的发展中被摧毁了，那种发展被苏格拉底那位批判精神的至高无上的智者推到登峰造极，表现为在意识与自我意识层次，不遗余力地追求理解的彻底性。知性上的理解成了存在的一切、目的的一切。“认识自己”成了占主导地位的公理。甚至连道德、美德，根据苏格拉底的观点，都属于知识与理解的问题。人们开始相信，人类存在的各个方面，都可以被一切从概念出发的知性所把握，并且也应该从概念出发被理解、被阐述。这种态度被欧里庇得斯带到悲剧写作当中，这就将一切都破坏了，因为这样就摧毁了在埃斯库罗斯与索福克勒斯的作品中最深刻东西的来源，那就是对于非理性的东西、对于在今天会被称作下意识或者潜意识的东西的艺术表达，而那些东西是人类与社会生活的基础，又是永远无法在自我意识的知性层面令人满意地用概念予以把握的。在欧里庇得斯的手中，悲剧变得肤浅了，失去了触及人的内心深处的能力，从而它作为一种艺术形式就败落下去了。按照尼采的看法，正因为瓦格纳的音乐具有那样的力量，能像埃斯库罗斯与索福克勒斯以前做到过的那样，细致阐述除此之外不可企及的非理性世界，那么瓦格纳作为一位戏剧家，正在恢复戏剧这一艺术形式的早先的完整性，还它以本来的内在品质、公众宠爱、社会地位，一切如同在古希腊一样。

我刚刚提到，《悲剧的诞生》这本书中的所有重要思想皆来源于瓦格纳，而且这是有证据可以证明的，但是尼采本人在当时也是一位正在育成中的天才，他并没有仅仅是被动地收集利用瓦格纳的想法。举一例说明，古希腊悲剧的两极是阿波罗精神与狄奥尼索斯精神，这一论断在瓦格纳的文章中出现是作为先声夺人的开场白，而其后的论述却没有再回头来对它加以充实，但是尼采对这一洞见做了展开论述，并且做到如此有说服力以至于他的这一论述在我们总体知性文化中占取了一席地位。当然，瓦格纳有可能在交谈中进一步阐发了那一看法。我们绝不可以犯那种学究气的错误，认为在他们两人之间交换过的思想仅限于那些我们有记录可以作为证据的。实际正相反，他们两人之间的讨论延续几年之久，两方面都肯定抛出过很多想法，远比我们在记录中看到的丰富得多。这些交谈触及内容之丰富，这件事本身就让尼采在他的余生不断回味（在我们的文化历史中还能找得到几个人可以与他们两人相比的呢?）。尽管是这样，在我们讲过有关这个题目所有可以讲的话以后，尽管说尼采一直在双方关系中是年轻的一方、在讨论中尊重瓦格纳的意见，但是在基于这些交谈写成一本书的过程中，尼采发挥了大量的、原创性的才华。其创作结果，虽然有着风格上的一些严重缺陷，是在悲剧这个题目上各类作家写过的最发人深思、影响最大的著作之一。在所有哲学家的著作中，大概只有亚里士多德的《诗学》可以说是在关于这一题目的文献中占据更高的地位。

瓦格纳对尼采这本书感到高兴。他说过，这本书让他和尼采的个人关系更为紧密，到了除与妻子之外，超过与任何其他人关系的地步。

到那个时候，尼采已经在很长时间里认为他自己与瓦格纳“在同一面旗帜下，思想与所付出的努力在内心深处是相通的。”（1870 年 12 月 12 日）随着《悲剧的诞生》出版，他宣称：“我已经与瓦格纳结成同盟了。你无法想象我们的关系多么紧密，也无法想象我们的计划多么不谋而合。”（1872 年 1 月 2 日）直到 1872 年满 32 岁以前，他一直在梦想建立由特选人士组成的某种共同体，其人选来自他们两人各自的熟悉人士的圈子，这些人自然地集中在不同的年龄群中。尼采书信的翻译家克里斯托弗・米德尔顿说：“这将是一个朋友的系统，以拜鲁伊特为精神中心，旨在以叔本华和瓦格纳的名义，促成德国社会的再生与转变。”在那以前，他就在给同时代最亲近的朋友罗德的信中写道：“即使我们不能找到很多人分担我们的观点，我仍然相信我们有能力——当然损失一定会有——逆流而上，我们会来到一个岛上，再也不需要用蜡封住我们的耳朵。到那时我们会互相成为老师。我们的著作会主要成为钓饵，勾引更多人加入到我们的修道院似的、艺术性的共同体中。我们会爱慕、工作、愉快相处——这大概是我们为**整个世界**付出努力的唯一途径。”（1870 年 12 月 15 日）

在这样的前提下，那些知道尼采的人当中有很大一部分视他为瓦格纳的附庸，就并不奇怪了。尼采对这些人的这种看法却并不介意。在给罗德的一封信中，他带着讽刺口吻写道：“有人告诉我最近《民族报》胆敢把我算成一个‘瓦格纳的应声虫’”（1872 年 10 月 25 日）。在同一封信的后面他又写道：“让瓦格纳满意是能够激励我的事情，比任何其他力量都更能令我振作。”

五

成熟期的尼采发表的著作，恐怕是所有哲学家著作中言辞最为激烈的。有可能他从叔本华对黑格尔、费希特、谢林的谩骂攻讦中学到了什么东西，但是他自己的发动攻势的能力远远起了更大的作用。一旦抓住可以发挥的机会，尤其是以智者的成见作为批评对象的时候，极端针对个人的辱骂就会从他的笔端喷泻而来，就像炙热的火山岩浆。他的大多数写作都极为精彩，经常带有富于灵感的形象比喻，有些十分好笑而表面丝毫不动声色。这样的文章，又加上他全面否认被人普遍接受的道德，还有他的主要思想包括超人概念和强力意志，就容易让读者产生印象，以为他的举止咄咄逼人，觉得他会是不可一世、刚愎自用、强争善辩，很可能让人恐惧，肯定是正颜厉色。但是这些都不是他的行为。激烈的一面实际上是在头脑中，或者干脆说在纸面上。生活中的他从来都是柔言谈吐、斯文举止、并不坚持己见。年长的女性尤其欢迎有他陪伴，因为她们看到的是他平和的绅士气度和替他人着想。

显然可见，在他胸中有被挤压在一只瓶子里的攻击性意愿。但是在很长时间里，他觉得很难，甚至做不到，以任何直接的方式让它有所表露。从早期开始，他就感到有表露的必要：1867 年，在见到瓦格纳之前，他在写给一位朋友的信中说："一个人走自己独立的道路，无论怎样都不可能做到足够充分。"（1867 年 4 月 6 日）然而到了 1872 年，在《悲剧的诞生》出版之后，他写道："我只是刚刚开始稍稍讲出我的想法，我仍然需要信心和很强的友谊，最重要的是优秀而崇高的**榜样**，否则我还是会讲话讲到一半就要窒息。"（1872 年 11 月 7 日）到那个时候，他的最高榜样就是瓦格纳。瓦格纳理解尼采在这方面的问题，主动鼓励他具有更多自己的一面，并且在尼采不能做到的时候表示出不高兴。1873 年 4 月 18 日尼采写信给瓦格纳说："如果我在您面前的时候，让您感到不满意，那么我太能理解您的想法了。但是我无能为力，因为我学习、理解都很慢，更不要说每次同您在一起，我都会意识到以前从来没有想到过的东西、接触到我愿意印在思想里的东西。我对此知道得太清楚，我最亲爱的主人，我的访问对您不是消闲，有的时候甚至会难以容忍。我总是希望哪怕在表面上显示出更多的自由与自立，但是做不到。”然而在这一方面瓦格纳对尼采起到了决定性的作用。他们最后一次见面之后又过了三年多时间，尼采在给一位朋友的信中提到他们分手时仍然说：“我在想到他的时候总是心怀感激，因为是他给了我在获取知性独立方面某些最强大的推动。”（1880 年 1 月 14 日）

到 1874 年，尼采开始感到一种爆发式的需要，要冲破那只瓶子的封口。他对一位朋友写道：“我现在的一切关注是首先去除心中一切的要论战的和负面的东西。我要尽我的一切力量把怀有敌意的感觉高唱出来，从低音到高音，真正使足气力，振聋发聩。这之后——要过五年时间吧——我将停止一切论战，考虑一件好事情去做。但是现在我的心中完全被我所厌恶的东西和压制我的东西淤积，所以我一定要发泄，不论方式是否适宜，非做不可而且一做到底。”（1874 年 3 月 19 日）两个星期之后，又在另一封信中写道：“我保卫自己，要反抗拖累我的无数的不自由，那些多到数不清的不自由。只要一个人还在很大程度上束缚在不自由当中，被那种受压抑很痛苦的感觉所制约，做出真正成果就无从谈起。我真的能够最终做到有成果吗？”（1874 年 4 月 1 日）接下去一年他又写道：“我已经决定在今后五年时间里写完余下的 10 篇《不合时宜的考察》，以便尽量清除我的灵魂中需要狂热论战的那些乌七八糟的东西。”（1875 年 1 月 2 日）这些说法，在我看来表现出在他的心灵最深处这些憎恶的对象肯定在一定程度上包括瓦格纳和叔本华，因为依附于他们是妨碍尼采在知性与人格方面独立发展的最主要因素之一。同时，即使是这样，他表现出在有意识思维中并没有觉察这一点。虽然写出了上面引用的所有那些话，他仍然在讲“从叔本华、瓦格纳两位教育家那里，还有从我在每日工作中面对的古希腊文献中得来的源源不断的乐趣。”（1875 年 12 月 13 日）他有志痛斥那个世界，痛斥他所生活的时代，痛斥它在道德与文化两方面价值的颓败，而在这些方面他感觉叔本华与瓦格纳都全心全意地站在他的一边，是他的主要的良师益友。那时虽然时间已经很靠后，他仍然没有拒绝他们的反犹主义——

实际上，在关系到瓦格纳的立场上，他还有过随声附和，发表过瓦格纳式的反犹言论——只有到更晚的时候他才弃绝了那一态度。

在30岁刚出头的时候，尼采对瓦格纳的态度只能被解释成子女对父辈的态度。瓦格纳也完美配合，绝好地扮演了父亲的角色：他看上去像尼采的父亲，与他的父亲同年出生，对尼采就像对待儿子。值得指出的是，直到会见瓦格纳的时候为止，尼采经常提到自己的父亲，而会见瓦格纳以后就很少再提起了：在心理上，瓦格纳取代了尼采的父亲的地位。

正因为尼采对叔本华和瓦格纳两人的崇拜如此深厚——用他自己的话说那就如同信仰宗教——只要他还要发展出独立人格，就必须将它抛弃。他不可能无限期地受制于他们两个人，同时仍然取得真正本质上的独立。所以他或迟或早一定会反叛，就像少年发展到青春期一定要摆脱父母的权威才能成长为完全独立的成人。让人感到费解的反倒是反叛为什么来得那样迟，尤其是考虑到尼采的天才与这种天才的特征，如尼采的自我描述所说："直到面对赤裸裸的真理，我绝不会满足，我也不惧怕难堪或者丑陋的后果，甚至更觉得它们有胜于无。"可能的解释就在于尼采在阐述自己的方面确实遇到的困难，还在于瓦格纳的独具魅力的个性。说到底，瓦格纳是人类有史以来最伟大的天才之一，尼采对此也知道得再清楚不过，他说过："这个时代的**最伟大的人**和**最伟大的天才**，完全不可同日而语。"（1869年8月25日）"叔本华与歌德、埃斯库罗斯与品达，他们都还健在，你相信我好了。"（1869年9月3日）

瓦格纳是尼采一生中结识过的唯一以血肉之躯出现的天才，出于这个原因与瓦格纳绝交给他造成的痛苦只有截肢之痛才能比拟。这样的问题对于瓦格纳来说是不存在的，这也是他们之间关系不平等的又一种表现。尼采生性孤僻，但是瓦格纳不同，他的一生都是在与其他人的几乎不能间断的实际交往中度过的，而且他交往的经常是最有才华的人。瓦格纳在童年就见到过威伯，在很年轻的时候就结识了海涅、舒曼、门德尔松；他与很多杰出人物保持着私人朋友关系，他们中间从柏辽兹到巴枯宁各种人都有；李斯特是他的岳丈；在那之上他还是一位国王的密友。尼采的私人关系与之相比就有天壤之别了。独立于与瓦格纳的关系之外，他结识的能力与人格出色的人物都是出自学院环境，例如他的朋友当中包括非常有创造性、有独到见解的学者雅各布·布克哈特和保罗·多伊森。

与天才为伴对瓦格纳来说是习以为常的事，他却并没有表现出在尼采身上辨认到一位天才。他似乎将尼采视为一位聪颖过人的青年学者，在他的宾客中焕发光彩的学术界新星，而没有将他看作自身怀有潜力可能成为伟人的一个人。得到学术界一位占主要地位的学者认可，而这位学者的领域正是瓦格纳以非专业资格有所论述的，我相信一定让瓦格纳更加振作，感觉是一种光彩，并不计较这位追随者年纪还很轻。瓦格纳曾经是莱比锡大学的一年级学生，但那只持续了短短几个月时间。事实是，从那以后他一生都在从事知性方面的严肃的钻研，认真付出努力，并将这些研究付诸创造性应用。但是就像其他一些具有最高知性能力而没有太高教育背景的人们一样，他对于缺少学历资格一事一直很敏感。在他一生境遇的最低点，当他已经创作完成四部重大作品而它们一部也未曾上演的时候，他曾为自己写过一段刻薄幽默的墓志铭，揶揄自己无力获得承认，其中也没有放过学历欠缺：这是有韵脚的四句打油诗，大意可以翻译如下：

> 此处长眠着瓦格纳，一个一辈子
> 没有得到过最卑微奖状的白丁；
> 躲在火炉后面的狗都不会理他，
> 这个连大学文凭都不曾拿到的人。

虽然他在一生中取得的成就是罕见的，在神经系统中他一直都缺少安全感，很容易感到被别人轻视。我认为他很高兴自己的周围增添了一位古代文献学者，况且又是才华出众受到承认的，瓦格纳以此就可以向世界表明，有关古希腊他的理解都是正确的了。一个教授可以召集的听众绝非一个自学出道的人可以觊觎的，大学听众是一定认真看待一位教授的。瓦格纳自己的理论著作，虽然其中的叙述很有内容，也很有一番富有知性的装点，并不能脱出高级报道的窠臼：即使瓦格纳本人也没有将它们想象为可以代表学院派的学术研究。尼采的公众作用，就是为那些思想在瓦格纳所无从接近的群体中赢得尊重。他在私交中的作用，就是为这位作曲家带来一位在他最愿意谈论的题目中有专门知识，又抱着赞美态度的伴随。

如果我们说一个人，一旦对某人某事感兴趣，就一定是其人其事给他带来好处，这说的必定是瓦格纳无疑。他看尼采，至少在一开始，是自己的一项俘获，是一个得力助手，他期待看到自己的思想由这位年轻人将来发表的著作扩散到高高在上的知识分子人群中去。更何况，比起瓦格纳结识的任何其他人，尼采对于古希腊及其戏剧，对于一切形式的语言研究，对于叔本华哲学，都有多出很多的知识；尼采固然在对话中做不到充分强调自己，但这正好让他成为很好的听取一方，这也是瓦格纳高兴面对的。事实表明，瓦格纳很喜欢那样的一种关系，在那样的层次对他是一种支持，给他带来益处，不能说不像一位国王与一个年轻宠臣的关系。但是，一旦当事情变得清楚起来，尼采不满足只在瓦格纳的宾朋中间做明星，而是有意向取得个人的成就寻找自己的人生道路，他们的关系在瓦格纳一方就注定要冷却下去。瓦格纳这时的看法，又是与他的性格相符，认为尼采走错了方向。当然我也要替瓦格纳说句公道话，那就是尼采的其他友人和同专业的同仁也多数持同样看法，在几年时间里倾向于认为尼采那时开始写的书是信口开河、没有学术性、有点疯狂（甚至可能比有点还更严重）。当尼采的著作《人性的，太人性的》于1878年发表的时候，瓦格纳公开说了这样的话："我对他尽了善意……我**不去**读他的这本书，我最大的愿望和期盼，是有一天他会来感谢我这样做。"尽管已经有了这样的恶感，大约在1882年的拜鲁伊特音乐节，瓦格纳还是对尼采的妹妹说："告诉你的哥哥，自从他离我而去，我很孤独。"这句话让我们窥见他们的友谊在瓦格纳心中引发的情感之深，而且是怎样的经年不衰。尼采填补了瓦格纳的需要，他的反叛造成感情的失落。

六

尼采在瓦格纳面前无力呈现自我，造成了他身上的双重态度。他对瓦格纳的溢于言表的崇敬持续数年之久，一种反感情绪也在同时积压在内，他自己都可能对此完全不承认。早在 1871 年柯西玛就注意到，尼采“在我们的年轻朋友中无疑是最有才华的，但是同时，因为他的并不自然的寡言少语，也是在很多方面最引人不快的。让人觉得他是在抗拒瓦格纳生性中的主导一切的力量”（8 月 3 日）。

一方面继续保持热情和忠诚（我还敢肯定，他是诚心相信自己这样做的）、继续如痴如狂地向自己和他人鼓吹瓦格纳的伟大多么无与伦比，一方面他也开始从侧面渐渐地而且越来越多地避免置身于瓦格纳的阴影之下，好像他悄悄移步走到光亮之处，又如此隐蔽就像是连他自己都不知道的秘密。他开始回避邀请。在谈到瓦格纳的时候带着爱戴的讥讽慢慢成了他的习惯，而这种讥讽又在不知不觉当中变得口气强硬起来。他开始避免被驱使。1873 年 10 月 18 日，他写信给罗德说：“例如说，我今天刚刚收到的请求，是要我为了拜鲁伊特工程的利益，以赞助人委员会的名义，写一篇向德国人民呼吁书（容我择其要点）。这个请求很可怕，因为我曾经按照自己的方式写过类似的东西，没有成功。所以，我急切地恳求你，我亲爱的朋友，帮我做这件事，看看我们能不能一道降服这个庞然人物。”但是，出于尼采在那时开始理解的原因，罗德不愿介入那件事。

尼采进而写完这篇文章，并将它发表。他将它作为《不合时宜的考察》的第四篇，取名为《理查德·瓦格纳在拜鲁伊特》，主旨是弘扬拜鲁伊特工程。发表时间 1876 年 7 月，正值第一次拜鲁伊特音乐节举行的前一个月。这篇文章的写作立场，用尼采自己的话说，仍然是“我们近在瓦格纳身边的人”[①]，文章中含有大量对瓦格纳的富有真知灼见的赞扬，但是同时作者的含混态度也已经明显，即使作者不这样认为，读者也是可以觉察到的了（我认为作者本人也是知道的）。

与我们对尼采的期待相符合，他表现出对成熟期的瓦格纳所从事的事业与哲学的关系有清楚的理解。他看到这位作曲家好像豁然开朗，开始

---

① 杨恒达译尼采《理查德·瓦格纳在拜鲁伊特》，收录于《尼采全集》第 1 卷，中国人民大学出版社 2013 年版，316 页——译注

"用声音来探讨哲学。他心中剩下的**故意的**东西目的在于最终的**洞察**……《尼伯龙根的指环》是一个没有思想概念形式的庞大思想体系。也许一个哲学家可以在旁边添上一些与之完全相适应、全然没有形象与情节、仅仅用概念向我们说话的东西。"[①] 尼采对其他作品的评价也同样很有见地。《特里斯坦与伊索尔德》被他描写为"一切艺术中真正的形而上学作品"[②]。他领会到《名歌手》的特点是又一类欢快:"那种纯朴、爱的深邃目光、思考中的思想和狡黠的混合物,金光灿灿而又充分发酵,瓦格纳将其作为可口饮料斟给所有那些深受生活之苦、却几乎用康复者的微笑来面对它的人饮用。"[③] 对于那些在剧中获得同情关注的角色,他写道:"一股道德上越来越高贵、越来越高大的潜流纽带串联起所有这些形象……我们直面瓦格纳自己心灵中最内在的发展。在哪个艺术家身上可以看到类似的东西,看到它具有类似的伟大呢?"[④] 谈到瓦格纳艺术中的自然世界,他的形容更是格外美好:"关于音乐家瓦格纳可以一般而论地说,他把一种语言给了自然中至今不愿诉说的一切:他不相信必定有某种沉默无声的东西。他潜入到朝霞中、树林中、烟雾中、深谷中、夜晚恐惧中、月光中及高山之巅,从它们那里觉察到一种隐秘的渴望:它们也要发出声音。当哲学家说,这是一种在有生命与无生命的自然中渴望生存的意志,音乐家就会补充说,而这种意志要的是,在各个阶段上都发出声音的存在。"[⑤] 当然,这段引语的最后一句话,是在援引叔本华的那条理论,即是说音乐是形而上学意志的直接发声,是形而上学意志的又一种表露,与自然世界等同。

一旦当面临对于艺术的理解,基于概念的思维就显露出它所能探究的范围极其有限,而在人生这一阶段的尼采对瓦格纳艺术的理解,已经达到基于概念的思维有可能触及的最大范围。他捕捉住的一些方面的理解,比

---

① 杨恒达译尼采《理查德·瓦格纳在拜鲁伊特》,收录于《尼采全集》第1卷,中国人民大学出版社2013年版,347、352页——译注

② 同上,348页——译注

③ 同上,348页——译注

④ 同上,318页——译注

⑤ 同上,356页——译注

任何人曾经用文字表达过的思想都毫无逊色："瓦格纳最坚定、最确切地把握了任何程度、任何色彩的感情；他把最温柔、最怪僻、最野性的感情冲动抓到手中，不怕失去它，就像抓着某种坚硬牢靠的东西，尽管要不然每个人都会在他的手中看到一只无懈可击的蝴蝶。他的音乐从来都不是不确定的、情绪化的；它借以言说的一切，人或自然，都有一种严格个体化的激情；在他那里，风暴和烈火采纳了一种个人意志的强制性暴力。在所有发声的个体及其激情经历的斗争之上，在对立面的整个漩涡之上，极其镇定地飘过一种十分强有力的交响乐智慧，它不断从交战中分娩出和睦。"[①] 进一步延展这一思路，尼采写道："连续阅读《特里斯坦和伊索尔德》与《纽伦堡的名歌手》这样两部诗篇的人，将在言词语言方面如同在音乐方面一样，感受到一种相似的惊讶与疑惑，即在何种程度上有可能创造性地把握两个在形式、色彩、搭配上，而不是在灵魂上如此不同的世界。这是瓦格纳天赋中最强有力的东西，某种——只有伟大的大师才能成功的东西；为每一部作品铸造一种新的语言，甚至给予新的内心世界一个新的身体，一个新的声音。在一种如此极其罕见的力量表现出来的地方，对个别放纵因素、奇异因素或者更常见之表达含糊与思想朦胧的责难始终只是小题大做，毫无结果。"[②]

尼采对评价瓦格纳的写作文风，以及他的写作内容与文风之间的欠缺一致，也有这同样的把握。"瓦格纳作为**作家**，显示了一个勇敢的人所受的压力，他的右手被打断了，他就用左手格斗：他写作时始终是一个痛苦的人，因为他由于一种暂时无法克服的必然性而被剥夺了用自己的方法……来正当倾诉的权力。"[③] 尼采清楚地看到瓦格纳通过这些写作所要成就的东西："这是这样的一些尝试，即设法理解驱使他创作的本能，并试图做到好像在眼前看到了他自己。只有他成功地把其本能变成了知识，他才希望相反的过程出现在他读者的灵魂中：他是带着这样的指望来写作的。如果会

---

① 杨恒达译尼采《理查德·瓦格纳在拜鲁伊特》，收录于《尼采全集》第 1 卷，中国人民大学出版社 2013 年版，358 页——译注

② 同上，353－354 页——译注

③ 同上，363 页——译注

出现这样的情况，在这里尝试了某种不可能的事情，那么瓦格纳就只会和所有那些思考艺术问题的人拥有同样的命运；他比他们中间大多数人更有优势的是，在他身上有最强大的总体艺术本领。我不知道还有哪些美学文章，像瓦格纳的文章那样有启迪性；关于艺术品的诞生一般而言可以知道的东西，也就是可以从他的文章里知道的东西。”①

尼采在《理查德·瓦格纳在拜鲁伊特》一文中对瓦格纳的个性与他的过去所说的话同样确当，但是对它们的主人公来说，这些话就未必那么中听了。年轻时的瓦格纳，尼采说，“不知餍足地渴望**权力**与**光辉**的个人意志的表现。效果，无可比拟的效果——如何达到？对象是谁？——这是从现在起盘旋在他头脑中、心中的无休止的问题和追问。他要没有任何艺术家先例地取胜与征服。”② ……“如果与一种狭隘的精神相结合，这样一种意志就会以其无限专横的渴求造成灾难”③ ……“由于他的渴望和他通常能力不足以或无力满足这种渴望而形成的反差，他犹如受到针刺般的折磨一样，被不断的缺憾刺激起来，一旦匮乏突然缓解，他的想象就沉醉于放纵之中。”④ 这也就罢了，最不留情面的话恐怕要算这一句，虽然它说的仍然是事实：“整个生命历程中有一种荒诞的尊严丧失。”⑤ 但是尽管如此，尼采又说，瓦格纳的个人发展让他超越、高于了它们，而且，读来有些讽刺意义的是，“尽管在他对其同时代人最有洞见的评价中，他越来越彻底地放弃了他在他们那里的成功，放弃了权力观念，‘成功’和‘权力’却来到他身边”⑥ ……“他看到了万物本质中的痛苦，从这时候起，他变得几乎更加没有个性，更加默默地接受他那部分痛苦。对最高权力的渴望，早先状况的遗传，完全转入艺术创造之中；他借助他的艺术只是同自己说话。”⑦

---

① 杨恒达译尼采《理查德·瓦格纳在拜鲁伊特》，收录于《尼采全集》第 1 卷，中国人民大学出版社 2013 年版，363 - 364 页——译注

② 同上，342 页——译注

③ 同上，317 页——译注

④ 同上，321 页——译注

⑤ 同上，321 页——译注

⑥ 同上，349 页——译注

⑦ 同上，347 页——译注

对这篇文章的发表，瓦格纳的立即反应是祝贺作者。他的做法很典型地反映出他如何处理与人关系，他一面对尼采说“你怎么对我那么了解?”，一面又对其他人说，在尼采的描写中他找不到自己。事实上，我认为瓦格纳从中太清楚地看到自己了。文中提到的某些事，被一个本应是他的最可靠的同党白纸黑字写给世人看，而伴随一道的又是对他的天才的确当赞誉，这显然让瓦格纳喜怨交集，而不快更大于欣悦。尼采的某些恭维话其实是弦外有音的讽刺挖苦，瓦格纳从此对他的印象与以前不再相同。差距出现了，而且同时在于双方。

一旦缝隙产生，随之而来的断裂就发展得很快。在拜鲁伊特歌剧院克服难以逾越的障碍，一步步建成的几年时间里，尼采作为与瓦格纳最紧密的交际内圈的一员，同样经历了那焦虑重重的路途中的每一步；对待以这一工程作为开路先锋、作为形象代表的理想主义，其目的绝不亚于对整个当代艺术与当代社会发起革命，尼采像对宗教一样信奉不疑。到 1876 年 8 月，在其落成典礼并同时举行《指环》世界首演之际，尼采当然来到了拜鲁伊特。很自然地，他几次前去瓦格纳的宅邸，参加为音乐节赞助者举办的家庭招待会。他看到的场面让他恐惧万分：新德意志帝国的资产阶级上层人物粉墨登场，身上散发着 1870 年到 1871 年普法战争胜利之后的沙文主义的狂妄自大。从其他国家来的宾客也都差不多是同类人等。尼采在后来写成的《瞧，这个人》一书中这样写道：“人们拥有了整个游手好闲的无赖恶棍‘欧洲’，而且每一个可爱的王侯都在瓦格纳家里进进出出，就仿佛更多地在搞一场运动。”[①] 最大的恐怖莫过于瓦格纳当着尼采的面参与这一切，迎合那些前来光顾的阔佬，奉承那些花钱来看他的作品的人，表现出好像他们才是重要的，而对像尼采这样的人简直连说一句话的时间都没有。亲身在现场受冷落，眼见瓦格纳使出浑身解数讨好“重要人物”，这种经历怎样地刺痛了尼采，在几年以后他写的一封信中可见一斑，当有人建议他出席 1882 年的拜鲁伊特音乐节和《帕西法尔》的首演时，尼采的反应是：“我去的条件——请原谅我——是必须瓦格纳亲自邀请并且待我

① 孙周兴译尼采《瞧，这个人》，商务印书馆 2016 年版，92－93 页——译注

为音乐节的最上佳宾。”（1882 年 1 月 30 日）

这对于尼采，是公然否定与背叛他们原来相信的所有东西，即他们原来相信的一种真正颠覆现存世界的虚伪价值观的戏剧（这确实是瓦格纳起初创作《指环》时抱定的目的），而拜鲁伊特本应是它的传播中心，那里应该集结着一群精选的精英新成员。瓦格纳出卖了这一切。尼采已经在私下批评瓦格纳与他在早期的社会主义思想脱节、对社会改良丧失一切兴趣，这时看到了超出原来预想的最坏的确证。音乐节即将来临的拜鲁伊特向他揭示的这些东西，让尼采作出剧烈的反应。他犯了病，勉强出席了两次排练，每次都强忍坐到终场。他给妹妹写信说：“这一切我都受够了。我甚至不想出席首场演出——我要到别处去，只要不是这里什么地方都好，在这里只有受折磨。”（1876 年 8 月 1 日）他当真那样做了，他离开拜鲁伊特，一个人跑进山里。在第一轮演出的时候他回去出席了，但是他丢弃第二轮演出的票，走掉了。

同年又过些时候，尼采与瓦格纳在共同的朋友们的邀请下，同时到意大利的索伦托逗留了几周时间，并且住处相距很近。他们在那里几次会面。一位在场的人留意到他们的一个微妙举动：每次会面，他们“都是快步迎向对方”。但是，虽然他们当时不知道，那也就是他们的最后几次会面了，后来只还保留书信往来。他们之间没有过某个单一举动致使友谊破裂的。那之后，瓦格纳在世六年时间，在其间完成了《帕西法尔》。在尼采生命中余下的有效时间比六年长出一倍，他的不朽声誉赖以立于其上的所有著作，几乎都是在那一期间完成的。但是瓦格纳对他的压倒性的影响，就像是一场噩梦，任他百般挣扎，始终未能摆脱。与瓦格纳的关系成为他越来越大的执著。他在一本接一本书中重提瓦格纳，随着时间的推移不见减少反而更多。从他最富成果的时期产生出的最优秀著作中，有两本专门谈论瓦格纳：《瓦格纳事件》与《尼采反瓦格纳》。另一本《偶像的黄昏》，其德文书名*Götzendämmerung*显而易见是套用了《众神的黄昏》的名字*Götterdämmerung*。直到临终，尼采反复说过与瓦格纳的关系是他一生中最有价值、最重要的经历。

七

在19世纪70年代尼采越发不能容忍学术生涯的禁锢，这种情绪更因为他认定自己入错了领域而加倍严重：他的最高才华在于哲学，但是却一直在做古典语文学教授。早在1871年，当他所在的巴塞尔大学的哲学教授出现空缺的时候，他就申请获得那个位置，但是他的申请让他的同事们感到不可理喻，因为他从来没有哲学的学历，当然更没有讲授过哲学，在他们看来，对于那个位置，他完全是既没有背景也不具资格。看起来他们对这一申请的处理是置之不理，反映出他们对此感到的极度难堪。因此尼采继续纠缠在语文学当中，渴望能够脱身。他希望《悲剧的诞生》的发表会帮助他建立哲学家的资历，但是收到的反应都是过于典型的学院式观点，例如他原来的教授在个人记录中的描述，称它为“知性上不循章法的一派胡言”。最终让尼采脱离学术生涯的是他的恶劣的健康状况。他不断受病痛的困扰，问题来自眼睛，还有发作时脑壳欲裂的偏头痛，还有呕吐及其他肠胃症状，这些被今天的大多数探索者认为是梅毒所致，而且正是这种病的第三期使他在44岁陷入无可挽回的丧失理智。在1875年12月8日给罗德的信中，尼采写道：“每隔两到三个星期，我就会有将近36个小时卧床不起，我深受其苦，其状况你是知道的。可能我在渐渐好转，但是今年冬天，我一直在想，可能是以前从来没有过的严重。活过每一天的负担如此之大，以至于到了每天傍晚，生命已经毫无乐趣可言，活下去如此困难真让我非常吃惊。所有这些折磨好像很不值得。一个人对别人和对自己能有的帮助，都被这个人给别人和给自己带来的祸害抵消了。”他这样接连因病告假、长时间不能履职，大学最终准许他提前退休，这也就让他领到一笔微薄的退休金。到这时候，他为自己选择的生活方式形成了，其中的一部分，是大多数时间在瑞士、意大利、法国某个地方，孤身一人住在出租的单间房屋或者小旅馆中，他还不断从一处搬去另一处（我怀疑这真是受到身体上还有神智上的魔鬼的驱使）。他每天会花六到十小时时间在户外徒步行走，坐在房间里只是为了写作、阅读、进餐。他就像这样生活，愈加日渐孤单，直至最后丧失理智。在那以后，他在母亲与妹妹的照看下度过了余生的 11 年时间。

他的著作现在都被列为哲学经典，但同时与并列哲学经典的其他著作风格迥然不同。尼采主要关心的是阐明他的洞见，不在于延展某一论证或者透析其他人的思想，他的著作因此不是由详尽叙述累积成的长篇章节，而都是由短小而突如其来的段落组成，各个专注不同题目，有时精炼到就像格言警句，还有每个段落都用数字编号。正因为贯穿了这样的风格，他的大多数著作篇幅足够短小，往往是两部合在一起构成一本书。他的风格又是一切“伟大”哲学家中最直关个人的——他用单数第一人称写作，其内容直接关系个人，在程度上大大超过了，例如说笛卡尔所能预想的任何东西，充满赤裸裸的自我暴露，以及对某些个人品位或喜好的不问事实痛加指责，不乏偏执、谩骂、虚构。为了说服读者按照他的方式看问题，他的最有代表性的做法不是展开一番论证，而是将他的方式用惊人的比喻表达出来，这些比喻可能很形象也可能是一种悖论，有时寓意于诗，多数都让人读过不忘。并且毫无疑问，他是所有哲学家中最深刻的心理学家，唯一出于他之上的大概只有叔本华。尼采的最好的写作，真可以说是光彩照人，被很多母语是德语的人推崇为德语中有过的最佳文笔。

每当我被人问到，因为初步决定尝试尼采，应该先从哪一本书读起，我通常会建议《偶像的黄昏》。书名中说的偶像，就是弗朗西斯·培根指明的，制约了人类思考的错误榜样。尼采在接近创作生涯的尾声时不止一次说过：“这本书是我的哲学的袖珍大全。”（1888 年 10 月 20 日）但是我认为还有一件重要的事，就是告诫读者不要去接近那本仍然可能是他的最著名的书《查拉图斯特拉如是说》。那本书用拟似诗体的风格写成，朝着一个非常错误的方向鼓吹自我，那种陈旧的诅咒似的文笔像是刻意模仿《旧约》中的先知的派头。这本书在晚期浪漫主义的世纪之交的年代红极一时，但是在 100 年以后的多数读者看来就显得荒唐——我甚至要说到了难以卒读的地步，如果一个新读者从这里开始接触，有可能让他对尼采彻底反感。尼采本人似乎也意识到不应该将它作为首选。在他的有效生命的最后几个月，他对一位询问者写道："至于我的《查拉图斯特拉》，我倾向于认为它是用德语写成的最深刻的著作，又是德语中的最精彩的文章。但是要其他人去感受这一点，就有几代人的内心体验需要追溯理解，因为那本书是从那中间才可能产生的。我几乎要无保留地建议你从最近的著作入手，因为它们是寓意最深远也是最重要的作品（《善恶的彼岸》《论道德的谱系》）。对于我个人来说，中期的著作是最平易的，例如《曙光》和《快乐的知识》（这些是最涉及个人的）。"决定阅读尼采的哪一本书，有一个非同一般的有趣办法，就是先去读《瞧，这个人》这本小书，因为这本书是讲他的其他书的。这本书中有一章题为"我为什么能写出如此好书"，在那一章之后，他为他先前写的每一本书都各写一章，描述在每一本书中他试图做什么，以及后来他又怎样看。

八

在形而上学思想层面，尼采与叔本华最根本的不同在于如何看待经验世界。尼采后来相信，我们所实际体验与可能体验的世界是唯一存在的现实。他不止一次地指明：显现的世界就是真实的世界。尼采哲学中一切有重要意义的东西都是从这一理论引申而来的结果。

首先，上帝不存在。如所周知，尼采戏剧性地宣布过"上帝死了"。其次，先验领域不存在，我们的道德观与价值观不可能从那里得来：正因为没有"其他"地方可以源起，它们只可能从这个世界产生。这就是说，它们是我们自己的创造。人类不是靠个人单独行动，而是在社会中和历史中，创造了自己的道德标准与价值判断。事实上，任何理想，无论何种形态或形式，在实际中都不存在，它们不过是人类想象的虚构。残忍与粗暴的现实是唯一的存在，其他一切都只是人类为了努力转移注意力而造就的幻觉。"为人进行辩护的是其现实，——它将永久地为人辩护。与任何一种纯粹臆想出来的、梦想出来的厚颜无耻之人相比，与任何一种**理想的**人相比，现实之人的价值是何等之高？”[①]

在尼采看来，一切生物都会攫取它们欲望得到并且可能占据的东西，这在现实中完全出于自然，它们还会拼死保卫自己。这是纯粹自然的肯定生命，是最基本的本能反应，所有生物之间的战争由此而来，也完全符合事物的自然法则。这就是生命之道，它同样适用于人类，直到在历史上不久以前出现了道德观。尼采思想的精髓之一在于认为文明是在这些条件下产生的。这是因为亘古以来，从来都是强者战胜弱者、健康者战胜罹病者、聪颖者战胜愚笨者、能干者战胜无力者，人类就是这样从动物王国挣脱出来，进而产生出文明。一切具有基本重要意义的东西，例如社会组织、工具的使用、语言等等，都是这样发展起来的。随后，在两三千年以前，有某几个人出现发明了道德。他们教导说：有力量者不应该攫取他们想要的东西，而应该自愿遵从法律；强者不应该剪除弱者，而应该自己付出代价照顾那些人；聪颖者不应该制伏愚笨者，而应该帮助他们改善状况，如此等等。这个故事中的始作俑者便是苏格拉底与耶稣。他们逆转了让人类区别于动物从而导致文化发展的进程。这样的有害信条之所以具有深远影响力，是因为它们为广大的多数人——那些群氓、无才智者——的利益服务。很自然，这类人愿意阻止那些强者、聪颖者、有能力者，避免自己被他们消灭掉。要达到这一目的就只有通过限制那些人，通过让他们压抑自己的自然本能，通过——像尼采一语道破的那样——让他们“解除自我”。这便是道德的作用了。道德的任务就是限制人类。正因为如此，它逆转了朝向文明迈进的最至关重要的过程，造就了反向的过程，那就是颓废、衰败的过程。这种情形已经持续了太长时间，以至于我们今天的社会已是彻头彻尾颓废了。

从这样一个知性基础出发，尼采向着他的同时代文化发起全面批判。他相信，我们的所有机构、所有艺术与科学，在过去两千年中的发展全是基于错误的价值观。我们每一个个人，也是在符合错误价值观的前提下被养育成人，完全吸收了那些东西，那么将那些东西从我们的系统中排解出

---

① 李超杰译尼采《偶像的黄昏》，商务印书馆 2013 年版，73 页——译注

去的任务、将它们从我们看事物的视角中清除出去的任务，就几乎困难到无法做到的地步——然而无论怎样，那是我们必须做到的。这是我们面临的无比巨大的挑战：我们必须重新衡量每一项价值，并且在过程中重新建造自己与人类世界。我们必须要上升到高于自己，在从未想象过的幅度上清扫每一样东西。这将是有史以来最大的断裂、最大的转折点，在将来，过去的每一个时间都只要以此划分，或者在它之前或者在它之后。这就是为什么尼采在《瞧，这个人》的最后一章“我为什么是命运”中这样讲他自己：“我绝对是迄今为止出现过的最可怕的人；而这并不排除我会成为最乐善好施的人……把我界定起来的东西，使我得以超越其他所有人的东西，在于我**发现了**基督教道德……基督教道德之**发现**乃是一件无与伦比的大事，一场真正的灾难。谁弄清楚了基督教道德，那他就是一种天灾，一种命运，——他把人类历史破碎成两段了。人们活在他**之前**，人们也活在他**之后**……”①

这里说的真正的灾难，当然就是我们所知道的道德，它从本质上就是约束人的，因此是反自然、反生命的。只有在我们将它扫荡干净以后，我们才可以第一次正确地生活。人类存在才能够完全地、彻底地取其自然，就像健康的动物是其自然赋予的自身，因为这样，它们无保留地处于最佳状态。尼采将这样的生活，以及这样的对待生活的态度，描写为对生命说是。像这样自由、完整地发展起来的人类，不被压迫、不受约束，在很多方面比通常意义下的人类更为优越，尼采因此为他们创造了一个新名词，“超人”，它不仅成为德语词汇，也进入了包括英语在内的其他语言。在此我们应该给尼采以公正，他说的“超人”，并不是一个金发碧眼的强暴之徒，专做侵害他人之事，而是比如说，一位歌德或者路德，当然同时又是拿破仑或者凯撒。显然，更早几年，他还会加上理查德·瓦格纳的名字，但是后来发现，那位他所唯一认识的超人，其不受约束、舍我其谁的态度，让他无法容忍。

---

① 孙周兴译尼采《瞧，这个人》，商务印书馆2011年版，156，162－163，166页——译注

人，与其他事物一样，他们表现出是什么本身就是什么。正因为不存在不可见的自我、没有灵魂、没有上帝、没有先验领域、世界只此一处别无他界，那么我们在这个世界上的生命，就只是为生命自身的目的而活下去。生命是价值观的试金石。在生存自身的快慰之外再没有其他奖励。生命的意义**就在于**生命本身。如果一个人，一时发挥出自己禀赋的最大限度，那是这个人所希求的唯一的和永远保持的状态——即使时间永驻、这一瞬间往而复来、以之无穷，这个人也会毫无保留地全身心欢迎它，不会旁顾其他，不会愿意超越当前。这样的观点引导尼采将自己的态度描写为“生命的审美态度”。但是这句话并不意味着附庸风雅——很难找到一位思想家比尼采更不去附庸风雅——他说的是，生命就像一件艺术品，它只为自己存在，而不是为了被利用去达到任何目的或者任何结局而存在，除自身以外，没有任何价值或意义。这就让肯定生命成为具有最高价值的行为。在所有这些背后的驱动力——生存的意志、肯定个人在世界上的存在的意志、获取的意志、扫清一切障碍的意志、为保卫自己的存在与任何他人或其他事物以死相拼的意志——尼采称之为“强力意志”。

以上这些，虽然只是最简明的勾画，但给出了尼采哲学的大部分主要思想：挑战性的无神论与坚持认为经验世界乃是全部现实、对道德的追根溯源不留余地的反对、对当代社会及其文化的严厉批判、对一切价值观重新审视、将生命本身提升为最高价值，和因此而来的以强力意志、对生命说是作为行动的最高准则，以及由此产生的对生命的审美态度、时间的永恒轮回学说（此最后一项我们几乎没有提及）。无论一个人是否同意他的某些思想（或者干脆像尼采用合乎他自己性格的语言会说的那样，**最好是**一个人不同意他的全部思想），阅读尼采都是有益处的。他的著作极具挑衅性，但是这也包括了逼迫读者去思考。这就像一个人遇到了他所反对的政党的一位演说家，他能言善辩、一点接一点地罗列论据，直到让人不得不同意他的话，或者承认某些话似乎有道理，或者虽然知道挖苦的是自己也随着笑出声来。即便到头来一个人仍然在整体上拒斥他的立场，这种经验起到的效果让人重新确立自己与自己所持观点的关系。被尼采否定的某些基本假设，例如说道德是好的，在我们的思想深处如休眠一般安稳存在，大概长久以来被接受为不言而喻的事情，它们现在被一位出色的作家提出严肃的理由加以拒斥，这样带来的强烈震撼对我们只会是有益处的。

九

从起初的叔本华崇拜者，到后来发展为全面拒斥叔本华哲学，尼采所基于的也是上面概要列出的思想。尼采说，叔本华所说的本体领域完全不存在。由此而来，所谓我们在其中为一的状况也不存在，因此也就不能真正解释同情心，并归结出同情心构成道德的基础。道德的真正基础与那全不相干，它来自于群氓的自身利益。无论如何，同情心与道德都是坏东西，不是好东西，应该被我们彻底摒弃。尼采对于与叔本华共用“意志”一词没有问题，他们都用它来指每一件事情背后的基本驱动力，但是尼采认为叔本华将它视为恶，就大错特错了：事情正相反，它是全部的善，是唯一的善。这样说来，在尼采眼中，叔本华哲学的最恶劣之处，在于他的拒斥意志，在于他建议我们否定它、对生命说不。这就与尼采以最大激情鼓吹声张的东西针锋相对，尼采以绝不原谅的态度对它发起攻击。成熟期尼采的哲学与叔本华哲学针锋相对、如此直接，让人不得不怀疑他会不会是通过拒斥叔本华、通过将叔本华哲学倒置，就得出了自己的哲学。我们会记得卡尔·马克思的名言，他说他曾经视黑格尔以头立地，或者他的完整意思是，他发现在黑格尔著作中的哲学以头立地，而他将之倒转，摆正位置。

上面一段列举的遭到尼采强烈拒斥的思想，有一个突出的特点，那就是它们为《帕西法尔》提供了概念框架的要点，而那又是瓦格纳歌剧中唯一的一部，是在那位作曲家会见尼采之后开始创作的。既然如此，尼采在与瓦格纳断绝关系以后，对《帕西法尔》发动的攻击可谓是爪牙并用。他写过很多恶意攻击《帕西法尔》的段落，而其中的多数要点可以集中见于下面出自《尼采反瓦格纳》的一段：

> **被当真的**帕西法尔会是什么呢？人们真的必须在他身上（就像有

> 人针对我所表达的那样）见出“一种已经变得疯狂的对于知识、精神、淫欲的仇恨的产物”吗？一种集仇恨与呼吸为一体的对感官和精神的诅咒？一种对基督教病态理想和蒙昧主义理想的背叛和回归？最后甚至是来自某个艺术家角度的自我否定、自我涂抹——这个艺术家一直以其意志的全部权力致力于相反的东西，致力于他自己的艺术的至高精神化和感性化？而且不只是他的艺术，还有他的生命？我们记得，瓦格纳当时多么热烈地追随哲学家费尔巴哈。费尔巴哈关于“健康的感性”的说法——在三四十年代，与许多德国人一样（他们自称为**青年**德意志），这种说法在瓦格纳听来犹如拯救之言。在这方面，瓦格纳最后**改变了观念**吗？因为至少看起来，他最后有意**改变**这方面的**观念**？……是不是**对于生命的仇恨**主宰了他，就像在福楼拜那里一样？……因为《帕西法尔》是一部充满险恶、复仇欲的作品，一部搀杂了对生命前提的隐秘毒药的作品，一部坏作品。——有关贞洁的说教始终具有一种激发反常的作用：只要人们不认为《帕西法尔》谋杀了品德，我都蔑视之——①。

这样的文章读来真是淋漓畅快，但是要说它难于理解还不如说它不想让人理解。我还必须要说，我认为对于成熟期尼采对瓦格纳的大部分批评言论，这个评价都能适用。说实在话，它们让人失望透顶：我们希望从中读到经过深思熟虑揭露出来的真正缺陷与弱点，希望看到切中要害的批评、让人点头称是的判断，而这样的东西却极难找到。凡是被瓦格纳的音乐触动过的人，无论是谁，尼采的批评几乎完全不能成立，甚至也不包含太多严肃批评所能够引起的兴趣。成熟期瓦格纳的作品中充满着他已经全盘接受的叔本华立场与价值观，而它们被尼采拒斥，那么尼采就带着攻击叔本华哲学的同样的敌意攻击瓦格纳的作品，所用的理由与推断完全雷同。这就好像是一个寻衅的无神论者来写音乐评论，对巴赫的《马太受难曲》大加鞭笞，理由是那中间充满了令人厌恶的宗教谎言，而且就出于这个原因，

---

① 孙周兴译尼采《尼采反瓦格纳》，商务印书馆 2011 年版，96－97 页——译注

那部作品就十分可憎。这样的批评，无论写得多么精彩，我们都不能说它不全面，而只能说是言之无物、文不对题。它们体现出对什么是艺术这个问题从根本上缺乏理解。其结果就是尼采对瓦格纳所说的话，只有在那些并不熟悉瓦格纳的作品的人中间，或者是那些对瓦格纳的作品无动于衷的人中间，才有可能产生一些微弱的共鸣。

这样的情形让我回想起，在我人生经历中做戏剧批评家时得到的一个很有意义的启发。因为我出席所有的戏剧界招待新闻界的演出，所以我在读到一出戏剧的评论时总是在看过它的演出之后，这是一种并不常见的地位。我由此发现，说来也不奇怪，我的批评家同事中有一到两人，他们总是能够对剧作、对导演、对演出做出很深入的评判，而同事中更多的人（起码在我看来）都做不到那样，他们要么不得要领，要么看错事情。这后一种人当中，有些是很杰出的记者，他们的文章读来是一种享受，而前一种人当中，能力最好的也只是一般写作水平，写出的文章很沉闷。但是我发现百分之九十九的读者，他们读到评论是在观看演出之前，倾向于认为杰出的写作者一定是最好的评论家。我认为，在对描写对象不具有独立知识的前提下，这种情况无可避免。有时，就在当我知道他们对某场演出所做的评论极不公平（就像约翰·吉尔古德有一次阅读肯尼斯·泰南所写的评论之后说过的：“如果这说的不是你，那真是说得好极了”），或者知道它们完全没有传达某出剧目的艺术优点的正确印象，我仍然会从阅读这些文章本身得到乐趣。在这个意义之下，我最喜欢的尼采的一段文字是他在《瓦格纳事件》中对《指环》特点的描写。篇幅虽大但是值得在此照录。

> “世界上的一切祸害从何而来?”瓦格纳问自己。来自“古老的契约”：他答道，就像所有革命思想家一样。用德语来讲：就是来自风俗、法律、道德、机制，来自旧世界、旧社会赖以建立的一切。“如何除掉祸害？如何废除旧社会呢？”只有通过向“契约”（传统、道德）宣战。这正是齐格弗里德所做的。他早就开始做了，很早就开始了：他的出生已经是一种对道德的宣战——他是通奸和乱伦的产物……这

个极端特征的发明者并不是传说，而是瓦格纳；在这一点上，瓦格纳修改了传说……齐格弗里德继续他开始时的做法：他只服从最初的冲动，他摈弃一切传统，一切敬畏，一切**恐惧**。凡是他不喜欢的，都要打倒在地。他不敬地顶撞一切古代神灵。但其主要事业却旨在解放妇女——“拯救布仑希尔德”……齐格弗里德与布仑希尔德；自由爱情的圣事；黄金时代的升起；古老道德的神界黄昏——灾祸被废除了……瓦格纳之舟快乐地长期行驶在**这条**航道上。毫无疑问，瓦格纳是在这条航道上寻求自己的最高目标。——结果呢？出了事故。这船触礁了；瓦格纳搁浅了。这块暗礁就是叔本华哲学；瓦格纳在一种**相反的**世界观上搁浅了。他在音乐中设定了什么？乐观主义。瓦格纳感到羞愧了。而且还是这样一种乐观主义，叔本华为之提供了一个恶毒的形容词——**无耻的**乐观主义。瓦格纳再次感到了羞愧。他久久地沉思，他的处境看来是绝望的……他终于隐约看到了一条出路：那块使他遇难的暗礁，如果他把它当作**目标**，当作隐含的意图，当作他旅行的真正意义，那又如何呢？**在这里**遇难——这也是一个目标。Bene navigavi，cum naufragium feci（在我遭遇船难前，我一直航行顺利）……而且瓦格纳把《指环》翻译成了叔本华的语言。一切都没有成功，一切都归于毁灭，新世界跟旧世界一样糟糕：——虚无，这印度的妖精在招手……布仑希尔德，按照原先的意图是要以一首颂扬自由爱情的歌来告别的，以一种社会主义乌托邦来敷衍世界，许诺“一切都会好起来”，而现在她却有某些别的事情要做了。她首先必须研究叔本华；她必须把《作为意志和表象的世界》第四部改写成诗。**瓦格纳得到拯救了**……实话实说，这是一种拯救。瓦格纳从叔本华那里所受的恩惠是无法估量的。[1]

同前面的文章一样，这又是读来十分畅快。但是人们可以针对《哈姆雷特》或者《李尔王》或者任何一部伟大的艺术作品写同样的话（而且写

① 孙周兴译尼采《瓦格纳事件》，商务印书馆 2011 年版，19 – 20 页——译注

了很多同样的话，开句玩笑）。虽则有趣，但对于它所谈论的作品的艺术价值毫无半点干系。谈论艺术价值必须有一套完全不同的方式方法。

瓦格纳尊奉叔本华哲学，是让尼采对瓦格纳晚期歌剧愤恨不已的原因，但这还不是尼采反对它们的唯一理由。在《快乐的知识》一书中，尼采阐发了关于两种不同的、情感极为冲动的艺术（或者思想）之间的差别，它们分别是狄奥尼索斯的和浪漫的。狄奥尼索斯精神起源于生命极大丰富的满溢：有关的艺术家或思想家的生命丰富多彩，同时具有对生命悲剧的洞见，他将这样的丰富多彩注入到作品中去。浪漫精神则与之相反，它来源于某个人受到生活贫乏的困窘，而这个人以醉酒来求得补偿或从中解脱，人为制造迷醉境界。“我现在要把这主要区分方法用到一切审美价值上，我在每一种个别情况下都要问：‘在这里成为有创造性的是饥饿还是过剩？’”[①] 用这样的标准衡量的结果，他找到了两个“最著名、最坚决的”浪漫主义人物，那就是叔本华与瓦格纳。尼采也解释了他自己看法的180度大转弯，说他自己年轻时没有像后来的判断力，曾错把他们当成狄奥尼索斯精神的代表。在后来的写作中，他更正了对瓦格纳的印象。“在精神事务方面没有任何疲惫的、早衰的、危害生命的、诽谤世界的东西，是瓦格纳艺术不加以隐秘地保护的——此乃最黑暗的蒙昧主义，他却把它隐藏在理想的光环中。他迎合任何一种虚无主义的（佛教的）本能，在音乐中加以美化，他迎合任何一种基督教义，任何一种宗教上的颓废表达形式。大家竖起耳朵听着：向来自在**贫困化的**生命土壤里生长出来的一切东西，有关超越者和彼岸的整个伪币铸造，都在瓦格纳艺术中有其最高雅的代言人——不是通过公式：瓦格纳对于公式太过精明了——而是通过一种对感性的说服，而感性本身使精神变得腐朽而疲惫。”[②] 对成熟期的尼采而言，任何超越的迹象都不可能被认作有丝毫的真实性，因为超越这种东西根本不存在正是尼采哲学的中心学说。

---

① 杨恒达译尼采《快乐的知识》，收录于《尼采全集》第3卷，中国人民大学出版社2016年版，452－453页——译注

② 孙周兴译《瓦格纳事件》，商务印书馆2011年版，51－52页——译注

还有另一个对瓦格纳的批评，一半针对其艺术观、一半针对个人，也是与这些批评联系在一起的。尼采说，瓦格纳首先是而且最首要的是一个**演员**。凡是看到过瓦格纳做事的人都认为他在做演员的方面有特殊的才华。尼采在《理查德·瓦格纳在拜鲁伊特》一文中就已经写道："你也许就可以认为在他身上有一种演员的原始天赋，这种天赋必须拒绝满足于最近、最平庸的道路，在将所有艺术培养成伟大的演员叙事过程中找到其出路和拯救。"[①] 后来尼采又将这一想法推进几步，将瓦格纳的全部艺术在贬义上归结为"演戏"：它们让我们产生错觉，觉得它们是在传达很深刻的洞见，而事实上没有给我们任何洞见；它们将我们蒙蔽，以为它们在表达激情充沛的情感，而与之同时那些情感从来都没有被感受到，一直都只是被表演出来的。一切都是造假。瓦格纳的艺术就是一个大骗局。他是一个舞台魔术师、幻觉制造者，唯有观众不能意识到他的东西从头至尾都是在行骗。"呵，这个老魔术师！他都用什么来愚弄我们啊！……一条多么聪明的响尾蛇啊！"[②] 尼采在几个地方将瓦格纳比作卡里奥斯特罗，一个 18 世纪的国际知名的大骗子和冒名顶替者，曾经在巴黎、伦敦、罗马的上流社会大为得手。

关系到瓦格纳的音乐，尼采几乎无话可说，但是就是在这里，尼采的主要指责仍然是连音乐也是在做戏。"除了所有其他的本能，瓦格纳在所有事情上都拥有一个伟大演员的指挥本能：而且如我所言，同样也作为音乐家。"[③] "这阴霾、滞怠的音乐，说到底矫揉造作、装腔作势的东西，简直令人作呕。就像那些多得数不清的东西，举例说就像叔本华哲学那样令人作呕。这样的音乐是一个音乐家、一个人——充其量不过是一个**大演员**——走偏了方向的结果。"（1885 年）

---

① 杨恒达译尼采《理查德·瓦格纳在拜鲁伊特》，收录于《尼采全集》第 1 卷，中国人民大学出版社 2013 年版，339 页——译注

② 孙周兴译尼采《瓦格纳事件》，商务印书馆 2011 年版，11 页——译注

③ 孙周兴译尼采《尼采反瓦格纳》，商务印书馆 2011 年版，75 页——译注

十

尼采的这些批评读来很能吸引人，至少起头是这样吧，但是这些不厌其详的论说却从不给人任何关于作品本身的启迪。由于这个原因，像他那样执著地在同样几个问题上穷追不舍，不等我们把文章读完，那些话已经变得单调乏味。它们的最大败笔就在于尼采从来不将瓦格纳的作品当作艺术作品来看待。他对待瓦格纳的作品，至少是在发表批评的时候，只停留在概念思维的层面，即使在那里也是保持一种与艺术思考绝缘的方式，就好像这些作品的首要目的是作为思想的载体。尼采会犯这样的错误尤其令人不解，因为他在《理查德·瓦格纳在拜鲁伊特》一文中特别警告过读者不可那样去做。“但是，思考诗人、语言雕塑家瓦格纳的人，尤其不应该忘记，没有一部瓦格纳戏剧肯定是要用来阅读的，也就是说，可以用向语言戏剧提出的要求来纠缠它。”[①] 这当然说得对，而且指出一个至关重要的问题。然而事实上，尼采却对这些作品的**演出**了解得非常不够。他从来没有观看过《罗恩格林》，也没有观看过《飘泊的荷兰人》，他的文章中有两个不同的地方讥笑《荷兰人》，都是出于对其结尾的误解。他的立场之无法开脱，在《帕西法尔》一事上表现得最清楚不过：经过在几年时间里，以该剧的理论前提可憎为由，对《帕西法尔》大加鞭笞之后，他首次听到它的前奏曲，立即为之折服。这件事发生的时候已经是瓦格纳去世之后四年，距尼采的写作生涯结束仅还有两年时间。那些暴烈的谴责都是在没有艺术感受的前提下生出的。到这时我们看到他说：“难道瓦格纳写出过更好的音乐吗？最细致的心理知性，以及一切要讲的东西的定义，都以最简洁最直接的形式被表达出来，传递给我们，每一细微情感都对应在最确当的三言两语之中；描绘艺术性的音乐，其清晰如同在我们心中拉起一幅屏风，上

① 杨恒达译尼采《理查德·瓦格纳在拜鲁伊特》，收录于《尼采全集》第1卷，中国人民大学出版社2013年版，354页——译注

面是栩栩如生的浮雕；最后，高尚、超凡的情感、体验、心灵闪念，是这音乐的基底，这是瓦格纳的最大好处所在……”（1887 年 1 月 21 日）

当然，只有这才是一切表演艺术作品的真正检测，而且我们还必须坚持，它必须存在于**表演当中**，必须就是表演本身。我们对它在表演当中做出了什么样的自然反应？没有什么东西能比当他自己接触到那部作品时的实际反应，更无情地暴露出晚期的尼采对瓦格纳的态度是怎样的言不由衷。这一时刻一旦到来，他那些恶言辱骂立即不攻自破。对一件艺术作品的体验，一旦与那部作品直接沟通，从舍此之外任何其他地方起源的巧言令色便全部失去了存在的余地。我们还可以再看一个比瓦格纳的情形更少些争议的例子，以便更透彻地认清这一要点。

假如一位能使人备受激励的思想家同时又是文笔优美的散文作家出来告诉我们，莫扎特的歌剧或者莎士比亚的戏剧其实是一些假货，不是我们一贯认为的伟大作品，我们的答复多半会这样开始：“对不起，可是老兄……”这是因为我们有着多年积累的直接的、无可质疑的经验，与那样的说辞正相反，尚且不说这些经验还如此丰富，如此深植于我们心中。当然毫无疑问，有些从未被莫扎特或莎士比亚打动过的人，还有些比如说认为莎翁崇拜特别值得反对的人，会抓住这个机会宣扬那种说法，或者从中获得沾沾自喜的快慰，感觉找到了知音。但是像我们这些人，这些经年累月从莫扎特和莎士比亚的作品中获取了有可能获取的最深刻感受与洞见的人，不能想象仅仅因为某人**说了**那样的话或者**写了**那样的文章，就反转立场，推翻自己的经验。这样的情形在 20 世纪前半叶确实发生过，我们遇到过萧伯纳议论莎士比亚的事。萧伯纳是 20 世纪最好的英语散文作家之一，而且不容争辩是他那个时代的世界上最成功的剧作家，但是当他向世界宣布，莎士比亚的思维非常乏味，莎士比亚只会写低等剧本时，他的那些话起到的影响微乎其微，就是因为他的读者们，出于自己的经历，知道那是没有价值的东西，仅只是萧伯纳自己的古怪念头。这件事也并没有妨碍他们继续喜爱萧伯纳的著作，没有妨碍他们对他爱慕：结果变成，尽管萧伯纳自己在反莎士比亚的言论上完全出于本意，可是公众对之忽略不计，最终对他的声誉都没有带来可以觉察的损伤。

以上推断同样适用于尼采对瓦格纳的批评。尽管那些批评剑拔弩张，最终无论如何触动不到瓦格纳的作品，因此说来在很严重的意义上是无理的，根本是无端指责。我们看到，像托马斯·曼与萧伯纳这样的伟人，还有在音乐世界中的理查·施特劳斯与马勒，没有任何困难同时是瓦格纳与尼采两人的最热衷的爱好者，原因就在于后者对前者所说过的话，几乎不给人留下任何印象。

到最后，尼采对瓦格纳歌剧的公开批评的问题变成一件怪事，因为读者看到尼采本人从其内心并不相信自己的话。前面不远我刚刚引用了尼采在他第一次真正**听到**一些《帕西法尔》时的所感，其中是极端的，而且不加任何掩饰的爱慕。实际情况是，像这样的自相矛盾持续不断地显露出来，一直到他的最后时日。在他写的最后几封清醒的信件中的一封，尼采劝诫一位朋友说："绝不可回避《特里斯坦》——那是一部中坚作品，不论是在音乐中还是一切艺术都包括在内，它的魅力都无可比拟。"（1888 年 12 月 27 日）在公开发表的著作中，他经常不顾前后连贯，心血来潮似的论及瓦格纳的作品。例如在《瞧，这个人》当中我们看到："听到《特里斯坦》的第一个音符，列奥那多·达·芬奇的全部奇异性就失去了魔力。这部作品绝对是瓦格纳的 non plus ultra（极点、无以复加）……生逢其时，又恰好生活在德国人中间，**成熟**到足以对付这部作品——这一点，我把它视为头等幸事。"① 就连在《瓦格纳事件》中也有这样的段落："《帕西法尔》将永远在蛊惑艺术中维持自己的地位，作为蛊惑**天才的一大手笔**……我赞赏这部作品，我希望它是我自己做的；由于我没做出来，我只好来理解它……瓦格纳最好的灵感莫过于在他迟暮之年。"② 行文虽然讽刺挖苦，但是抑制不住的爱慕依然存在，仍然是不加掩饰。至于《名歌手》，我不认为尼采对它讲过任何贬损的话，因为他一直没有放弃那是一部优秀作品的看法，而这里的可能原因是那是他唯一真正了解的一部作品。在《善恶的彼岸》中，第 240 节的全部篇幅，都是在对《名歌手》的序曲发表赞许的

---

① 孙周兴译尼采《瞧，这个人》，商务印书馆 2016 年版，45 页——译注

② 孙周兴译尼采《瓦格纳事件》，商务印书馆 2011 年版，52 页——译注

评价，真可以说赞不绝口——然而，像在《帕西法尔》的情形一样，他仅限于谈到序曲。看上去尼采对于戏剧的舞台表演因素一直不做反应，对这个方面极少发表言论，在讨论瓦格纳的歌剧时也是一样。回想一下他所喜爱的古希腊戏剧，他对它们的了解都是通过阅读，这与我们眼下的探讨不是没有关系的。

大家都知道，在公开发表的文章中尼采推崇比才以反对瓦格纳，他宣布《卡门》是一切歌剧中最伟大的一部，以赞许的态度，用它的音乐与瓦格纳的音乐做对比，而且触及到相当一些细节。但是尼采对于他说的这些话也不相信。在私下里，他在致一位朋友的信中写道："您对我有关比才所说的话不要信以为真；以我之好恶，比才实在是不值一提。不过，作为针对瓦格纳的讽刺性反题，其作用是极大的。"（1888 年 12 月 27 日）其作用之大真是无法估量，而且他的这些公开发表的评语被到处引用。我们现在可以领会，在尼采与瓦格纳两人之中，究竟哪一个是演员、是虚情假意追求作用的行家里手了。对于瓦格纳作为一个人，虽然尼采在他的思想中聚集了几乎不可想象的公开辱骂（"瓦格纳竟是一个人吗？难道他不更多的是一种疾病吗？"这句出自《瓦格纳事件》的话很有代表性，类似说法在尼采发表的著作中出现过十几次），尽管自相矛盾，他却从未丧失对瓦格纳多么伟大的清楚认识。在其有效生命的最后一年，他在给一位朋友的信中写道："瓦格纳其人，作为一个人、一个动物，作为上帝和艺术家，超越出我们德国人能够理解的和不可理解的东西一千倍。"（1888 年 2 月 26 日）就像这样，成也他败也他，让人看了怎能不觉得费解呢。1888 年 6 月 21 日他又在坦诚相告："与理查德・瓦格纳和柯西玛・瓦格纳夫人，我曾经在几年时间里维持信任笃深、心心相印的关系，那是我一生中最宝贵的关系之一。"他在《瓦格纳事件》中写道："如果说我对拜鲁伊特痴呆症出言不逊，那么，我绝不是想以此来庆贺**别的**无论哪个音乐家。**别的**音乐家是不能与瓦格纳相对待的……如今大名鼎鼎的人物弄不出'更好的'音乐，而只能弄出更狐疑不决、更无关紧要的音乐。"人们禁不住会问，勃拉姆斯有没有读到过这个段落。那时的他已到达炉火纯青的阶段。就如同料想到了读者的思绪，尼采几乎是一气接下去写道："约翰内斯・勃拉姆斯还算个什么呢？……勃拉姆斯的运道乃是一种德国式的误解：人们把他当作瓦格纳的对抗者——人们需要一个对抗者！——这并没有弄出任何**必需的**音乐，这首要地会弄出太多的音乐！”[①]

这就是说勃拉姆斯也没有幸免挨打，只是被打在脖子上。事实上，记住一件事情会很有益处，那就是当我们读到尼采那些对瓦格纳打耳光、极端人身攻击的话时，知道那是他对待名人的通常礼遇。“苏格拉底是**庶民**”……“那个有史以来最为畸形的概念**残疾人**——伟大的康德”……“但丁：或在坟墓里创作的**鬣狗**”……“左拉：或‘**令人作呕**的喜悦’”……“乔治·桑，这头多产的**写作母牛**”……“卢梭，这个人集第一个近代人、理想主义者和**贱民**于一身；为了经受他自己的观点，他需要道德‘尊严’，他患有过度虚荣症和过度自卑症。这个处于新时代行将来临之际的怪胎也想‘回归自然’”……“我曾经读过托马斯·卡莱尔的生平，这出违心的**闹剧**”……[②]以上各例，都是我们从《偶像的黄昏》一本书中搜罗来的。在尼采的各本著作中，瓦格纳比其他人更多地受到此种待遇，事实上比任何其他个人都多出几倍，但是毕竟他不是唯一受到此种待遇的。说到底，与苏格拉底、康德、叔本华，更不要说但丁这样的人为伍，总不是件坏事吧。

尼采直到最终都知道，而且比任何人都更清楚，瓦格纳是一位巍然而立的伟人，他也知道《特里斯坦》与《名歌手》是伟大作品；这些话从他的口中都说出过，甚至不惜自相矛盾。他对《帕西法尔》的批评言不由衷，还不仅被他对其音乐的反应说明，他对《帕西法尔》在思想概念层次的批评同样言不由衷，就像我们在第313页中引用的话已经表明的，他非常清楚地知道那部作品既是基督教的，同时也是佛教的。他熟知叔本华的学说，关于这两种宗教，虽然教义在字面上并不真实，但是以符号形式蕴含着深刻的真理，传达这些真理的符号可以由创作艺术家来运用。他知道

---

① 孙周兴译尼采《瓦格纳事件》，商务印书馆2011年版，56－57，58页——译注

② 李超杰译尼采《偶像的黄昏》，商务印书馆2013年版，13页、51－53页、61页、90页——译注

瓦格纳在这个问题上完全接受这一学说，而且知道瓦格纳作为彻底的叔本华追随者并不是基督徒——到 1884 年他还向一位朋友提到，在他与瓦格纳持续几年的交谈当中，基督教这个话题只在嘲讽的话语中出现。所以他自己知道他指责瓦格纳是“一个腐朽了的、绝望的颓废者，无助而又心碎，突然之间跪倒在基督十字架面前了”[①]，说宽容一点吧，不是实话。所有这些的意义就在于，尼采自己并不相信他对于《帕西法尔》公开发表的批评。我们现在意识到这些都是在演戏，是尼采自己在做他指责瓦格纳在做、而瓦格纳并没有做的事。有趣的是，类似这样的移情，尼采在他公开发表的对瓦格纳的批评中屡屡出现。大概这就是心理学家们所说的推诿吧。他在《瓦格纳事件》中为颓废下的定义是一个极好的例子，他特别遣词造句使之适用于瓦格纳：“就是生命不再寓居于整体之中。词语变成独立的，跃出句子之外，句子漫无边际，使页面的意义变得晦暗不堪，页面则以整体为代价来赢得生命——整体不再是整体了。可是，这是每一种颓废风格的比喻。”[②] 这句话所说，与瓦格纳作品的真实情况大相违背，相去之远令人难以置信，因为他的作品最重要的特征之一，就是每一个细节都被吸收融化在一个宏大架构的整体之内；反过来看，显而易见——我甚至要说不言自明——这句话说的情形正是尼采自己的作品。

十一

综上所说的一切，驱使我们不得不作出的结论就是，尼采在晚期对瓦格纳显露敌意，本质原因不在于他讲出的那些——我相信只有这样看才能找到真谛所在。纠结情绪昭然若揭，能让人感受其痛苦，自相矛盾之处举不胜举；这些现象都与尼采作为一位思想家最显著的优点形成抵触，他的能力在于直接面对让人难于启口的真相，在视野中将它摆放在应有的地位，

① 孙周兴译尼采《尼采反瓦格纳》，商务印书馆 2011 年版，98 页——译注

② 孙周兴译尼采《瓦格纳事件》，商务印书馆 2011 年版，29 页——译注

透彻明晰地阐述自己对它的思考与感受。他处处发挥这些长处，唯独不能遇到瓦格纳的话题，一旦遇到，那些长处便立刻不见踪影，他开始怒气冲冲地盲目鞭打、砍杀，好像恼怒与痛苦让他不能正视问题，无论哪个方向都是反方向。而且他还无法避免这个话题，不断重提，就像一个人，口中坏了一颗牙，却偏是止不住要咬到它。所有这些迹象表明这中间夹杂着很深的个人伤害。因此我相信这必定是事实，并且我相信我们现在知道了其中的原因。这件事情并不是关系破裂的起因，但是非常可以理解，它是造成后来尼采愤怒的原因。

关于关系破裂的几个主要原因，在我们到目前为止的讨论中已经列出，虽然还有一些因素不妨增添进来。尼采对于凡是基督教的东西，尤其是天主教，深恶痛绝。当他的一个非常亲近的朋友皈依天主教时，他曾经这样写信给罗德："我觉得这是一个人可能施加于我的最罪恶的事……我不明白他是不是思维正常，是不是应该去接受医生治疗……我也相信我代表某种神圣的东西，这让我深感愧疚有人可以怀疑我与这件绝对令人作呕的天主教交易有任何联系。"（1875 年 2 月 28 日）他知道在这些问题上他的情感是过激的，并且将其根源一部分归结于他对自己的家庭成长背景的反应。1875 年 12 月 13 日他提到："犹太教-基督教的语汇，它们时常不断泛滥成灾，让我对它们极为反感，我必须戒备自己不要对它们有失公正。"我认为这稍稍有助于解释为什么他会误解瓦格纳在《帕西法尔》中使用基督教语汇，而且他的误解来得任性、不合情理，也有助于解释为什么他的反应那样毫无节制，还有为什么他总是倾向于将它们错划为"天主教的"，而其实他知道瓦格纳当时对基督教神学所表示的兴趣是对于新教，而且知道瓦格纳唯一与基督教的关联来自于他的家庭背景，也是新教。另外，还有一件事实一直没有被综合考虑到我们的整体解释中，那就是早在 1869 年的圣诞节，那时他们的友谊还处在蜜月期，瓦格纳就曾经将《帕西法尔》的初稿朗诵给尼采听，所以在 13 年时间里一直到那部歌剧上演之前，尼采都知道它是怎样一回事，然而他在有了这个知识以后，过了很多年才开始表达对它的恶感。

尼采对于瓦格纳作品的不好的反应，另外还来自于他对戏剧的缺乏喜好。我们知道，他的这一特点是在会见那位作曲家之前就已经有了。就在写给罗德，描写他与那位伟人的初次交往的同一封信中，尼采还提到一件更早差不多一个星期的事：“罗蒙特请我去看戏了，但是我对这样的事越来越觉得冷漠。”（1868 年 11 月 9 日）他的这种情感，似乎在与瓦格纳保持多年爱慕友情的同时一直存在——毫无疑问它处于受抑制之中，但是仍然时有流露——在关系破裂之后它就彰显出来，成为他反对瓦格纳的主要方面之一。在列举瓦格纳主义的破坏性影响时，他写道：“最糟糕的一点，就是：**戏剧统治**——，荒唐地相信戏剧的**优先地位**，相信戏剧对于各种艺术、对于一般艺术的**统治权**……然而，我们应该上百次地正告那些瓦格纳信徒们，告诉他们戏剧是**什么**：（它）始终只是艺术的**下属**，始终只是某种等而次之的东西，某种粗俗化的东西，某种为了大众而被扭曲和编排的东西！”①

这样的论断出自《悲剧的诞生》的作者真是匪夷所思，引人怀疑尼采与那本书的内容到底有多么亲近。暂不去发挥，仅就这段话本身而言，我发现它对于戏剧的论断站不住脚。正相反，我屡屡发现、次数多到让我为之感叹的是，一种文化中最伟大的作家，或者并列的几位最伟大的作家，都是该文化中的剧作家：莎士比亚在英语世界，歌德和他的《浮士德》在德国，还有拉辛、高乃依、莫里哀在法国，大概还要算索福克勒斯和埃斯库罗斯在古希腊。挪威的唯一世界知名作家是易卜生、瑞典的唯一世界知名作家是斯特林堡。我们也不断看到，一种语言中最伟大的写作是戏剧写作。这些都在直接驳斥尼采的戏剧观点。我们还没有将歌剧考虑进来，例如莫扎特的歌剧。很多最伟大的艺术是戏剧艺术，这一被普遍接受的看法，在我看来是无可回避的真理。其实，尼采提出的相反观点，与其说它本身有什么意义倒不如它能告诉我们的有关尼采本人。我们看到，正如瓦格纳的音乐一样，在尼采的内心之内心，那从来都不是真正属于他的音乐，尼采也没有真正爱过戏剧。但是瓦格纳的艺术偏巧是音乐戏剧。

在研究这两个人的关系之后，我看到，我得出的结论与几乎所有研究

---

① 孙周兴译尼采《瓦格纳事件》，商务印书馆 2011 年版，51 页——译注

者得出的结论大致相同。这些结论是：在长达八年时间里，尼采对瓦格纳俯首称臣，在这段时间里，不是出于软弱却是出于英雄崇拜，他在一切可能的方面都听从瓦格纳，虽然那有悖于他在内心深处的真实感情；于是这中间就有压抑，就有积聚起来的强力的反感情绪，虽然在长时间内都没有充分自我意识到；当他最终要求自己独立的时候，这些反感便上升到表面，变成他现在公开声言的对瓦格纳的反对；关系破裂的原因，并不真正在于对瓦格纳或是对他的歌剧的这样或那样的反对——虽然说这些是公开说明的原因，而且很可能确有这样的长期埋藏在心中的感受——而在于尼采自己的不可避免而且合情合理的对于独立的需要，这既包括人格独立也包括知性独立；尽管已经在公开向瓦格纳表示敌意，尼采从来没有停止对瓦格纳的崇敬，没有改变面向自己承认瓦格纳作为艺术家的伟大，对他们两人在几年时间里的共同友谊一直怀着深切的感激。

在私人通信之中，尼采对这些方面从不掩饰，反复坦诚地诉说，可供我们引用的例证比比皆是。在与瓦格纳断绝来往六年以后，尼采在给妹妹的信中说："与他在特里布申共同度过的日子，还有通过他在拜鲁伊特度过的日子（1872 年，不是 1876 年），无疑是我生命中最美好的时光……我的从中醒悟并且离开瓦格纳，难道我没有付出性命攸关的努力吗？不是花了将近六年的时间从它所带来的痛苦中复原吗？"（1882 年 2 月 3 日）五个月以后，他在给露·莎乐美的信中说："我同这个人，还有同他的作品，有过如此的经历，那是一番持续很长时间的激情，不用激情一词就不可能正确表达。从中挣脱所必须付出的努力，以及最终必须做到的重新发现自我所必须付出的努力，都属于我必须肩负的最困难、最痛心的事情。"（1882 年 7 月 16 日）九天之后，他在给一位朋友的信中写道："从 1876 年以来我简直不是在做一个人，而更应该说是自身变成了一片战场。"在那之后一个月，他又在给露·莎乐美的信中写道："首先，一个人会遇到从束缚自己的锁链中将自己解放出来的艰难，然后最终，他还必须将自己从那次解放当中解放出来。虽然我们每一个人走过的道路非常不同，但是每个人都必须经历锁链束缚之苦，就是在打碎锁链之后也还会继续。"这些话就这样在一封接一封的书信中出现，伤悼、失落、追悔之情不断。"在六年时间里，与一个你对他的崇敬超过所有人的人为敌，这是很艰难的一件事。”没什么令人惊奇的，他仍然不断梦见瓦格纳，尤其是在梦中回到了伊甸园，也就是特里布申。

一旦破裂已成事实，而更到了瓦格纳逝世以后，尼采对瓦格纳在德语世界建立的卓越文化地位开始有了嫉妒，那是因为，瓦格纳占据的地位正是尼采自己想要占据的。他似乎是在1882年瓦格纳取得《帕西法尔》首演成功以后，开始强烈感觉到这一点的。瓦格纳在这一成功以后几个月就于1883年2月13日去世了，这之后仅过了六天，在1883年2月19日，尼采在一封信中写道：“我应该是适合做他的继承人的（我几次向玛尔维达这样讲过），去年夏天，我感到他已经将所有值得影响的德国人从我这里带走了。”然而五年时间过后，他还在给刚刚提到的那位玛尔维达·冯·梅森堡写信说：“瓦格纳这个勾引人的老家伙，死都死了，还在把我能够影响的最后几个人从我这里带走。”即使瓦格纳死后，尼采还是不能得到他应得的东西，他自己的著作仍然默默无闻，这对他是苦不堪言的事。“瓦格纳的名声越来越大，简直闹翻了天。”这样的嫉妒心理也被带进了他对瓦格纳的公开批评，随着瓦格纳去世逐渐成为更远的过去，那种嫉妒变得更加没有阻碍，而且我们必须说，与此同时，矛盾心理越见加重，并且自我可以感受到。

尼采后来对瓦格纳的赞誉之词，有些写得真情涌动。但是在很长时间里，读者除了看到最常引用的句子之外，对紧接其后的话没有给予足够的注意。例如，在瓦格纳逝世五年以后写成的《瞧，这个人》当中，尼采说：“我想，我比无论谁都更好地知道瓦格纳所能做到的惊人之举，那奇异而令人狂喜的五十重世界，除了瓦格纳没有人能飞向那儿；而且，正如我是足够强大的，足以把最可疑和最危险的东西转变为对我依然有益的东西，从而让我变得更强大，我也把瓦格纳称为我生命中的大善人。”以上这句话经常被人引用。但是他马上接下去说：“我们俩是有亲缘关系的，那就是，我们遭受了深深的痛苦，包括相互间的伤害，比这个世纪人类所能遭受的更深重；这样一种亲缘关系将使我们的名字永远联系在一起。”①

瓦格纳逝世之后仅过了九天时间，尼采在给他的一个密友的信中写道：“在我认识的人当中，瓦格纳远远是最充实的一个人，在这一意义上，在六年时间里我必须要付出的代价太多了。”（1883 年 2 月 22 日）但是他的一句话是：“但是在我们之间发生了一件事关生死的冒犯事件，假如他没有死的话，大概会发生很恐怖的事情。”这件“很恐怖的事情”究竟可能是什么呢？那件“事关生死的冒犯事件”又是什么呢？当我们看到尼采在时过六个月之后给同一位朋友写的另一封信以后，它们的各种可能性就变得更加不祥更加令人担忧：“我最终成为那种穷凶极恶复仇欲的牺牲品，而这发生在我在内心深处已经放弃一切形式的复仇与惩罚以后。这一冲突将我一步一步逼到要**发疯**的地步，我能感到这一点，带着最大的恐惧。”又在差不多同时、仍是给同一位朋友的另一封信中说：“你不能想象这种疯狂怎样不分昼夜地在我心中翻腾。”我们的想象力也开始翻腾起伏，假如瓦格纳在世更久，尼采会对他做什么，我们为之百思不解。

我认为能够作为这一神秘事件的答案的信息，是在迟至 1956 年才暴露出来的，那也就是瓦格纳与一位曾经为尼采诊断病症的医生之间的通信第一次公之于世。这些信件一直被埋没在拜鲁伊特的档案之中，今天仍然保存在那里。它们展示出来的事情经过大致如下。

1877 年，尼采在瑞士见到一位来自法兰克福的医生，这位医生也是狂热的瓦格纳爱好者，还写过评论《指环》的文章。这位名叫奥托·艾泽的医生从尼采那里得知，虽然已经有很多年时间受严重的病痛折磨，尼采从来没有接受过确当的医疗诊断，这让艾泽很吃惊。于是他邀请尼采到法兰克福，由他来为尼采作全面检查，尼采接受了。从 10 月 3 日到 7 日，艾泽医生与他的一位朋友——眼科医生克鲁格一道，对尼采进行了彻底的临床检查。两位医生都发现，尼采双眼的视网膜已经积累了无法逆转的严重损伤，又在他的中枢神经系统诊断出慢性炎症，那是引发偏头痛的部分病因。在诊断之后，尼采很快写信给在拜鲁伊特的瓦格纳夫妇，告诉他们有关他

---

① 孙周兴译尼采《瞧，这个人》，商务印书馆 2016 年版，45－46 页——译注

的身体状况出了“坏消息”，并且随信寄给他们艾泽大夫写的有关《指环》文章的副本。瓦格纳收到信以后，指示他新近开始使用的助手汉斯·冯·沃尔错根给艾泽大夫写信，感谢他的文章，同时询问他是否可以提供关于尼采健康状况的消息。艾泽答复说，倒霉的尼采很不幸地有很大可能将要双目失明。

到这一步瓦格纳开始亲自给那位医生写信——现在我们要记住，在19世纪，在通常严肃并且有智慧的人群当中，普遍有一种信念就是手淫会给青年男性带来失明的危险。忧心的父母辈都很严肃地这样警告男孩子们，两者的联系真的被作为事实而接受。瓦格纳在写给那位医生的信中说：“思忖尼采的情况，已经很长时间我都会联想起，我在其他具有很高心智能力的年轻人身上得到的相同或极为类似的经验。看他们被类似的症状所消耗，我发现可以非常肯定地说那都是手淫带来的结果。自从我开始从近处观察尼采，在我的那些经验的带领下，所有他的习性与特征都让我的担心发展成为确信。”瓦格纳接下去督促那位医生尽一切办法让尼采戒除那一行为，他说的话反映出非常典型的瓦格纳人生经验：“一位友善的医生所具有的权威，是愿作医疗忠告的友人所绝不可能得到的。”（这读来简直像是出自他的哪一部歌剧脚本）那位医生写来回信说：“我完全倾向接受您的想法，尤其在于我也是被尼采的举止、行为的很多表现，带领到认为那一想法是高度可信的。”但是他接下去又说，“但是，根据那一恶习的顽固性，我本人很怀疑我们有任何治疗手段，及其成功的把握。”

瓦格纳这样卷入固然骇人听闻，虽然也可以说大概是出于父亲心态，而且出于好意（他后来又曾写信给那位医生说“如果他陷入很艰难的状况，我会帮助他的，因为我没有什么东西是不可以同他分享的”），但是那位医生却是在彻底背叛行医的道德，他在同一封信里告诉瓦格纳说：“另外病人提到在学生时代有过淋病感染，还有前不久在意大利遵医嘱发生过若干次性行为。他的这些话，其真实性肯定是无争的，表现出我们的病人并不是缺少满足性要求的正常方式；这是有悖常规的现象，当然对他这个年龄的手淫患者也不是不能想象的。”

关于这些通信的事，以及通信的内容，很快就泄露到外界了，虽然我们并不确知发生的时间，以及是谁所为。最有可能的嫌疑人是汉斯·冯·沃尔错根，这些事情发生的时候他刚到拜鲁伊特不久，不论从职业还是性情上都是一个记者，后来不久就成为拜鲁伊特的档案管理员，负责收集、保管档案。无论如何，既然是他首先写信给那位医生开始了这一书信往来，一般可以想象他会接触到那位医生后来写给瓦格纳的信。不论事情到底是怎样造成的，到1882年的下一届拜鲁伊特音乐节时，在客厅里、寄宿住宅和旅馆里，在知情人中间沸沸扬扬开始传播有关没有到场的尼采的谣言，离奇至极，什么他因为过度手淫即将失明、他在意大利嫖妓成癖、他从学生时代起就染有性病，这些都有确凿证据因为都是被或者尼采本人的医生或者瓦格纳写成白纸黑字的。

我们知道，在同一年这些话传到了尼采的耳朵里。通过怎样的渠道同样并不清楚，但是他的妹妹和露·莎乐美两人都出席了音乐节。她们两人都有可能将这样的事报告给他。第二年7月，他在一封信中提到有人在前一年向他报告过"穷凶极恶的翻脸报复"行为。在那之前，于1883年4月21日，他写信给一位密友说："瓦格纳满脑子都是坏主意，但是你怎么能想象他就那个题目与别人通信（甚至是与我的医生通信），要表明他**相信**我的与别人不同的思想方法，是因为违反自然的纵欲过度造成的，甚至暗示有鸡奸行为。"事实上在这件事中间不存在暗示鸡奸行为，这只可能是尼采怒火中烧的夸张，或者更有可能是拜鲁伊特谣传中的添枝加叶。

即使在今天，在我们所处的自由心态与宽容的年代，对一个朋友的这样的流言蜚语都会被大多数人当作是震惊和不可容忍的事，而在19世纪，其骇人听闻与刺人之深几乎是超出我们想象的。这些让尼采大为震怒，到了失衡的地步，而且像我们看到的那样，有记录表明他在发狂的心态下，筹谋对瓦格纳造成严重伤害以作为报复——只是因为瓦格纳去世才不再有必要。他受到的伤害与自尊心蒙受的耻辱一定是不可名状的，而这更因为有一个人，也就是柯西玛，一定从一开始起就悉知一切难堪的细节，让这件事更无法容忍，因为尼采是爱她的，很可能正在爱情当中。

我想，这就是能够解释很多事情的创伤。这样性质的谣言尼采是不会在公开发表的文章中提到的，他甚至连想都不会想要提到它们，但是它们太充分不过地解释了，他在此后一直有的感情，就是他被瓦格纳不可容忍地伤害了、瓦格纳对他做了不可原谅的错事。它们能够说明为什么他在提到瓦格纳时，就像一只受了伤的野兽带着盲目的凶狠猛扑上去，它们能够说明为什么尼采那样的行为在那个时间开始，还能很关键地说明，为什么那些行为莫名其妙地孤立于他对瓦格纳作为一个伟大的人和一个伟大艺术家的评价，而且那些评价依旧保持。它们能够说明为什么他后来的辱骂，如果针对着任何东西，也是更多针对瓦格纳的为人性格，而不是针对他的作品；能够说明那些辱骂为什么以一种非常一致的形式出现，（例如“这个人身上有一种**病态!**”还有“我崇拜他却自己上了当：他背叛了我。”）而同时对瓦格纳的作品却没有触其关键而令人失望。它们能够说明在自相矛盾的反应与论断中，尤其在提到《帕西法尔》时，为什么会有很多在事情先后顺序上明显搞错的地方。

瓦格纳在这件事情上的行为没有半点可以为他辩解的余地。我怀疑他后来自己知道做得太过分，但是为时已晚。很多人都注意到在他与尼采关系破裂以后的一个现象，那就是他一反常态，对那件事缄口不言。瓦格纳是一个爱讲话、口若悬河的人，喜好自我辩解几乎成癖，讲别人的坏话毫无顾忌、名声在外。但是在对尼采这件事情上，他却极少替自己辩护、极少反驳，让人难于理解。我认为其原因就在于瓦格纳知道自己不对。但是我相信，他当时并不是恶意的。关系到尼采，他自我假设了父亲的地位，至少是与那位医生平起平坐，是为尼采好。不幸的是，这正是太经常发生的、父母对待成年后代的那类做法，可以预料会激起后者的愤怒，类似事情屡见不鲜。在整个过程中真正的坏人——比那些在拜鲁伊特传播谣言的人还要恶劣——是那个医生，他本无任何权力向瓦格纳或者任何其他人透露那些消息。我们可以感到他是一个行为不检、头脑单纯的家伙。在这些事情发生之前，他就是一个瓦格纳崇拜者，而一旦他心目中的半人半神亲自写信给他，他就丢开一切限制，把所知道的事情和盘托出，这当然就引出了后续的故事。

十二

两人之间的关系曾经非常紧密、延续很久，同时又让人焦虑重重、非常戏剧化，这样的事发生在一位最伟大的作曲家和一位最伟大的哲学家之间，当然永远引起我们的兴趣。那些或者低估瓦格纳、或者低估尼采的人（更不说仍有一些把两人都不放在眼里的人），只能错过一个内容丰富而又极为难得的故事所给予我们的特别的回味。他们的关系可能变成那样浓烈，是因为他们有着很多的共同之处，包括都具有同样广泛的高水平的知性能力，在这一方面就瓦格纳来说在作曲家当中有可能是独一无二的。而这一浓烈的关系在尼采一侧又不断保持很高的高度，有些时候到了头晕目眩的地步。但是他们两人关系进程中的主导始终是瓦格纳，同时数量最多最完整的存档记录来自于尼采，让我们今天大都是通过尼采的角度看到诸多事件的来龙去脉。

尼采与瓦格纳在几年时间里进行过认真专注的对话，涉及那位作曲家认为极有重要意义的题目，让尼采了解瓦格纳在广泛事物上持有的个人思想与情感，这就让尼采成为极有价值的信息源。他们共有的对叔本华哲学的信奉，构成他们整个关系基础中最中坚的部分，其重要性很大，使得这一事实本身就直接反驳有些人情愿持有的、认为瓦格纳在当时已经是基督徒的观点。尼采还留下了具体的见证，在那段时间里——瓦格纳的年纪从55岁到63岁，也是直接衔接着他完成创作《帕西法尔》的八年时间——瓦格纳在交谈中提到基督教，都是带着与己无关的嘲讽态度。这对瓦格纳对待宗教的个人立场，无疑是很明确的证据，同时对《帕西法尔》与宗教的关系属于利用宗教的符号象征，也是很明确的证据。它也顺带告诉我们，尼采对基督教怀有极为强烈的反对观点，认为基督教应该被连根铲除，致使他把深刻严肃地为艺术目的运用基督教的符号象征，也视为一种背叛，如果这样的使用又包围在美感之中，就构成更为严重的背叛。它还告诉我们，尼采反对《帕西法尔》的知性出发点就在于，如果瓦格纳在那些交谈中对基督教的态度是他的真实态度，他就更没有理由，通过在充满令人陶醉之美的、大规模的艺术作品中严肃运用基督教符号象征，对那些东西给予赞同。这样做就是投降、是同流合污。

尼采还在一个关键问题上为我们提供了证据，那就是瓦格纳的生父究竟是谁的问题。在《瓦格纳事件》的一个脚注当中，他写道："他的父亲是一个名叫盖尔的演员。"[①] 这件事情，如果不是瓦格纳亲口这样告诉他，很难想象尼采还有什么其他渠道可从得知。瓦格纳生父是谁，是引起过很多讨论的疑问，我自己多方研究得到的结论是：他的生父既可能是他的合法父亲，也可能是名叫盖尔的那个人；有可能他的母亲无法肯定到底是两个人中的哪一个；现在已经不存在一种对这个疑问找到确切答案的可能；如果我们不得不二中选一，那么这个人是盖尔的证据似乎更加充足。以上这些，不仅构成实际事实，而且也是瓦格纳本人自1869年以后一直持有的看法。事情既然如此，瓦格纳就很有可能对尼采讲过这些看法。又因为尼采是受他委托照看他的自传出版的人，这种可能性就变得更大。同时我还认为，既然瓦格纳认为盖尔最有可能是他的生父，不难想象他会在某种场合说过"我想盖尔是我的父亲"，或者更直接地说"盖尔是我的父亲"一类的话。由此尼采就有可能写下那一脚注。还有一种可能就是，那句脚注中的断言所言为真，是尼采本人的决定。他有可能那样做的原因是，含此脚注的那本书的主要主题就是说，瓦格纳是一个彻头彻尾、深入骨髓的演员，他做一切事都是演戏。一个货真价实的演员还有一个演员父亲，这样带来的十全十美的审美快感一定是打动了尼采，而作家尼采一旦运笔如飞不会去计较那些细微差别，分清是与大概是——他不是对生命说大概是的人。但是回到瓦格纳生父的问题，要点在于，无论上面的两种解释我们偏向哪一种，我们很难回避的暗示就是，瓦格纳曾经对尼采**说过的**，盖尔是他的父亲或者盖尔大概是他的父亲，这样一类大意如此的话。

除了这些具体事例之外，尼采也留下了广义层面上对瓦格纳的为人的见证。瓦格纳的作品将一种独树一帜的知性以实例呈现出来；关于瓦格纳

---

① 孙周兴译尼采《瓦格纳事件》，商务印书馆2011年版，49页——译注

的个性和他的与人交谈是怎样可以对人魔障缠身、关于他的兴趣与知识何等广泛，我们看到的见证多得不胜枚举（仅尼采就称他是“渴望学习”）。然而我们又有来自一个人的描述，这个描述者本人就是最重要的心理学家与哲学家之一，这就是命运的不可多得的巧妙安排了。打个比喻来说，就好像我们掌握了叔本华对贝多芬的近距离描写，而且那是源自于八年间的亲密关系，不是几次偶然的邂逅。尼采与瓦格纳两人之间一件令人感铭的事，是他们关系破裂以后，无论尼采对瓦格纳的愤怒后来变成如何毒烈，他从来没有改过口，秉直如一称他与瓦格纳的交谈是他一生中最有收益的经验，别无可比。就在这些交谈展开最充分的时候，他在写给那位作曲家、祝贺他 57 岁生日（1870 年）的信中说：“请允许我给您一个其实最为主观的祝福——我希望您继续像在过去一年中那样待我，向我传授艺术与生活之路的秘诀。”在他的著作中有过一句话，真情道出瓦格纳住宅中洋溢的气氛：“天才居所，诸神荟萃。”其他且不论，当尼采造访的时候，屋中就是天才两位。我想瓦格纳有可能感到，仅除柯西玛在外，尼采的陪伴比任何其他人在身边都更有益处，因此与尼采在一起，也让他处于最好的状态。这从他对尼采的妹妹所讲的话中似乎也有暗示：尼采离去以后他颇感“孤独”。但是，这对他的作品没有构成影响，起码无人可以察觉，这对尼采作品的影响却持续了他的一生。

魔障缠身，麻烦就在于缠身，不是靠断其来源就可以抖落的。选择逃避的人们，通常已经被他们要逃避的东西所制约。直到他的时间耗尽，尼采最终没有摆脱瓦格纳的魔障。他对瓦格纳的执著几乎让瓦格纳的存在徘徊于他的每一本书中，甚至有的时候并不直言其名——在《人性的，太人性的》当中，他是“艺术家”；在《查拉图斯特拉如是说》当中，他是“巫师”。在其他书中，整段整节的文字会开诚专门谈他，例如说，“瓦格纳当然是《瞧，这个人》中最居首位的名字。”（信件，1888 年 12 月 31 日）两本书是专门关于他的。另一本书的书名是对他的一部歌剧的名字作文字游戏。再有一本主要是由他的思想构成。这种情况在哲学文献中远远找不到近似的类比，除非我们去看对于宗教开创者们的相当常见的执著。我怀疑，在他们的关系中，瓦格纳不只是给尼采造成一处永未愈合的创伤，而是两处。我们应该记得，尼采将自己置于那样一种历史重要性的高度，以至于未来的一切时间都要以他作为参照来划分，这一新的参照将取代纪元前与纪元后，狄奥尼索斯将取代被钉十字架者。但是，结识瓦格纳让他遭遇一位才华在他之上、他自愧不如的人。这一经验让他欣喜若狂、受宠若惊，按照其真实意义是他可能遇到的最让他激动的事件，但是同时，这又是让尼采无法接受、无法调和的事件，因为他不可能既认可这件事，同时又保持为自己建树的、希冀自己可以达到的境界。他与瓦格纳断绝关系，继而取得了德语散文写作最伟大大师的地位，这是他自己敢肯定、后来也被其他很多人所承认的。然而他的志向希冀却远不止于此。有些天才是后退一步而跻身伟大行列的。与此有关的例子我们一定会举出托斯卡尼尼。他被普遍认为是 20 世纪最伟大的指挥家，而他的最初志向是成为一位作曲家，直到他听到了瓦格纳的《特里斯坦与伊索尔德》，并且意识到那样的成就是他自己永远不可能达到、甚至不可能写出东西能够接近与之匹敌的。这样的认识让他改变了自己的野心，转去做一位指挥家。与瓦格纳的邂逅摧毁了托斯卡尼尼坚信某种命运的可能性。我怀疑尼采遇到了与之相类似的情形，但是对于尼采，不同之处在于他没有能够从中找到调和，只有到堕入疯狂，问题才算解决了。

附 章

瓦格纳的反犹

一

瓦格纳反犹的性质令人厌恶，但不该因此而被曲解。厌恶容易使我们陷入并非真实的不容辩驳的评判，而在此种情形里这很重要。尽管反感完全是合理的，我们仍然应该力求正确理解。确认瓦格纳的反犹涉及到看清楚它具有此种而不是别种特点、产生了这种而不是那种影响；而这并非为了原谅。这点需要被强调，因为说到这个话题就会涉及很多疯狂的事情，而且每当人们论及此事会有一种倾向，认为任何否定他们的评判的人都是在为瓦格纳的反犹找借口。我所做的没有任何问题。我认为反犹主义是可憎的。但我仍然要准确理解瓦格纳的反犹；而这也包括了很多关于这件事的反驳意见。

有些人的确是在试图把此事大事化小，他们说，总之瓦格纳生活在一个反犹主义盛行的社会里，而他只是在重复周围的人无时无刻不在吵吵的观点。这包含了一个事实的特定元素，但与实际情况不符。19 世纪的德国确实是一个反犹的社会这没错——比如，那时英国的反犹已经很严重了，但德国的情况比之尤甚——而且这是与任何论及瓦格纳反犹相关联的事实这也没错。但瓦格纳的反犹有一个特殊问题。即使身处一个反犹的社会，瓦格纳的反犹令人吃惊。许多和他最接近的人，包括他的第一任妻子，都使他把反犹当作工作，而他们却又彼此相互抱怨这个。他们看起来超出了限度、不合理、反常，而且只可能会得罪。这可能是在某种情况下，他们真正反对的是社会困境的一个起因。即便如此，他们觉得这肯定会带来麻烦，而且更重要的这个麻烦是瓦格纳在其中是有错的。

瓦格纳的不合常理的反犹，其根源必定是复杂的。然而在我们弄清楚因果关系之前，很重要的是先得确立这样一个总体概念，即在任何情形下瓦格纳的个性都非常偏执，而这可能正是造成他这种反犹的原因。我们从对他很熟悉的人那里得到很多印证，说他总是倾向于觉得自己身后肯定在发生着某些事，其他人在耍什么花招；而他的朋友们得煞费苦心地不让他加重对这种情形的感觉。例如，尼采在与瓦格纳走得很近的那段时间里，他在给一个朋友的信中写道关于他决定不采取的一些步骤："我俩知道瓦格纳的天性会驱使他**怀疑**，但我不认为激起他的怀疑是件好事（1874 年 7 月 4 日，这里的重点是尼采在说这话）。"当这样一个人在脑子坚定地认为犹太人的阴谋就是通过欺骗非犹太人达到相互帮助时，理由就不再重要了。而这正是发生在瓦格纳身上的事。

就其外部原因而言我认为主要有三个方面。第一个方面的时间段是关注到他二十八九岁时在巴黎那段很不得志的日子，那时他处于半饥不饱的状态并且近乎绝望自杀。这段经历影响了他的一生——就**像**狄更斯被强迫雇佣在工厂里当毫无技能的童工那段经历给他造成的影响一样；但狄更斯的那段时日不超过四个月，而瓦格纳的那段时日有两年半。诚然，四个月对于 12 岁的孩子造成的影响，与两年半对于一个成年人造成的影响，只能说是看起来**像**。在这两种情况里，一个顶级的具有非凡创造力但尚未成名的天才，发现自己生活中的所有希望都面对死亡、所有的梦想和自己的抱负都要破灭，活在地狱一般；而这两人所受的创伤绝不会是一样的。

瓦格纳年轻时的巴黎，在光彩夺目的歌剧界，头号人物是梅耶贝尔。第二号人物是阿莱维。这两人都是犹太人。瓦格纳认为他们是劣等的歌剧作曲家；可即便如此他们就在那儿，在国际歌剧之都发号施令，而他瓦格纳，忍受着饥寒，跑穿了鞋底，并且因债务受到蹲监狱的威胁。他和妻子不仅典当了手头的全部东西，甚至连当票都抵卖掉了。整个情况就是差一点瓦格纳就精神崩溃了。在他看来这和自己的价值全然不相称、全然不公平、全然错了。而这能解释得通吗？他的偏执型人格使他开始觉得是犹太音乐出版商、犹太记者和批评家共谋了这整个欺诈，合伙起来不择手段地维护住自己在这个行当的顶端，而把他这样的天才排斥在外。他很自卑地希望自己能从梅耶贝尔那里得到工作机会，但不止一次、而是很多次地完全绝望——他还曾在一个特殊情况下给梅耶贝尔写过一封低三下四很献媚的信。这封信显示出其绝望的程度已经夺去了他的自尊，还有他的判断力。这是一封长信，通篇令人作呕，其大部分写得相当的奉承，让人无法相信（“是**梅耶贝尔**，只有**梅耶贝尔**，当我告诉你只要一想起这位对我来说意味着**一切——一切**！——的人我就会怀着最深的情感热泪盈眶时，你就会很容易就理解我），但或许下面这段话里所用的词语暴露得最彻底：“甚至在我写下这些时，我继续生存的最终期望已经与我完全阻隔……我已经到了为获得最基本的物质方面的帮助而出卖自己的地步。但我的脑袋、我的心不再是供我出卖的——它们是您，我的主人的财产；——我留给自己的最多是两只手，——您需要拿去用吗？——我认识到为了我的作品找到食物和精神力量，我必须成为您的奴隶，从身体到灵魂，而我的作品终有一天会向您表达我的感激之情。我会是一个忠心耿耿的、诚实的奴隶，——因为我得公开承认自己天生就是一个奴隶；能把自己无条件地、不顾一切地、绝对信任地奉献给另一个人，给了我无尽的快乐。我用来为您、只为了您而工作和奉献的知识，使努力与勤奋显得更加和蔼可亲、更有价值。买下我，先生，这绝不会是一桩毫无价值的买卖！——如果我像现在这样保持着自由，我会走向毁灭，拖累了和我在一起的妻子……”信的落款是“您的财产，理查德・瓦格纳”。

落款的日子是1840年5月3日，还没（或刚好）到瓦格纳27岁的生日。我想，这是他沦落在最低谷的时候，虽然这么说瓦格纳或许是一件轻率的事，因为他还没有准备为了工作的目的而陷得那么深——他经常会陷入，至少到51岁时（正如尼采在他去世后这样写道：“没有人是不自尊的”；而我已经引用了尼采的那句评论“其整个延绵的一生被打上了缺乏尊严的印记”）。梅耶贝尔庸俗、肤浅、诡计多端，但智商高，在他所周旋其中的那个世界里是一位日常琐事[1]的政治大师，尤其以能玩转媒体出名。他所具有的特别的本事，就是能使一部歌剧还未上演就已在媒体上获得广泛的如潮好评。按《新格罗夫音乐大词典》所述，“提供茶点的新闻发布会是梅耶贝尔的发明创造”。因此他是公关人中完美的公关人。所有这些都是瓦格纳后来抓住不放并谴责的事。但真实情况是梅耶贝尔对瓦格纳做得很好。当然不能指望此种贵族地位的人会不顾一切地去匆忙帮助一个26岁的无名晚辈；但实际上他对瓦格纳所做的事充满善意的帮助：为确保《黎恩济》在德累斯顿的首演他扮演了捐助人的角色，而瓦格纳由此成名；他还帮助《飘泊的荷兰人》在柏林的演出。这可是不小的帮助。但对一个伤痕累累、身处绝望中的瓦格纳来说，它所带来的变化不够快——而原因是没有发生在巴黎。他本人坚信梅耶贝尔是为了把更多有竞争力的对手排除在他的领地之外而用欺骗玩弄他。

在可怕的政治，首都巴黎的政治、政府的政治中——其大部分历史中到处都有死亡契约，且在许多地方仍然有——这种状况是众所周知的，如果A是B遭受个人耻辱的见证，那他很有可能被B毁灭，只要B一旦有机会。我相信这种力量在瓦格纳的脑子里起着作用。在他力所能及的范围里，他怀着彻头彻尾的自卑去受梅耶贝尔羞辱，而当他觉得即便如此他仍然一无所得时，便开始以一种特别仇视的心态痛恨梅耶贝尔。在写了那封颜面扫地的信的这一年里，他开始用一个假名字发表挑衅梅耶贝尔声誉的文章。第二年他在一篇投给一份名叫《新音乐杂志》的德国音乐刊物的文章里，把阿莱维写成“不是梅耶贝尔那类故意要滑的骗子”；然而杂志主编不是别人正是舒曼，在文章印刷前将此句改为“不是像M那样的流氓”。尽管如此，当梅耶贝尔得知他无偿帮助过的那位年轻的瓦格纳不仅在他背后恶意中伤他还在媒体上匿名发表文章时，他的确疏远了瓦格纳——但换了谁不是这样呢？

隐藏在瓦格纳反犹背后的第二个主要原因得涉及到他的借钱成瘾。从很早起他就有习惯性的借钱不还的习气。并且他偿还的梦想和计划常常是

---

① 原文 small - p，相对应于 big - p。后者指国家或国际政治方面——译注

无可救药的不切实际，但同样他常常没想过要去偿还。他几乎骗了每一个愿意借给他钱的朋友，而当他从朋友那里再也榨不出什么的时候就会去借高利贷。在当时他所处的那个社会里大量的放贷者都是犹太人，实际上是绝大多数——而很多时候他们对他并不友善。作为瓦格纳，他并不觉得自己寄生于他们而是他们寄生于他——把他养肥，吸他的血、赖着他、利用他、欺骗他、把他榨干——而他绝不原谅地憎恨他们，更是因为他对他们的依赖。他从来就无法避免不和他们打交道、无法离开他们，因此这些骇人听闻的关系成了他一生中抹不去的特征：拖着债主、对他们说谎、欺骗他们、逃离他们、遭受被他们监禁似的对待——直到他五十来岁时这些经历对他再熟悉不过了。他总在躲藏，逃避着债主和随即会被监禁的危险，在他 51 岁时他被国王路德维希二世救了。出于这个原因路德维希费了好大周折才找到他，而瓦格纳的第一反应就是那位皇家使者是一个跟踪他的法警——疑虑弄得他整宿睡不着。他几十年来就生活在这种境况里。而犹太人，这些放贷者，在他眼里是所有这些不幸的直接的代理人。

瓦格纳反犹的第三个主要原因更具普遍性，必须在整体上与他的政治观联系起来。作为一个年轻的社会主义革命者，他相信这个世界所有社会罪恶的终极根源是财产的私有制。他认同社会主义者在传统里就有的相似理由；而即便后来他不再是一个社会主义者，他一直对私有财产仍存有一种特殊的仇恨。所有权的有无——若所有权不确定——几乎会深刻影响到相关的每个人生活的全部，而且这种所有权的分配既没有基于公平也没有基于功过。成千上万的人在被发现的所有方面的财富，没有比瓦格纳应得的更多了。像他自己那样努力工作的天才不得不生活在对他看似侮辱的贫困和债务中是一种畸形。他给了这个世界很多，而这个世界没回报给他什么。世间财富的分配对他表现出的极端不公、专横以及令人愤怒从未停止。一个一无所有的人，生活处处是艰辛和痛苦，有时简直活不下去。这完全是不应该的，而且在道德上是完全错误的。这种信念是厌恶这个把他的生活弄成这种样子的世界的巨大因素。他曾说过他所承受的最大痛苦源自两个方面，财产和婚姻。而财产的罪恶是他再一次从中看到了作为弓背的恶棍的犹太人。真正的肥猫、真正的大资本家、也就是国际银行家，把钱借给政府的那种人，是犹太人。他有句玩笑效果的话，说人类社会曾经被犹太人的王[①]所救助，而如今常常得靠犹太国王们[②]救助。就如他在自己那篇声名狼藉的文章《论音乐中的犹太性》中写的（我们马上就得提到）："随着当今这个世界的形成，犹太人获得了更多的自由，他成了统治者。并且只要金钱仍有着使我们所有的活动屈从于它的力量，他就将继续统治着这个世界"。

二

像瓦格纳这般复杂的性格，很可能还有其他因素也助长了他的反犹，但我认为还是上面列举的三个因素占了多数。瓦格纳个人的艰辛与苦难，以及他热爱并试图从中创造出自己生命的歌剧艺术，它们都包含在一个社会性错误的单一解释框架里；因此每一件对他来说非常重要的事都包含了它——除了他的情爱关系——包括他的婚姻。这也有一定的连贯性，因为任何的阴谋论总会有的；由此对瓦格纳憎恨这个社会里的任何东西都提供了一种辩解。这种态度在他三十多岁时——如果不是更早的话——完全成型；而且在他此后的生活里，他被身边那些看上去是他最接近和最亲爱的人对犹太人的痴迷所困扰，有着一种在严重扰乱他的环境中的每一件事上都能看见他们插手的倾向。

这算不上是件事，这一切对任何瓦格纳圈子之外的人都没多大重要。这只是伟大艺术家的疯狂中那部分更不愉快的一面。然而问题是他要把它公开。1850 年，那年他 37 岁，他在《新音乐杂志》（那时舒曼不当主编已经多年）上发表了一篇文章，相当于是在音乐方面抵制犹太人影响的宣战。实际上，我们随后会看到，此文的大部分更为紧密地聚焦于向梅耶贝尔宣战；而且这场战争成了瓦格纳的独立之战。"如果从犹太教解放出来对我们

---

① 指耶稣基督——译注
② 指那些犹太巨富——译注

意味着首要的必然性，我们必须为这场解放战争测试我们的力量……在犹太性中我们所痛恨的那些东西必须被揭露出来，而当我们了解了，我们才能对它采取措施……我们应尝试着理解我们被犹太人的特性与风俗激起的无意识的厌恶……如果我们因宣称是犹太人激发了我们本能的厌恶而感到羞愧，我们是故意扭曲自己的本性……尽管我们假装成自由主义者，我们仍然感觉到这种厌恶。”文章的中心内容是一场严肃争论的一些论点，而且通常与瓦格纳相关的争论是真正发人深省的；不过其中浓厚地夹杂着显而易见的侮辱。“犹太人”被形容为“这种大自然中令人不快的畸形人”；而且有这样的段落：“谁不深信在一个受欢迎的犹太教堂，奉献给神的音乐服务是一种纯粹的讽刺？谁没有过厌恶、恐惧的感觉以及比试图以聆听毫无意义的潺潺之声、真假声互换的演唱和咯咯笑声作为娱乐的讽刺画面更荒唐的吗？”

所有这一切争论的核心可以概括如下。一位伟大的有创造性的艺术家，对自己所处的社会的一些最深层的关注的形成与表达会被看见、被听到，从而出名。但如此多的成就伟大艺术的伟大，是出自艺术家——那些只有在社会中不知不觉成熟的艺术家才能为它产生出伟大艺术——的个性中无意识的水准。由此瓦格纳时代之前的犹太人产生不出伟大的艺术，因为直到瓦格纳出生的时候，他们几代人都被封闭在欧洲各地的犹太社区，一直生活在一种他们自己的、封闭的、与周围社会的文化决然不同的文化里。只是在拿破仑战争期间，欧洲的犹太社区才开始被开放，犹太人开始向他们周围的主流社会自由移居。这种释放和同化是缓慢而持续的过程，在瓦格纳开始创作的年代里这个过程仍在进行中。因此犹太人仍然是外来者，而且很明显的是：他们看上去就不一样，并且说话操着外国人的口音。瓦格纳说，所有这些意味着在他们的主流社会中如果有一些刚获得自由的犹太人成了有创造性的艺术家，能指望他们做的也只是**模仿**主流社会的艺术而已。这不是他们自己的错，也不是否认他们的个人才华，而是他们所做的缺乏无意识的深度。犹太艺术或许是聪明的、技巧纯熟的，但只可能是由艺术家拼凑起来的、以自己意识精神的水平对那些发生在他周围的艺术的模仿，或是对完全不同于自己的传统模仿的延续。结论是，犹太艺术的特性不可避免的首先是模仿，其次是肤浅和表面化。

当我在我的著作《瓦格纳概貌》里叙述这场争论时，出版过类似著述的艾赛亚·伯林告诉我这在许多方面是有根据的，因为这种情形在瓦格纳那个年代的确存在。

瓦格纳进而提出了一个于社会发展相对应的、不仅展示了这是个怎样的过程，还为他那个时代的音乐为何陷入低迷提供了解释的论点。“当我们的社会进化到公开承认按钱的力量来排列等级这个转折点，犹太人就不可能再处于困境了。他们有足够的钱去得到社会的承认。”而且一旦获得了承认——瓦格纳说——他们便获得了在大规模的财务方面对艺术的控制，就如对其他一切的控制一样。“伟大的艺术家们的辛苦劳作带来的是两千年的不快乐，如今的犹太人变身为艺术商……我们用不着去证明现代艺术已经被犹太人接管；这是一个不请自来就跃入眼帘的事实。”瓦格纳争辩说，接管了现代艺术后，犹太人继续通过前面所说的阴谋，使其他的犹太人把持住他们控制的艺术界，包括音乐的最高层。在音乐的两个主要公众场所，歌剧院和音乐厅，最重要的位置都被犹太作曲家所统治。但当然，瓦格纳认为他们的音乐具有他所指出的犹太的音乐特色无法避免的所有缺点，进而当代音乐领域被稀疏寡味的作品所占据。歌剧院被瓦格纳在文章里没有指名道姓，但称之为“我们时代非常著名的犹太作曲家”的梅耶贝尔统治着，而且遥遥无期。新音乐主导着音乐厅直到门德尔松在1847年过早的离世。瓦格纳在谈论起他时则更有意思。

瓦格纳熟知这位只比自己大四岁的门德尔松，对他热爱而且敬佩，几乎所有认识他的人都如此。而且其惊人的音乐天赋也无可争辩。但瓦格纳试图用这一切为自己的文章添彩。“他向我们展示了一个犹太人能够具备的最伟大的才华、最优秀的和最多元的文化、最高的和最美妙的荣誉感，然而这些品质却无法帮助他哪怕只有一次使我们在内心深处被我们期待的艺术所感动，就如我们面对我们自己的伟大的艺术家简单地张开他的嘴对我们说话时那样。”由此，音乐厅里的音乐由上天的山峦巴赫、莫扎特、贝多芬降成了小丘的门德尔松，而歌剧院里的歌剧则由同为巨大山峰的格鲁克、莫扎特和贝多芬降成了平地的梅耶贝尔。

正如人们所料想的那样，瓦格纳的这些论点从未受到认真关注。在人们对他文章的反应中占据主导地位的是里面所含的辱骂和毁谤。文章里只有一个人遭到了野蛮攻击，尽管没有指名道姓，但每个人都知道是梅耶贝尔，尤其是在讽刺他的犹太人的所谓影响。这篇文章发表时用了一个笔名，但随后不久所有人都知道是瓦格纳写的。而如同到处扎马蜂窝[①]似的是像这样的句子——“我们本能地感觉到我们和看似那样的一个人毫无共同之处”和像这样的短语——“（犹太人的）尖锐的、嘶嘶作响的声音……其无礼的行为……其独特的‘喋喋不休’的冷酷无情”，还有等等。这篇文章引起的轰动如此之大，而且如此广泛地被引用和提到，这在实际上提高了瓦格纳的名声，使他的名字比此前更为人所知：很多以前从未听说过他的人如今听说了他。各地的犹太人被激怒了，不持偏见的非犹太人也如此。这让所有瓦格纳的有犹太朋友的朋友和熟人极为尴尬。李斯特，最持久和最有影响力的、为瓦格纳被低估的天才代言的人，都为此感到沮丧，而瓦格纳给他写了一封信，射出了一道他这么做的根本原因的强光，以回应他的反应：“你问到我关于**犹太性**。你当然知道那篇文章是我写的：所以为什么你还要问？……看来我有击中要害的可怕的力量，这与我的目的绝妙地相符合，因为这正是我要给他们的那种震惊。因为他们永远在做我们的主人——很多理所当然的事实是如今我们的主人是那些银行家和非利士人而非王子——就我而言，梅耶贝尔的情形特殊：我不是恨他。但我觉得他极其令人反感。这位永远善良且乐意助人的人让我想起的是我一生中最黑暗——我几乎要说是最恶劣——的那段日子，而那时他仍然表现出要保护我的样子；这是一段联想与回味的日子，那时我们被我们在内心深处鄙视的赞助人当傻瓜对待。那是一种最不诚实的关系：没有任何一方是真诚地与另一方交往的；每一方都表现得很诚恳，但他们只是互相利用，只要这么做对他们各自都有利。我并非责怪梅耶贝尔对我的那些故意无效的仁慈，——相反，我很高兴自己没有陷在他那里很深，比如像柏辽兹那样……不，这是因为更多深层的原因，使我感觉到在与他的交往中需要摒

---

① 原文意为黄蜂窝，hornets' nests，此处按中文习惯说法改为马蜂窝——译注

齐所有常识性的惯常思考：在我自己和我的那些朋友的眼里我无法作为一位艺术家存在着，若不作为梅耶贝尔的总体对立去感觉，我便无法思考或感觉任何东西，对此每次我感到自己被遭遇到的真正的绝望驱使着大声宣称——甚至是向我的很多朋友——认为我和梅耶贝尔有一些共同之处的观点是错误的……如果一个成熟的自我完全诞生了的话这是一个必要的行动。”（1851 年 4 月 18 日）

最后那句会让人立刻想起尼采把自己与瓦格纳的决裂公开，表达了同样的——若不算是更大的——无礼。瓦格纳这个公开自我界定的行为代价很高。在他的余生中，反犹成了相当多的人首先就把他的名字与之相联系的事，成了永久挂在他脖子上的一个磨盘，尽管他自己很固执地这样认为。很多犹太人因此绝不原谅他，而且如果有犹太新闻记者和音乐评论家感觉自己是在以同样的恶毒攻击他不会让人觉得奇怪——在随后的多年里很多人就是这么做的。瓦格纳最终感觉到他这篇文章的直接后果就是招致了这些人对他进行报复；而这一直持续到他去世；而由于这个原因，他的作品在他有生之年从未在媒体上得到过公正的评价。作为一个具有挑衅特征的行为，以及对他的朋友们的最后的绝望，他在 19 年后的 1869 年重新出版了这篇文章，这是一个修订版而不是缓和的版本，并且再次挑起了整个事端。

他所尊重的那些人的异议，和他们理由充分的论点，可能在很小的程度上影响到了他，因为他在晚年开始做出了让步的评论。然而比那更有意思的是，出于他非凡的下意识创造力的深刻性，他开始有了所谓让步或和解的梦想。1879 年 4 月 19 日（门德尔松去世 32 年后），他对柯西玛说他刚梦见正在和门德尔松亲密交谈，他俩以“你”相互称呼。柯西玛在 1870 年 4 月 3 日的日记中写道：“理查德熟睡中梦见了梅耶贝尔，是在一家剧院与他重逢，梅耶贝尔在跟他说话：‘是的，我知道，我的鼻子高。’——仿佛理查德是在取笑他的鼻子，于是理查德或多或少是在道歉而听众们在称赞着他俩的和解。”还有一次他梦见自己正在和几个犹太人谈判贷款 4000

泰勒[①]，“事务办理到一半，其中一位突然为他唱起《白衣女郎》[②] 里的咏叹调，而理查德忍不住评论说他有一副出色的男高音的嗓子！”。然而，瓦格纳清醒时，他的自我意识更少；而且，就如柯西玛的日记也这样记载，在和她放荡不羁的私下相处时，他不停地在说一些可怕的反犹的事。无论在潜意识里去往哪儿，或在每日谈论的层面上，跟尼采的所为一样，他从不离开他的反犹。然而在他最后的几年里，他的所为，他修改了一些对门德尔松的音乐水平的评价，与《论音乐中的犹太性》里的中心论点不符。

三

一个反犹者因反犹受到指责时常常真诚地辩解说“我的一些最好的朋友是犹太人”，这是一个不折不扣的笑话。相应的事情常见于其他形式的国家或种族偏见。我知道有很多知识分子对国际事务的看法因心地狭隘、愚昧无知和强烈的反美主义而变得畸形，尽管他们有自己很喜欢的美国朋友，而他们会这么对美国朋友谈论说：“当然我说的不包括**你**”（并且常常在这么说无法安抚朋友时自己觉得很茫然）。这种现象众所周知。它显示出这种偏见对其主人起到的作用，并没有受到它与现实不符这个事实的影响。这一切正适用于瓦格纳的反犹。在他一生中，他有自己挚爱的犹太朋友，而其中一些对他个人和他的艺术事业的发展做出了重要贡献。

瓦格纳在巴黎的那段贫困日子里与一个叫塞缪尔·莱尔斯的穷犹太学者建立了“我生平中最美好之一的友谊”。瓦格纳在其自传中说：“很快我们成了知己，几乎每天晚上我和安德尔斯都会在我们的寓所见到他。”莱尔斯是那种业余的哲学家，而几乎可以肯定，瓦格纳最初与某个真正懂哲学的人就哲学问题进行严肃讨论的那个人就是莱尔斯。尤其可以确信的是莱

---

① 德国旧银币名——译注

② 法国作曲家弗朗索瓦-阿德里安·布瓦尔迪厄创作的歌剧——译注

尔斯向他介绍了蒲鲁东的思想；还有人说包括费尔巴哈的思想，虽然在相关信件中的证据有矛盾之处。这两种思想对《指环》的歌剧脚本做出了不可或缺的贡献。在同一时期，瓦格纳还花时间与自己非常钦佩的海涅为伴[①]。他以熟知海涅为傲——而且，说得更确切些，他的《飘泊的荷兰人》与《唐豪瑟》两部剧的最初想法出自海涅的作品。在这两部歌剧的写作中，他在搜集资料方面直接得到了热心的莱尔斯的帮助，莱尔斯还拉上他的一位在柯尼斯堡大学教授古典文献学的兄长协助他。这一系列的事为瓦格纳第一次在神话与传说方面的整个学术研究领域打开了眼界，是改变他的艺术发展过程的一段经历。他一生中可能极少有像莱尔斯和海涅那样为他的歌剧贡献如此之多的私人关系——而他深知的确如此。《论音乐中的犹太性》倒数第二段是献给海涅的。开头这样写道："我说过犹太人产生不出真正的诗人。可如今我们必须承认海因里希·海涅是真正的诗人"。接着诡辩地解释说海涅本人是那个时代一位杰出的贬损艺术的韵文讽刺作家而不是一位伟大的诗人。"他是犹太主义的良心。"瓦格纳总是善于用手背安抚人。

很多其他的在瓦格纳一生中重要的犹太人，不只是作为朋友和熟人，而是把自己积极投身于宣传瓦格纳作品的人。卡尔·陶西格，李斯特学生中最有天赋的一位，他接任了拜鲁伊特赞助人证书计划的管理。瓦格纳对他有一种特殊的喜爱。"他立即搬到我附近的一个地方，成了我饭点时的常客，而且还不得不经常陪我散步…… "。据他们圈子里的人说，瓦格纳"爱"陶西格。然后是被形容为"拜鲁伊特首席宫廷钢琴家"的约瑟夫·鲁宾斯坦，他对作曲家如此奉献，以至于他在瓦格纳去世那年的自杀被认为是瓦格纳的死亡的一部分。海因里希·博格斯，他曾作为瓦格纳的导演助理，参与了《指环》的首次排练，并按照瓦格纳的要求做了细节上的记录，这些留给后人的记录如今成了一本有价值的书。安杰洛·纽曼，他得到瓦格纳允许成了比瓦格纳本人还早的第一个（1878 年在莱比锡）制作《指环》并且带着这个制作在全欧洲巡演的人。他还写了一本关于此事的

① 指读他的作品——译注

重要的书。赫尔曼·莱维，瓦格纳亲自制作的《帕西法尔》全球首演的指挥。以及还有其他人——这个名单长长一串儿。这些人中任何一个都不是能力平平的人，不是纯粹的助手或随从：他们都是些杰出的人才并且精于自己的专业。也许这帮助了他们感知什么是瓦格纳的天才，而后出于信心接受了他所有的缺点，攻击性是其中之一。但不只是如此。事实是他们崇拜他，或大多数人崇拜他。他的天赋是如此的惊人，相较之下他的反犹在他们看来只不过是一个刺激因素。这也是瓦格纳去世后最伟大的犹太作曲家和指挥家所持的观点。马勒对瓦格纳的反犹有充分的认识，他在生命中较晚的时候在给他妻子的一封信里写道，在音乐方面，只有贝多芬与瓦格纳，“而在他们之后，再无他人”。勋伯格声称到他 25 岁时，已经把瓦格纳的每部歌剧都看了 20 到 30 遍；而他的被演奏最多的作品《升华之夜》被一位乐评人形容为听上去像是墨迹未干的《特里斯坦》的总谱。20 世纪杰出的瓦格纳作品的指挥家一半都是犹太人——如奥托·克伦佩勒、布鲁诺·瓦尔特、弗里茨·莱纳、埃利希·莱茵斯托夫、格奥尔格·索尔蒂、詹姆斯·莱文以及丹尼尔·巴伦波伊姆等人——近年来在拜鲁伊特音乐节上担任指挥的犹太人超过了一半。他们的观点用文字表达出来具有代表性的，是索尔蒂在其自传里写的：“我不关心瓦格纳的政治或哲学观念，或是他对朋友的背叛……对我来说，任何一位能创造如此美好的人——不管他是否是半个犹太人、是否反犹、是否是革命者、是否是自由主义者或是保皇党人——是第一位也是最重要的并且与我们的文明延续共存的音乐天才。”

这件事在一定程度，个人感觉的程度上永远是一个角度的问题。凡体验过像瓦格纳这样最伟大的艺术的，没有人会选择让自己摆脱掉其创造者是一个社会偏执狂这个背景。只有那些艺术本身对他们没有多大意义的人会有这种反应方式——因为他是老派帝国主义者所以否认鲁迪亚德·吉普林的天才，或因为他是假内行所以否认伊夫琳·沃的散文的卓越品质，再或因为他们对其他听众有强烈的等级偏见所以拒绝去诸如萨尔茨堡和格林特堡等地出席那些伟大的歌剧的一流演出。这种人常常为自己的社会意识而欣喜，但他们的态度最终代表的是错误的价值观。

出自一个犹太人嘴里的、我认为是对这些事情正确的看待方式且最感人的表达，是一位借给过瓦格纳钱而瓦格纳没还他钱的犹太人说的。这些话流传自作家卢多尔夫·扎博家族的曾祖叔（伯）亚伯拉罕："我给过他不少钱。他几乎从未说声谢谢。我对他说我不能帮助他成为一个犹太人，于是他称呼我为夏洛克[①]。你看，我的朋友，这个世界上到处都有借钱不还的人；到处都有盗取他人妻子、女儿和情侣的人。但他们中只有一个人写出了《特里斯坦与伊索尔德》……我只是希望我和他的孩子们都别听我上了岁数后的那些刻薄话，但是要去听他的音乐。"

四

瓦格纳的反犹应运而生成为一个相当大的文学主题，大部分作品写于长久处在犹太人大屠杀阴影下的第二次世界大战。因为希特勒的缘故，在今天，一切形式的反犹主义比以往任何时候都成为一个投入更大热情的主题。不幸的是，极大的热情可能与对公平的判定和对事实的尊重不一致，而有太多的我现在正在阅读着的作品在遭受这种困扰，一些极端形式的困扰。在战争时期，胡乱的指控满天飞，而且其他人的胡乱指控被天真地相信和不断地重复着；人们的行为、言论和动机被严重歪曲；与事实不相干的论点被介绍并发散出臭气，而任何试图清除这些的人自身就成了愤怒和指责的对象，好像他在某种程度上参与了反犹，甚至是参与了犹太人大屠杀似的。所有这一切的后果，如战争时期的重演，谎言在人们的脑子里变得根深蒂固，神话被普遍地相信，而任何质疑他们的人发现自己成了实际上敌对的一方而遭谴责。

也许在这种文学里，普遍根深蒂固的最愚蠢的谎言是瓦格纳认为他自己是，或可能是半个犹太人，而他无法接受这个事实，并由此而心里不平衡。这不仅是没有证据：实际上众所周知这不是事实。事实是，就

---

① 意即一毛不拔的犹太人——译注

如我们已经提到，瓦格纳不知道自己的父亲是谁，而觉得最有可能的是路德维希·盖尔。但盖尔不是犹太人，而且认识他的人没有一个以为他可能是犹太人。他出生于教会音乐家世家，其祖上几代人在小镇艾斯莱本路德教会担任唱诗班领唱和管风琴师。他的相貌也毫无犹太人的特征，不应该在不了解其背景的人们中间引起误解。这个名字本身不是特别的犹太，虽然有犹太人叫这个名字的（非德语人群应当谨防基于姓氏的结论的障碍。在英语世界里，迈耶通常是犹太人的姓氏，但实际上是最常见的德国姓氏，就如同在英国和美国，史密斯或琼斯是最常见的姓氏一样。人们很清楚地记得，纳粹的首席理论家名叫罗森伯格）。那种认为盖尔可能是犹太人，或者甚至瓦格纳认为他可能是犹太人的观点，是纯粹的臆造、文雅的胡说。

或许是因为尼采，使这个成了特别的议题。尼采在《瓦格纳事件》一书的脚注中告诉我们盖尔是瓦格纳的父亲："瓦格纳竟是一个德国人吗？人们有若干理由这样问。要在他身上找到某种德国特征是困难的。他曾是一个了不起的学生，学会了模仿许多德国的东西——这就是全部了。他的本质本身是与以往被认为德国式的东西**相矛盾的**。更不消说德国音乐家了！——他的父亲是一个名叫盖尔的演员，一个**盖尔**差不多就是一只**鹰**了（德语中兀鹰一词发音与盖尔相同）。"[①]

如今关于这个脚注有很多需要讨论的地方。首先，如果不是从瓦格纳的口中听到，尼采没有可能知道盖尔的血统，而瓦格纳不可能对尼采提起过盖尔是犹太人。其次，尼采不可能试图去怀疑瓦格纳的母亲是否是德国人，因此**那**就不是问题。第三，"某某人是×吗？"这个句式是尼采制造毁谤的标准制式。例如，在《偶像的黄昏》第三节中写道："苏格拉底到底是一个希腊人吗？"，在这句之前他写道："按照他的出身，苏格拉底属于最低微的人群，苏格拉底是庶民。"[②] 另一处是在《瓦格纳事件》的第五章里尼采写道"瓦格纳是人吗？"，还有一处他写道"瓦格纳到底是不是一个

① 孙周兴译尼采《瓦格纳事件》，商务印书馆2011年版，第49页——译注

② 李超杰译尼采《偶像的黄昏》，商务印书馆2013年版，13－14页——译注

音乐家呢?”（第八章）。这种问句是尼采的标志之一。不言而喻，问题本身是讽刺性的，是打出一记重拳的信号。我们作为读者，实际上不应该相信尼采就认为苏格拉底不是希腊人，或瓦格纳不是人（抑或瓦格纳不是一位音乐家），但我们知道接着而来的是什么以及很期待地等待着对所有一切的打击。在我刚才引用的例子中，用来说苏格拉底的话和在其他场合里用来说瓦格纳的话是一样的。“在他身上，一切都是夸张的、滑稽的，都是一幅漫画，同时，一切又都是隐蔽的、私密的和地下的……苏格拉底是一个令人严肃对待的丑角……苏格拉底是一种误解。”[①]

尼采在脚注中关于瓦格纳父系血统的说法跟是否是犹太人毫不相干，但这么做无疑包含了一个隐匿的嘲讽，虽然我不确定这个嘲讽是否被正确解释。事实上涉及瓦格纳与犹太人的问题有两个。一是每个评论者都捡起的说法，说“盖尔”是很多犹太人使用的名字（很多非犹太人也用这个当名字），然而阿德勒也是一个非常犹太化的名字，即便没有罗森伯格这个名字使用得多。此外另一个关于瓦格纳的问题是说他是模仿的艺术家。我一直认为脚注说的：“瓦格纳创造的不是德国艺术，他仅仅是模仿了德国艺术，而且他自己还说模仿是犹太艺术家干的事。不过，如果你记住他的亲生父亲是一个演员，而且还是一个叫盖尔的演员……我知道盖尔肯定不是阿德勒，但这让人生疑……”这是把一个香甜的熟透了的水果扔向反犹分子，包括还公开指控他是私生子，这在19世纪的社会都是挺大的不光彩的事；而除了所有这一切，这是典型的尼采的写作方式：恶意中伤、尖刻、一语双关以及多方面的影射、极其个人化和蛮横的不公平。尼采不可能有任何盖尔是犹太人的证据，因为不存在什么证据，但他知道如何生拉硬拽，甚至在瓦格纳死后也不放过要揪他的鼻子。

我认为这也可能是另一种完全不同的挖苦，就被关注到的名字上的双关语而言，更接近于尼采心中最重要的一面。瓦格纳，一个操着地方口音的省城人，中低层阶级的家庭背景，而且有很长一段的个人贫困史，其后在傍着国王和皇帝的日子里地位有所提高；他长期在某方面（这让人回想

---

① 李超杰译尼采《偶像的黄昏》，商务印书馆2013年版，18页——译注

起莎士比亚也经常如此）给自己颁发家族盾徽。这就是——实话实说（这表示他认为他的血统是）——“盖尔”这个家族盾徽，以特色显著的兀鹰与国王和皇帝们炫耀其皇家或帝国的鹰相抗衡。[①] 我认为这更像是尼采被瓦格纳为推销自己的社会等级纹章而说的“兀鹰几乎与鹰无异”所讽刺。这在解读瓦格纳血统的脚注里非常贴切。而尼采本人对这些事情非常重视，并且对这些异常敏感。会被人记起的是他把瓦格纳的家族盾徽置于他送给瓦格纳作为圣诞礼物的叔本华肖像的画框上。而他为自己虚构了一个完全是编造出来的波兰贵族血统——尽管这也是他那么瞧不起德国人的部分原因。

其他许多因瓦格纳反犹而要责罚他的作家们，像更成熟的尼采，欢欣鼓舞地欢迎瓦格纳自己就可能是半个犹太人这种说法，对此猛烈抨击，并且拔高在所有方面的严重性。他们说，显然瓦格纳自己所有的缺陷都与他是半个犹太人有关，并且其不确定性使他对此更加痛苦，而他要把自己从内心及公众两方面都摆脱出来。对他们来说，瓦格纳在这种情形下所做的最后一件事是选择盖尔作为家族盾徽似乎并没有发生。许多这样的作家把瓦格纳的外表当作论据：一个弓着肩、长着大鹰钩鼻的矮小男人——这本身还不够明显地泄露了他的血统是什么吗？这类作家就是要把这些事儿**坐实**，而因此他们未能在他们所写的文章里应用那些作为正常控制的关键性自律——其结果是，在这个问题上，谎言一本书传至下一本书、从一个人流传到另一个人。

五

这件事还有其他方面在出版物中受到广泛歪曲，那就是瓦格纳反犹立场与希特勒、与第三帝国、和与犹太人大屠杀的关系。这些是不同的问题，每个问题需要讨论的是不同的事情。一些作者声称，希特勒极其崇拜瓦格

---

① 此处的鹰或兀鹰，意指皇族或家族盾徽上的图案——译注

纳，其反犹的根源一部分就出自瓦格纳，而且还从中汲取了广泛的力量和滋养，因此瓦格纳实际上在犹太人大屠杀中扮演了一个帮凶的角色。

我认为我自己首先要对此事做的评论是我不赞成和犯罪的概念牵扯。希特勒热爱瓦格纳的作品或是赞同他的某些观点这个事实给瓦格纳带来的耻辱，并不比莎士比亚因希特勒热爱莎士比亚而给他带来的耻辱多。一些非常邪恶的人，手握《圣经》放置胸前，以它的名义做着杀戮和酷刑的事(那个让人只会想起西班牙宗教法庭的人)，但这不能贬低《圣经》。如果真有人这么认为的话，那这种想法是荒谬的。瓦格纳去世六年后希特勒才出生，无法对希特勒从他那里汲取这个或那个、做这事或那事负任何责任。他的反犹与希特勒的反犹太主义性质很不同：首先，瓦格纳的反犹几乎完全在文化方面。他的表达粗鲁而严厉，不容争辩，但没有理性的确凿的理由能把他与希特勒的反犹太主义等同。事实恰恰相反，如果你研究希特勒年轻时的思想发展，你会了解到没有证据表明他的反犹太主义有任何之处来自瓦格纳。在《我的奋斗》里，他道出了自己转变为反犹太主义的理由，而我推断这或许是真实的，除了对它不包括可能是其动机中蓄意的愤世嫉俗的引用；但是瓦格纳与此无关。那些对这个理由的准确性争执不休的学者们提出了一些替代的理由，但这些也不是瓦格纳的特征。我对希特勒的研究使我得出的结论是，如果某件事能被说成比其他的事更使得他在脑子里萌发了犹太人大屠杀的念头，可能是他对第一次世界大战结束时涉及德国崩溃的事件的解释。在战争中他以非凡的勇气投入战斗，两次受重伤并获得铁十字勋章。同大多数德国斗士一样，他坚信德国会赢得这场战争。他们一直是在对方的国土而从未在自己的国土上战斗；到 1917 年他们在西部战线完全阻止了协约国军队的进攻，在东部战线把俄罗斯人逐出了战场；此后在他们展开的 1918 年春季攻势中，先是在 4 月打败了英国人，随后在 5 月打败了法国人。胜利看似唾手可得。但随后，突然在 1918 年夏、秋季的几个月里他们的老家面临崩塌。德国军队此前在任何时候都没有返回过德国的土地：甚至当战争结束时，所有的战斗仍然是在法国和比利时进行的。和其他很多人一样，希特勒后来一直坚信德国军队在战场上是不会被打败的，而发生的事情是，他们与祖国的敌人在敌方的土地上作战，无法顾及家里的和平，社会主义政治家们抓住这个机会，根据他们的学说推翻了既有的社会制度。这正是列宁几年前在俄国做的事，取得了惊人的成功，而德国的社会主义者们试图仿效他。政府甚至都来不及在停战前叹口气就在社会主义者的攻击之下被瓦解了：革命爆发了，一个社会主义者接任了总理，皇帝退位并逃离了这个国家。在接下来的几个星期及几个月里，工人的共和国在德国两个主要城市柏林与慕尼黑宣告诞生——随后被由希特勒及其他退伍军人参加的反对革命的暴力所推翻。在他看来，社会主义政治家们是在德国的背后捅刀子，并且把德国带入了毁灭，而本来外部敌人无法在军事上打败德国、事实上是德国已经打败了他们。而在这些社会主义政治家中，犹太人的比例高得惊人——如同一年前俄国的第一届苏共中央政治局成员的状况一样。希特勒认为这不是一个巧合。在他看来，犹太人无论生活在哪个国家都是外国人，他们骨子里效忠的不是居住的那个国家而是彼此间相互忠诚。国际上的犹太银行家和资本家们对增进彼此间利益的关注远远超过他们对各自所在国利益的关注。至于犹太人卡尔·马克思的追随者们，他们明确主张国家政权并不重要，重要的是阶级斗争的国际化。国家的羞耻与屈辱对他们毫无意义：他们没有国家，并且公开致力于各自的国家政权的垮台。像德国和俄罗斯这样的大国的崩溃是他们所希望的、所努力的，并且期待有机会建立一种完全不同的、由他们自己领导、用他们中某人的理念来统治的国际性的政治机构。所有这些在《我的奋斗》里被表达得响亮而清晰，且不止一处。被我看作是萌发犹太人大屠杀的种子是他在书中提出的防止这种事情发生或再次发生的处方，而这就最终导致了犹太人大屠杀。在官方的英译本《我的奋斗》第 620 页，他写道："如果说在战争初期和战争中有 12000 或 15000 个希伯来的堕落者死于毒气室，那同时成千上万的我们最好的德国工人也死在了他们的岗位上，才使前线数百万人的牺牲没有白费。正相反：及时清除 12000 个无赖或许能挽救数百万代表未来价值的、真正的德国人的生命。"

重要的是要记住希特勒本人在战争中被毒气所伤，而且很严重，因此他所表达的部分观点是"是那些犹太人，使我徒劳地经历了所有这一切，**他们**必须被送进毒气室毒死"。当他掌握权力后便制定了如果发生下一场

（他投身其中的）战争，他将——用在战争期间清除犹太人的方式——确保不再发生遭犹太人背叛陷害的决议。而且在发生犹太人大屠杀时间之前，他再次并一再完整、公开地表达了这点。1939 年 1 月 30 日他在国会大厦的演讲中说：“我今天说的或将会被人尤其是我们德国人所铭记——在我的生涯中，我常常是一个预言家，但通常会为此而遭嘲笑。在我争取权力的过程中，一开始我就说，终有一天我会接任这个国家的领袖，进而成为整个民族的领袖，而除了别的之外我将解决犹太人问题，犹太人对我的预言只是付之一笑。他们是在哄堂大笑，但我现在有时候觉得他们只是用另一半的脸在笑。今天我将再次成为预言家：如果欧洲内外的国际犹太金融家们成功地使那些国家再次陷入一场世界大战，结果将不再会是地球的布尔什维克化，不再会是犹太人的胜利，而将会是欧洲犹太人的灭绝。”

我认为，这个事实——即他先把这些重大的事情讲清楚，然后将此付诸行动——无疑显示了他说的就是他的真实意思；而正因如此，我认为犹太人大屠杀论据的阐述已经呈现在我们面前。而这与瓦格纳一点关系都没有。

当我们审视瓦格纳死后与纳粹的关系时，我们必须弄清楚作为个体的希特勒与作为社会的第三帝国之间的区别。希特勒毫无疑问是一个对瓦格纳的一些歌剧（并非全部）充满激情的狂热信徒，对其在一些特殊场合的演出发号施令；并还在提及作曲家的反犹时表示赞同。瓦格纳是他那类少数文化英雄中的一位。但这对他来说是某种个人化的东西。若要说纳粹政权总在专注致力于瓦格纳，或者说总在做推广其作品的事，情形实非如此。现今很多人写的及谈论的，好像瓦格纳专为第三帝国提供了一种音乐、而且在纳粹历史上用作伴奏的音乐都是瓦格纳写的似的；并且在纳粹组织聚会的场合，演奏的总是或通常是瓦格纳的音乐。这一概念已经成了电影和电视里的俗套，通常对纳粹的描写都会伴以瓦格纳的音乐，对刺耳和夸张的音乐尤为偏好，如《女武神出骑》或《罗恩格林》第三幕序曲，而且会演奏得很响。让人联想起以及为了让人联想起的全部的画面都是虚假的。在 1932 年至 1933 年纳粹戏剧性地掌握了政权这一年间，在德国上演瓦格纳的单部歌剧达 1837 场；而在 1939 年到 1940 年间这个数字下降到了

1154 场，为上一年度的三分之二还不到。同期普契尼、威尔第及莫扎特等作曲家的歌剧演出数量都有增长。在更为严肃的学术研究者的著述中记载了这其中所发生的，例如弗雷德里克·施波茨在他的《拜鲁伊特：瓦格纳音乐节的历史》一书中这样写道："像很多另一种狂热的音乐爱好者一样，希特勒要求每个人都必须像他所做的那样欣赏他热爱的音乐。其幼稚的热情的一个可爱例子是在纳粹党纽伦堡集会的场合他总是很自然地要求演《名歌手》。由柏林国家歌剧院演出，有时是由富特文格勒指挥，发行 1000 张票。首次集会的演出票给了纳粹党的头目们。阿尔贝特·施佩尔在其回忆录中回忆说那些人——'未经打磨的钻石，跟几乎不爱好艺术与文学一样不爱好古典音乐'——以狂饮作乐代之以去歌剧院。希特勒怒了，'下令巡逻队把高级党务人员从他们的住所、啤酒屋和咖啡馆赶到歌剧院去'。第二年出席人数的要求成了元首令。但是这些人在观看演出中打哈欠、打呼噜，弄得希特勒只好放弃。"从那以后，纳粹统治集团成员如有必要时就得忍受瓦格纳的作品，因为元首喜欢（他不喜欢《帕西法尔》）。而那些似乎在今天所有方面都成型了的说法——对这些作品的自信与狂热的认同、以及对这些作品的不断利用——则从未发生过。这是一个虚构。正如在纳粹时期担任拜鲁伊特总经理的海因茨·蒂特延在第二次世界大战后曾说的，"实际上，**敌视**瓦格纳的纳粹党领导成员遍及帝国……纳粹党忍受着希特勒对瓦格纳的狂热，但明争暗斗，那些像我这样的、致力于他的作品的人——一公开簇拥在罗森伯格周围，另一些人暗地里簇拥在戈培尔身边。"这主要是因为这些作品的政治和社会倾向，只需稍微认真一点来看待，与纳粹所代表的是相悖的。在瓦格纳的经历中，直到以及包括他写作《指环》的歌剧脚本的那段时期里，他的政治观点完全是左翼的——《指环》的脚本本身，如我们已经看见的，在其目的意义上原本就是无政府主义的社会主义——而且此后他不再相信政治行为能解决重大的人类问题。纳粹党的首席理论家阿尔贝特·罗森伯格很清楚地认识到瓦格纳不是他们中的一员：他拒绝《指环》，因为它"既非英雄的又非日耳曼的"（施波茨）——一个准确的描述，似乎是负面的。

不仅我们已经彻底习惯的概貌是不真实的：做出的特定的评判是为了

与之相符，并且由此那些陌生的事实听起来似是而非，而那些也是不真实的。比如在当今的出版物中经常见到这种说法，说《帕西法尔》是一部种族主义歌剧并因此在第三帝国受到特别的准许。事实上，如施波茨所记录的，当纳粹在 1933 年取得国家权力时，“《帕西法尔》被谴责为在理论上无法接受”……而后，“因为理由从未公布，《帕西法尔》自 1939 年以后在德国被禁止演出，拜鲁伊特亦遵守此章”。

纳粹的重要人物中只有希特勒热爱瓦格纳。瓦格纳与第三帝国之间并无特殊的关系。而至于希特勒对瓦格纳的热爱因他做的与拜鲁伊特相关的事有着一个特殊的私人话题。拜鲁伊特和纳粹主义的特殊关系与一种通常比较含蓄的关系完全不同，而是建立在阿道夫·希特勒与温妮弗雷德·瓦格纳之间的一种私人关系之上的，后者是出生于英国的作曲家的儿媳，此时作为其子齐格弗里德的遗孀成了实际的当权者，掌控着歌剧院和拜鲁伊特音乐节。她爱上了希特勒。在 20 世纪 20 年代初当他还是一个名不见经传的政治煽动者的时候她就爱上了他；而且当他在 1923 年蹲监狱时，正是她把他写《我的奋斗》所需要的写作材料送到监狱。1930 年，在丈夫去世后她想要嫁给希特勒，但是希特勒明白不结婚对保持他的公众形象是何等的重要，于是拒绝结婚。我是从她口中直接听到故事的全部，而那些独立的史实在基本点上都得到了完全的印证。我要说的是温妮弗雷德·瓦格纳告诉我的绝不是在以各种方式为自己辩解的故事：正相反，这是一种毫无吝啬的直率，若不说她因这种个性而声名狼藉，至少也是因此而出名。她并没有要把自己装扮成不是一个纳粹分子，也没有掩饰自己的反犹；她对自己献身于希特勒、或在他死后仍然爱他的事实毫不隐晦，并希望他们是夫妻；的确，她对我讲了自己如何去逼迫希特勒娶她，但被拒绝了；完全不必怀疑她是在企图赢得我的好感，或是在维护她的颜面；而在她告诉我的事情中最生动的是希特勒身边几乎所有的纳粹高官们个人素质都差到让人瞧不上。施佩尔是个文化人，而格林是个高智商，但其余大多数人都是些粗俗之辈，对瓦格纳、歌剧、音乐、任何艺术或任何理念都不关心，而只是简单利用。她还说，当她对希特勒就他身边的人的素质提出劝诫时，希特勒回答她说他需要他们，而且他们正是他所需要的那种人；面对内部和外部之敌，转变一个战败的、被削弱的、贫困的国家是件无法挑剔的糙活儿。正如有人所预料的，她现在指责那些拖累了希特勒的人——这是她让自己避免指责他的方式——但让人觉得对他们的描述明显刻薄；而且她所说的那些事情，有些是在战后岁月里人们一直在写的关于那些对瓦格纳有一点特殊兴趣但对他们自己谈论的观点并不在意的野蛮人的所有垃圾事。

六

然而，我们面临着相当多、且越来越多的文学作品里的许多被推断为真相的谎言：瓦格纳与第三帝国之间存在着特殊关系；瓦格纳的音乐被纳粹所推崇并且在纳粹德国享有特权地位；纳粹鼓励演出他的歌剧，在纳粹统治下瓦格纳歌剧的演出数量大幅度增加；大体而言无论希特勒个人还是纳粹，从瓦格纳那里汲取的反犹太主义的部分都并非微不足道；瓦格纳自己就是半个犹太人，或认为他是，或认为他可能是；路德维希·盖尔是犹太人，或可能是，或被认为他就是犹太人。我不认为这些作者在故意提供谎言：他们是从自己倾力的文学中学到这些的。这类作品大多数是以新闻写作的方式写成，对作者来说通常是根据一个主题剪辑现成素材，阅读这些素材，而后写成自己的文章。他们中的大多数人显露出对瓦格纳的歌剧比较无知，并且对所有这些的资料来源也不知晓；而这使得文章的作者们一直处在一种印象中，即他们所说的都是真相。他们中大多数人甚至似乎认为写出《指环》脚本的瓦格纳的政治观点是一个纳粹原型人物的观点。也许这对于严肃的读者来说是最令人惊奇的：如此之多的写了整本整本关于瓦格纳的书的人实际上并不熟悉瓦格纳的作品。

这些著作的过分的可怕还有大量其他的原因。或许最容易理智地去理解的是若在时间上向前追溯，今天我们自己所持的非常强烈的观点在19世纪并未形成。我们评判历史人物所用的标准在他们生活的那个年代并未形成。犹太人大屠杀，这道深度无与伦比的道德深渊，横在我们与瓦格纳的中间。人类历史上所发生的一切，没有比这个更恐怖的了，即便可能发生过与此不相上下的事。我们无法让自己的记忆回避它。即使开动我们全部的想象力，我们还是无法理解它。犹太人大屠杀改变了我们对反犹主义的态度。如今我们已经看到，反犹不仅是可能而且是确确实实造成了人间地狱。反犹导致了奥斯维辛。我可能是很典型的那种，我所看过的一些出自在 1944 年被解放的纳粹集中营的新闻片，一直成了我一生中精神上最创痛的体验。我无法简单地相信我所看到的那些，也无法理解它所揭露出的人类邪恶的深度。我被它灼伤，它是醒着的噩梦。我的一部分从此就一直活在那种体验的阴影里，我忍受着尝试去恰当形容那种厌恶感。如果有人当面给我留下了他是反犹主义的印象，那再让我用友善的目光去看那个人是不可能的，即使我努力想去友善。但是对在犹太人大屠杀发生之前一代代活着的人们，用基于犹太人大屠杀所带给我们的去制订评判他们的标准，则是在用扭曲的镜头回望历史。如果活在这个事件之后的我们那些人还在让自己的记忆回避它的真实性，那我们凭什么希望犹太人大屠杀之前的反犹主义对他们的态度可能会导致什么抱有远见，而且我们真的能以何种正当的理由来愿意宽恕它？

在很多人的脑海深处，理解即是为其开脱是 种不舒服的感觉。法语里也有类似的说法，甚至在英格兰也常被引用，tout comprendre est tout pardonner（理解一切即是原谅一切——虽然实际上斯塔埃尔夫人说的是 tout comprendre rend très indulgent，但那是加强重点）。若真是这样，那我们确实应该觉得试图去理解反犹主义在道德上是错误的，更不用说犹太人大屠杀了，因为任何哪怕只是宽恕的迹象我们都不会接受。恐怕这就是有太多我所提到的作家在如此应对这种情况：他们似乎害怕试图去理解，因为他们害怕由此会被认为似乎要去宽恕。他们要表达，或想被看见他们在表达他们极度的恼火与愤怒——抑或两者都有——表达他们没有丝毫的宽恕、没有为理解而作让步。但这是暴民的心态，可怕的罪行引发道德愤怒，由此某人被指控有罪，没有对他的罪责做认真调查就把他吊死或打死；如果有人提出说这么做不对，或要阻止他们，他们便指责这个人是在宽恕罪行，实际上就是站在罪犯那一边，他们同样也要反对他。实际上他们关注的并非真相或正义，而是对十恶不赦的罪行做义愤填膺的发泄，而且他们会猛烈抨击任何妨碍他们这么做的人。这是十足的自我放纵，这种个人的、情绪化的东西，不能与对知识的尊重画等号。但是我所担心的是现存涉及瓦格纳与反犹主义的文学作品中大部分都含有这些东西。

很多这类作品都与带负罪感的赎罪有关。其中大部分出自德国，是由德国人用德语写给德国人看的。这种情况使之更容易理解，如果不是原谅的话。这也有助于解释为何其基调有那么多的不成熟，构成作者对自己父辈和祖辈那代人愤恨的否定，一种对他们的过去义愤填膺的谴责，和一种愤怒的与此自我分离。一种家庭中的青少年情绪不断爆发在提醒着：对他们决意抛弃的人，没有过分的胡乱指责，没有过分不公的归罪，没有过分不实而被扔弃的回忆。对那些人的真正动机或观点的任何关注，或乃至真相本身，则被遗忘了。最重要的是当下仍在释放的无法克制的敌意。所有这些事情的实例甚至出现在一个自己就叫瓦格纳的人的公开演讲和文章中。但是由拜鲁伊特家族内部来公开，可以做得更有效，没有留一手，也没有那些乱写和不准确，这已被作曲家的孙女弗里德琳·瓦格纳在她的著作《拜鲁伊特王朝的家族》中揭示。

七

我不会把反犹说成是一种哲学观念，但这肯定是一种有重大影响的社会观点；而一些公开写书或是谈论瓦格纳的人断言，瓦格纳的情形是他的反犹渗入到了他的歌剧中，因此有一种说法，即这些歌剧是反犹主义的作品。绝大多数的瓦格纳爱好者似乎不为所动，并觉得自己没在其中看到所说的反犹；但即便如此，这个问题已经被发酵，而且被一些人热心追逐。

我得毫不犹豫地说，我不认为这种断言不可能。在我看来，具有伟大创造力的艺术家的一部主要艺术作品包含着反犹的元素，这显然是可能的。莎士比亚的《威尼斯商人》即是一个标杆性的范例。除了因在剧院演出中的影响力而被称为戏剧世界的经典并通过演出流传了几百年，它的散文和诗句具有同样的非凡的美——你禁不住要说其中有些可以媲美英语中任何的美。然而这无疑可能引发夏洛克这个角色在某种程度上是反犹主义的讽刺的争论。我知道这个问题是有争议的，而且有可能在其他方面造成严重的情形，但那只会更加坚定我的观点：事实上，如果这是事实，即一部含有反犹元素的艺术作品，对其宣称为一部伟大的艺术作品不会造成贬损——它们不受这种想法的影响，《威尼斯商人》再次说明了这种情况。对这点理解有困难的人只是那些把艺术作品的重要之处想象为作品所体现的社会观点。总而言之，我对瓦格纳歌剧里的反犹的观察在原则上不会有障碍；而如果我认为我发现了任何反犹的迹象，我会毫不犹豫地这么说出来；并且这不违背我对作品的伟大所持的观点，就如《威尼斯商人》里源自其他的原型。一些读者可能不禁会评论说这一切对我来讲都没问题，因为我不是犹太人，而因此能享受那种不必体验反犹主义造成的个人感受的奢侈。但很多犹太人像尊崇莎士比亚那样尊崇瓦格纳；而且更有甚者，很多犹太演员扮演夏洛克这个角色。实际上，如果非要我回答我认为的最伟大的演员是谁这个问题，我会说是弗里德里克·沃尔克，他是位犹太人，他有限的几次扮演的夏洛克是他演过的最伟大的角色。面对如此情形，那些强调艺术首先是、首要的是评述社会的评论家们，被驱使着把犹太人的自我憎恨归因于一位参与这样一部戏的演出的演员（想必，并且归因于观众中所有享受演出的犹太人），但这种论点是一种生造，其存在出自于使用者的不理解。

正如我认为接受一位伟大的艺术家的作品里出现反犹同样是重要的，由此处在问题另一方的人承认它可能并未出现反犹是重要的。许多作家对瓦格纳说了诸如“他在其私人观点里如此反犹，必然会影响到他的作品——这不可能不受影响”的话；但这样一种**先验的**观点是与事实相违背的。西方社会中的反犹主义在过去是如此的普遍，许多著名的艺术家和思想家都以在私底下表达反犹主义观点而出名，但显现到其作品里的只有相对很小数量的例子。换句话说，实际上艺术家没有在自己的艺术作品中表现其反犹主义观点是相当普遍的。陀思妥耶夫斯基，通常被认为是所有小说家中最伟大的一位，是一位比瓦格纳更激进的反犹分子，但我没有听到过谁说他的那些伟大的小说受了反犹主义的污染。非要把某件不可能如此这般的事说成如此这般，是毫无意义的；而同样，任何坚称某事必定如此可显然并非如此的人，是在以意识形态的方式对待此事，在这种情形里，可能会导致一种陷于源自一部创造性作品的肤浅和错误的心理情绪化估量，并且可能会落入一种在形而上学的深度上更为肤浅的观点。

所以，在瓦格纳的歌剧本身是否含有反犹因素这个问题上，真相在任何一方面都可能成谎言。无论怎样，总有人希望在任何情形下指控都能成立，因为如果不是那样，那么很多在阅读对瓦格纳的反犹提出非难的著作的人们就会开始觉得："归根到底那又怎样？我只是欣赏他的歌剧，为何我得在意瓦格纳是反犹的？"对此回答说"哦，但是他的反犹也渗入到了他的歌剧中，所以你欣赏的那些作品是反犹的作品"的作者，是把读者弄个措手不及，使他频于招架，并且让他觉得也许他的确应该在意这些。所以大量的作者是被他们自身的愤怒的冲动所裹挟，来使这一指控得以成立。不管怎样，对他们很多人来说这来得容易，因为他们擅长在此前那些没有发现过反犹的地方查出反犹。在两所大学担任教授的保罗·劳伦斯·罗斯是那些作家中被最广泛阅读的一位，他在他的《瓦格纳，家族与革命》一书里揭示了他所定义的犹太问题，是经由康德哲学引出，并进而在叔本华——其全部的哲学被理解为是基于从犹太人看待事物的方式的束缚中解放出来的承诺——的著作中广为传播的整个革命的核心观点。这就使得《特里斯坦》理所当然地成了一部反犹的歌剧："这就是基于瓦格纳的叔本华爱好者的阶段写成的非社会性、非现实性的歌剧《特里斯坦》所明显传递出的最基本的反犹信息。"当他继续这样告诉我们时，我们已不再感到吃惊："仇恨犹太人是在他几乎所有的歌剧中隐藏的议程"。想让瓦格纳没有被提及的作品从这位教授那里溜过去是行不通的：罗斯可不是那么容易被糊弄的。或许瓦格纳以为他创造的那个流浪的犹太人，一个荷兰人能侥幸逃过，但罗斯无情地揭穿了这个花招："瓦格纳对这个普遍化的流浪汉形象的运用有着深刻的反犹的含义；瓦格纳的英雄们——特别是这个荷兰人——恰好能实现救赎是因为他们不是犹太人"。罗斯常常能看出在涉及犹太人或犹太性方面的任何疏忽都是因为反犹，而这使得他能在他的书中意想不到之处揭露出反犹，事实上所有这些形式的艺术或理念既不是犹太人的也不是关于犹太人的。上述关于《飘泊的荷兰人》的论证模式的引用被他使用了无数遍。

对罗斯这样的作者来说，一代又一代的音乐爱好者和职业音乐家——其中犹太人占着相当高的比例——深深地热爱着这些作品，并且熟知这些作品，却没有发现其中任何反犹的内容，那没什么意义：**那**就是反犹，他们说，而我们必须承认这点；如果我们不承认这点，那我们自己就是有罪的，因为我们拒绝谴责反犹，因此我们就是在纵容反犹。在会议和公共辩论中他们中的个别人会因着这些思路而弄得口出恶言。

我不会说在犹太人大屠杀发生之前没有人指控瓦格纳的歌剧里可以找到反犹元素。自 19 世纪早期开始，理查德 · 瓦格纳就一直在反犹阵营与反反犹阵营两边都赫赫有名，仅因《论音乐中的犹太性》一文的恶名便就如此；他在两方面都会惹起激情振奋。一方面总是有许多人以赞许的态度断言瓦格纳歌剧是反犹的，而另一方面也总有一些人把这个指控当棍子来打击瓦格纳。因此产生含有这项指控的 19 世纪的清单是完全可能的。但甚至是在反瓦格纳的人士中都很少有人看出这项指控是貌似有理的。甚至尼采都宣称瓦格纳的歌剧里存在反犹，他因瓦格纳个人的反犹多次谴责瓦格纳，而且从未听说过他对此有所保留。而在 19 世纪末期，随着这些作品在世界各地演出，观看这些作品的人数在不断增加，这就会出现大多数人只是观看，而没有什么思想过他们的脑子这种情况，因为在庞大的文学作品——未出版的和已出版的——中关于这个主题的作品里，这个问题一直到 20 世纪中期前都很少被提及。而在此情形中始终重要的，是要记住一百多年前在许多西方国家的热爱音乐的听众中，犹太人明显占了很大的比例。

为何一代又一代热爱这些作品的有学识、有智慧的犹太人，并未在作品里看到任何特别的反犹的东西，原因是确实看不到什么反犹的东西，这是再明确不过的真相了。原告们提出的最常见的指控是《指环》里的迷魅和《名歌手》中的贝克梅赛尔这两个角色是反犹的讽刺画形象。但瓦格纳在他的《论音乐中的犹太性》里写得明明白白，使犹太人在现实生活里成为如此不堪的那些东西，使他们同样不适合在艺术中表现。尽管这些观点，他自己的观点，可能算是刚愎自用且让人厌恶，而他表述这个观点时通常缺乏克制。“日常生活中的、如我们所知拥有着自己的神的犹太人，首先让我们受打击的是他那种具有某些不讨人喜欢的外籍人士——无论如何我们属于欧洲国籍——的外表。我们本能地感到我们和一个那样长相的人毫无共同之处……在道德层面忽略这种不愉快的畸形怪物，而仅从审美层面来看，我们只会指出这种外貌永远不会被我们接受用来作为一幅绘画的主题：如果一个肖像画家画一个犹太人，他通常会从自己的想象中提取一个模特儿，巧妙地转换或要不然就完全忽略现实生活中所有成为犹太人外貌特征的东西。从未有人在舞台上见过犹太人：证明这一规则的例外非常少见。我们对没有角色——历史的或当代的、英雄或恋人——是由一个犹太人来演的设想，本能上不会觉得这种观念荒谬。很重要的是：我们出于审美目的对其通常的外貌觉得不适应的一个人种，出于同样原因对其本性做任何艺术的表现是不可能的。”

在我看来，最后这句话正是在讨论中的。瓦格纳不仅明确地声明了对犹太种族的“本性做任何艺术的表现是不可能的”，还用“很重要的是”这样的话来导出他的声明。他在这里正面地积极地否定了试图在舞台上表现犹太人的想法；而如果我们寻求一个为何他从不这样做的解释，这便是我们得到的解释。从他首次发表此文的 1850 年到他再次发表此文的 1869 年间，犹太演员首次引起人们的关注，而这使得他在 1869 年版中在我引述的最后两句之间插入了长长的一段，在那段话里，他说这种新发展——完全不能说明是他的错——仅仅是用来完成他所说的“对我们的戏剧艺术的篡改”。

犹太人扮演的角色和扮演作犹太人的角色，这两者之间当然有着很重要的区别；但在瓦格纳先后两次出版的这篇文章里，他明确地声明这两者都是无法接受的。而且我认为——也正如他的朋友们所认为的——如果他在前一年首演的歌剧《名歌手》里做的是完全相反的事，没必要在 1869 年特意重新发表这篇文章。在他创造了迷魅和贝克梅赛尔这两个角色后，很显然这仍然是他的观点，就如它一直是。

对仍然沉溺于抨击说瓦格纳的歌剧向我们展现了反犹讽刺画的作者们真不知道该对他们说些什么，尽管相反的证据如此明显。这些作者在大多数情形下都相同，他们说盖尔是犹太人，或瓦格纳认为他是犹太人，或认为他可能是犹太人；他们说纳粹在整个第三帝国公开宣传瓦格纳的作品。有人不屑一顾地要远离这样的人，并且说，归根结底，这样的人是有问题的。对我们中的大多数人来说，我们的问题，如果有问题，则纯粹是逻辑上的问题，就是说，人们在日常交谈中不大可能把自己负面的东西说出来。比方说，你无法证明神话传说中的独角兽确实不存在：你能做的顶多是和相信独角兽确实存在的人进行争论。

不同意认为瓦格纳歌剧中含有反犹讽刺画的最重要论据是那些早已被例举过了的：一代又一代经常看歌剧的犹太人——他们自己就生活一个反犹的社会里，这使得他们对自己遭受的轻视极为敏感、还能察觉到偏见在表达方式上的微妙之处和细微的差别——中的大多数失败者关注这种所谓的反犹、以及瓦格纳明确而一再强调犹太人不可以出现在舞台上。但还有其他方面。比如，在过往伟大的艺术家里，瓦格纳在很大程度上不言自明是最冲动的一个。他永远在向自己和这个世界解释他一直在弄清楚的是什么。我们不但有他大量的著作和信件，还有大量来自他人记录其作品的信件和档案文件，尤其是柯西玛那些篇幅巨大的详实的日记。而且在任何地方——在这堆积如山的资料的任何地方——都找不出说迷魅、或贝克梅赛尔、或瓦格纳歌剧中的任何其他某个角色是犹太人，以及些许试图用作表现反犹讽刺画的地方的声明。相反，瓦格纳——他在任何情形下显然都没有考虑要反犹（因为，正如我们所知道的，他明确表示犹太人不能在舞台上被表现）——非常强调他对扮演迷魅的要求，是“一定不能用讽刺画的处理手法”。

他希望如此却不愿意这么说，这几乎是不可能的。他认为自己在犹太人问题上说话毫无胆怯而且反复再三，并且毫不在意会冒犯到谁。有些无可奈何的作者试图争辩说，好吧，没错，他的歌剧里确实没有**明显**涉及犹太人的地方，而且瓦格纳也确实从未明确说过哪儿指的就是犹太人，但这种明确没有任何必要，因为那个年代的听众，每个人都明白这表现的就是犹太人。一些像罗斯教授那样的作者可以聪慧无边地争执说，某种明显缺乏的东西本身就是其存在的证明。但实际上大多数听众，包括其中大多数的犹太人，并未察觉到我们如今被告知的这种不言而喻的关联性。而瓦格纳会向他们，向所有的人，把这个明确地表明，如果他打算这么做的话。这是一种被这类作者，不仅是罗斯，而是几乎所有人，一遍遍在使用的说法的基本模式。这就是，在人们的脑子里×已经和犹太人相关，因而任何公开涉及到×的东西，不管何人说过什么，都很自然地被认为说的是犹太人。这就是为何这类作者会被迫不断地使用这种说话的模式而他们通常找不出什么论据来支持他们所说的，而这种形式特殊的说法的伟大之处正是在于它说明了论据的缺乏。但恐怕这是一种简单的、本身就挺糟糕的说话模式。有一个具体的、经常被引用的例子是这样的。在19世纪中后期的欧洲，犹太人在人们心目中总是跟钱相关：他们被视为大富翁和大债主，国际资本家和银行家，是那种通过控制钱袋子来控制事物的人。由此，各地剧院的观众，如果他们看到舞台上出现一个试图通过黄金的力量来控制世界的角色，比如《指环》中的迷魅和他的哥哥阿尔伯里希，他们就会理所当然地认为那明显指的就是犹太人，而不需要任何人亲口说出来。这种说法被下列事实证明是胡说：如果这是真的，那么19世纪迅速崛起的国际社会主义和共产主义运动肯定在各个方面都是强烈反犹的，因为他们一年到头都在对资本、金钱和所有利息、租金和利润的罪恶进行最猛烈和刻薄的攻击。然而这不会发生在人们的脑子里自动产生联想的状况，而且每个熟悉相关历史和文学的人必须知道：不能想当然地认为社会主义者和共产主义者实际上做的是攻击犹太人的事——即便，当然在某个个别情况下他们可能这样做，并且有时他们就是这样做的。这种说法的逻辑形式千真万确是错的——而且所有那类书，其基本结构都是此种论点的变体。

于此完全不搭界的是，当你一旦开始检视瓦格纳与其作品中角色的实际关系，对其反犹的指控便土崩瓦解。例如，他在谈及《飘泊的荷兰人》时多次指出主人公与流浪的犹太人之间的相似之处，但是同样提到主人公与自己之间的相似之处，而十分明显的是我们观众怀着同情心把自己等同于那位荷兰人。他的另一个明显与流浪的犹太人相关的角色——跳出歌剧去关注——是《帕西法尔》里的昆德丽，而她是这部作品要求我们给予最强烈同情的一个角色。至于说到对理解《指环》至关重要的阿尔伯里希，他被视为与沃坦相同的人格中黑暗的一面——这在歌剧脚本中很明确，沃坦被称作光明的阿尔伯里希，对应于黑暗的阿尔伯里希——而关于沃坦，可以肯定的是没有任何意指犹太人的地方。有记载说瓦格纳还说过他对阿尔伯里希感到抱歉——瓦格纳在某种程度上也与他等同（而这在音乐中也很明显）。瓦格纳残忍对待《名歌手》中的贝克梅赛尔并在剧中折磨他这是事实，而且常常让观众感觉不舒服，但这一直被大多数人——也包括我——视为瓦格纳回到自己评论基点上的一种情形：贝克梅赛尔是我们都知道的那类聪明的音乐家的缩影，学识渊博并且严格，但在最深层面不甚明了，因为不能把自己从过去以及书本规则中解放出来，所以从未超越教训式的口吻或风格。艾德华·汉斯利克是瓦格纳时代最重要的音乐评论家，他受到瓦格纳残忍的虐待，而众所周知在《名歌手》的初稿中，贝克梅赛尔这个角色被起名叫汉斯利克。

我偶尔会有这种印象，对瓦格纳歌剧中一些代表角色的反犹指控，有时其本身就有反犹的意味。某位作者经常在说，把迷魅说成是花言巧语、牢骚满腹、阿谀奉承、见机行事、闪烁其词、步履蹒跚的矮子，这明显指的就是犹太人。我很想知道一位犹太人对这种说法会作何感想。

甚至有作者声称《帕西法尔》是一部种族主义作品。多数情况下，他们的主要论点是瓦格纳不止一次而是两次通过展现弥撒或圣餐，把一个含有圣体与圣血的宗教仪式强行推到我们面前，从而把圣血确立为他这部宗教或半宗教作品的核心，并且经由圣血的纯洁和保存达致拯救的理念；而他这样就恰恰是在传播以纳粹主义为核心的种族主义概念。这个说法当然可以使用于所有的弥撒和圣餐仪式的展现，而鉴于此，我觉得我能做的最有效的评论是把这个问题留给读者去考虑。许多作者在这方面也指控瓦格纳在写作《帕西法尔》时受到 19 世纪臭名昭著的戈比诺种族主义理论的影响，而这印证了这部歌剧的种族主义特征。但实际上瓦格纳把这个理念只是当作玩意儿。正如巴里·米林顿在他写的瓦格纳传记中准确地告诉我们："戈比诺成了旺弗利德受青睐的常客，然而他和瓦格纳更好的相互了解却成了越了解他们的观点的分歧就越大"。总之，瓦格纳在他对戈比诺有任何了解之前就已经把《帕西法尔》的详细方案写在了纸上。

那些指控瓦格纳歌剧中存在反犹主义的人无人能自圆其说，而无法自圆其说的障碍是事实上无论是在这些歌剧之内还是在这些歌剧之外，瓦格纳从来没有提及过它们中间含有反犹的成分；而这是极不寻常的。这使那些从这些歌剧之外读来的东西，强加在这些歌剧之上的原告者们永远处在他们的位置，然后鼓吹企图证明他们说的的确就是如此的论调，进而论证瓦格纳为何一反常态地对此什么都不说，以此对我们这些想要证明他们错了的人提出挑战——当然，他们知道要证明与此相反是不可能的。当我们承认我们提不出与此相反的证明时他们便洋洋得意地说："就这样吧，你看：你反驳不了这个说法吧。"这个过程是彻头彻尾的智力欺诈。而被一些作家以一种不负责任的拔高来使用，好像他们觉得自己可以随意宣称瓦格纳歌剧中存在的任何他们喜欢的东西，以这种知识作为庇护，任何人想要反驳他们所说的都是不可能的——似乎像瓦格纳这种臭名昭著的反犹分子本质上就是有罪的，所以这对他是必然的，是他应得的。所有这一切的根源是对反犹主义绝不原谅的无情的愤怒，而在现代世界这种愤怒的根源是犹太人大屠杀。其他反犹的伟大的艺术家们没有受到同样的对待，如陀思妥耶夫斯基，是因为他们不是德国人，因此不属于德国独有的反犹的民族主义传统的一分子，而且从没有受到过希特勒的青睐。在以色列，几十年来瓦格纳爱好者们都不会说瓦格纳的作品在最后一代纳粹集中营的幸存者们去世之后，而不是在此之前，一定会再次上演这样的话。如果那一天来临，上帝仍然绝不会允许犹太人大屠杀被遗忘，可我希望人为地把犹太人大屠杀与瓦格纳扯在一起将成为过去。

致　谢

我在本书的写作过程中领受了一些令我愉悦的恩情。本书的大部分写于我在牛津大学——先是在新学院，后在默顿学院——担任客座研究员的两段时期里。我要同时深深感激的是：没有前人，我或许不会开始写这本书；没有后人，这本书或许永远也完成不了。我还欠了斯图尔特·斯潘塞个人的情，是他慷慨地阅读了第一稿。他在瓦格纳文学方面的知识比我多出很多，而且纠正了我很多这方面的错误。除此之外他几乎在我所做的所有方面给了我建设性的批评和建议——即使我不同意某个特指的论点，我通常发现他会指出书稿中的弱点，而我随后会用我的方式去补救。所以即便是他的那些我没有接受的批评意见，也致使本书得到了改进。这是一个独立的劳动者在所从事的领域里为另一个劳动者所做的一项巨大的服务。因为我没有采纳他所有的建议，所以不知道他是否完全认同我所写的，而本书中存在的任何错误责任完全在我。不过，无论这本书存在什么缺点，但若没有他，肯定会有更大、更多的错误。

译后感

郭建英

参与这本《瓦格纳与哲学》的翻译工作，我的本意首先是为自己创造一个机会，专心了解瓦格纳的生平与成就，这个目的应该说是达到了。与我合译的张纯先生和我不同，他对瓦格纳的作品早已熟知，对瓦格纳歌剧的著名演绎有着深入的理解，而且很多年以前就为《留声机》（中文版）翻译过专门论述瓦格纳的文章。我对瓦格纳的作品虽然也早有接触，但是一直对他的生平，甚至对他的作品的先后创作次序不甚了了。我现在知道那真是很大地妨碍了我品味瓦格纳的艺术，让我低估了瓦格纳的地位。

这本书给我留下深刻印象的内容之一，就是瓦格纳的大部分创作最旺盛时期，与他颠沛流离、作品不被人接受、几度惶惶不可终日的境遇相重合。这段时间始于1849年德累斯顿起义失败，瓦格纳因积极参加革命而被迫流亡，直到1864年巴伐利亚国王路德维希二世突然出现，开始赞助他为止，历时15年时间。就在这人生最艰难的阶段，瓦格纳却不断探索艺术理论，发表论文，并且不断推出明显一部更胜一部的乐剧作品。我知道了瓦格纳的本领，就如同他倡导的综合艺术一样，是全方位的。其他歌剧作曲家绝大多数情况是为剧作家撰写的脚本谱写音乐，瓦格纳不同，他的歌剧脚本都是吸取流传已久的神话与民间传说，由他自己剪辑、撰写而成。《尼伯龙根的指环》的完整脚本写成并发表于1852年至1853年之交，而全剧的音乐创作直至1869年方始告罄，17年间虽然他的人生观产生了根本的转变，作曲手法也大为丰富起来，但是脚本文字竟只字未改。另一方面，瓦格纳又可以先构思音乐，然后才附以情节，这发生在《特里斯坦与伊索尔德》的创作中。瓦格纳剧作的风格多样化也同样令人难以置信：在创作《指环》第三部的同时，他心生乐思，挥之不去，终使他断下决心，中止《指环》创作，全力以赴写作基于这一新生乐思的另一部作品，这就是

《特里斯坦与伊索尔德》。只要稍作对比，我相信所有人都会因两剧音乐的差异而震惊。但是这还不算，完成《特里斯坦》之后，瓦格纳接下去的杰作是《纽伦堡的名歌手》，虽然其中仍纵贯世事艰辛的暗流，但是《名歌手》音乐的光亮夺目，一扫《特里斯坦》音乐的密布阴霾。瓦格纳重拾《指环》创作是在完成《名歌手》之后，而在完成《指环》全剧之后，他才动手创作并完成了一生最后的作品《帕西法尔》。读者定会想到这最后一部作品的风格又有独创，但即便思想有所准备，初听《帕西法尔》，每个人都不会相信这是出自“熟知的”瓦格纳之手。当然自不待说《特里斯坦》首开音乐向无调性发展的先河一事，早已是有口皆碑。参与这次的翻译，精读此书，搜索其他辅助资料，终于让我对瓦格纳的地位有了全新的评价，他在我心目中成为与巴赫、莫扎特、贝多芬并肩而立的音乐巨人，对音乐并且对艺术哲学作出了开天辟地的贡献。如果再多说一句，那就是崇尚前三位伟人总是难免怀旧的意味，而崇尚瓦格纳才更反映前瞻的意识。

以上这些，通过其他途径研习瓦格纳，可以得出类似的结论，而眼前这本书的特点，在于作者将注意力集中在瓦格纳接受哲学思潮的影响、展示瓦格纳如何在一生中彻底转换世界观，在后期作品中越来越多地融汇了他后来接受的哲学思想，也就是叔本华的思想。有关这方面的叙述，这本书有着很多让人醒目的亮点。例如本书作者通过瓦格纳在书信与自传中的表述，找出证明，将《特里斯坦》的自始至终毫不间断的音乐发展，与叔本华对于音乐本性的论述紧密联系到了一起。《特里斯坦》中表达的对白昼的怨恨和对黑夜的渴求，也被作者证明与叔本华的思想相一致。作者还花费笔墨介绍《特里斯坦》在哪些地方与叔本华表现出不一致，例如瓦格纳描写出的一对情人只有在生命之后才能永久合为一体，还有他认为性爱也能让人获得救赎。作者以此来证明瓦格纳对于叔本华的理解也是一个过程，因为只有看到了《名歌手》和《帕西法尔》中体现的思想，才能看出瓦格纳纠正了哪些看法。用叔本华哲学来解读瓦格纳，经过作者这样全面的论述，显得完全是顺理成章。

然而我和张纯先生只是译者，我们尽力要做到的是忠实地转达作者的原意。我们两人都不是瓦格纳的专门研究者，也不是哲学史工作者，对于书中有充分论据的观点我们当然信以为真，但是也留意到书中有不少论述并不具有同样的说服力。对这类东西我们就不能贸然同意，而愿意将来有机会通过不同渠道再做探讨。举例来说，《瓦格纳与哲学》这本书在讨论尼采与瓦格纳的关系时，给人留下的第一印象就是两人关系破裂主要起因于个人恩怨。虽然这本书不断突出尼采在瓦格纳辞世以后多年仍然不断在批判瓦格纳的题目上做文章，但叙述均为反面，完全回避探讨瓦格纳对后来尼采哲学的形成有任何的关联与影响。这本书对此的叙述涉及耸人听闻，读后不得不令人发问：这难道就是历史真相？在反犹成分是否出现在瓦格纳的歌剧作品中这一问题上，本书作者的论断也显得过于简单武断，仅是一句话：完全没有。如果说更早很多年的莎士比亚剧作《威尼斯商人》都有将贪婪吝啬赋予犹太形象的问题，到了有明显过激反犹言论的瓦格纳身上，却做到了让反犹思想完全不渗透到其创作之中？如果没有更详尽的证据，这是令人难以接受的。我们相信读者在阅读本书的时候也一直会持存疑的态度，再找支持证据，不作人云亦云。

这本书在论述中引用了不少原文文献，其中包括恩格斯的论述、瓦格纳的歌剧脚本与自传、叔本华与尼采的大段文章，等等。研习这些文献已有的中文翻译，让我们两人得到极大的收益。凡是我们能够找到的已有中文译文，我们都忠实照录；凡遇到这样的译文衔接之处，我们都感到自己功力不逮、译笔相形见绌。

我们特别感谢北京斯坦威图书公司的总裁申明先生发现此书，为翻译立项，尽一切努力安排出版。我们也特别感谢著名的音乐评论家、瓦格纳研究家刘雪枫先生鼓励后学，创造机会并推动并无很多翻译经验的我们二人完成此项工作。那我们就不揣冒昧，以此来给读者的音乐欣赏，也对国内的瓦格纳研究，奉上一点点微薄之力。

2017 年 8 月 13 日，于旧金山湾区

出版后记

这本书的英文版是我 2003 年第一次去德国时在莱比锡的一家音乐书店买到的，那以后我就一直想着把它引进翻译出版，但只是机缘不到。2015 年夏一个阳光明媚的下午，经雪枫兄引荐，结识了建英兄和张纯兄（张兄作为资深的爱乐者，我们早就认识，只是我一直不知道我们还是同行）；他们两人是这本书最合适的译者了。

那以后就是静静的等待——这本书的翻译也算是太平洋两岸的合作了。建英兄回国时我们在东直门一个叫渔娘的小酒馆里豪饮，喝了不少美国啤酒，吃了 N 多山东海鲜。我知道这本书的翻译实属不易——音乐与哲学，又是瓦格纳。对于两位不辞辛苦的译者，我只有心下衷心感佩。到了今年初，这本书终于交稿，然后又是漫长的编辑校对过程——这中间张纯兄花费的心血又非笔墨所能形容——但为了“音乐和哲学”，这一切都是值得的。

作为一个音乐爱好者，我本人对瓦格纳聆听并不很多。但有限次的聆听都使我印象深刻——还是 2003 年的那次德国之行，在斯图加特歌剧院听了一次《纽伦堡的名歌手》，记得是下午 5: 30 开始听，中间休息两次，每次半小时，听完已是深夜 1 点多，我们又是住在郊外，由德国的朋友开车摸爬滚打地回到酒店时已是凌晨 2 点多，但那场音乐会令我终身难忘——整场听下来越来越亢奋，场上的男高音是越唱嗓子越亮，到最后浑身上下的毛细血胞都给唱活了，感觉周身上下通透无比，就像换血了一样——难怪尼采说瓦格纳是颓废者的解药。后来又在国内听了两次瓦格纳：一次是在保利，听的是《唐豪瑟》；一次是在国家大剧院，听的是《漂泊的荷兰人》，感觉都是莫大的享受。

恩斯特 - 卡西尔说过，一本书就是一桩罪，一本大书就是一桩大罪。这本书从篇幅上讲算是中等，愿它不是一桩中罪，而是能为音乐爱好者及特别的瓦格纳音乐爱好者送上一份有益的食粮——但这份食粮正如它的翻译过程一样，真正是不太好啃。但真正的享受总是带几分艰辛在里面，阅读它的过程将如一次远足，在脚力疲乏后登上辽阔海岸的岩石上时，才能体味到那无人去处的甘美和不足与外人道的独特感受。衷心希望本书能对您聆听瓦格纳有所助益。

本书付梓之际，承蒙上海音乐学院副院长杨燕迪教授的首肯，并荣幸地列入学院学科建设项目，在此表示深深的谢意；同时对杨燕迪教授对音乐的拳拳之心深表感佩！

本书出版人　申明

2017 - 12 - 26